O s t s e e
Bodden bei Fischland-Darß-Zingst
Rügen
Fehmarn
Usedom
Rostock
Wismar
Lübeck
Schaalsee
Schwerin
Naturpark Nossentiner/Schwinzer Heide
Neubrandenburg
Zarrentin
Naturpark Feldberger Seenlandschaft
POLEN
Lauenburg
Hohnstorf
Plauer See
Oder
Havel
BERLIN
Colbitz-Letzlinger Heide
Spree
Magdeburg
Spreewald
Cottbus
Muskauer Heide
Halle
L a u s i t z
Leipzig
Elbe
Spree
Erfurt
Dresden
Chemnitz
Bayreuth
TSCHECHISCHE REPUBLIK
Nürnberg
Nationalpark Bayerischer Wald
Regensburg
Passau
Donau
Inn
München
Salzach
Berchtesgadener Land
ÖSTERREICH
Königssee
Watzmann 2713 m
Hagen-gebirge

Andreas Kieling

Durchs wilde Deutschland

Andreas Kieling
mit Sabine Wünsch

Durchs wilde Deutschland

Von den Alpen bis zum Wattenmeer

Mit 54 farbigen Fotos, 13 Schwarz-Weiß-Fotos
und einer Karte

MALIK

Mehr über unsere Autoren und Bücher:
www.malik.de

Für meine Familie

MIX
Papier aus verantwortungsvollen Quellen
FSC® C006701
FSC
www.fsc.org

ISBN 978-3-89029-415-5

Fotos im Bildteil: Klaus Ebers (Tafel 24/25), Frank Gutsche (3 oben, 15 unten, 32); Erik Kieling (13, 21 unten); Thore Kieling (23)
Fotos im Text: Stephan Höferer (Seite 116/117),
Frank Gutsche (286/287, 316/317), alle anderen: Andreas Kieling
Karte: cartomedia, Karlsruhe
Litho: Lorenz & Zeller, Inning am Ammersee
Satz: Sieveking print & digital, München
Druck und Bindung: CPI – Ebner & Spiegel, Ulm
Printed in Germany

Inhalt

Jedes Wagnis beginnt in uns

Noch während unseres »Wandersommers«, als mein Hund Cleo und ich die ehemalige innerdeutsche Grenze vom Dreiländereck von Böhmen (Tschechien), Bayern und Sachsen bis hoch an die Ostsee wanderten,* war mein Plan, bald wieder in ferne Länder aufzubrechen, um vom Aussterben bedrohte Tierarten zu filmen. Doch je länger wir unterwegs waren und je intensiver ich mich mit der Natur in Deutschland beschäftigte, desto klarer wurde mir, wie viele Tierarten in Deutschland als »gefährdet« oder sogar »stark gefährdet« auf der Roten Liste** stehen. Auch reifte immer stärker der Wunsch heran, noch mehr »wilde« Gegenden Deutschlands zu erkunden.

Deutschlands Natur befindet sich in einem ständigen Wandel. Neue Arten sind eingewandert, andere nicht mehr existent. Tiere, die vor vierzig Jahren noch als Volksschädlinge galten, stehen heute kurz vor dem Aussterben. Intakte Naturlebensräume werden von Autobahnen, Industriestandorten und Siedlungsgebieten schwer geschädigt. Auf der anderen Seite werden Nationalparks und Biosphärenreservate neu gegründet, erweitert oder ausgebaut – »Ausgleichsflächen« nennt man das in der Behördensprache. Der Mensch hat der Natur gegenüber ein schlechtes Gewissen.

Dennoch hat Deutschland, was die Natur betrifft, sehr viel zu bieten. Von den Alpen bis zum Wattenmeer beherbergt es die unterschiedlichsten Lebensräume mit einer sehr üppigen Pflanzen- und Tierwelt. Für Naturbegeisterte und Erholungs-

* Diese Wanderung schilderte Andreas Kieling in »Der deutsche Wandersommer«, Malik, München 2011 – Anm. d. Verlags.

** Neben der Roten Liste der gefährdeten Arten der IUCN, die den weltweiten Status von Tieren und Pflanzen auflistet, gibt es Rote Listen für Staaten und zum Teil auch, wie zum Beispiel in Deutschland, für einzelne Bundesländer – Anm. d. Verlags.

suchende ist unser Land ein großer Tummelplatz, in dem es viel zu entdecken gibt. Ohne lange Flugreisen, Jetlag, Einreiseformalitäten und Sprachbarrieren können wir in kurzer Zeit dem Alltagsstress entfliehen.

In der Natur sehen wir das Reine, Gerechte, Harmonische, Faire. Es ist für uns Menschen der Widerpart zu unserer hektischen, rastlosen, auf Maximierung ausgerichteten Ellenbogengesellschaft. Noch nie hatten so viele Menschen ein Burnout-Syndrom wie in unserer Zeit. Mobbing, Neid, Missgunst und Rache gehören zu unserem Alltag. Die Natur kennt solche Eigenschaften nicht. Tiere kennen keinen Hass, keine Vergeltung, haben keine Rachegelüste. Sie sind nicht nachtragend, sondern instinktgesteuert. In der Natur gibt es weder Strafen noch Belohnungen. Es gibt nur Entwicklungen und Folgen. Trotzdem geht es auch dort um Dominanz und Rangordnung.

Zum »Wandersommer« haben Cleo und mich unzählige Briefe und Mails erreicht. Schulklassen, Wandervereine, Hobbybiologen, Professoren, Jugendgruppen, Forstkollegen, ältere Menschen, selbst Strafgefangene schrieben – sie alle beglückwünschten uns zu dem Buch mit der Bitte, doch noch mehr über Deutschland zu berichten.

Nach den 1400 Kilometern zu Fuß stand mein Plan endgültig fest: noch intensiver und tiefer in die Schönheiten, Geheimnisse und außergewöhnlichen Orte unserer Heimat vorzudringen. Ich war sehr gespannt, welche Menschen uns begegnen und welche Geschichte sie mir erzählen würden.

Egal, ob es der schlichte Sonntagsspaziergang ist, die romantische Wanderung mit dem Partner oder die mehrtägige Tour in der Gruppe mit Freunden – Wandern und Natur erleben in Deutschland heißt auch, auf gleichgesinnte Menschen zu treffen. In der Anonymität einer Großstadt würde man einander nicht wahrnehmen. Vielleicht ein flüchtiger Blickkontakt von einer halben Sekunde. In der Natur grüßt man sich. Es ist immer Zeit für ein Gespräch, das sehr oft in einer tiefgründigen

Unterhaltung endet, und beim Verabschieden bekundet man, in Kontakt zu bleiben.

Deutschland, seine grandiose Natur, die gewachsene Kultur und die Begegnungen mit seinen interessanten Menschen entwickelten sich für mich zu einer ganz großen Leidenschaft. Oft träumte ich nachts – und ich glaube, Cleo ebenfalls – von dem gerade Erlebten. Ich konnte es gar nicht erwarten, dass der nächste Tag anbrach und wir wieder nah an den Tieren und der Natur leben, sie entdecken, filmen, fotografieren und fühlen durften. Daran möchte ich Sie gern teilhaben lassen.

Andreas Kieling
Januar 2012

Akrobaten der Berge – Steinböcke und Murmeltiere

Diese Tour hatte eigentlich schon im November 2010 begonnen. Damals war ich das erste Mal im Berchtesgadener Land, um Alpenwild, speziell Steinböcke, zu filmen. Für den November hatte ich mich aus hauptsächlich zwei Gründen entschieden: Zum einen ist dann Gamsbrunft, zum anderen wollte ich Steinböcke im Schnee drehen. Steinwild im Sommer, auf grünen Matten, fand ich zu lieblich, ich wollte es eher rau.

Während die Gämse – in der Jägersprache *der* Gams – im gesamten deutschen Alpenraum verbreitet ist, gibt es in ganz Deutschland nur fünf Steinbockpopulationen. Die drei größeren finden sich in den Allgäuer Alpen, an der Benediktenwand und im Hagengebirge bei Berchtesgaden, wobei die Wahrscheinlichkeit, die Tiere tatsächlich vor die Linse zu bekommen, an den beiden letztgenannten Stellen am größten ist. Schwierig ist es dennoch. Nicht nur lebt der Alpen- oder Gemeine Steinbock zwischen der Wald- und der Schneegrenze, also etwa zwischen 1800 und knapp 3000 Meter Höhe; darüber hinaus bilden Weibchen und Jungtiere einerseits und Junggesellen andererseits nur kleine, schwer auszumachende Rudel, während ausgewachsene Böcke ohnehin Einzelgänger sind.

Da die Zeit knapp war, ich mich in dem Gebiet nicht auskannte und daher nicht wusste, wo am ehesten Steinböcke auszumachen sind, hatte ich mich mit einem Ranger verabredet. Unter der Führung des freundlichen Lorenz machten Cleo und ich uns am Tag nach unserer Ankunft an den Aufstieg zum Schneibstein. Der Schneibstein ist der einfachste Zweitausender im Berchtesgadener Land. Er hat trotz seiner 2276 Meter keinen Schwierigkeitsgrad. Vom Parkplatz Hinterbrand führte Lorenz uns vorbei an der Mitterkaser Alm zum 1736 Meter hoch gelegenen Carl-von-Stahl-Haus. Wir überquerten das Torrener Joch und gelangten zum Bergfuß. Von dort geht der Steig durch dichte Latschen zum Teufelsgemäuer und über den sanften Grat weiter zum Gipfel. Vom Parkplatz an war es mit beinahe jedem Höhenmeter immer kälter geworden. Am Gipfel schließlich war es eisig kalt. Aber der Ausblick!

Der erste Schnee war gefallen, nicht sehr viel, aber genug, um auch die tieferen Lagen wie mit Puderzucker zu bestäuben. Die Lärchen hatten zum Teil noch gelbe Blätter, während die Laubbäume – in höheren Lagen sind das in erster Linie kleinwüchsige Erlen und ein paar Bergahorn und Ebereschen – ihr Laub schon abgeworfen hatten. Dazu in der frostig klaren Luft der herrliche Blick auf das Steinerne Meer, hinüber zum sagenumwobenen Watzmann und auf den tief im Tal zwischen steilen Berghängen eingebetteten wunderschönen Königssee mit seinem berühmten Echo. Das sah einfach zauberhaft aus. Ich habe schon die verschiedensten hochalpinen Landschaften bereist, unter anderem den Himalaja, das Tianshan-Gebirge, die Alaska Range und die Rocky Mountains, aber das hier toppte alles, und ich dachte wieder einmal: Wow, wie schön kann Deutschland sein! Eine Zeile aus einem alten Lied von Wolfgang Ambros fiel mir ein: »Watzmann, Watzmann, Schicksalsberg, du bist so groß und i nur a Zwerg ...«. Genauso fühlte ich mich: unbedeutend klein angesichts dieser grandiosen Bergwelt.

Das ist ein Phänomen in Deutschland: Wenn man erzählt, dass man am Mount Everest, am K2 oder am Mount McKinley war, machen alle große Augen und werden ganz ehrfürchtig. Sagt man aber, ich war auf dem Schneibstein, dann werden die meisten Leute, sofern sie den Berg überhaupt kennen, sagen: »Wie piefig, Zirbelstube, Dirndl und Lederhosen«, halt das typische Alpenklischee. Genau das Gegenteil ist der Fall. Jedes Mal, wenn ich in die Alpen komme, denke ich, wenn man ein paar kleine Berghütten aus dem Bild wegretuschiert und jemandem sagt: »Das war in den Rocky Mountains, gleich hinter Lake Louise«, wird er sagen: »Oh, kannst du mir das mal auf der Karte zeigen? Da möchte ich auch mal hin.« Dabei hat er die schönsten Landschaften direkt vor der Nase.

Auf dem Schneibstein gibt es zwei Gipfelkreuze, ein altes aus Metall mit einem verrosteten Jesus, das sieht voll schräg aus, und daneben ein großes Holzkreuz. Ich erkannte die Stelle sofort wieder. Vor Jahren hatte ich ein wunderschönes Foto gesehen, da hatte ein Fotograf Steinböcke von hier oben fotografiert. An der Tiefenschärfe konnte man sehen, dass es mit einem Weitwinkelobjektiv gemacht worden war, der Fotograf also ganz nah an den Steinböcken dran gewesen sein musste. Jetzt war allerdings kein einziger Steinbock zu sehen.

Dafür war die Gamsbrunft in vollem Gang, und Cleo und ich staunten nicht schlecht. Für Cleo war es ein unglaubliches Erlebnis. Sie sah den ersten Gamsbock oder überhaupt die erste Gams in ihrem Leben und war völlig aus dem Häuschen. Es macht schon einen Unterschied, ob man in einem Wald ein Wildschwein wegbrechen sieht oder in offenem Gelände ein ähnlich großes Tier vor sich hat. Eine Gämse wird über einen Meter lang und, am Widerrist (dem Übergang vom Hals zum Rücken) gemessen, im Schnitt 75 Zentimeter hoch. Ausgewachsene Tiere wiegen zwischen dreißig und fünfzig Kilogramm. Der gedrungene Körper sitzt auf verhältnismäßig langen, kräftigen Beinen mit relativ großen Hufen. Die Klauensohlen sind elastisch und anpassungsfähig, der vorstehende sogenannte Tragrand hingegen bildet eine harte Kante, die im Winter für sicheren Tritt auf vereisten Flächen sorgt. Im Sommer, wenn sich die Schalenränder am Fels abschleifen, gibt die weiche Sohle Halt. Zwei kleine zurückgebildete Zehen hinter den Hufen, die Afterklauen, dienen als Kletterhilfe und beim Abwärtsgehen als Bremse.

Gämsen sind Boviden, das heißt, ihre Hörner bestehen aus einer fest mit dem Schädel verbundenen Knochenstruktur und werden nicht abgeworfen. Vielmehr wächst das Gehörn zeitlebens, immer nur ein bisschen – und im Alter praktisch gar nicht mehr. Bei den Gämsen tragen sowohl Böcke als auch Geißen Hörner. Diese »Krucken« werden bis zu 25 Zentimeter lang und sind an der Spitze nach hinten gebogen. Im Sommer ist das Fell rotbraun, am Bauch eher rotgelb, während der Rücken einen schwarzbraunen »Aalstrich« aufweist. Im Winter färbt sich der Rücken zu dunkelbraun bis braunschwarz und der Bauch weiß.

Zur Brunftzeit sondert ein Drüsenorgan, die sogenannte Brunftfeige, ein schmieriges, stinkendes Sekret ab, dessen Duft bis in unsere Nasen stieg und Cleo nur noch mehr aus der Fassung brachte.

Ich war aus einem ganz anderen Grund fasziniert. Eine überdurchschnittlich große Lunge befähigt das Gamswild nämlich zu außergewöhnlichen Leistungen, was ein Bock vor unseren Augen eindrucksvoll unter Beweis stellte. Wir beobachteten, wie zwei Böcke sich um eine Geiß rangelten, die wohl gerade in die Brunft kam. Die beiden sprangen in einem solchen Tempo aufeinander zu und hakelten sich derart vehement mit ihren scharfen Hörnern, dass es nur so krachte und der Schnee nach allen Seiten stob. Schließlich gab der eine auf und flüchtete. Damit gab sich der Sieger aber nicht zufrieden, und er jagte den unterlegenen Konkurrenten in einem Affenzahn mindestens 200 Meter den Berg hinunter, bis er sicher sein konnte, den anderen wirklich in die Flucht geschlagen zu haben. Dann hetzte er mit unverminderter Geschwindigkeit den Berg wieder hoch, machte nur einmal *ffi, ffi* – so eine Art Flämen –, besprang die Geiß, ruckelte kurz, schüttelte sich und stand dann da, als wäre nichts gewesen. Ist der fit, der Junge, dachte ich, ist ja unglaublich. Mir hinge nach einer solchen Aktion die Zunge bis zu den Knien, und der atmete nicht mal schwer! Da gehen einem als Mann seltsame Dinge durch den Kopf, mir zumindest.

»Na ja, es kann sein, dass die Steinböcke schon weggezogen sind, nach Österreich, die machen nämlich quasi eine jährliche Rundwanderung«, unterbrach Lorenz meine neidvollen Gedanken. »Ich ruf mal drüben an und frag nach.«

Lorenz zückte sein Handy und erkundigte sich bei einem Berufsjäger im Nachbarland nach den Steinböcken. Die waren tatsächlich schon in Österreich. Aber die Jäger wollten *uns* dort drüben nicht haben.

»Hör mal«, hieß es, wie mir Lorenz nach dem Telefonat berichtete, »wir wollen hier keinen Tierfilmer haben. Auch nicht, wenn das der Herr Kieling ist. Bei uns ist gerade Steinbockjagd.

Wir wollen hier keinen Tierfilmer herumlaufen haben, der die Tiere aufscheucht und unsere Jagdgäste verprellt. Bleibt mal schön in Deutschland.«

In Deutschland ist der Steinbock ein streng geschütztes Tier, unterliegt zwar dem Jagdrecht, aber mit ganzjähriger Schonzeit, während er in Österreich ganz offiziell geschossen wird. Natürlich nur in Maßen, sodass es dem Bestand keinen Abbruch tut. Apropos Bestand. Heute gilt die Art als gesichert. Während es in Deutschland nur die schon erwähnten fünf Populationen gibt, leben in Österreich etwa 4500 Alpensteinböcke, in der Schweiz immerhin fast 16 000; im gesamten Alpengebiet sind es zwischen 30 000 und 40 000.

Vor knapp 200 Jahren hingegen war der Alpensteinbock bis auf etwa hundert Tiere ausgerottet. Dass die Art überhaupt noch existiert, ist dem Förster Josef Zumstein und dem Naturkundler Albert Girtanner zu verdanken: Auf ihr Betreiben hin wurde die letzte Population, die am Gran Paradiso, einem Gebirgsstock in Italien, lebte, 1856 unter Schutz gestellt. Und zwar, indem König Viktor Emanuel II. aus dem Haus Savoyen die Region zu seinem Jagdgebiet erklärte. Auf den ersten Blick mag das seltsam klingen, hatte aber zur Folge, dass das Gebiet für andere Jäger tabu war. In den Folgejahrzehnten wurden die Tiere durch ein Wiederansiedlungsprogramm in weiten Teilen ihres ursprünglichen Lebensraums wieder heimisch. Eine für die damalige Zeit beachtliche und überraschend moderne Initiative. Alle heute in den Alpen lebenden Steinböcke stammen von diesen damals Letzten ihrer Art ab. 1922 wurde aus dem Schutzgebiet am Gran Paradiso der erste Nationalpark Italiens – der heute zusammen mit dem auf französischer Seite angrenzenden Vanoise den größten Nationalpark Europas bildet.

Den Grundstock der Steinböcke im Berchtesgadener Land legte vor 75 Jahren Hermann Göring, der vom Waschbär über den Wisent bis eben hin zu Steinböcken alles in Deutschland aussetzen wollte. Auf seine Anordnung hin beschaffte die Forstverwaltung drei Geißen und einen Bock vom Schweizer Wildpark St. Gallen. Nach einer Bootsfahrt über den Bodensee, einer Zugreise nach Berchtesgaden und einer Ruderpartie über den Königssee wurden die Tiere in ihren Transportkisten zum Obersee getragen und von dort mit einer eigens errichteten Seilbahn in das Almgebiet Röth gebracht, wo ein etwa fünfzehn Hektar großes Gehege auf sie wartete. Und da sich die Tiere zumindest im Winter in dem Gehege nicht selbst versorgen konnten, mussten sie gefüttert werden, wofür vier (!) Jäger freigestellt wurden. Tja, wenn der »Reichsjägermeister« einen Wunsch hatte, wurden weder Aufwand noch Kosten gescheut.

Warum aber wurde der Steinbock überhaupt an den Abgrund der Ausrottung getrieben? Der Steinbock war immer ein kultisches Tier. Thors Wagen zum Beispiel wurde nicht etwa von Eseln oder Pferden gezogen, sondern von Steinböcken. Dem Steinbock hat man früher auch magische Kräfte zugesprochen. Er wurde stark mystifiziert und war so etwas wie eine lebende Apotheke. Man hat praktisch jedes Teil von ihm als Heilmittel gegen alle möglichen Krankheiten und Wehwehchen eingesetzt. Sein Blut wurde gekocht und sollte, soweit ich weiß, bei Rheuma helfen; die Hufe wurden zu Pulver gerieben und bei Gicht und Gliederreißen verabreicht. Die Exkremente, die, das nur nebenbei, aussehen wie kleine Kaffeeböhnchen, wurden getrocknet, zerrieben und als Tee gegen ich weiß nicht was aufgebrüht. Besonders begehrt war das Horn. Was heute das Rhinozeroshorn oder der Tigerpenis in Asien, war in Europa das Steinbockhornpulver. Liebesmüde ältere Herren zahlten viele Goldtaler für das vermeintliche Aphrodisiakum.

Das Wertvollste aber war der Bezoarstein. Das ist ein Ballen aus verschluckten Haaren und Pflanzenfasern – bei Greifvögeln kennt man das als Gewölle –, der bei Steinböcken mit dem Harz der Latschennadeln durchsetzt ist. Wenn so ein Ballen vom Pansen (einem der vielen Mägen von Wiederkäuern) in den Darm wandert und sich dort über längere Zeit anlagert, wird er von einer steinharten Kruste überzogen. Bezoarsteinen wurden früher magische Fähigkeiten wie das Beschwören von

Regen, Schnee, Wind oder Nebel zugeschrieben, und sie sollten sogar Gift unschädlich machen. Daher rührt auch der Name: Das arabische *Bedzehr,* das persische *Padzahr* oder das hebräische *Beluzaar* bedeuten alle »Gegenmittel«. Zu kostbaren Schmuckstücken verarbeitet, wurden sie, an einer Kette hängend, in ein vermeintlich vergiftetes Getränk getaucht. In der Münchner Residenz kann man einige solche Raritäten bewundern. Da man nur in etwa jedem 50. Steinbock einen Bezoarstein fand, wurden sie in Gold aufgewogen.

Aus damaliger Sicht gab es also gleich mehrere »gute« Gründe, Jagd auf Steinböcke zu machen. Es gab nachweislich kein Tier in Deutschland oder in Europa, das als Zauber- und Kulttier so stark bejagt wurde wie der Steinbock. Wie praktisch, dass Steinböcke nicht sehr scheu sind und keine riesige Fluchtdistanz haben. Die allerletzten Exemplare der Alpen hatten dann aber wohl doch die Gefahr gewittert und sich außer Reichweite von Gewehren gebracht. Genutzt hat es ihnen nichts, man hat sie mit Kanonen aus dem Berg geschossen. Verrückt.

Na, jedenfalls war nach Lorenz' Anruf in Österreich klar, dass es dieses Jahr nichts mehr würde mit den Steinböcken, und Lorenz riet mir, im August wiederzukommen, dann seien die Steinböcke eigentlich immer im Berchtesgadener Land.

Cleo und ich nutzten die »geschenkten« Tage und wanderten kreuz und quer durch die Gegend. Wir kamen aus dem Staunen nicht heraus. Unfassbar, was diese Region auf den vielen Wanderrouten – von leichten Tages- bis hin zu anspruchsvollen mehrtägigen Touren – zu bieten hat: reißende Bäche, tosende Wasserfälle, enge Schluchten und Klammen in den Tälern, traditionell bewirtete Almen auf den Bergen ...

Den besten Blick auf den Königssee hat man, wenn man von der Jennerbahn-Mittelstation über die Königsbach- und die Gotzenalm hinunter zur Anlegestelle Kessel wandert, hatte mir Lorenz als Tipp gegeben.

»Na, Cleo«, sagte ich daher zu meinem Hund eines Morgens, »lass uns das doch mal ausprobieren.«

Bis zur Mittelstation nahmen wir die Jennerbahn. Von dort folgten wir einem Höhenweg durchs Almgebiet, wobei wir in der Tat immer wieder grandiose Ausblicke auf den Königssee hatten. Das letzte Stück des Weges, der relativ steile Abstieg zur Anlegestelle, war wegen des vielen feuchten Laubs recht rutschig, aber wir kamen wohlbehalten am See an. Kessel ist eine Bedarfshaltestelle. Will man von einem Schiff mitgenommen werden, signalisiert man das durch eine am Steg angebrachte Schiebetafel. Nicht lange, nachdem wir die Tafel betätigt hatten, wurden Cleo und ich von einem der neunzehn Elektroboote (achtzehn große für je gut neunzig, ein kleines für 25 Personen) abgeholt, die den Königssee befahren. Im Sommer, während der Hauptsaison, fährt alle 30 Minuten ein solches Schiff. Übers Jahr werden so Hunderttausende Touristen über den Königssee gefahren. Ansonsten sind auf einem der saubersten Seen Deutschlands – mit Trinkwasserqualität! – nur Ruderboote erlaubt.

Die nächste Anlegestelle war die Halbinsel Hirschau mit der wunderschönen barocken Wallfahrtskapelle St. Bartholomä. Ich hatte schon die tollsten Fotos von dieser Szenerie gesehen, trotzdem blieb mir nun vor Staunen der Mund offen stehen. Direkt am Ufer des smaragdgrünen Bergsees prangt das strahlend weiße Kirchlein mit seinen tiefroten Zwiebeltürmen und Kuppeldächern, dahinter steigt die Watzmann-Ostwand in den tiefblauen Himmel auf. Was für ein Anblick! Der nächste Halt war an der gleichfalls berühmten Echowand. Der Bootsführer bläst in sein Flügelhorn oder eine Trompete, und es erschallt ein einfaches, seltener ein zweifaches Echo. Beeindruckend. Wie toll muss das erst früher gewesen sein, als das Mitführen von Schwarzpulver auf Schiffen noch nicht aus Sicherheitsgründen verboten war und vom Schiff aus mit einer Böllerkanone geschossen wurde; das hat ein bis zu siebenfaches Echo erzeugt!

Weil es gar so schön war, wanderten Cleo und ich, nachdem uns das Schiff an der Seelände in Schönau abgeliefert hatte, gleich noch das kurze Stück – fünfzehn Minuten zu Fuß, wenn man langsam geht – am Nordostufer entlang zum Malerwinkel. Das ist einer der ganz besonderen Orte am Königssee und eine der romantischsten Stellen in ganz Deutschland überhaupt. Der Blick schweift fast über die gesamte Länge des zwischen Steilwänden eingebetteten Sees zur Schönfeldspitze im Steinernen Meer, Buchen und Bergahorn säumen dieses zauberhafte Bild. Man fühlt sich an die Werke des großen Malers der Romantik, Caspar David Friedrich, erinnert. Cleo und ich schauten hinab auf das Wasser, das so klar war, dass man glaubte, bis auf den Grund gucken zu können, sahen Forellen, Renken und Saiblinge. Cleo und ich waren überwältigt.

Auf unseren Bergwanderungen sahen wir jede Menge Gämsen, und einmal konnten wir einen Steinadler beobachten, der versuchte, eine Gams vom Fels zu drängen. Das war das stärkste Erlebnis, das wir hier hatten. Leider konnte ich es weder fotografieren noch filmen, da es zu weit entfernt war. Der etwa zwei-, dreijährige Bock stand auf einem Grat, und der Adler flog ihn immer wieder an und wollte ihn dazu bringen, in Panik die Felsen runterzuspringen und abzustürzen. Doch die Gams blieb einfach stehen – ganz schön nervenstark, zog nicht einmal den Kopf ein. Unglaublich. So ein Steinadler ist ja nicht gerade klein. Steinadler zählen sogar zu den größten Adlern, können eine Körperlänge von bis zu einem Meter und ein Gewicht von fast sieben Kilogramm erreichen. Schließlich harkte der Adler etwa drei Meter neben dem Gamsbock auf einem Felsvorsprung auf. Da saß er dann und beobachtete die Gams, und die Gams stand auf dem Grat und beobachtete ihrerseits den Adler. Gerührt hat sie sich immer noch nicht. Irgendwann hat der Adler aufgegeben und ist abgestrichen.

Die Erklärung kann eigentlich nur sein, dass die Hauptbeute der Steinadler kleine bis mittelgroße Säuger sind, also zum Beispiel Murmeltiere. Wenn sie aber in einer Gams eine leichte Beute sehen, werden sie auch die jagen, und wenn eine verendete Gams irgendwo herumliegt, wird sich ein Adler so ein gefundenes Fressen nicht entgehen lassen. Deshalb verstehe ich nicht, dass im Nationalpark Berchtesgaden Gamsen geschossen werden und auch Rotwild, weil ich mir sage: Wenn man hier wirklich wieder Bart- und Gänsegeier und Steinadler in nennenswerter Zahl haben will, dann braucht es verendetes Wild, Wild, das an Altersschwäche, an Entbehrung, an Kälte oder durch Steinschlag ums Leben gekommen ist. In dem Moment, wo drei, vier Jäger die Funktion des Wolfes, des Luchses, des Bären und des strengen Winters übernehmen und die Kadaver schön säuberlich wegräumen, wird den Fleisch- oder Aasfressern natürlich die Lebensgrundlage entzogen, denn von den paar Nachgeburten, die im Frühjahr anfallen, werden sie nicht satt. Das Eingreifen des Menschen ist ein Widerspruch zum Nationalparkgedanken, aber letztlich einer, der sich in praktisch allen Nationalparks und Schutzgebieten Deutschlands findet. Und ein heiß diskutiertes Thema.

Im 1970 gegründeten Nationalpark Bayerischer Wald, dem ersten Nationalpark Deutschlands überhaupt, überlässt man unter dem Motto »Natur Natur sein lassen« tatsächlich alles sich selbst. Seit dreißig Jahren dürfen sich hier die Wälder, Moore, Bäche und Seen nahezu frei von menschlichem Eingreifen nach ihren ganz eigenen Gesetzen zu einer urwüchsigen Waldlandschaft (zurück-)entwickeln. Mit eindrucksvollem Ergebnis. Da wachsen Bergahorn, Buche, Erle, Birke, Linde, Esche und viele mehr, dazwischen Farne, Moose und Flechten. Und überall liegen Stümpfe und Totholz, Lebens- und Schutzraum für etliche Klein- und Kleinstlebewesen. Diese im ursprünglichen Sinne »natürliche« Vielfalt spiegelt sich im Reichtum der hier lebenden Tierarten. Für viele seltene und bedrohte Arten wie den Fischotter, verschiedene Raufußhühner, den Schwarzstorch oder den Luchs bietet der Nationalpark ein wertvolles Rückzugsgebiet.

»Natur Natur sein lassen« heißt aber auch, zum Beispiel den Borkenkäfer fressen zu lassen, so viel er will und kann. Aber der macht ja an den Grenzen eines Nationalparks nicht halt und bedient sich auch im angrenzenden Wirtschaftswald, von dem eine Familie vielleicht schon in der siebten oder achten Generation lebt. Und die ist natürlich überhaupt nicht begeistert, wenn ihnen die Borkenkäfer alles abfressen. Die Nationalparkverwaltung argumentiert, dass die betroffenen Privatwaldbesitzer großzügig entschädigt werden. Nur: Was für den einen »großzügig«, ist für den anderen oft nicht mehr als ein Tropfen auf den heißen Stein.

Zurück zu den Gämsen. Warum werden sie im Berchtesgadener Land geschossen, statt die Natur die Sache regeln zu lassen? Findet eine Tierart in einem Gebiet gute Lebensbedingungen vor und leben dort zu wenige Fressfeinde, vermehrt sie sich sehr stark – bis die Natur eingreift. Recht häufig tut sie das in Form von Viruserkrankungen, zum Beispiel der Schweinepest oder der Tollwut. Im Fall eines zu hohen Gamsbestands greift sie zur hochansteckenden Gamsblindheit, die trotz ihres Namens auch Schafe, Ziegen und Steinböcke treffen kann. Die Erblindung ist zwar nur vorübergehend, doch während dieser Zeit sind die Tiere stark absturzgefährdet. Eine weitere, meist seuchenhaft sich ausbreitende Erkrankung, die ganze Bestände dahinraffen kann, ist die durch Milben verursachte Gamsräude – ebenfalls auch bei Steinböcken und Ziegen zu finden –, in deren Verlauf die Tiere stark abmagern und sich bis zur völligen Erschöpfung scheuern und kratzen.

Nun sieht es natürlich nicht schick aus, wenn Dutzende toter oder sterbender Gämsen herumliegen, und ist es auf Dauer besonders für Almwirte und Ranger nervig, wenn Wanderer und andere Besucher ständig rufen: »Da liegt eine halb tote Gams. Holen Sie doch mal den Tierarzt.« Das ist nämlich die Kehrseite. Auf der einen Seite wollen wir Menschen, dass die Natur sich selbst überlassen bleibt, auf der anderen Seite soll aber verletzten, kranken oder schwachen Tieren geholfen werden. Ist ein Hirsch abgestürzt und liegt da mit einem gebrochenen Lauf, ist der Ruf nach dem Tierarzt näher als der nach dem

Jäger, der den erlösenden Fangschuss gibt. Wobei Letzteres genauso ein Eingriff in die Natur ist.

Ich sprach mit mehreren Almbauern, die eine kleine Gastwirtschaft führen oder einfach nur frische Milch, Buttermilch und Käse an Wanderer verkaufen und auf diese zusätzlichen Einnahmen angewiesen sind, über das Thema, die Natur sich selbst zu überlassen. Steinbock und Gams, Rot- und Rehwild werden geduldet, Murmeltier und Steinadler ebenfalls. Aber bei der Erwähnung von Wolf und Bär stieß ich durchwegs auf Ablehnung, gar Feindseligkeit. »Da bleiben uns die Touristen weg, wenn wieder Wölfe hier leben oder ein Bär, weil sie Angst bekommen. Außerdem reißen die unser Vieh«, bekam ich immer wieder zu hören. Große Prädatoren, also Raubtiere, will man hier nicht haben. Ein Reizthema nicht nur im Berchtesgadener Land, sondern in ganz Deutschland und eines, das die Nation in zwei Lager spaltet. Im Endeffekt wird, davon bin ich überzeugt, der große Beutegreifer der Verlierer sein.

Nun kannte ich diese Furcht vor Wolf, Bär, Luchs und Co. ja schon aus anderen Gebieten Deutschlands, dennoch hat es mich verblüfft, ihr auch hier zu begegnen. Ich hatte nämlich den Eindruck gewonnen, dass die Menschen dieser Region nicht nur unglaublich gastfreundlich und zuvorkommend sind, sondern außerdem sehr aufgeschlossen. Wenn man jemanden nach dem Weg fragt, geht er oft noch mit zur nächsten Wegkreuzung, damit man sich ja nicht verläuft. Das würde man in der Eifel nie erleben. Das hängt zum Teil sicher damit zusammen, dass man hier seit langer Zeit vom Tourismus lebt. Und andererseits diese sehr konservative Haltung. Aber dafür sind die Bayern ja bekannt, glaube ich.

Cleo und ich fühlten uns hier jedenfalls unheimlich wohl, und Cleo lief zur Höchstform auf. Überall waren Fährten von allen möglichen Wildtieren, für einen Jagdhund das reinste Dorado. Einmal allerdings gab es eine Begebenheit, die wir beide nicht so lustig fanden. In einem unkonzentrierten Moment riss sich Cleo beim Anblick eines verletzten Gamsbocks von der

Leine und hetzte los, ganz Jagdhund halt. Als der Gamsbock Cleo heranstürmen sah, sprang er den Hang hundert Meter hinab, blieb stehen und guckte, was Cleo machte. Cleo rannte unbeirrt weiter. Als sie auf etwa dreißig Meter an den Gams herangekommen war, kletterte er ein Stück eine Felswand hoch und wartete wieder ab. So ging das ein paar Mal, wobei die Gams immer höher in den Fels einstieg und Cleo regelrecht in die steile Wand lockte. Ich kriegte einen ungeheuren Schreck, denn bei solchen Aktionen sind selbst erfahrene Gebirgsschweißhunde schon abgestürzt, rief und pfiff, aber Cleo hatte ihre Ohren völlig auf Durchzug gestellt und kletterte dem Gamsbock hinterher. Irgendwann ist dann der Punkt erreicht, wo eine Gams noch weiterkann, aber nicht ein Hund. Als Cleo an diesen Punkt kam, stand sie einen Moment ziemlich verunsichert in dem Fels. Sie ist ohnehin nicht die Draufgängerischste, glücklicherweise. Langsam und vorsichtig suchte sie sich schließlich ihren Weg zurück zu mir. Das hätte ganz dumm ausgehen können! Wobei ich sagen muss, dass ich ganz erstaunt war, wie trittfest Cleo, die nie zuvor in einem Hochgebirge gewesen war, sich in dem für sie ungewohnten Terrain bewegte. Das hätte ich ihr nie zugetraut.

Im August des folgenden Jahres kamen Cleo und ich, so wie Ranger Lorenz es uns empfohlen hatte, zurück ins Berchtesgadener Land. Es war noch schöner, als ich es in Erinnerung hatte. Jetzt, im Sommer und bei strahlendem Sonnenschein, bildeten die schroffen grauen Felsen einen herrlichen Kontrast zum saftigen Grün der Almwiesen, den bunten Wildblumen und dem tiefen Grünblau des Königssees. Herrlich! Wieder wollten wir unser Glück mit Steinböcken versuchen, nur leider erhielten wir immer nur vage Antworten, wenn wir fragten, ob die Tiere noch in Österreich oder schon in Deutschland seien. Außerdem standen Murmeltiere, die bei unserem ersten Besuch bereits im Winterschlaf gelegen hatten, und Alpensalamander auf unserer To-do-Liste. Mit von der Partie war Kameramann

Frank Gutsche, der mich seit vielen Jahren immer wieder auf Drehs begleitet.

Zunächst wollten wir uns den Murmeltieren widmen und hatten uns dazu mit der Parkrangerin und Murmeltierexpertin Anita Engel verabredet, die uns Stellen zeigen würde, an denen Murmeltiere leben. Anita hatte übrigens, wie ich erfahren sollte, kurz davor Ranger Lorenz geheiratet. So klein ist die Welt. Anita erzählte uns als Erstes, dass Bergwanderer in letzter Zeit zweimal Steinböcke am Schneibstein gesichtet hätten. Offenbar hatte sie von ihrem Mann erfahren, dass wir auch auf der Suche nach diesen Tieren waren. Ich war skeptisch, denn zu oft schon hatten Wanderer Tiere verwechselt. Aber wie gesagt, zuerst waren ohnehin die Murmeltiere dran. Das hatte den ganz einfachen Grund, dass diese Tiere in niedrigeren Höhen als die Steinböcke leben und wir uns so erst einmal ein bisschen akklimatisieren konnten.

Anita nannte die Tiere »Mankei«, ich hatte aber auch schon die Namen »Munkele« oder »Murmele« gehört. Der Name »Murmeltier«, so erklärte uns Anita, kommt nicht daher, dass die Tiere ständig vor sich hinmurmeln würden oder etwas in der Art, sondern hat sich aus dem Althochdeutschen »muremunto« entwickelt, das über den Umweg über das rätoromanische »murmont« vom lateinischen »mus montis« stammt, was »Bergmaus« bedeutet.

Die Nationalparkverwaltung war sehr großzügig und ließ uns alle Freiheiten. Wir durften sogar in einer Schutzhütte wohnen, die sonst von Rangern und Forschern genutzt wird. Diese Hütte war nicht zu vergleichen mit denjenigen, in denen Wanderer und Bergsteiger eine Rast einlegen oder übernachten können. Wasser – und zwar eiskaltes – gab es nur an einem Trog im Freien. Im Freien war auch die Toilette, ein Plumpsklo. Fürs Schlafen gab es einfache Pritschen, ohne Bettzeug; einen Schlafsack musste man selbst mitbringen. Genauso natürlich Essen und Getränke. Dafür ist man der Natur sehr nah. Uns hat das sehr gefallen. Es war richtig »zünftig«, wie ein Bayer wohl sagen würde. Die Hütte stand an einer Bergwiese, die voll war mit Bergblumen: rotem Almenrausch (auch Alpenrose genannt), gelber Alpen-Goldrute, blauem Schwalbenschwanz- und rostrotem Purpurenzian … Apropos Enzian: Weltweit gibt es zwischen 300 und 400 Arten! 35 wachsen in Europa, hauptsächlich in den Alpen. Der Enzianschnaps wird übrigens nicht aus den Blüten blauer Enziane gebrannt, wie die Abbildungen auf den meisten Flaschen vermuten lassen, sondern hauptsächlich aus den Wurzeln von Gelbem Enzian, der aufgrund seiner Größe ergiebiger ist, und von denen des Purpur- und Tüpfelenzians. Zwar dürfen alle Enziane weder gepflückt noch ausgegraben werden, aber keine Regel ohne Ausnahme: Sogenannte Wurzngraber dürfen, dank uralter Grab- und Brennrechte. Allerdings nur alle sieben Jahre, und auch dann dürfen sie nur die dicksten Wurzeln vom Gesamtstock trennen.

Frank und ich hatten uns aus Neugierde in Berchtesgaden ein kleines Fläschchen Enzianschnaps gekauft. Am späten Nachmittag, während wir vor der Hütte saßen und uns die Sonne auf den Bauch scheinen ließen, probierten wir ihn.

»Furchtbar!«, entfuhr es mir, während Frank das Gesicht verzog und meinte: »Da muss man sich echt dran gewöhnen.«

Wir haben uns schon durch die ganze Welt der Schnäpse getrunken, auf allen Kontinenten der Erde, aber der gute alte Underberg ist für uns mit Abstand einfach der Beste. Wobei man die beiden ja eigentlich gar nicht vergleichen kann, das ist wie Äpfel und Birnen. Der Enzian ist ein klarer Schnaps, der Underberg ein Magenbitter und aufgrund der vielen Kräuter fast schon Medizin.

Auch wenn der Enzian nicht so unser Ding war, fühlten wir uns da oben sauwohl. Eine urige kleine Berghütte, genug zu essen und trinken, herrliches Wetter, das Filmequipment gut präpariert, die Batterien vollgeladen. Jetzt mussten wir nur noch die Tiere vor die Linse bekommen.

»Hast du, als du letzten November hier warst, überhaupt kein Murmeltier gesehen?«, fragte Frank.

»Nein, da waren die schon längst in ihren Bauen unter der Erde und hielten Winterschlaf.«

»Schon längst? Hast du nicht erzählt, dass im November gerade erst der erste Schnee gefallen war?«

»Ja, aber bei den Alpenmurmeltieren wird der Winterschlaf nicht durch Kälteeinbruch oder den ersten Schneefall gesteuert, sondern durch eine innere Jahreszeituhr, und die gibt im Oktober quasi das Signal. Dann wird der Schlafkessel mit Gras und Heu ausgepolstert, die Tiere werden immer träger, und bald liegt die ganze Familie – bis zu 15 Tiere – eng aneinandergekuschelt in diesem Kessel und pennt. Die halten richtigen Winterschlaf, nicht nur Winterruhe. Bei der Winterruhe gehen zwar Herzschlag und Atmungsfrequenz auch zurück, die Körpertemperatur sinkt aber nur minimal. Bei den Murmeltieren geht die Körpertemperatur auf sieben, acht Grad runter. Ihr Herzschlag sinkt übrigens von satten 200 auf gerade mal zwanzig Schläge je Minute, und sie machen pro Minute nur noch zwei Atemzüge. Außerdem können sich Magen und Darm um die Hälfte verringern, um noch mehr Energie zu sparen. Mit all diesen Sparmaßnahmen senken sie ihren Energieverbrauch um etwa 90 Prozent. Komisch finde ich, dass sie während des Winterschlafs alle drei bis vier Wochen kurz aufwachen, um zu koten und zu urinieren. Und das machen sie *im* Bau.«

»Hm, fein«, warf Frank ein, »und warum nicht draußen?«

»Gute Frage. Ich denke mal, dass sie dabei gar nicht richtig wach werden, weil ja der ganze Kreislauf auf ein Minimum geschaltet ist und gar nicht so schnell hochgefahren werden kann. Außerdem ist der Eingang des Baus während des Winters fest mit einer Mischung aus Erde, Steinen und Pflanzenresten verstopft. Und der Bau selbst ist mit Sicherheit die meiste Zeit völlig eingeschneit. Im Übrigen machen sie ihr Geschäft nicht im Schlafkessel, sondern in einem der Seitengänge.«

»Energiesparen hin oder her. Für ein halbes Jahr Winterschlaf müssen sie sich vermutlich trotzdem ganz schön Reserven anfressen.«

»Das kann man wohl sagen. Ausgewachsene Alpenmurmeltiere sind – den Schwanz nicht mitgemessen – vierzig bis fünfzig Zentimeter lang und wiegen zwischen drei und sechs Kilogramm. Während des Sommers fressen sie sich etwa ein Kilogramm Fett an. Im Verhältnis ganz schön viel. Hast du gewusst, dass Murmeltierfett im Alpenraum über Jahrhunderte in der Volksmedizin verwendet wurde und bis heute verwendet wird?«, wollte ich von Frank wissen.

»Nee. Und bei was soll es helfen?«

»Hauptsächlich bei Gelenkerkrankungen wie Arthritis und Gicht, bei Narben und allem Möglichem. Heute weiß man, dass es extrem viel natürliches Kortison enthält, womit die entzündungshemmende Wirkung sogar wissenschaftlich bestätigt ist.«

»Ah ja. Und wie kommt man an das Fett? Früher mit Sicherheit durch Abschlachten der Tiere. Aber heute?«, wunderte sich Frank, grinste dann: »Durch Fettabsaugung beim Schönheitschirurgen?«

»Nein, immer noch durch Jagd. In Deutschland gilt das Murmeltier zwar als nicht bedroht, ist aber auch nicht sehr zahlreich, sodass es ganzjährig geschont ist. In Österreich, Italien und der Schweiz hingegen gibt es so viele davon, dass sie geschossen werden dürfen.«

Am nächsten Morgen wanderten wir zu einer der Stellen, die Anita uns gezeigt hatte. Der Lebensraum der Murmeltiere reicht von der jeweiligen Baumgrenze, die hier an der Nordflanke der Alpen zwischen 1700 und 1800 Meter Höhe liegt, bis etwa 200 Höhenmeter darüber. Am liebsten leben die Tiere an Südhängen, da diese im Frühjahr als Erstes schneefrei sind und eine längere Vegetationsperiode als andere Lagen haben. Spannend war der Moment, als wir die Baumgrenze überschritten. Die letzten Bäume sind Zirbel- und die strauchartigen, nur knapp einen Meter hoch wachsenden Latschenkiefern sowie Minilärchen. Fast unmittelbar steht man dann in einer hochalpinen Landschaft, in der es nur noch Moose, Flechten und Gräser gibt.

Eile war bei unserem Aufstieg nicht geboten, da Murmeltiere sich in der Nacht in ihre Baue zurückziehen und erst wieder hervorkommen, wenn es richtig hell ist. Da die Tiere Vegetarier sind und sich hauptsächlich von nicht gerade energiereichen Gräsern und Blüten ernähren, die Sommer in den Bergen kurz sind und für den Winter eine ordentliche Fettschicht hermuss, wird in der warmen Jahreszeit gefressen, was das Zeug hält. Es dürfte also nicht allzu schwer sein, die Tiere zu filmen. Dachten Frank und ich.

Am Abend wussten wir es besser. Denn Murmeltiere sind ungeheuer aufmerksam und wachsam, und sobald eines von ihnen einen Beutegreifer ausmachte, stieß es einen oder mehrere Warnpfiffe aus, und – *pffft* –, so schnell konnten wir gar nicht schauen, war der gesamte Familienverband unter der Erde verschwunden. In den Augen der Murmeltiere waren aber auch Cleo, Frank und ich Beutegreifer, sodass wir nicht näher als 25, dreißig Meter an die Tiere herankamen, bevor sie in einer der vielen Röhren ihrer Baue verschwanden.

Fasziniert hat uns, dass die Murmeltiere offensichtlich verschiedene Alarme haben. Näherte sich ein Feind am Boden, etwa ein Fuchs oder ein Marder oder eben Cleo, Frank und ich, wurde eine Pfeifserie ausgestoßen. Mehrere Pfiffe bedeuten also: Achtung, Bodenfeind! Wenn sie einen Steinadler hoch über sich sahen, gab es nur einen einzigen Pfiff. Das liegt wahrscheinlich daran, dass die Wahrnehmung von Greifvögeln meist erst in letzter Sekunde erfolgt und solch ein Feind pfeilschnell auf seine Beute zustoßen kann. Da ist einfach nicht genug Zeit, um lange herumzupfeifen, da muss blitzschnell reagiert werden, und wer nicht bei drei im Bau ist, hat sein Leben verspielt. Ertönt nur ein Pfiff, wissen alle: Achtung, Luftfeind! Aus Sicht der Murmeltiere können das neben Adlern auch Habichte oder Drachen- und Gleitschirmflieger sein. Das können sie nicht unterscheiden.

Sind sie nach einer Warnung erst einmal in einer Röhre verschwunden, dauert es seine Zeit, bis sie sich wieder hervorwagen. Langer Rede kurzer Sinn: Wir taten uns mit dem Filmen der Murmeltiere sehr schwer. Es blieb letztlich nur eine Möglichkeit: Sich gut getarnt in ein Versteck zu setzen, sprich in einem Fotozelt auf offener Wiese ohne einen Hauch von Schatten vor sich hinzuschmoren. Nachdem sich der Sommer nämlich entschlossen hatte, in diesem Jahr doch noch in Bayern vorbeizuschauen, kletterte das Thermometer jetzt selbst in den Bergen auf 28 Grad im Schatten. Dumm, dass das auch dem Objekt unserer Begierde zu heiß war: Die Murmeltiere ließen sich nur morgens und am späten Nachmittag blicken, wenn die Temperaturen erträglich waren, die restliche Zeit verdösten sie in ihrem Bau. Und spätestens bei Einbruch der Dämmerung zogen sie sich ganz zurück. Ab und zu schaute noch mal ein Jungtier heraus – bei den Lichtverhältnissen am Abend sehr leichtsinnig – und fraß ein bisschen, und das war's denn auch.

Am nächsten Tag verhalf mir Cleo zu der Möglichkeit, mal ein Murmeltier aus der Nähe zu betrachten. Sie buddelte am Eingang einer Fluchtröhre, in der sich ein Murmeltier versteckt hatte. Ich schob Cleo beiseite, tastete mit meiner Hand in den Tunnel hinein, der sich als sehr kurz herausstellte, und bekam das Tier tatsächlich zu fassen, ein Junges von der Größe eines Wiesels.

Murmeltiere sind keine aufregenden Tiere, aber einfach nett anzuschauen. Putzig, würden manche sagen. Und Tiere, die, wie ich finde, total schön in die Alpen passen. Jedenfalls waren es, trotz aller Mühsal beim Filmen, coole Tage mit den Murmeltieren.

Ein richtig faszinierendes Tier des Alpenraums hingegen ist der vergleichsweise kleine, nur vierzehn bis fünfzehn Zentimeter lange Alpensalamander. Er ist im Unterschied zum Feuersalamander kohlrabenschwarz, und während Feuersalamander bis maximal tausend Höhenmeter vorkommen, fängt der Lebensraum der Alpensalamander da erst an und geht in den bayerischen Alpen bis auf etwa 1600, 1800 Meter. Der höchste Einzelfundort eines Alpensalamanders war in Österreich – auf 2800 Metern! Der Erste, den wir entdeckten, das heißt, eigentlich hat Cleo ihn gefunden, hatte sein Leben bereits ausgehaucht. Der war offensichtlich von einer Kuh platt getreten worden, er lag nämlich genau in einem Trittsiegel. Es sollte auch der Letzte sein, den wir sahen, denn Alpensalamander sind überwiegend nachtaktiv, tagsüber liegen sie die meiste Zeit unter Steinen oder Totholz in feuchten Laubwäldern oder auf Almwiesen neben Gebirgsbächen. Und aktiv werden sie sowieso nur bei hoher Luftfeuchtigkeit, jetzt aber war ein Tag schöner und heißer als der andere.

Faszinierend finde ich den Alpensalamander deshalb, weil dieses kleine Tier von allen Lebewesen der Erde, soweit bekannt, die längste Tragzeit hat. Sie dauert je nach Höhenlage zwei bis drei Jahre, in Ausnahmen bis zu vier Jahre. In jedem der beiden Eierstöcke des Weibchens ernähren sich die Larven zunächst vom Dotter ihres Eies, die Gefräßigste dann vom Dotter weiterer Eier, sodass in jedem Eierstock letztlich nur ein einziger Nachkomme heranwächst – der schließlich voll entwickelt das Licht der Welt erblickt und sofort an Land lebensfähig ist, während ja die meisten Amphibien in Gewässern ablaichen.

Die geringe Reproduktionsrate macht der Alpensalamander durch das im Verborgenen geführte Leben wett sowie – das hat er mit dem Feuersalamander gemein – ein giftiges Hautsekret und eine Lebenserwartung von bis zu zwanzig Jahren.

Um nicht jeden Tag erst vom Tal aus einen langen Anstieg zu den Steinböcken bewältigen zu müssen, suchten wir ein Quartier oben am Berg, das uns quasi als Basisstation dienen sollte. Bei der ersten Hütte, bei der wir nachfragten, wurden wir von einem missgelaunten, höchst unfreundlichen Wirt, den, wie wir später erfuhren, viele Einheimische nur »der Grantige« nennen, beschieden mit: »Heute nicht. Fragt morgen wieder.«

Nach einem kurzen Blickwechsel marschierten Frank, Cleo und ich grußlos davon.

Noch in Hörweite sagte ich zu Frank: »So gehste doch nicht mit Leuten um. Die kommen ja nie wieder.«

Wir marschierten zum höher gelegenen Carl-von-Stahl-Haus weiter.

»Klar könnt ihr bleiben«, hieß es dort. »Für zwei habe ich immer Platz und für den Hund auch.«

Stefan, so hieß der junge österreichische Wirt und Pächter, war herzlich, supernett, total sympathisch. Genauso seine Freundin, die ebenfalls auf der Hütte lebte, und die Angestellten. Welch ein Kontrapunkt zu dem Grantigen.

Das Stahlhaus, das finde ich eine recht witzige Sache, liegt genau an der Grenze zwischen den Bundesländern Bayern und Salzburg, somit Deutschland und Österreich, und wird nach den Hüttenordnungen des deutschen *und* des österreichischen Alpenvereins geführt.

Frank hatte ich nach seiner Ankunft in Berchtesgaden ein Paar neuer Bergschuhe verpasst, so richtig derbe, zwiegenähte, mit denen man auch auf losem Untergrund guten Halt hat und die er in den vergangenen Tagen gut eingelaufen hatte. Fester Halt und trittsichere Schuhe sind natürlich für jeden Bergwanderer wichtig, für uns aber ganz besonders, weil wir sehr viel mehr Gewicht tragen: Unsere Ausrüstung besteht üblicherweise aus zwei Kameras, Akkus, verschiedenen Objektiven, zwei, zumindest aber einem Stativ (das allein wiegt schon sechs Kilo), einer kompletten Fotoausrüstung samt langbrennweitiger Objektive, Speicherkarten, Blitzlichtgerät ... Das summiert sich locker auf ein Gewicht von dreißig bis 35 Kilogramm je Rucksack. Der Rucksack selbst wiegt auch etwas, selbst wenn es ein Hightechteil ist. Dazu kommen Wasser und ein bisschen Proviant für den Tag. Während Frank in der Regel genügend Wasser dabeihat, neige ich eher dazu, statt eines zweiten Liters zwei Akkus mehr mitzunehmen – was natürlich völlig falsch ist. In der Vergangenheit haben wir zugunsten des Equipments oft genug auf persönliche Dinge verzichtet. Doch mittlerweile muss auch die Voltaren-Salbe ins Gepäck oder eine Elastikbinde, um gegebenenfalls einen Knöchel oder ein Knie bandagieren und auf diese Weise ein bisschen entlasten zu können. So ist das halt, wenn man älter wird. Wäsche zum Wechseln wäre auch nicht schlecht, weil man mit so viel Gepäck auf dem Rücken schnell ins Schwitzen kommt und bei einer Rast dann auskühlt. Jüngeren macht das meist nicht viel aus, aber mein Körper reagiert da mittlerweile schnell verstimmt. Cleo trug ihren Proviant übrigens selbst, in ihrem eigenen supercoolen Rucksack, einer Maßanfertigung aus England. Das Ding sieht eigentlich eher wie eine Art Satteltaschen aus, aber mir gefällt es besser, es als Rucksack zu bezeichnen.

Kurz und gut: Dank des vielen Gepäcks war unser Aufstieg sehr beschwerlich – außer für Cleo, die ihre zugegebenermaßen leichte Last überhaupt nicht zu spüren schien. Die erste halbe oder auch ganze Stunde ging noch, dann wurde es immer mühsamer und der Rucksack gefühlt immer schwerer. Frustrierend war, dass Leute, die etliche Kilogramm Übergewicht auf den Rippen hatten und nicht gerade recht fit wirkten, locker an uns vorbeizogen.

Wir waren bei Anbruch des Tages losgezogen. Bald kam das Morgenlicht, das im Hochgebirge besonders schön ist, und wir hätten am liebsten die ganze Zeit nur gefilmt und fotografiert. Je höher wir kamen, desto schöner wurde es. Und wieder wurde gefilmt und geknipst, und die Zeit verging, ohne dass wir es bemerkten.

Einmal entdeckten wir ein gutes Stück entfernt mehrere Gämsen. Nun sind die Tiere hier mit Sicherheit an Wanderer gewöhnt, von denen der eine oder andere auch so wie wir einen Hund dabeihat, dennoch waren sie erstaunlich scheu und hielten großen Abstand, zu groß für vernünftige Aufnahmen. Als Cleo dann kurze Zeit später plötzlich den Kopf hochnahm und die ganze Zeit in Richtung eines Grats windete, von wo ihr irgendetwas in die Nase stach, dachte ich erst, dahinter stünden wieder Gämsen. Wir pirschten uns ganz langsam an – und da stand in einer Art Minicanyon Steinwild! Drei Geißen, wie an der Größe und dem kleinen Gehörn leicht zu erkennen war. Sofort gingen Frank und ich in Deckung, und ich drückte Cleo auf den Boden. Frank und ich legten so leise wie möglich unsere Rucksäcke ab, ich befahl Cleo: »Platz, bleib hier«, und band sie zur Sicherheit noch an meinem schweren Rucksack fest, denn sie vibrierte vor Jagdfieber. Dann hoben Frank und ich vorsichtig die Köpfe. In der gegenüberliegenden Felswand machten wir fünf weitere Steinböcke aus. Geißen, Kitze und Jährlinge. (Junge Männchen bilden ja, wie weiter oben erwähnt, eigene Grüppchen, während die älteren Einzelgänger sind.) Die Tiere hatten uns längst wahrgenommen und äugten zu uns her, blieben aber völlig ungerührt. Da die hiesige Population den Winter in Österreich verbringt, wo Steinwild, wenn auch in stark begrenzter Stückzahl, gejagt werden darf, müssten die Tiere eigentlich sehr scheu sein. Mir kam es fast so vor, als wüssten sie, dass sie auf deutscher Seite in Sicherheit sind.

Wir waren total verblüfft. Da hat man endlich gefunden, was man suchte, wendet alle Tricks und Kniffe an, Indianertaktik, und ich kann wirklich gut schleichen und pirschen, um heranzukommen, und dann merkt man, dass man schon lange gesehen wurde – und das Objekt der Begierde überhaupt nicht auf einen reagiert. Das hat fast was Desillusionierendes. Dann näherte sich auf der anderen Seite des Rudels eine Gruppe von Wanderern. Die konnten von ihrer Position aus die Steinböcke nicht sehen und liefen im Abstand von vielleicht 30 Metern an den Tieren vorbei, die nicht einmal die Köpfe drehten.

Frank und ich drehten verschiedene Einstellungen und eine kleine Moderation. Da es aber so heiß war – fast dreißig Grad –, rupften die Tiere, allen voran die Muttertiere, die Kitze zu säugen hatten, ein paar Gräser, ansonsten tat sich nicht viel.

»Irgendwie ist das ein bisschen langweilig«, meinte ich nach einiger Zeit zu Frank. »Bleib du hier, und ich schlage einen Bogen, sodass wir die Tiere zwischen uns haben.«

Gesagt, getan, und auch das tolerierten die Steinböcke. Wir bekamen nun tolle Aufnahmen: zum Beispiel von einem Steinbock im Vordergrund, während Cleo und ich ein Stück dahinter durchs Bild laufen. Hinter Cleo und mir wiederum ein weiter Blick Richtung Dachsteingebirge. Das sieht grandios aus.

Als wir nach einem leicht ansteigenden Serpentinenweg am Gipfel ankamen, hörten wir von unterhalb des Gipfels, auf der Österreich zugewandten Seite, ein Rumpeln und Krachen, als ginge eine Steinlawine ab. Wir gingen dem Geräusch nach und blickten einen schroffen Abhang hinab in einen tiefen felsigen Einschnitt. Und da tänzelte ein stattlicher Steinbock mit imposanten, fast einen Meter langen Schläuchen – so nennt man das Gehörn in der Jägersprache bei Gams-, Muffel- und Steinwild – über die Felsen, wobei er immer wieder Steine lostrat, die den Hang hinunterpolterten. Eine zweieinhalb Meter breite Traverse übersprang er, als wäre es nichts. Diese Behändigkeit ist wirklich erstaunlich, denn immerhin hat ein Alpensteinbock eine Kopf-Rumpf-Länge von etwa eineinhalb und eine Schulterhöhe von knapp einem Meter und können Böcke über hundert Kilogramm wiegen (Geißen etwa vierzig Kilogramm). Im Valle Antrona, Norditalien, lebt ein Rudel, das die enorme Trittsicherheit und Kletterkunst der Steinböcke eindrucksvoll unter Beweis stellt. Um an die Leckerbissen zu kommen, die am Cingino-Staudamm wachsen, klettern die Tiere in die über fünfzig Meter fast senkrecht in die Höhe ragende Dammmauer hinein. Es gibt sogar einen Video-Clip davon auf Youtube.

Etwas weiter unterhalb, heute hatten wir wirklich Glück, entdeckten wir eine Junggesellengruppe aus sieben Böcken, wovon zwei relativ stark waren. Natürlich filmten wir, stellten aber nach einer halben Stunde fest, dass sie sich noch weniger bewegten als die Geißen, die wir davor gesehen hatten. Na ja, sie müssen ja auch keine Milch für den Nachwuchs produzieren. Sie standen oder lagen im Schatten von Felsüberhängen oder -einbuchtungen, leckten am Firn vom letzten Winter und warteten darauf, dass es abkühlte.

Steinböcke sind allerdings ohnehin Energiesparmodelle und bewegen sich nur, wenn sie müssen. In den Höhenlagen, in denen sie leben, ab 1800 Meter aufwärts, ist das Nahrungsangebot ja nicht gerade üppig – Gräser, ein paar Kräuter, Knospen, Triebe, Flechten und Moose –, da darf man, will man zum Beispiel als Bock ein Gewicht von hundert Kilogramm erreichen oder halten, nicht unnütz Energie verschwenden. Aus diesem Grund haben Steinböcke ein höchst effizientes Verdauungssystem, wahrscheinlich das effizienteste von allen Wiederkäuern, das sie in die Lage versetzt, das sehr nährstoffarme Futter optimal aufzuschlüsseln und zu verwerten. Nur so können sie bis in extreme Höhenlagen von bis zu 3000 Metern vorstoßen und einen Lebensraum und letztendlich eine Futternische besiedeln, die von anderen Tieren nicht genutzt wird. Außerdem gilt es, sich im Sommer ausreichend Fettreserven für den Winter anzufressen, da wäre zu viel Bewegung nur kontraproduktiv.

An Kämpfe war ohnehin nicht zu denken, denn jetzt war keine Paarungszeit, und nur in der Brunft kommt Leben in die das ganze Jahr über recht phlegmatischen Tiere. Komischerweise haben sie die Brunft in der kältesten Jahreszeit, im Januar und Februar. Vor Jahren hatte ich mal versucht, einen Steinbockkampf zu filmen. Zwei Wochen verbrachte ich dazu in dem schon erwähnten Nationalpark Gran Paradiso im Aostatal. Mehrmals hörte ich Steinböcke mit lautem Krawumm zusammenschlagen und hetzte über einen Grat oder durch Tiefschnee auf den Ort des Geschehens zu. Doch trotz Harscheisen an meinen Schneeschuhen schaffte ich es kein einziges Mal rechtzeitig, ich kam immer erst an, wenn der kurze, zum Teil symbolische Kampf bereits vorbei war. Kämpfende Alpensteinböcke in freier Wildbahn zu filmen ist eine echte Herausforderung. Meines Wissens ist es erst zweimal gelungen. Einer der beiden Filme ist ein uralter Schwarz-Weiß-Film, wo noch Fusseln durchs Bild fliegen.

Warum Steinböcke ausgerechnet in der unwirtlichsten Jahreszeit ihre Brunft haben, weiß ich nicht. Die Tragzeit ist mit fünf Monaten relativ kurz, die Lämmer kommen also im Mai/Juni auf die Welt. Das ist die Zeit mit viel Futter, frischem Gras, das heißt viel Milch. Insofern ist eine Brunft im tiefsten Winter logisch. Aber Rehe zum Beispiel bringen ihre Jungen auch im Mai zur Welt, haben die Paarungszeit aber im August. Da macht die Eizelle eine Eiruhe durch. Das heißt, die Eizelle liegt befruchtet in der Gebärmutterschleimhaut eingenistet bis November, und entweder stirbt sie dann ab, wenn das Reh in schlechtem Ernährungszustand ist, oder sie entwickelt sich zu einem Embryo. Ein genialer Einfall der Natur.

Vielleicht hat sie bei den Steinböcken einfach nur einen anderen Weg gewählt, nach dem Motto: Wir warten, bis der Winter ziemlich um ist, und schauen dann, in welchem Zustand die potenziellen Muttertiere sind: Können sie überhaupt ein Kind austragen, oder sind sie zu geschwächt? Und welcher der Böcke ist noch kräftig genug, sich gegen die Konkurrenz durchzusetzen und die Herrschaft über ein Rudel Geißen zu gewinnen? In anderen Worten: Welcher Bock ist es wert, seine Gene weiterzugeben? Die Paarungszeit kostet die Männchen viel Energie, und einige sterben in dieser Zeit an Entkräftung. Das ist auch bei manch anderen Tierarten so, Steinböcke müssen sich aber ausgerechnet in einer Zeit, in der sie kaum Futter finden, in Kämpfen bewähren. Die Paarung selbst ist ja nur ein Akt von wenigen Sekunden. Dass die Natur für die Steinböcke diesen harten Weg vorgesehen hat, hängt vielleicht damit zusammen, dass diese Art besonders widerstandskräftig und robust sein muss – Steinwild ist unter Europas Großtieren wahrscheinlich die zäheste Art –, um ihr Überleben unter den schwierigen Bedingungen in den hochalpinen Regionen zu sichern. Beim Rothirsch zum Beispiel gibt es den Platzhirsch; der hat die meisten Mädels um sich. Das heißt aber nicht, dass schwächere Hirsche nicht zum Zug kommen. Beim Alpensteinbock hingegen trennt sich in der Brunft die Spreu vom Weizen.

Es passierte nach wie vor nicht viel, aber das Licht wurde immer weicher, die Motive sahen von Minute zu Minute schöner aus. Wir konnten uns einfach nicht losreißen und zögerten den Abstieg wieder und wieder hinaus.

Auf einmal guckte Frank auf die Uhr und sagte: »Du, wir müssen jetzt wirklich los, wir brauchen mit unserer Ausrüstung bis zur Hütte mindestens zwei Stunden, und in etwa zweieinhalb Stunden ist es dunkel.«

Wir hatten am Morgen überlegt, am Gipfel oder ein Stück darunter zu biwakieren, hatten aber schon ohne Schlafsäcke und Zelt so viel Gepäck zu schleppen, dass wir uns von dem Gedanken schnell verabschiedet hatten. Außerdem hatte uns Anita von einer Abkürzung zum Stahlhaus erzählt, die wir selbst mit schwerem Gepäck in anderthalb bis zwei Stunden schaffen würden.

»Kennst du den Weg?«, fragte Frank.

»Nein, ich war doch selbst erst einmal hier. Aber die Anita hat ihn doch sehr gut beschrieben. Wir müssen diesen Hang hier«, ich zeichnete mit einem Finger die Route nach, »gerade runter, nicht die Serpentinen« – eine Art Naturtreppe aus ausgewaschenen Felsen, auf der sich Cleo schon beim Aufstieg schwergetan hatte –, »durch das Geröllfeld und über die steile Alm. Dann sollen wir an der Wand entlanggehen. Da gibt es einen Wanderweg, der direkt zur Hütte führt.«

Wir marschierten los. Am Anfang alles prima. Der steile Abstieg mit der schweren Last auf den Schultern machte sich aber recht schnell in unseren Knie- und Hüftgelenken bemerkbar. Es war zwar unser erster Tag auf dem Schneibstein, aber nicht der erste Tag, an dem wir all die Ausrüstung durch die Berge schleppten, weshalb wir schon etwas angeschlagen waren. Endlich erreichten wir die Wand, doch von einem Wanderweg war nichts zu sehen. Das Einzige, was wir fanden, war ein schmaler Pfad, den wahrscheinlich Steinböcke und Gämsen getreten hatten. Cleo bestätigte unsere Vermutung. Sie lief nämlich frei vor uns her und nahm plötzlich eine Fährte auf. Was Anita wohl nicht gewusst hat, war, dass ein gewaltiger Felsrutsch den Wanderweg verschüttet hatte. Jedenfalls war da, wo der Wanderweg sein sollte, ein riesiges Geröllfeld. Die Gämsen und Steinböcke hatten damit kein Problem. Die stiegen einfach in die Wand ein und zogen im Fels an dem Geröllfeld vorbei.

Frank und ich schauten uns etwas ratlos an.

Okay, dann müssen wir unten durch, entschieden wir schließlich, und stiegen weiter ins Tal ab. Doch bald gerieten wir in einen richtigen Urwald, wo dicke Baumstämme und große Felsen kreuz und quer lagen und es kein Durchkommen gab. Es blieb uns nichts anderes übrig, als wieder zu der Wand mit dem verschwundenen Wanderweg aufzusteigen und uns einen Weg über das riesige Geröllfeld zu bahnen. Es war wie ein Hindernislauf. Die Rucksäcke drückten, wir hatten schon längst kein Wasser mehr, waren seit dem frühen Morgen auf den Beinen, hatten hoch konzentriert Film- und Fotoarbeit geleistet, waren der UV-Strahlung in der Höhe ausgesetzt gewesen, bei fast dreißig Grad. Kurz und gut, wir waren ziemlich am Ende. Genau in solchen Situationen passieren die meisten Unfälle: Man ist müde, durstig, die Beine tun einem weh, und man wird unkonzentriert. Da kann der kleinste Fehler zum Verhängnis werden.

Mir fiel die Geschichte ein, die uns Anita vor ein paar Tagen erzählt hatte. 2008 hatte sich eine junge Amerikanerin hier verlaufen. Geistesgegenwärtig knüpfte sie ein Top an eine Holztransportseilbahn, um auf sich aufmerksam zu machen. Und tatsächlich entdeckte ein Arbeiter das Kleidungsstück, brachte es mit der drei Tage davor als vermisst gemeldeten Urlauberin in Beziehung und alarmierte den Rettungsdienst. Ein Hubschrauber rettete die Frau schließlich von einem Felsvorsprung in fast 2000 Meter Höhe. So viel Glück hat nicht jeder.

»Alter Schwede«, riss mich Frank aus meinen Gedanken, »das glaubt uns daheim keiner. Mann, Mann, Mann, wären wir nur auf dem Steig abgestiegen, den alle gehen.«

»Dann wären wir jetzt auch noch nicht da«, wandte ich ein.

»Stimmt«, setzte Frank dagegen, »aber wir wüssten wenigstens den Weg.«

Natürlich hatten wir daran gedacht, bei Anita oder im Stahlhaus anzurufen und nach dem genauen Weg – oder einem Ausweg – zu fragen, doch weder Franks noch mein Handy hatte Empfang. Uns beiden war klar, dass wir, sollten wir die Nacht hier oben verbringen müssen, nicht erfrieren würden. Aber kalt würde es schon werden und ungemütlich. Ich hatte wegen meines Bandscheibenvorfalls, den ich kurz vorher erlitten hatte, jedenfalls keinen Bock auf eine Nacht nur in Jeans, T-Shirt und leichter Jacke, vielleicht an Cleo gekuschelt. Außerdem hatten wir, wie gesagt, längst unser Wasser aufgebraucht. Und kein Essen mehr. Wir wollten auch nicht, dass sich die Wirtsleute Sorgen machten und womöglich die Bergwacht alarmierten. Wir versuchten, einen Zahn zuzulegen. Und auf einmal, mitten im Geröllfeld, streikte Cleo. Schon für Frank und mich war es enorm kräftezehrend, über die großen Felsblöcke zu klettern, die zum Teil zwei, drei Meter Kantenlänge hatten, aber wo uns oft ein großer Schritt genügte, musste die kleine Cleo springen. Vor allem hatten wir festes Schuhwerk, das uns vor den scharfen Gesteinskanten schützte. Cleo wollte einfach nicht mehr.

Ich dachte, hey, du bist doch ein harter Kerl, bist schon durch ganz Alaska gewandert und die Namib-Wüste, warst im Himalaja unterwegs, bist mit dem Pferd durch Kirgisistan, hast den Mount McKinley bestiegen und, und, und, und jetzt hängst du hier wie ein Anfänger in einem Geröllfeld, dein Hund kommt nicht mehr weiter, und dein bester Kumpel ist nur am Murren. Frank sagte nämlich immer wieder: »Mann, Mann, Mann, das glaubt mir keiner. Ich hab's dir gesagt. Wir hätten die andere Route gehen sollen.« Wir stritten zwar nicht, aber es war eine deutliche Anspannung zu spüren. Es begann bereits zu dämmern, und wir guckten ständig auf die Uhr. Ich fühlte mich auf einmal ganz komisch, so »grün«. Wie konntest du so einen Fehler machen, Andreas?, fragte ich mich. Aber als wir uns an den Abstieg gemacht hatten, schien alles so klar, wir konnten ja mit dem Fernglas fast unsere Route abgucken, bis runter zum Stahlhaus.

Ich hob Cleo hoch und legte sie oben auf meinen Rucksack. Noch einmal 26 Kilogramm obendrauf. Nein, das schaffe ich heute nicht mehr, wurde mir klar. Auch konnte ich nicht den Hund festhalten und gleichzeitig über die Felsen balancieren.

»Pass auf, Frank, uns läuft die Zeit davon. Wir lassen alles hier, die Rucksäcke, die gesamte Technik, einfach alles. Ich schmeiß mir Cleo über die Schultern, und wir sehen zu, dass wir zur Hütte kommen.«

Der Ausrüstung konnte nichts passieren. Alles war gut verpackt. Zwar ließen wir da ungefähr 120 000 Euro an Kameras, Objektiven und so weiter zurück, und wenn die Sachen weggekommen wären, hätte ich meinen Job an den Nagel hängen können, weil ich nicht das Geld hätte, alles neu zu kaufen. Aber wer sollte das da wegholen?

Nach kurzem Überlegen nickte Frank. Wir legten alles auf einen Haufen, sogar die Hundeleine. Ich spannte mein weithin leuchtendes rotes T-Shirt über einen markanten Felsen und fixierte es an zwei Ecken mit Steinen, sodass wir unsere Sachen am nächsten Tag wiederfinden würden, und legte mir Cleo über die Schultern. Hm, immerhin ein bisschen leichter, dachte ich schnaufend. Frank hingegen, von aller Last befreit, schien regelrecht zu schweben.

»Och, ich weiß schon, was ich mache, wenn wir auf der Hütte sind«, rief er mir über die Schulter zu. »Ich trinke erst einmal zwei große Weißbier.«

»Ich auch. Aber erst einmal müssen wir ankommen.«

Irgendwann hat auch ein Geröllfeld ein Ende. Danach kamen abgeschlagene Baumstämme, dann wieder eine Art Passweg, den Gämsen und Steinböcke getreten hatten. Schließlich standen wir zu unserer Überraschung auf der Almwiese mit der Hütte vom grantigen Wirt. Wir waren also *unterhalb* des Stahlhauses! Doch das war uns jetzt völlig egal, denn wir wussten: Zum Stahlhaus ist es nicht mehr weit, und, im Moment viel wichtiger, direkt neben der Hütte vom Grantigen gibt es eine Quelle. Frank und ich fielen uns vor Erleichterung in die Arme, umarmten und drückten Cleo. In solchen Situationen entsteht ja gern so ein besonderes Gefühl der Kameradschaft, das jeder kennt, der schon einmal gemeinsam mit anderen Außergewöhnliches geleistet hat.

»Wir sind dem Berg noch einmal entkommen«, blödelte ich in dramatischer Tonlage.

Dann haben wir erst einmal unglaublich viel getrunken. Cleo hat bestimmt drei Minuten lang gesoffen. Gegen 20:30 Uhr waren wir dann endlich am Stahlhaus. Die Gäste, die auf der Veranda saßen, musterten uns neugierig und leicht verwundert. Verständlich, denn wir sahen ganz schön fertig aus. Alle drei hatten wir einen komischen Gang, da uns die Beine, die Gelenke, eigentlich alles wehtat. Ich trug, da ich das rote T-Shirt beim Gepäck gelassen hatte, nur ein schwarzes Trägerhemd, das von getrockneten, salzverkrusteten Schweißflecken überzogen war. So kamen wir da kurz nach Einbruch der Dunkelheit an.

Frank hatte kurz vorher noch gesagt: »Wenn uns jetzt einer sieht, wie so zwei alte Opas, die sich total übernommen haben.«

»Mann, wo kommt ihr denn her?«, rief Stefan, der Wirt. »Wir haben uns schon Sorgen gemacht!«

»Ich muss erst mal zwei leichte Weißbier haben«, sagte Frank, ohne auf Stefans Frage einzugehen.

»Ja, dann vier Weißbier«, meinte ich.

Nach dem ersten langen Zug aus dem Bierglas erzählten wir Stefan, was uns passiert war.

Am Nebentisch saß eine Männertruppe von sechs oder sieben Wanderern, alle etwa in Franks und meinem Alter, so zwischen vierzig und 55. Einer von ihnen sagte plötzlich: »Ist das nicht der berühmte Cleo?« *Der* berühmte Cleo! Aber ich sagte nur: »Das is' er.«

»Und dich kenn ich auch«, meinte er dann. »So viel Prominenz hier auf dem Berg, das hätten wir nicht vermutet.«

Es war sehr lustig.

Am Akzent hörte ich, dass es Rheinfranken waren, und fragte daher: »Kommt ihr aus dem Hunsrück?«

»Ja, wir sind aus dem Hunsrück. Mensch, das gibt's doch nicht. Wir wandern manchmal durch die Eifel und wollten dich schon mal besuchen kommen. Und wo treffen wir dich? Hier oben!«

Frank und ich schütteten das Weißbier in Rekordzeit in uns rein, löffelten einen Teller deftiger Kartoffelsuppe, die uns wieder zu Kräften kommen ließ, und bestellten dann gleich noch einmal je zwei Weißbier. Vernünftigerweise wieder leichtes, denn ein normales Bier hätte uns nach so einem Tag glatt umgehauen. Schon das leichte stieg uns in den Kopf. Cleo hatte sich da bereits unter den Tisch gelegt und schlief. Es wurde noch ein schöner Abend. Die Hunsrücker waren gut drauf, und wir haben viel gelacht.

Müde, aber zufrieden krochen Frank und ich schließlich in unsere Schlafsäcke und schliefen wie die Murmeltiere tief und fest bis zum nächsten Morgen. Obwohl wir an der Quelle bei dem Grantigen mindestens einen Liter Wasser getrunken hatten und am Stahlhaus zwei Liter Bier, das ja bekanntlich ungemein »treibt«, mussten wir in der Nacht kein einziges Mal pinkeln, und selbst am nächsten Morgen kam nicht viel.

»Das kann doch nicht sein«, sagte ich zu Frank, »wo sind die vier Flaschen Bier geblieben?«

Ich glaube, keiner von uns beiden war jemals davor derart ausgetrocknet gewesen.

Am nächsten Morgen genossen wir ein rustikales Frühstück auf der Veranda mit einem grandiosen Blick auf die blumengeschmückte Alm, die sich ein Stück den Berg hinabzog.

»Weißt du«, sagte ich zu Frank, »das Hüttenleben macht für mich einen Teil der Faszination der Berge aus, und ich vermute stark, dass es vielen Wanderern und Bergsteigern ebenso geht. Auf einer Almhütte zählen weder Beruf noch Vermögen, da sitzen der Manager mit einem Jahresgehalt von einer halben Million Euro und der einfache Arbeiter am selben Tisch und schlafen im selben Raum. Dann das einfache, nahrhafte Essen ohne Firlefanz, die urige Atmosphäre. Da kann mir jedes Wellnesshotel mit Sternekoch gestohlen bleiben.«

»Ja, schön hier«, stimmte Frank, der eingefleischte und überzeugte Städter, etwas verhalten zu.

»Mann, Frank, findest du das nicht unglaublich romantisch hier?«, fragte ich. »Urige Almhütten aus verwittertem Holz, das hübsche Braunvieh, das so einen tollen Kontrast zum saftigen Grün der Wiesen bildet, der Klang der Kuhglocken – dieses helle Bimmeln der kleinen und das sonorige Dongdong der großen Schellen, das ist ja fast wie Musik –, der Anblick einer Sennerin beim Melken ...«

»Ja, ja, ist ja gut«, lachte Frank, »es ist wirklich schön.« Und mit einem Augenzwinkern fügte er hinzu: »Fast schon kitschig, was?«

Natürlich hat auch im Berchtesgadener Land die Moderne Einzug gehalten und die alpenländische Kultur verändert. Die Menschen, die am Berg leben, Wirte von Schutzhütten, Senner und so weiter, laufen in der Regel nicht mehr zu Fuß den Berg rauf und runter, sondern fahren einen Geländewagen. Da kann man dann auch mal sehen, wie ein kleiner Suzuki ein zweirädriges Hängerchen mit einer riesigen Milchkanne darauf hinter sich herzieht.

Viele Touristen zieht es wegen der vermeintlich heilen Welt hierher, doch hinter den Kulissen wird kontrovers diskutiert. Viele Einheimische sind mit dem Status Nationalpark nicht gerade glücklich, weil er ihre Freiheiten extrem beschneidet. Um nur zwei Beispiele zu nennen: Früher konnte jeder Enzianwurzeln ausgraben und sich ein bisschen Geld dazuverdienen, heute dürfen das nur die Wurzngraber. Die für diese Gegend typischen Rundumkaser (Almhütte, bei der der Wirtschaftsraum rundum vom Stall umgeben ist) stehen unter Denkmalschutz, wodurch jede Renovierung ein teurer Spaß wird.

Nun ist es ja nicht so, dass man allein von der Almwirtschaft leben könnte. Sie war immer schon ein sogenannter Neben- oder Zuerwerb. Kein leichter dazu. Vieh- und Landwirtschaft war und ist in den Bergen immer weit anstrengender als in niedrigen Lagen. Das Wetter ist rauer, die Arbeitsbedingungen sind härter – man denke nur an das Mähen; das muss an den steilen Hängen selbst heute per Hand mit einer Sense erledigt werden – und so weiter und so fort. Bis zum Einzug des Wohlstands durch den Tourismus führten die Menschen hier ein ganz bescheidenes Leben.

Reich wurden in früheren Zeiten nur die Eigentümer der Salzabbaurechte. Seit dem zwölften Jahrhundert wird in Berchtesgaden Salz abgebaut (das hiesige Bergwerk war eines der ersten in ganz Europa). Interessant finde ich, wie das Salz gewonnen wurde. Es wurden bis zu drei Meter hohe Laugenkammern in den Salzstock gegraben und mit Wasser gefüllt. War der natürliche Sättigungsgehalt erreicht (bei zirka 26 Prozent Salzgehalt), wurde die Sole in Sudhäuser gebracht und dort in riesigen Pfannen gesiedet, bis das Wasser verdampft war – eine schweißtreibende, Haut, Lunge und Augen schädigende Plackerei. Noch heute wird das Berchtesgadener Salz in »nassem Abbau« beziehungsweise durch »Aussolung« gewonnen, allerdings mit moderner Technik.

Das aus dem Weißen Gold gewonnene Vermögen floss zum allergrößten Teil in die Kasse der Fürstpropstei Berchtesgaden, deren Mönche sich im zwölften Jahrhundert das Recht zum Salzabbau erschlichen hatten, später – während der Zugehörigkeit Berchtesgadens zu Österreich – in die Schatzkammer der Habsburger und noch später in die königlich-bayerische Schatulle der diversen Maximilians und Ludwigs, also der Wittelsbacher. Bei den »einfachen Leuten«, die in den Bergwerken schufteten, das Salz siedeten, die Soleleitung nach Bad Reichenhall bauten oder das wertvolle Gut bis nach Böhmen und Mähren und was weiß ich wohin transportierten, blieb kaum bis nichts davon hängen.

Salz war früher vor allem deshalb so wertvoll, weil es zur Haltbarmachung von Lebensmitteln (Pökelfleisch, Salzhering, Sauerkraut usw.) gebraucht wurde. Seit der Erfindung des Kühlschranks hat die Bedeutung von Speisesalz stark nachgelassen. Apropos Speisesalz. Speisesalz – ob aus den Bergen oder dem Meer gewonnen – besteht zu mindestens 97 Prozent aus Natriumchlorid. Das heißt im Umkehrschluss: Nur ein bis drei Prozent sind andere Stoffe. Mir kommt es daher höchst unwahrscheinlich vor, dass man einen nennenswerten Unterschied zwischen verschiedenen Salzen schmeckt. Trotzdem ist das teure Himalaja-Salz – es kostet bis zu 25-mal mehr als einfaches Kochsalz – seit einigen Jahren ein Renner. Dabei ist »Himalaya-Salz« nur eine Handelsbezeichnung für rosa getöntes Steinsalz und kommt gar nicht aus dem Himalaja, sondern zum größten Teil aus dem Salzbergwerk Khewra in Pakistan, das 200 bis 300 Kilometer vom Himalaja entfernt ist, und zum kleineren Teil aus polnischem Bergbau. Und woher kommen dann wohl die rosa Salzleuchten, die in den Souvenirläden von Berchtesgaden – ich habe den Eindruck, halb Berchtesgaden besteht aus Salzläden – verkauft werden? Sicher nicht aus dem Berchtesgadener Land, denn hiesige Salzkristallbrocken sehen ganz anders, irgendwie schmutzig aus, weil sie mehr Unreinheiten enthalten, vor allem aber nicht rosa.

Zwischen (ob nun anerkannten oder selbst ernannten) Feinschmeckern, die auf Meersalz schwören, und den Menschen, die sich mit Steinsalz zufrieden geben – wie nennt man eigentlich das Gegenteil von Feinschmecker? Grobschmecker? – tobt fast so etwas wie ein Glaubenskrieg. Das Salz zum Beispiel aus dem Berchtesgadener Bergwerk ist aber im Grunde auch nichts anderes als Meersalz: Die Kontinente Afrika und Europa haben sich aufeinander zugeschoben und dabei den zwischen ihnen liegenden Meeresboden zu Bergen, eben den Alpen, aufgefaltet, um es mal ganz banal auszudrücken. Das heißt, die Salzvorkommen, die man hier hat, sind letztlich Ablagerungen aus dem Meer, genauso wie die Versteinerungen von Donnerkeilen (den Kalmaren ähnliche ausgestorbene Kopffüßer), Ammoniten (die wie eine Nautilus aussahen), Seeigeln oder Meeresschnecken, die man überall in den Alpen findet.

Noch mal zurück zur Almwirtschaft. Es hat mich völlig verblüfft und fasziniert, wie viele junge Leute auf der Alm arbeiten. Da war nicht nur Stefan, der mit seiner Freundin und dem gemeinsamen, dreizehn Monate alten Kind das einfache Leben auf dem Stahlhaus dem bunten Treiben in der Stadt vorzog. Junge Menschen, meistens Frauen – Berufstätige, die sich eine Auszeit nehmen, oder Studentinnen –, verbringen den Sommer als Sennerin in einem Kaser, oft auf einer so abgeschiedenen Alm, dass sie wochenlang keinen Menschen sehen, ohne jeglichen Komfort, dafür mit viel Arbeit: Um vier, fünf Uhr morgens, wenn am Wochenende die Studien- oder Arbeitskollegen gerade erst aus der Disco nach Hause kommen, als Erstes den Ofen schüren, damit man nach dem Melken heißes Wasser für einen Kaffee oder Tee hat, die Kühe melken, nach einem schnellen Frühstück die Milch zu Butter verarbeiten oder für die Käseherstellung vorbereiten, den Stall ausmisten, die inzwischen eingedickte Milch, die sogenannte Dickete, zu Käsebruch schneiden, den Käsebruch in Formen füllen und so weiter und so fort. Das ist nicht nur viel, sondern vor allem auch körperlich anstrengende Arbeit: die schweren Milcheimer in die Kaserei hieven, die Milch per Hand in einem alten Butterfass zu Butter schlagen, die Käselaibe in den kühlen Keller schleppen ... Und trotzdem genießen diese Menschen die Auszeit vom hektischen Stadtleben.

Das Berchtesgadener Land hat neben einer herrlichen Landschaft, dem alpenländischen Idyll und dem Salzbergwerk noch weitere Besonderheiten zu bieten. Im Adlergehege von Wolfgang Czech am Obersalzberg findet sich neben Adlern, Falken, Habichten, schwarzen Kreuzottern, einem zahmen Murmeltier und etlichen anderen Tieren der Gänsegeier aus dem Film »Geierwally« in der Fassung von 1956 (!) mit Barbara Rütting. Mit ihrem für Geier biblischen Alter von siebzig Jahren ist Kinga die große Attraktion des Adlergeheges. In mehr als zwanzig Filmen wirkte die betagte Dame mit und weiß sich daher vor den klickenden Kameras der Besucher zu präsentieren.

Die meisten Touristen kommen jedoch nicht wegen des Adlergeheges zum Obersalzberg, sondern weil er Adolf Hitlers Feriendomizil war. Vielen Einheimischen ist es verständlicherweise ein Dorn im Auge, dass der Obersalzberg in den Köpfen der Besucher unweigerlich mit diesem einen »Gast« verbunden wird, denn dieses Gebiet war bereits im 19. Jahrhundert ein Hauptziel des Berchtesgadener Tourismus. 1933 war es damit vorbei. Da wurde der Obersalzberg zum »Führersperrgebiet« erklärt und in den folgenden Jahren völlig umgestaltet. 57 Grundbesitzern, meist Bergbauern, wurde ihr Land zu diesem Zweck abgekauft; wer sich sträubte, wurde kurzerhand enteignet. Nach Kriegsende wurden einige der Gebäude als Erholungszentrum für die US-Streitkräfte instandgesetzt, die übrigen – der Berghof, die SS-Kaserne, die Wohngebäude von Hermann Göring und Martin Bormann – wurden 1952 abgetragen oder gesprengt. Seit 1999 gibt es am Obersalzberg die »Dokumentation Obersalzberg« über die Gräuel des Nationalsozialismus. Ihr Sinn und Zweck ist es, der jahrelangen kommerziellen Ausbeutung des Obersalzbergs durch die Kioske am Kehlsteinhaus entgegenzuwirken, die mit »Andenken mit idyllischen nationalsozialistischen Motiven und vor allem reißerischen Hochglanzbroschüren (...) die Geschichte verklärten und das nationalsozialistische Regime verharmlosten«, so Dr. Volker Dahm, der fachliche Leiter der »Dokumentation Obersalzberg«, und zu verhindern, dass sich der Obersalzberg zu einer Pilgerstätte der Neonazis entwickelt. Lieber will man an die touristische Tradition des Obersalzbergs vor dem Dritten Reich anknüpfen. Es bleibt abzuwarten, ob das 2005 zu diesem Zweck eröffnete Luxushotel diese Aufgabe erfüllen kann.

Der Feldhamster –
vom Schädling auf die Rote Liste

Es gibt ein Tier in Deutschland, von dem die wenigsten wissen, dass es einmal als einer der größten Ernteschädlinge verfolgt wurde. Ich meine nicht die Haus- oder die Wanderratte, sondern den Feldhamster. Der Feldhamster gehört, um das gleich vorweg zu sagen, zu einer anderen Gattung als die possierlichen, nur zwölf bis sechzehn Zentimeter großen Tierchen, die in vielen Kinderzimmern ihr Dasein im Hamsterrad fristen. Die ursprüngliche Heimat dieser Syrischen Goldhamster ist eine relativ kleine Grenzregion im Norden Syriens mit der Hochebene Aleppo als Hauptverbreitungsgebiet. Er wird in der Roten Liste der Weltnaturschutzunion übrigens als »gefährdet« geführt. Unser Feldhamster hingegen kommt eigentlich aus den Steppen Osteuropas, von wo aus er sich mit zunehmender Landwirtschaft, also bereits vor mehreren Tausend Jahren, einerseits Richtung Westen bis nach Belgien und andererseits Richtung Osten bis nach China ausbreitete. Davon abgesehen, ist er doppelt so groß wie ein Goldhamster; große Männchen können bis zu 600 Gramm schwer werden. Und: Er ist nicht nur größer als ein Goldhamster, er ist der größte Hamster überhaupt.

Feldhamster haben pro Jahr in der Regel zwei Würfe – einen im April/Mai und einen im Sommer – mit je vier bis zwölf Jungen. Da Feldhamster im Alter von zweieinhalb bis drei Monaten geschlechtsreif werden, können die Jungen aus dem ersten Wurf bereits im selben Jahr selbst Nachwuchs zeugen. Feldhamster können sich also massenhaft vermehren, und das taten sie früher auch: Der Feldhamster war mal der häufigste Kleinsäuger Deutschlands und in den klassischen Getreideanbaugebieten wie etwa Magdeburger Börde, Hildesheimer Börde, Goldene Aue, Thüringer Becken oder Ost-Schleswig-Holstein millionenfach vertreten. Heutzutage, nach Einzug der modernen Landwirtschaft in Deutschland, ist die sogenannte Reproduktionsrate sehr gering. Erstens wird früher geerntet, weshalb viele Jungen des zweiten Wurfs verhungern; zweitens wird nach der Ernte der Boden meist sofort umbrochen, was bedeutet, dass die Feldhamster zu wenig Zeit haben, ausreichend Futter für den Wintervorrat zu sammeln; drittens lassen die modernen, sehr effektiven Erntemaschinen kaum Rückstände auf den Feldern zurück; viertens sind die Maschinen so schnell, dass den Tieren kaum Zeit zur Flucht bleibt; fünftens wird tiefer gepflügt als früher, was die Baue der Feldhamster zerstört und die Jungtiere im Bau verletzt oder gar tötet; sechstens geht der Anbau von Luzerne und Klee, die dem Feldhamster das ganze Jahr über Nahrung bieten, stark zurück und gibt es, siebtens, kaum mehr richtige Ackerrandstreifen mit einer Vielfalt an Kräutern, die Feldhamstern und anderen Tieren der Feldflur als Apotheke dienen.

Dass es heutzutage nur mehr wenige Tausend Feldhamster in Deutschland gibt und die Art mittlerweile als »vom Aussterben bedroht« auf der Roten Liste Deutschlands steht, ist daher nicht verwunderlich, hat aber noch andere Gründe.

Bis vor nicht allzu langer Zeit waren Feldhamster eine regelrechte Plage für die Bauern, vor allem weil sie für den Winter Getreidevorräte sammeln. Begriffe wie »hamstern« oder »Hamsterkauf«, also sich die Taschen vollstopfen, um zu Hause ein Depot für schlechte Zeiten anzulegen, kommen tatsächlich vom Hamster. Dessen Technik beim Hamstern ist immer dieselbe: Er knabbert den Getreidehalm gleich oberhalb der Erde durch, sodass der Halm umfällt, oder biegt ihn auf die Erde, stopft sich die Getreidekörner der Ähre in die Backen, trennt da schon ein bisschen die Spreu vom Weizen, und wenn die Backen voll sind, schleppt er die Beute in den Bau. Im Sommer ernähren sich Feldhamster übrigens recht vielseitig; da stehen neben der schon erwähnten Luzerne und dem Klee unter anderem Rüben, Karotten und Kartoffeln auf dem Speiseplan, was die Landwirte auch nicht gerade freute; außerdem Regenwürmer, Engerlinge und sogar Feldmäuse. Jetzt mag man sagen, na ja, also bitte, das bisschen Getreide, das ein Feldhamster braucht, um über den Winter zu kommen, kann doch nicht so sehr ins Gewicht fallen. Von wegen! Zwischen zwei und vier Kilogramm trägt jeder Feldhamster in seine Vorratskammer;

das machte bei einst mehreren Millionen Tieren? Genau: mehrere Millionen Kilogramm Getreide! In manchen Jahren vernichteten die Feldhamster bis zu zwanzig Prozent der Ernte. Und deshalb wurden sie verfolgt.

Deshalb und wegen ihres sehr leichten, dennoch gut wärmenden und vor allem auffallend bunten Fells: Am Kopf ist der Feldhamster rötlich gelb, am Rücken meist gelbbraun, selten schwarz, am Bauch schwarz, Kehle, Backen und Pfötchen sind weiß. Die Felle wurden zum Beispiel zu dekorativen Decken oder zu Innenfutter für Mäntel verarbeitet. Für einen einzigen Mantel brauchte man aber schon bis zu hundert Felle.

Noch in meiner Kindheit waren Feldhamster allgegenwärtig. Man sah die eigentlich dämmerungs- und nachtaktiven Tiere selbst tagsüber auf Feldwegen laufen oder die Landstraße zwischen zwei Feldern queren – und manchmal auch platt gefahren auf der Straße liegen. Ich kann mich an Männer erinnern, die in meiner Heimat am Rand des Thüringer Beckens, einem der fruchtbarsten Weizenanbaugebiete Deutschlands, das ganze Jahr über Feldhamster jagten, also hauptberuflich Hamsterfänger waren. Es ist heute kaum mehr vorstellbar, dass man bis vor wenigen Jahrzehnten vom Hamsterfang leben konnte. Im Bezirk Magdeburg zum Beispiel, einem weiteren Hauptverbreitungsgebiet des Feldhamsters, gab es Mitte der 1970er-Jahre über 400 professionelle Hamsterfänger. Fünfzig Pfennig (Ost) gab es pro Fell – dazu musste man es dem Hamster aber natürlich abziehen – und darüber hinaus eine Fangprämie.

Die meisten Hamsterjäger nutzten sogenannte Conibear- oder Totschlagfallen: zwei Stahlbügel, die mittels ein oder zwei Federn gespannt werden, mit einem V-förmigen Auslöser in der Mitte. Die Fallen wurden an den Eingängen zu Hamsterbauen aufgestellt, und wenn der Feldhamster in seinen Bau hinein- oder wieder herauswollte, löste er den Mechanismus aus, die Stahlbügel schnellten nach oben und brachen ihm das Genick – ein schneller und schmerzfreier Tod; zumindest theoretisch, denn manchmal wurde er »nur« sehr schwer verletzt und starb einen langsamen Tod. Eine brutalere, weil immer schmerzhafte Fangmethode war, mit einem Widerhaken nach dem Hamster zu »angeln«. Ein guter Hamsterfänger konnte angeblich merken, wenn ein Hamster am Draht zappelte. Dann wurde das Tier mit einem Loch im Fell aus dem Bau gezogen und entweder vom Dackel totgebissen oder mit einem Stock erschlagen. Man hat Hamster natürlich auch vergiftet, vergast, man hat mit Selbstschussapparaturen gearbeitet, oberirdisch Fallen aufgestellt ... Es gab zig Methoden, aber die effektivste war wohl, eine Falle in den Bau zu setzen.

Was irgendwie verwunderlich ist, denn ein Hamsterbau ist weitläufig und reicht bis zu zwei Meter tief in den Boden hinein. Er hat mehrere Kammern: mindestens einen mit Heu oder getrockneten Getreidehalmen bequem ausgepolsterten Wohn-/Schlafbereich, eine enorme Vorratskammer – zwei, drei oder vier Kilogramm Getreide wollen ja irgendwo gelagert sein – und eine Toilette. Und er hat verschiedene Zugänge: Zusätzlich zu schräg abwärts führenden Eingängen buddelt der Feldhamster mehrere senkrecht abfallende Fluchtröhren, in die er sich bei Gefahr einfach kopfüber hineinfallen lässt. Für seine Baue braucht er übrigens Lehm- und Lössböden, genau die Art also, auf denen Getreide am besten wächst.

Als Kinder gruben wir die Baue aus – eine schweißtreibende Arbeit – und verkauften die Hamstervorräte als Hühnerfutter an die Bauern oder verfütterten sie an unsere eigenen Hühner. Auch arme Menschen versuchten an die Vorräte zu kommen; sie mahlten das Getreide, um sich Brot daraus zu backen. Dabei war Vorsicht geboten, denn Feldhamster haben gewaltige Nagezähne und können sehr aggressiv werden. An einem meiner Finger sieht man bis heute zwei kleine Narben vom Ober- und vom Unterkiefer eines Hamsters. Ich verfolgte damals einen Prachtkerl, und der blieb auf der Flucht vor mir mit seinen vollen Backen – zwei richtig dicken Beulen – kopfüber in einer seiner Fallröhren stecken. Mir fiel nichts Besseres ein, als ihn am Hintern zu packen und herauszuziehen. Blitzschnell drehte er sich herum und biss mir in den Finger. Das tat höllisch weh, und ich schüttelte ihn ab, setzte aber instinktiv meinen Fuß auf den Eingang der Fluchtröhre. Und was machte der Hamster? Statt sich aufzurichten oder auf den Rücken zu werfen – was er zur Verteidigung gern tut, weil sein schwarzer Bauch in Kombination mit den weißen Pfötchen dann wie das weit aufgerissene Maul eines Raubtiers aussieht – oder statt einfach abzuhauen, fletschte er die Zähne, fauchte, zischte und knurrte und sprang immer wieder an meinen Gummistiefeln hoch. Eine beeindruckende Vorstellung! Erst nach einer Weile lief er zum nächsten, größeren Fallrohr, in das er trotz seiner dicken Hamsterbacken hineinpasste.

Heutzutage sind die größten Feinde der Getreidebauern übrigens das Wildschwein – das ist wirklich erstaunlich, denn das Schwarzwild war in früheren Jahrhunderten so stark bejagt worden, dass einige Regionen Deutschlands, zum Beispiel Thüringen, Sachsen, Schleswig-Holstein und Baden-Württemberg, bis in die 1940er-Jahre hinein wildschweinfrei waren; mittlerweile haben sie sich sehr stark vermehrt, und eine einzige Rotte aus ein paar Bachen, also Sauen, mit ihren Frischlingen kann innerhalb weniger Nächte ein halbes Feld umpflügen –, sind Pilzbefall und Schlechtwetterperioden, wie etwa 2011, als ein Großteil des Getreides aufgrund der schweren Niederschläge nicht rechtzeitig geerntet werden konnte und neu aufkeimte, sodass es wegen der hohen Feuchtigkeit nur noch als Futtergetreide taugte. Vor allem aber der Weltmarkt. Ein Landwirt weiß oft im Herbst noch nicht, was er übers Jahr verdient, es sei denn, er spekuliert und schließt frühzeitig sogenannte Termingeschäfte ab, die ihm für den Doppelzentner Getreide zu einem bestimmten Zeitpunkt zum Beispiel achtzehn Euro garantieren. Wenn der Weltmarktpreis dann aber bei zwanzig Euro liegt, hat er das Nachsehen.

Cleo und ich wanderten von Mannheim den Neckar und Neckarkanal entlang in das bei amerikanischen Touristen so beliebte Heidelberg. Diese Etappe ist nicht gerade die schönste des Rhein-Neckar-Wegs, eines von drei sogenannten Randwegen, die entlang der großen Flusstäler von Rhein und Neckar führen, aber ich hatte mich dafür entschieden in der Hoffnung, einen Hamsterbau zu entdecken. Der Heidelberger Zoo, Endpunkt unserer Wanderung, wo wir den Biologen Ulrich Weinhold treffen sollten, hat nämlich das deutschlandweit einzige Zuchtprogramm zur Erhaltung der Feldhamster, und ich wusste, dass es hier Versuchsflächen gab, nur nicht genau, wo.

»Vorsicht, direkt vor Ihnen, das ist ein Versuchsfeld«, begrüßte uns Uli Weinhold denn auch prompt. »Auf dem leben zwei Hamsterpaare.«

Ah, also hier war eines. Die Fläche war ungefähr einen Hektar groß, also hundert mal hundert Meter, und mit kniehoher Luzerne bestanden. Cleo ging frei bei Fuß, hob auf einmal die Nase hoch und lief zielstrebig ins Feld hinein.

»Holen Sie den Hund da raus!«, rief Uli Weinhold. Da war es aber schon passiert: Cleo steckte inmitten der Luzerne ihre Nase in ein Loch und atmete tiiief ein. »Unglaublich«, murmelte er, »genau da ist eine Hamsterwohnung!«

Ich war mindestens genauso überrascht, denn Cleo hatte noch nie zuvor die Witterung eines Feldhamsters bekommen, aber der Geruch hatte es ihr wohl angetan. Es gab zwar mehrere Baue auf diesem Feld, jedoch nur zwei bewohnte, und sie hatte auf Anhieb einen davon gefunden.

Uli Weinhold, ein sehr humorvoller Mensch, wie ich schnell feststellte, ist Feldhamsterexperte. Er hat seine Doktorarbeit und ein Buch über diese Tiere geschrieben und leitet das Zuchtprogramm im Heidelberger Zoo. Er weiß einfach alles über den Feldhamster.

Cleo und ich waren mit ihm zum Hamsterlochbohren verabredet, eine ziemlich schräge Angelegenheit. Mit von der Partie war Uli Weinholds Team, die aparte Zuchtkoordinatorin Lisa Heimann und der sehr belesene Biologe und Wissenschaftliche Assistent Marco Sander.

»Wenn wir einen Junghamster aus unserer Zucht aussetzen«, erklärte Uli Weinhold Cleo und mir, »muss er sich schnell verstecken können, ohne erst lang nach einem Unterschlupf suchen oder einen Bau graben zu müssen, denn in der Gegend wimmelt es nur so vor Bussarden, Habichten, Turmfalken, Füchsen, Steinmardern, Dachsen ... Also kriegt er als Starthilfe ein Loch gebohrt, ungefähr 80 bis 90 Zentimeter tief, so tief, wie der Bohrer eben geht.«

Um im Durchmesser fünfzehn bis achtzehn Zentimeter große Löcher graben zu können, hat der Hamsterexperte einfach einen Erdbohrer zum Hamsterbohrer beziehungsweise Hamsterlochbohrer umfunktioniert. Ein Erdbohrer ist eigentlich dazu gedacht, Löcher für Koppelpfähle zu setzen. Ist ein Boden sehr hart, lehmig, kann man die Pfähle nämlich nicht einfach einschlagen, da würde man sie nur kaputt klopfen. Uli Weinhold und sein Team bauen mit einem Erdbohrer nun also Eigentumswohnungen für Feldhamster. Oder legen zumindest den Grundstein. Tatsächlich nutzen die meisten der ausgesetzten Tiere diese Röhren, um horizontal davon abzweigend weitere Gänge anzulegen und sich so einen Bau zu errichten.

»Als wir die Methode noch nicht perfektioniert hatten«, so erzählte Uli Weinhold, »haben wir die Hamster einfach auf den Feldern ausgesetzt. Sieben waren telemetriert. Nach zwei Tagen machten wir die erste Ortung und wunderten uns, dass sechs Hamster von derselben Stelle aus funkten. Nanu, haben die sich zusammengerottet, sitzen sie gemeinsam in einem Bau? Wir sind dem Signal gefolgt und mussten feststellen, dass alle Sender vor einem Fuchsbau lagen. Der Fuchs hatte die Hamster einkassiert und die Sender vor dem Bau liegen gelassen.«

»Und wie viele überleben in etwa?«, wollte ich wissen.

»Wenn dreißig Prozent der Tiere das erste Jahr in Freiheit überstehen, ist das schon eine sehr gute Quote. Außer Füchse haben wir hier ja, wie ich vorhin schon sagte, alle möglichen Beutegreifer. Mit Krankheiten hat der Hamster hingegen erstaunlich wenig zu kämpfen.«

Erst seit wenigen Jahren werden auf verschiedenen Versuchsflächen im Großraum Heidelberg-Mannheim Feldhamster in die Freiheit entlassen, und da ihre Reproduktionsrate aus den anfangs genannten Gründen heutzutage recht niedrig ist und die Tiere nur maximal vier Jahre alt werden, ist die Population längst nicht stabil genug, um aus eigener Kraft zu überleben. Ohne Zutun des Menschen wäre der Feldhamster hier aber gar nicht mehr existent, und das, obwohl diese Region früher wegen der fruchtbaren Böden eines der Hauptverbreitungsgebiete war.

Ich hoffe sehr, dass Ulis Anstrengungen dazu führen, dass die Feldhamsterpopulation in der Mannheimer Region bald wieder aus eigener Kraft überlebensfähig ist. Eines der vielen Probleme dabei ist, dass es kaum mehr Leute gibt, die wissen, dass es den Feldhamster gibt und dass er geschützt werden muss. Wenn man Passanten auf der Straße fragen würde, ob sie den Feldhamster beziehungsweise sein Wesen beschreiben könnten, würden die meisten im besten Fall antworten: »Das ist doch der mit den dicken Backen!« – und sowieso glauben, dass man vom Goldhamster spricht.

Unter denen, die wissen, dass es den Feldhamster gibt, sind einige, die sich für seinen Schutz einsetzen, wie eben Uli Weinhold in Zusammenarbeit mit dem Mannheimer Artenhilfsprogramm Feldhamster oder der NABU Mannheim mit seinem Feldhamster-Projekt, aber auch Gegner. Viele Menschen haben kein Verständnis dafür, dass zum Beispiel im Gegenzug zum Bau der SAP-Arena – übrigens auf bestem (!) Ackerboden – die wenigen zuvor dort lebenden Feldhamster mit einem Kostenaufwand von 50 000 Euro umgesiedelt wurden.

Klar ist das viel Geld, sie haben meiner Meinung nach aber nicht verstanden, dass der Feldhamster exemplarisch für all die Tiere steht, die wir an den Rand der Ausrottung treiben, sei es durch die Zerstörung oder Zersiedelung von Naturraum, die Intensivierung der Landwirtschaft oder was auch immer – es ist immer das Zusammenspiel mehrerer Faktoren, nie eine Ursache allein, das dazu führt, dass eine Tierart bedroht ist. Der

Feldhamster ist nicht das einzige Tier, das einmal sehr zahlreich war und nun fast verschwunden ist. Der Feldhase, einst ebenfalls ein Allerweltstier, ist ein weiteres Beispiel. Seit 1994 steht er als »gefährdet« auf der Roten Liste. Er braucht eine reich gegliederte Landschaft mit Hecken, Böschungen und Gehölzen, in denen er sich verstecken kann, und eine abwechslungsreiche Nahrung mit vielen Wildkräutern; beides ist in der modernen intensiven Landwirtschaft kaum mehr zu finden. Dass sich der Bestand inzwischen leicht erholt hat, ist darauf zurückzuführen, dass teilweise wieder die klassische Dreifelderwirtschaft praktiziert wird, also: ein Jahr Frucht, zum Beispiel Rüben oder Kartoffeln, ein Jahr Getreide und ein Jahr lang den Boden zur Erholung brach liegen lassen. Auf den Brachflächen und an ihren Rändern wachsen recht bald die unterschiedlichsten Gräser und krautigen Pflanzen, was auch dem Feldhamster guttut.

Nachdem die Röhren gebohrt waren, wurde jede mit einem roten Wimpel an einer Bambusröhre gekennzeichnet. Das Feld sah nun sehr lustig aus.

»Also dann, in zwei Wochen, wenn wir die Hamster aussetzen, sehen wir uns wieder«, sagte Uli zum Abschied.

Cleo und ich waren sehr gespannt auf den Tag.

Zwei Wochen später spazierten Cleo und ich durch den Heidelberger Zoo zur Zuchtstation in der Hamsterhütte. Der Zoo ist wunderschön. Er liegt idyllisch im Grünen vor den Toren der Stadt und hat, obwohl er erst in den 1930er-Jahren gegründet wurde, einen schönen alten Baumbestand, was daran liegt, dass vorher an dieser Stelle ein Friedhof war.

Als ich Uli sah, musste ich lachen. Nach dem Motto »Das Fernsehen ist da!« hatte er sich passend zum Anlass eine Art Hamsterfrisur verpasst: das Haar nach hinten gebürstet. Alle, die an dem Tag in der Zuchtstation arbeiteten, trugen grüne T-Shirts mit einer großen Zeichnung von einem Hamster.

Die Zuchtstation war vollgestopft mit Käfigen. Feldhamster zu verpaaren ist anscheinend kein Problem, die Aufzucht hingegen bereitet Arbeit. Die Tiere müssen ab einem Alter von wenigen Wochen in Einzelkäfigen gehalten werden, was bedeutet, dass sie alle einzeln gefüttert und dass zig Käfige gesäubert werden müssen. Das ist nötig, weil Feldhamster Einzelgänger sind – nur für die Paarung tun sie sich kurz zusammen – und man vermeiden will, dass es zu Kämpfen kommt.

Außerdem soll nicht Ähnliches passieren wie beim Syrischen Goldhamster. Um einen Zuchtstamm für Versuchstiere zu schaffen, fing der Zoologe Israel Aharoni 1930 auf der Hochebene Aleppo ein Weibchen und elf Junge. Es überlebten aber nur drei männliche und ein weibliches Jungtier, und alle Goldhamster, die in den folgenden vierzig Jahren als Versuchs- oder Heimtiere gezüchtet wurden, stammten von diesen vier Goldhamstern ab. Erst zu Beginn der 1970er-Jahre wurde der eine oder andere Wildfang aus Syrien in die Zucht eingebracht. Das heißt: Unsere Goldhamster sind komplett degeneriert, weshalb sie zahlreiche Verhaltensstörungen aufweisen, bis hin zum Totbeißen der Jungtiere. Das gibt es beim Feldhamster nicht, der ist noch klar im Kopf, und man achtet sehr darauf, dass das so bleibt. Um die hohe genetische Vielfalt zu erhalten, dürfen die Jungtiere, die man aussetzt, nicht von zwar dreißig verschiedenen Weibchen, aber nur drei Vätern stammen. Der Hamstermann wird daher nach dem Juckeln nicht zum nächsten Weibchen gesetzt, sondern hat erst mal Zwangspause. Theoretisch braucht man also für jedes der dreißig Weibchen ein eigenes Männchen. Wenn sich deren Nachkommen dann in freier Wildbahn paaren, steht ein hübsch großer Genpool zur Verfügung.

Im Alter von vier bis fünf Monaten werden die Junghamster des Heidelberger Zuchtprogramms ausgesetzt. Zuvor werden sie vermessen und gewogen, bekommen ein paar Tröpfchen Blut für eine Blutuntersuchung abgezapft und einen Chip verpasst. Einigen wird dabei gleich ein Senderhalsband umgelegt, sodass sie mithilfe einer Richtantenne und eines Empfängers geortet werden können. Der Radiotransmitter der englischen Firma Biotrack, für den man sich nach Versuchen mit mehreren Sendern entschieden hat, wiegt nur fünf Gramm und hat eine Lebensdauer von sechs Monaten! Wirklich erstaunlich.

Uli fragte mich, ob ich assistieren wolle. Aber sicher! Was ich allerdings nicht wollte, waren weitere Narben an meinen Händen. Uli weiß aber natürlich auch, dass Feldhamster extrem bissig sind, weshalb sie für die Untersuchungen und das Anlegen des Senders betäubt wurden. Danach kam jeder in eine Plastikbox, und dann konnte es losgehen.

Cleo war völlig aus dem Häuschen, weshalb ich sie am Feldrand anbinden musste. Uli, Lisa Heimann, Marco Sander und ich marschierten aufs Feld, jeder mit einer Hamsterbox unter jedem Arm und in jeder Hand. Dann ließ Uli jeden Feldhamster sehr behutsam durch eine Plastikröhre in eines der gebohrten Löcher rutschen. Obendrauf stopften wir ein bisschen Luzerneheu zum Abdecken, sodass der Feldhamster die Möglichkeit hatte, sich bis zum Abend in dem Loch zu verstecken. Von da an musste er selbst schauen, wo er blieb.

Einer wollte sich gleich mal umsehen, haute ab und rannte auf einen Rübenacker. Ich gleich hinterher. Vielleicht würde mir eine gute Aufnahme von dem Kerl inmitten von Rüben gelingen. Als Cleo das sah, wollte sie mir beim vermeintlichen Fangen helfen, riss sich los und stürzte auf den Hamster zu. Der ging wagemutig sofort in Angriffsposition und machte einen Riesensatz auf Cleo zu. Cleo brauchte nur noch zuzuschnappen. Eine Sekunde bevor Cleos Kiefer über Klein Klitschko zusammenschlugen, konnte ich sie zurückreißen. *Puh!* Glück gehabt! Diese Tierchen haben nämlich aufgrund der Anstrengungen, die für ihre Arterhaltung unternommen werden, einen materiellen Wert – der ideelle liegt um ein Vielfaches höher – von 800 bis tausend Euro. Je Exemplar!

Wie sein wild gewordener Kumpel damals in Thüringen konnte sich auch dieser Feldhamster nicht beruhigen und attackierte Cleo wieder und wieder.

»Kommt schnell und holt den Hund hier weg«, rief ich über die Schulter zu den anderen.

Cleo wurde weggezogen. Der Hamster saß nun im Rübenfeld und war so was von angepisst, dass er, als ich meine nicht gerade kleine Kamera knapp über dem Boden auf ihn zuführte, sogar die Kamera ansprang! *Rumms!* – voll gegen das Objektiv. Ich lief rückwärts, die Kamera auf Zeitlupenaufnahme, der Feldhamster immer schön hinter der Kamera her und weiter angegriffen. Nahm ich die Kamera hoch, ging er auf mich los. Der Feldhamster verfolgte mich sage und schreibe zwanzig bis 25 Meter weit über das Feld!

»Lass den Hamster in Ruhe!!«, hörte ich Uli schreien. »Der kriegt noch einen Kreislaufzusammenbruch, der ist völlig verausgabt.«

Schließlich kam jemand, ich weiß nicht mehr, wer, packte den Feldhamster mit resolutem Griff im Nacken und steckte ihn in eine Box. Dort tobte er weiter. Der war nicht fertig, der war außer sich. Er erinnerte mich an die Berserker, frühmittelalterliche Krieger, die dank Tollkirsche, Fliegenpilz und Met wie im Rausch kämpften und völlig schmerzunempfindlich waren. Sie waren sehr gefürchtet, weil sie jeden niedermachten, der sich ihnen in den Weg stellte. Wenn 50 Hamster hinter dir her sind, dachte ich, reißen die dich in Stücke. Und wenn jemand die Filmaufnahmen sieht, überlegte ich, wird er sich fragen, was wir dem Feldhamster gegeben haben, damit er sich so aufführt.

Schließlich landete auch Klein Klitschko in einer Röhre, und Uli überreichte mir ein grünes Hamster-T-Shirt.

Ich finde ja, in jedem von uns steckt ein Hamster: »Hm, heute ist Lasagne im Sonderangebot, da nehme ich gleich drei Packungen und nicht nur eine!« Vorräte anzulegen – Einkochen, Einlegen, Einsalzen, Räuchern – ist tief in uns verwurzelt. Man kommt zu Leuten nach Hause, und da stehen vierzig Gläser Kirschmarmelade im Regal. Was ist das denn, wenn nicht Hamstern? Deswegen sind wir alle irgendwie Hamster, und daher sollten wir auch dem Feldhamster in Deutschland eine Zukunft geben.

Luchse und der Schwarzgeher aus der Eifel

In der Eifel halten sich hartnäckig Gerüchte, dass dort wieder Luchse leben. Einige Menschen behaupten Stein und Bein, welche gesehen zu haben, andere, dass sie Trittsiegel gefunden haben. Wieder andere kennen angeblich Kratzbäume, an denen der Luchs seine Spuren hinterlassen hat. Wirft man all dies in einen Topf und rührt um, kommt man zu der Erkenntnis, dass an der Geschichte etwas dran sein muss.

Auch wird immer wieder von Rissen berichtet, die nur der Luchs gemacht haben kann. Luchse töten ihre Beute nämlich nach Großkatzenmanier: Sie versuchen sich am Hals oder im Halsbereich festzubeißen, lassen sich bei Angriffen auf größere Beute wie zum Beispiel Rehe und Rotwildkälber unter Umständen bis zu hundert Meter mitschleifen, bis das Tier letztendlich zusammenbricht, und töten es, indem sie ihm ihre langen Fangzähne immer wieder in den Hals treiben. Und da der Luchs die einzige Großkatze Deutschlands ist, kann man ihn recht leicht und eindeutig als »Täter« identifizieren – wenn der Kadaver taufrisch ist, denn fressen tun Luchse wie andere Tiere auch, das heißt, sie versuchen, wie zum Beispiel Füchse oder streunende Hunde, als Erstes an das beste Muskelfleisch, sprich an die Keulen und an den Rücken, heranzukommen, dann an die Leber. Und den Rest samt Haut und Knochen fressen innerhalb kürzester Zeit die Wildschweine.

Die Eifel zählt zu den wildreichsten Regionen Deutschlands. Es gibt enorm große Rotwildbestände, sehr viel Rehwild, viele Wildschweine, in einigen Gebieten sogar Muffelwild. Außerdem leben in keiner anderen Region Deutschlands so viele seltene und geschützte Arten. Baummarder, Wanderfalke, Uhu, Haselhuhn und Birkwild sind hier zu finden, der scheue Schwarzstorch hat ein riesiges Verbreitungsgebiet, das Wildkatzenvorkommen ist das größte innerhalb Mitteleuropas. Bei Kleintieren sieht es ähnlich aus: Es gibt den Fadenmolch, die Geburtshelferkröte, den Feuersalamander, die Schlingnatter, die Mauereidechse. In einigen Gebirgsflüssen gibt es noch heimische Flusskrebse, Flussperlmuscheln oder die lachsartigen

Äschen – »Fisch des Jahres 2011«. Auch mit selten gewordenen Pflanzen kann die Eifel aufwarten: mit dem Gefleckten Knabenkraut, dem Großen Zweiblatt, der Zweiblättrigen und der Grünen Hyazinthe sowie anderen Orchideen. An der Grenze zu Belgien, wo die Ardennen und das Hohe Venn anfangen, liegen die größten Vorkommen der gelben Wildnarzisse in ganz Deutschland. Ziemlich mau sieht es hingegen mit Insekten aus, das hängt in erster Linie mit dem rauen und sehr feuchten Klima zusammen. Das macht sie in den Mooren mit fleischfressenden Pflanzen wie dem Rundblättrigen Sonnentau oder dem Wasserschlauch wett.

Die wunderschöne Eifel ist auch geologisch hochinteressant. Sie besteht aus ganz unterschiedlichen Landschaftsformen: der Vulkaneifel mit ihren Maaren und großen Kraterseen wie etwa dem berühmten Laacher See und den mächtigen Bims- und Basaltablagerungen; der Hohen Eifel, die ebenfalls vulkanischen Ursprungs ist, mit alten Basaltsäulen und Basaltkettenfelsen; der Nordeifel, die zum rheinischen Schiefergebirge gehört; der Kalkeifel, in deren Mulden das Urmeer vor Jahrmillionen seine Hinterlassenschaft ablagerte und wo man heute den besten Kalkstein zur Zementgewinnung bricht; oder der sehr ursprünglichen Schnee-Eifel an der Grenze zu Belgien, wo es im Winter unglaublich kalt wird und man Niederschlagsmengen weit über tausend Millimeter pro Quadratmeter hat.

In einer Gebirgsregion mit so unterschiedlichen Strukturen, so hohen Wildbeständen und so außergewöhnlich vielen seltenen Tieren und Pflanzen ist die Wahrscheinlichkeit, dass der Luchs dort lebt, sehr, sehr groß. Dem wollten Cleo und ich auf die Spur kommen.

Die Eifel hat eine Menge schöner Wanderwege, zum Beispiel den Eifelsteig, der von der Kaiserstadt Aachen mit ihrem berühmten Wahrzeichen, der Porta Nigra, auf abwechslungsreichen Pfaden mal durch schmale Täler, mal über Hochebenen, durch Wiesen und Wälder vorbei an Vulkankegeln und Seen, an hoch aufragenden Bergkuppen und Kalksteinbrüchen in die älteste Stadt Deutschlands führt. Spätestens dort, in Trier, darf man sich nach 313 Kilometern auf Schusters Rappen einen Schoppen Moselwein gönnen. Ein tolles Erlebnis ist der 85 Kilometer lange Wildnis-Trail durch den Nationalpark Eifel, auf dem man durch sämtliche Landschaften und Lebensräume des Nationalparks kommt. Wer es kürzer mag, wählt den abwechslungsreichen Lieserpfad (43 Kilometer) zwischen Daun und dem Ort Lieser – sehr reizvoll, weil die Lieser fast die ganze Strecke durch ein autofreies Tal fließt – oder eine der vielen (Halb-) Tagestouren, zum Beispiel den Rundweg um den Laacher See. Möglichkeiten gibt es jedenfalls genug. Cleo und ich wandern jedoch so gut wie nie auf offiziellen Wanderwegen, da wir dort zu viele Menschen treffen. Wir laufen lieber auf kleinen und unbekannten Pfaden, und auf solchen suchten wir nach dem Luchs.

Wie sucht man denn nach einem Luchs? Zum Beispiel mit einem so tollen Schweißhund wie Cleo. Cleo hat eine feine Nase, Cleo ist darüber hinaus sehr an Katzen interessiert, auch an großen. Mein Part ist, Trittsiegel zu bestimmen. Das eines Luchses ist ziemlich eindeutig. Es sieht von der Anordnung der Ballen her im Prinzip wie das einer großen Hauskatze aus. Na ja, einer zugegebenermaßen abnorm großen Hauskatze. Selbst die größten Hauskatzenrassen, die exotische Savannah (eine Kreuzung aus Serval und Hauskatze), die Norwegische Waldkatze oder die Maine Coon, kommen nicht an einen Luchs heran. Mit einer Kopf-Rumpf-Länge zwischen achtzig und 120 Zentimetern und einer Schulterhöhe von bis zu siebzig Zentimetern ist der Luchs doppelt so groß. Ein Riss ist, wie ich anfangs erwähnte, nicht so eindeutig zuzuordnen. Allerdings würde ein Luchs seine Beute, wenn er davon gefressen hat, mit Zweigen und Ähnlichem abdecken und mehrmals zurückkommen, um daran zu fressen.

Cleo und ich waren seit Tagen – und schon wieder länger als geplant – in einer der abgelegensten Regionen der Eifel unterwegs, so abgelegen, dass man in einem der Orte, in welchem, verrate ich nicht, im Buchladen zum neuesten Krimi gleich auch schwarz gebrannten Schnaps kaufen kann. Es leben dort so wenige Menschen, nur etwa sechs je Quadratkilometer, dass Cleo und ich wie für eine größere Tour in Kanada oder Alaska ausgerüstet waren: mit Rucksack, Zelt und Kamera, klar, daneben aber auch mit Essen und Trinken für mehrere Tage. Ich packte in der anbrechenden Morgendämmerung gerade unser Zelt zusammen, als wir einen Schuss hörten. Cleo warf sofort den Kopf auf, peilte mit den Ohren die Richtung an, denn sie wusste: Ein Schuss bedeutet in der Regel Beute. Und da fällt vielleicht etwas für sie ab.

»Ein Jäger? So früh am Morgen schon in dieser einsamen Gegend? Was meinst du, Cleo?«

Cleo guckte mich mit großen Augen an. Der Schuss hatte uns neugierig gemacht beziehungsweise mich neugierig und Cleo gierig, und da er nicht weit entfernt gefallen war, näherten wir uns vorsichtig über einen Bergkamm der Stelle, wo er abgefeuert worden sein musste. Ein Stück entfernt sahen wir an einem steilen Hang schemenhaft einen Mann, der sich damit abmühte, einen Hirsch zwischen den Bäumen hindurch zu Tal zu ziehen.

Ich wunderte mich zwar, dass er das Tier offensichtlich nicht ausgenommen hatte – das konnte er in der kurzen Zeit nicht geschafft haben –, aber ansonsten fiel mir im ersten Moment nichts weiter auf. Dunkelgrüne Kleidung, Hütchen.

»Doch ein Jäger«, sagte ich zu Cleo.

Plötzlich fanden die ersten Sonnenstrahlen ihren Weg zwischen den Bäumen hindurch und trafen das Gesicht des Mannes, und da dachte ich: Da stimmt was nicht. Ich duckte mich, und Cleo tat es mir sofort nach und drückte sich ins Gras.

»Das kann ja wohl nicht sein«, flüsterte ich Cleo zu, »der hat sein Gesicht geschwärzt. Wie früher die Wilderer, um nicht erkannt zu werden.«

Der Mann schaute sich ständig um, entdeckte uns aber nicht. Dachte ich zumindest. Cleo und ich pirschten uns näher heran.

Wo ist eigentlich sein Gewehr?, wunderte ich mich. Er hatte es nicht bei sich, musste es irgendwo versteckt haben. Die Vermutung, dass es sich bei ihm um einen Wilderer handelte, wurde immer mehr zur Gewissheit.

»Los, Cleo, das will ich jetzt wissen«, wisperte ich, »wir schneiden ihm den Weg ab.«

Gesagt, getan. Nahe der Stelle, an der er vorbeikommen musste, falls er nicht urplötzlich die Richtung änderte, erwarteten Cleo und ich ihn hinter einem dicken Baumstamm verborgen. Eigentlich war das, was Cleo und ich, nein, Cleo konnte nichts dafür, was *ich* da tat, ziemlich gefährlich. Was, wenn er wirklich ein Wilderer ist und kein Jäger?, überlegte ich denn auch. Wie wird er reagieren, wenn ich ihn anspreche? Rennt er weg, zieht er vielleicht eine Kurzwaffe, eine Pistole, bedroht uns? Ach was, beruhigte ich mich, ich sehe nicht wie ein Forstbeamter oder Jagdaufseher aus. (Ich trug eine schwarze Wollmütze, die eng am Kopf anlag, hatte zwar ein Fernglas um den Hals hängen, aber statt eines Gewehrs gut sichtbar ein Stativ dabei.) Andererseits, fiel mir ein, wenn das wirklich ein Schwarzgeher ist, dann kennt er sich mit der Jagd und Jägern aus und erkennt, dass Cleo ein Schweißhund ist – und weiß vermutlich auch, dass Schweißhunde eigentlich nur von Jägern geführt werden.

Als der Wildschütz an unserem Versteck vorbeikam, ließ ich ihn erst ein paar Meter weitergehen, bevor ich ihn von hinten ansprach.

»Braver Hirsch. Waidmanns Heil!«

Was Dümmeres als der traditionelle Jägergruß hätte dir nicht einfallen können, schoss es mir im selben Moment durch den Kopf.

Seltsamerweise erschrak der Mann kein bisschen. Ganz langsam drehte er seinen Kopf nach hinten, musterte erst mich, dann Cleo.

»Sie sind kein Jäger. Auch wenn Ihr Hund ein Jagdhund ist«, sagte er vollkommen ruhig. Das ließ mich vermuten, und später bestätigte er das auch, dass Cleo und ich ihn nicht wirklich überrascht hatten.

Ich muss zugeben, dass *ich* dagegen sehr nervös war. Nervös und neugierig. Dazu kamen Angst und Unsicherheit, das Gefühl, etwas sehr Seltenem auf die Spur gekommen zu sein. Ungläubigkeit und Erstaunen, dass es heutzutage noch Wilderer gibt, dazu hier, in einer Region, die in Jagdreviere aufgeteilt ist.

»Nein, ich bin Tierfotograf«, antwortete ich ihm. »Und Sie? Sind Sie das, wofür ich Sie halte?«

Darauf gab er mir keine Antwort, aber er erkannte mich.

»Sie sind doch der, der in Alaska und Kanada Filme fürs Fernsehen macht.«

»Hm, ja, der bin ich. Jetzt suchen mein Hund und ich allerdings nach Luchsen beziehungsweise nach Anzeichen für das Vorkommen von Luchsen.« Nach einer kleinen Pause fragte ich noch einmal: »Sind Sie das, wofür ich Sie halte?«

Wieder keine Antwort.

»Hören Sie, ich habe nicht vor, Sie anzuzeigen oder beim Forstamt zu melden, aber mich interessiert Ihr Motiv und wie das Leben eines Wilderers so ist. Ich verspreche Ihnen, dass, wenn daraus eine Geschichte fürs Fernsehen wird, ich das so machen werde, dass Sie nicht auffliegen.«

Eigentlich rechnete ich mit einer Abfuhr, dass er mir sagen würde, ich solle mich verziehen und in diesem Gebiet nie wieder blicken lassen. So etwas in der Richtung. Stattdessen wiegte er den Kopf und schien zu überlegen, ob er mit mir über sich und sein Tun reden sollte.

»Wie wollen Sie denn den großen Hirsch abtransportieren?«, fragte ich ihn, um die Situation ein bisschen zu entspannen. »Hier gibt es keine Wege und Pfade.«

»So wie immer«, sagte er und deutete auf seinen großen Rucksack. »Sobald ich ihn ins Tal hinuntergebracht habe, zerlege ich ihn in die großen Einzelteile: Rücken, Keule, Schulterblätter. Die Innereien vergrabe ich, und das bisschen, was dann noch übrig bleibt, holen sich relativ schnell die Füchse oder

Wildschweine. Die Wildbretstücke trage ich einzeln zur nächsten Straße. Da steht mein Wagen. Wenn ich ihn schon hier oben zerlegen würde, müsste ich für jedes Teil wieder den Berg hoch.«

»Hm, ja klar. Trotzdem dauert es bestimmt den halben Tag, bis Sie alles weggeschafft haben«, meinte ich daraufhin.

Er nickte, schaute dann unschlüssig von mir zu Cleo und ließ seinen Blick über die Hänge und das Tal gleiten. Cleo war übrigens total begeistert von dem Mann. Sie konnte natürlich nicht unterscheiden, ob es sich bei ihm um einen legalen Förster oder Jäger handelte oder um einen Wildschütz. Für sie roch er einfach nur gut. An seinen Händen und an seiner Hose klebte Wildschweiß, und das war das Entscheidende für sie.

»Tja, die Wilderei. Wo soll ich da anfangen?«, begann er schließlich zögerlich zu erzählen. »Bei mir ist das so eine Mischung aus Tradition einerseits und aus Leidenschaft, Herausforderung und dem Wachrütteln von Jagdinstinkten andererseits. Ich mache das schon seit meiner Jugend. Damals war Schwarzgehen eine Mutprobe und eine Art Auflehnung gegen das Jagdsystem und das Establishment. Bei uns darf doch nur jagen, wer genug Kohle hat, dass er sich die Pacht für ein Revier leisten kann. Pah! Von dem Geld könnte eine Familie ein ganzes Jahr leben. In anderen Ländern ist das anders. Das brauche ich Ihnen ja nicht zu erzählen. In Kanada und Alaska hat jeder das Recht, auf die Jagd zu gehen. Ich wollte eigentlich Förster werden, dann hätte ich von Berufs wegen jagen können, aber es lief einiges schief in meinem Leben, und da blieb ich halt auf der anderen Seite des Gesetzes.«

»Wo ist denn Ihr Jagdgewehr?«, wollte ich wissen.

»Das Tatwerkzeug«, schmunzelte er, um wieder ernst fortzufahren: »Das habe ich versteckt. Das mache ich immer so.«

»Was für eine Waffe?«

»Ein Bergstutzen.«

Ich nickte. Ein Bergstutzen ist eine Kipplaufwaffe mit zwei meist unterschiedlich großen Kugelläufen. Mit kleinen Kugeln beschädigt man sehr wenig vom Tier, macht also sehr wenig Wildbret kaputt. Außerdem knallen sie nicht so laut. Das heißt, man hört den Schuss nicht sehr weit. Sie eignen sich aber nur für Rehe und andere kleinere Tiere. Für Rotwild oder Wildschweine nimmt man die große Kugel.

»Und? Schon mal erwischt worden?«

»Nein, aber brenzlige Situationen gab es schon ein paar. Und sie werden immer häufiger. Vor zwanzig Jahren war alles viel einfacher.«

»Donnerwetter! So lange wildern Sie schon?«, entfuhr es mir.

»Noch länger«, meinte er nur.

»Und wieso ist es jetzt schwieriger?«, wollte ich wissen.

»Na ja, früher waren die ganzen Bonzen, die sich eine Pachtjagd als Hobby leisteten, nur am Wochenende draußen. Und bei den Jagdaufsehern wusste man immer, wann sie in welchem Teil des Reviers patrouillierten oder ob sie in der Wirtschaft saßen. Oder wer bei Vollmond mitternachts niemals draußen war. Man kannte sich ja.

Jetzt haben einige Berufsjäger ein Nachtsichtgerät; damit sehen sie auch auf größere Entfernung, ob da jemand durch ihren Wald schleicht. Und fast jeder hat ein Handy. Wenn ich früher geschossen habe, kam es erst Tage oder Wochen später raus. Da trafen sich die Jäger irgendwann in der Kneipe, und einer fragte den anderen: ›Sag mal, der Schuss letzten Donnerstagabend, warst du das?‹ ›Nö‹, sagte der vom Nachbarrevier. Und erst dann war klar, dass da jemand geschossen hat, der da nicht zu schießen hat. Aber wenn jetzt ein Jäger am einen Ende seines Reviers unterwegs ist und vom anderen Ende einen Schuss hört, ruft er gleich mit dem Handy seinen Kollegen vom Nachbarrevier an und fragt ihn, ob er geschossen hat. Und wenn der verneint, ist die Sache klar, und dann wird's sehr schnell sehr brenzlig. Zumindest, wenn es Berufsjäger sind. Einmal hätten sie mich fast erwischt. Da jagte mich einer mit einem Geländewagen. Stellen Sie sich das mal vor! Ich konnte ihm nur entwischen, weil der Wald für seinen Wagen zu dicht wurde. Seither träume ich oft, wie ich von einem Geländewagen nachts bei Mond über Bergwiesen oder Waldwege gejagt werde.

Was anderes ist es nach wie vor mit Eigenjagdbesitzern oder Jagdpächtern, weil die sich eher selten in ihren Revieren sehen lassen und oft auch keinen Jäger oder Jagdaufseher beschäftigen. Wenn ich sehe, wie diese Hobbyjäger mit ihren Geländewagen bis auf fünfzig Meter an einen Hochsitz heranfahren und sich mit letzter Kraft die Sprossen hochschleppen, dann weiß ich, dass von denen keine direkte Gefahr ausgeht.

Wirklich sicher kann man sich natürlich nie sein. Einmal zum Beispiel habe ich einen starken Hirsch geschossen, einen Achtzehnender, in den Morgenstunden. Mit Ach und Krach schaffte ich es, den Kawenzmann von der Wiese, wo ich ihn geschossen hatte, runterzuziehen.« – Ein Achtzehnender kann gut und gern seine 180 Kilogramm wiegen. – »Dann habe ich ihn ausgenommen, mit Zweigen verdeckt und seinen Kopf ins Dorf geschleppt. Der Rest musste warten, weil es mittlerweile taghell war. Ich bin aber trotzdem sofort zurück, um zu beobachten, ob sich an der Stelle, wo der Hirsch lag, was tut. Ob ihn einer entdeckt. Nicht dass die Bullen schon auf mich warten, wenn ich abends zurückkomme. Prompt tauchte in den Nachmittagsstunden ein Bauer auf, der anscheinend auf der Suche nach einer entlaufenen Kuh war, weil er ständig einen Namen rief, und entdeckte den Hirsch! Hat zuerst gestutzt, als er die Zweige sah, sie dann angehoben und den Hirsch gesehen.«

»Und dann?«, fragte ich, als der Wildschütz in Schweigen versank und seinen Erinnerungen nachhing.

»Er lief davon. Die Kuh oder was immer er gesucht hatte, hatte er wohl vergessen. Dann verging vielleicht eine Dreiviertelstunde, da kam er wieder, mit dem Traktor. Hat den Hirsch mit dem Frontlader aufgeladen und fuhr damit weg. Ich habe mich in den nächsten Tagen vorsichtig umgehört, in den Wirtshäusern der Gegend, auf den Märkten und so weiter, aber kein Sterbenswörtchen über einen gewilderten Hirsch gehört. Der Bauer hat ihn offensichtlich einkassiert und sich über das schöne Geschenk gefreut.«

»Sind Sie immer allein unterwegs, oder arbeiten Sie auch mal mit Kollegen zusammen?«, wollte ich als Nächstes wissen.

»Ich jage immer allein.«

»Und wie oft und wie viel?«

»Mehrmals die Woche, außer in der Schonzeit. Da lasse ich die Finger davon. Wobei in Deutschland die Schusszeiten so ausgedehnt sind, dass man fast schon das ganze Jahr über jagen darf. Es ist ja eigentlich nur noch von Februar bis Ende April Schonzeit. Es ist immer irgendwas auf, mal Rot-, mal Rehwild, Wildschweine sowieso, die sind ja eine regelrechte Plage. Hier kann man an manchen Abenden fünf, sechs Büchsenschüsse hören, ohne dass Treibjagd wäre. Vielleicht ist ein Wildschütz dabei, aber ansonsten Forstpersonal oder Pächter. Übers Jahr – man hat ja nicht immer Erfolg – kommen bei mir im Schnitt so zwanzig Stück Rotwild, sechzig Rehe und fünfzehn bis zwanzig Wildschweine zusammen.«

»Hey, das ist eine ganze Menge«, rief ich überrascht.

»Ach, wissen Sie«, meinte er mit einer wegwerfenden Handbewegung, »in einem Gebiet mit so hoher Wilddichte wie hier ist es kein Problem, in einer Nacht ein oder zwei Tiere zu erlegen. Das größere Problem ist, dass man sie ja auch zerlegen und abtransportieren muss.«

»Das hört sich für mich aber schwer nach gewerbsmäßiger Wilderei an«, sagte ich schließlich, und: »Das ist so viel, wie ein Rudel Wölfe oder mehrere Luchse in einem Jahr erlegen.«

»Sie kennen sich aus«, stutzte er. Dann schlug er sich mit der Hand an den Kopf. »Scheiße, jetzt fällt es mir wieder ein! Ich habe irgendwo gehört oder gelesen, dass Sie vor Ihrer Filmerei Berufsjäger waren. Und leben Sie nicht sogar in der Eifel?«

»Nur die Ruhe«, beruhigte ich ihn und machte mit meinen Händen eine beschwichtigende Geste, »ich habe versprochen, Sie nicht hinzuhängen. Und daran halte ich mich.«

Er musterte mich skeptisch, überlegte offensichtlich wieder, ob er meinen Worten trauen konnte. Sich einem Tierfilmer gegenüber als Wilderer zu erkennen zu geben ist das eine; es gegenüber einem ehemaligen Berufsjäger zu tun das andere. Nach einigem Zögern entschied er sich weiterzuerzählen.

»Als die Preise für Wildbret hoch waren, war das Wildern ein ziemlich einträgliches Geschäft. Da fragten die Wirte oder Köche in den Gasthäusern und Restaurants nicht lange, wo das Fleisch herkam.«

»Moment mal«, unterbrach ich ihn, »es kann doch nicht sein, dass niemand fragte: ›Wo hast du dein Revier?‹ oder ›Wo kommt der Rehrücken her‹ oder meinetwegen die Wildschweinkeule.«

»Das interessierte sie wirklich nicht. Das Fleisch war frisch, allerbeste Qualität, sauber geschossen und preisgünstig. Mehr wollten sie nicht wissen. Mittlerweile kommt aber immer mehr Wildfleisch aus Osteuropa, Neuseeland und weiß der Geier woher billig in die Großmärkte. Selbst bei Wildhändlern findet man es. Da gehen viele Gastronomen nicht mehr das Risiko ein, dass man gewildertes Fleisch bei ihnen findet. Wenn die nachfragen, woher mein Wildbret kommt, erzähle ich ihnen, dass ich in der tiefsten Eifel ein Revier habe. In so einer wildreichen Gegend fragt dann keiner, wo genau das Revier denn ist. Man darf halt nicht während der Schonzeit Wildbret verkaufen, da würden selbst die Leichtgläubigsten stutzig. Aber wie gesagt, an die Schonzeit halte ich mich ja. Die meisten meiner ›Kunden‹ beliefere ich außerdem schon seit Jahren und regelmäßig; man könnte fast sagen ›auf Bestellung‹. Die stellen keine Fragen. Und was heißt schon ›gewerbsmäßig‹? Es reicht gerade mal zum Überleben.«

»Na ja, zugegeben: Im Vergleich zu Ihren früheren Kollegen ist Ihre Jagdstrecke gar nicht mal *so* groß«, lenkte ich ein. Auf seinen verwunderten Blick hin zuckte ich mit den Schultern. »Ich bin noch nie einem leibhaftigen Schwarzgeher begegnet, daher meine ganze Fragerei, aber ich habe sehr viel über die

Wilderei in früheren Zeiten gelesen. Es gibt eine Menge alte Bücher mit Geständnissen von Wilderern, ob aus dem bayerischen Alpenraum, aus dem Erzgebirge oder dem Thüringer Wald. Einige Wilderer haben sogar Schussbücher geführt, in denen sie festhielten, wie viel sie wo und wann geschossen haben – «

»Was haben die?«, rief der Mann entgeistert. »So blöd möchte ich mal sein! Wenn das einer in die Finger kriegt, braucht man keinen Anwalt mehr, da ist man geliefert. Aber interessant. Erzählen Sie weiter«, forderte er mich auf.

»Ja, also. Einige kamen auf Jagdstrecken von 200 Stück Schalenwild im Jahr. Das war allerdings vor allem in Zeiten, in denen Förster und Jäger zum Militärdienst eingezogen waren und niemand im Revier nach dem Rechten schaute. Da hatten Wilderer natürlich freie Hand – und leichtes Spiel. Denn wenn kein Förster oder Jäger da war, um die Bestände an Wildtieren zu regulieren, stiegen die an, klar. Es gibt schöne alte Jagdliteratur. In dem Buch ›Wilderer Album‹ von Andreas Aberle zum Beispiel sind Wildschützgeschichten von bedeutenden Jagdschriftstellern wie Arthur Schubart oder Anton von Perfall und zeitgenössische Berichte versammelt. Oder ›Tod im Wald‹ von Johann Dachs. Dachs war Hauptkommissar, spezialisiert auf Wilderei. In seinem Buch schreibt er über berühmte bayerische Wilderer, wie Georg Jennerwein, Mathias Kneißl, den die meisten nur als ›Räuber Kneißl‹ kennen, oder Michael Heigl, und über weniger berühmte. Manche Wildschützen wurden ja von der armen Landbevölkerung regelrecht verehrt. Sie würden waidgerechter jagen als die richtigen Jäger, hieß es, und dass sie sich an die Schonzeiten hielten und das Wild nachsuchten, wenn es nicht gleich zusammenbrach. Aber solche Schwarzgeher waren eher die Ausnahme. Die meisten wilderten aus blanker Not, konnten sich überhaupt kein Gewehr leisten, nur eine Schlingenfalle. Speziell in den Alpen entstand eine Art Wildererromantik, da das Jagen in den hohen Bergregionen neben jagdlichem Geschick sehr gute Ortskenntnisse, bergsteigerische Fähigkeiten – wer hatte die damals schon? –, ein hohes Maß an Kühnheit und ein gutes Naturverständnis erforderte. Ein plötzlicher Wetterumschwung in den Bergen kann todbringend sein.

Diese Heroisierung ist irgendwie verständlich. Die Hochwildjagd war lange Zeit ein Privileg des Hochadels und hoher staatlicher sowie kirchlicher Würdenträger, daher auch der Name. Dem niederen und Kleinadel sowie dem Bürgertum blieben Kaninchen, Hasen, Enten, Rehe und so weiter. Und dem Rest der Bevölkerung? Die meisten hatten tagaus, tagein nur Gerstenbrei oder Hafergrütze auf dem Tisch. Dazu ein Glas Milch von der Ziege oder Kuh, sofern sie eine hatten. Da freute man sich natürlich, wenn einer aus den eigenen Reihen ›denen da oben‹ ein Schnippchen schlug – und vielleicht auch mal ein Stück Wild im eigenen Topf landete. Und wenn dann so ein Wildschütz hinterrücks erschossen wurde, wie beispielsweise der Georg Jennerwein von einem Jagdgehilfen, dann wurde er schnell zur Legende. Die Begleitumstände von Jennerweins Tod waren zwar recht mysteriös, trotzdem gab es schon kurz danach ein Volkslied über den angeblich feigen Mord. Aufeinander geschossen wurde damals schnell. Abgesehen davon waren die Strafen früher enorm hoch. Eine Zeit lang wurden Wilderer zur Abschreckung sogar gehängt.«

»Da kann ich ja froh sein, nicht damals gelebt zu haben«, warf der Eifeler Wilderer ein.

»Unglaublich, dass Sie so viele Jahre unentdeckt geblieben sind, nicht nur beim Jagen, sondern auch beim Verkaufen von illegal geschossenem Wildbret. Entweder sind Sie sehr geschickt und vorsichtig, oder Sie haben sehr viel Glück.«

»Oder beides.«

»Ja, oder beides.«

»Mein Vater wilderte übrigens auch mit der Schlinge. Wir waren viel zu arm für einen Stutzen. Ich kann mich noch erinnern, wie er Füchse in der Schlinge fing und wie Fuchsfleisch schmeckt.«

»Wie denn?«, fragte ich neugierig.

»Ähnlich wie Hund.«

Ich guckte zu Cleo. Gut, dass sie nicht versteht, was wir reden, dachte ich. Ich hatte zwar davon gehört, dass früher in manchen Gegenden Deutschlands und in der Schweiz Hund gegessen wurde, aber noch nie jemanden getroffen, der es tatsächlich getan hat.

»Die meiste Wilderei in Deutschland ist doch eh eine Form von, ja, wie soll ich sagen, von legaler Wilderei«, nahm der Mann den Faden wieder auf.

»Wie meinen Sie das?«, fragte ich.

»Ganz einfach, hier in der Eifel haben wir bei hundert Stück Rotwild zehn bis fünfzehn Hirsche und 85 Weibchen. Geboren werden aber etwa halb und halb. Jetzt frage ich Sie, wo bleiben all die Hirsche? Die erlege nicht allein ich, die verschwinden bei Revierpächtern. Ein Revierpächter hat vielleicht drei Hirsche frei. Aber er hat Jagdfreunde, und die wiederum haben ebenfalls Jagdfreunde, und jeder will einen Hirsch schießen, natürlich einen mit Geweih, also keine Hirschkuh und kein Kalb. Das heißt: Drei Hirsche werden legal geschossen. Deren Geweihe werden bei den jährlichen Zackelschauen ausgestellt, die der anderen Hirsche hängen im Schlaf- oder Wohnzimmer, im Jagdzimmer oder auf dem Dachboden vom Jagdfreund. Das ist legale Wilderei. Und die ist gar nicht mal so selten.«

»Ja, und nicht nur in der Eifel«, musste ich ihm recht geben, »in allen Teilen Deutschlands haben wir bei den Rotwildbeständen weit mehr weibliche als männliche Tiere.«

Bei allem, was der Mann sagte, merkte man eine Ablehnung des bestehenden Jagdsystems. Er kannte sich mit unserem Jagdgesetz aus und auch mit dem in anderen Ländern. In der Schweiz zum Beispiel verleiht Grundbesitz kein Jagdrecht. Die Schweiz hat zwei Jagdsysteme: die Revierjagd, wie wir sie in Deutschland kennen, und die in den meisten Kantons geltende Patentjagd. Dazu muss man beim jeweiligen Kanton ein Patent kaufen und die Patentgebühr entrichten. Pro Patent darf man dann eine bestimmte Anzahl Wild schießen. Wenn man ein Stück erlegt, darf man es behalten. In Schweden liegt das Jagdrecht beim Grundstücksbesitzer, sofern er mindestens fünf Hektar Wald besitzt. Er kann entscheiden, wer auf seinem Grund und Boden jagt. Der Staat und andere Großgrundbesitzer vergeben für wenig Geld Jagdlizenzen an Einzelpersonen oder Jagdgruppen. Wenn im September (Nordschweden) beziehungsweise Oktober (Südschweden) die Elchjagd losgeht, schließen sich die Jäger zusammen. Das Wildbret wird anschließend nach einem Verteilerschlüssel auf alle Jagdteilnehmer verteilt. Das ist weit demokratischer als in Deutschland. Dank der 1848er-Revolution erhielt bei uns jeder Grundstücksbesitzer das Jagdrecht – mit der Folge, dass Deutschland leer geschossen zu werden drohte. Um das zu verhindern, wurden das Jagdrecht und das Jagdausübungsrecht getrennt. Heute ist das Jagdrecht an Grundeigentum gebunden, das Recht auf tatsächliche Ausübung der Jagd jedoch streng reglementiert. Das alles ist ziemlich kompliziert und würde hier zu weit führen.

»Haben Sie Familie?«, fragte ich den Eifeler Schwarzgeher.

»Ja, zwei Söhne, die verehren mich regelrecht und sehen in mir einen romantischen Volkshelden«, sagte er nicht ohne Stolz, »und eine Tochter, die jedes Mal um mich zittert, wenn ich losgehe.«

Kurz schoss mir der Gedanke durch den Kopf, dass man einen dreifachen Vater, der seine Familie von diesem illegalen Handwerk ernährt, unmöglich anzeigen könne – selbst wenn ich ihm kein Versprechen gegeben hätte. Andererseits, so überlegte ich, leben wir nicht mehr in einer Zeit, als armen Menschen fast nichts anderes übrig blieb, als sich mal das eine oder andere Stück Wild aus dem Wald zu holen. Heute gibt es Sozialhilfe, und jeder Hartz-IV-Empfänger kann sich für wenig Geld im Supermarkt ein Schnitzel kaufen. Ich könnte verstehen, wenn er einmal im Jahr auszieht, weil ihn das Jagdfieber packt oder weil er den Reiz, etwas Verbotenes zu tun, spüren will. Früher – und vielleicht noch heute – musste in der Eifel, in den bayerischen Alpen und sicher auch anderswo ein junger Bursche zumindest einmal im Leben schwarz geschossen haben. Das Spiel eines Birk- oder Auerhahns, also die Schwanzfedern, schenkte er seiner Herzallerliebsten. Und so manche Gams- oder Rehkrucke hat heute noch einen Ehrenplatz in der guten Stube des Bauern, als sichtbarer Beweis seiner einstigen Mutprobe. Der Eifeler aber wilderte gewerbsmäßig.

Ich war ein bisschen hin- und hergerissen, was ich von der ganzen Sache halten sollte. Auf der einen Seite war ich fasziniert, dass in einem so durchstrukturierten und stark reglementierten Land wie Deutschland jemand jahrzehntelang auf traditionelle Art wildern konnte, ohne erwischt zu werden. Die moderne Wilderei ist eher eine, ich nenne es mal: technische Angelegenheit: Manchmal, wenn auch nicht oft, fahren Leute nachts durch die Gegend, und wenn sie Wildaugen reflektieren sehen, blenden sie das Wild mit dem Scheinwerfer und schießen es vom Auto aus zwischen die Augen. Peng, fertig. Sind sie zu zweit, ist das Stück in Windeseile in den Kofferraum geladen, und bevor überhaupt jemand reagieren kann, sind sie über alle Berge. Der Eifeler Schwarzgeher sagte mir, dass er diese Methode total ablehne, so zu jagen ginge gegen seine Wildererehre. Auf der anderen Seite fand ich es absolut verwerflich, dass der Mann sich das Recht herausnahm zu tun, was er wollte oder wonach ihm der Sinn stand, und sich keinen Deut um Gesetze, Verordnungen, Pachtverträge, Reviergrenzen und dergleichen scherte. Schließlich hatte ich jahrelang auf der Seite der Berufsjäger und Förster gestanden und als solcher die Aufgabe gehabt, die Wilderei zu bekämpfen.

Ich selbst habe in all den Jahren in der Eifel nur drei Fälle von Wilderei erlebt. Einmal schoss der Reviernachbar auf einen starken Keiler und traf schlecht. Das verletzte Wildschwein wechselte über die Revier- und die Landesgrenze in mein Revier über. Dort suchte der Jäger es mit seinem Hund nach, und als er es tot auffand, zog er es mit einem Helfer zurück in sein Revier. Zwei Tage später fand ich durch Zufall die Schleifspur und den Wildschweiß und verfolgte mit Kim, meinem ersten Hund, die Fährte. Ich erstattete damals Anzeige, das Verfahren wurde aber mangels Beweisen eingestellt. Beim zweiten Fall fand Kim ein Reh, das in meinem Revier mit Kleinkaliber geschossen worden war, offenbar nachts von der Straße aus einem Auto heraus, also das, was ich gerade mit »technischer Wilderei« beschrieben habe. Schlecht getroffen, lief es ziemlich weit, bevor es auf einer Wiese verendete. Am Abend davor hatte der hiesige Sportschützenverein sein wöchentliches Training mit Kleinkalibergewehren auf Scheiben absolviert. Auf der Heimfahrt dachten sie dann wohl, das könnten sie mal auf Wild ausprobieren.

Der dritte Fall war der Sohn eines Berufskollegen. Er hatte gerade den Jagdschein gemacht und versuchte sein Lehrlingsgehalt aufzubessern, indem er nachts loszog und Rehe schoss. Was relativ schnell aufflog. Den Jagdschein war er erst einmal für ein paar Jahre los.

»Wissen Sie von anderen Schwarzgehern in der Gegend?«, wollte ich von meiner »Zufallsbekanntschaft« wissen.

»Von einem, ja. Der ist ziemlich dreist. Wenn der einen Hirsch oder ein Wildschwein schießt, bricht er sie zwar auf, lässt sie aber am Waldrand in der Deckung liegen. Mittags, wenn der Förster zum Essen zu Hause ist und die Waldarbeiter in der Hütte Brotzeit machen, kommt er mit Traktor und Hänger, lädt das Wild auf, versteckt es unter einer alten Siloplane oder einem Haufen Brennholz und fährt in aller Seelenruhe nach Hause. Jeder, der ihn sieht, denkt, der hat Holz geholt.«

»Wirklich ziemlich dreist«, stimmte ich zu, »allerdings auch sehr rückenschonend. Denn jahrelanges Heben von schwerem Wildbret merkt man irgendwann.«

»Ja, wem sagen Sie das.«

Ich wunderte mich sehr, wie offen der Mann mittlerweile mit mir redete und dass er so überhaupt keine Reue, Bedauern, Scham oder irgendetwas in der Richtung zeigte. Als würde er einem ganz legalen Handwerk nachgehen. Er schien sogar stolz auf sein Treiben zu sein. Wenn man etwas nur lange genug macht, verwischen wohl die Grenzen.

»Was machen Sie denn mit den ganzen Geweihen und Keilereckzähnen?«, fragte ich ihn.

»Trophäen interessieren mich nicht. Einige Hirschgeweihe und Rehkrucken hängen bei Freunden im Gartenhäuschen, aber normalerweise lasse ich sie im Wald liegen.«

»Und was machen Sie, wenn Sie mal nicht optimal treffen? Eine Nachsuche kann dauern, und damit steigt für Sie das Risiko, entdeckt zu werden.«

»Hm, während wir hier reden und die Zeit vergeht, wächst auch die Gefahr, entdeckt zu werden. Das wäre für Sie ebenfalls ganz schön blöd. Mit dem Hirsch hier neben uns, oder?«, meinte er grinsend. »Dass ich ein angeschossenes Tier leiden lasse«, fuhr er, nun wieder ernst und mit Nachdruck, fort, »kommt für mich nicht infrage. Da habe ich vielleicht sogar mehr Ehrgefühl als die legalen Jäger. Sie glauben gar nicht, wie viele Sauereien da begangen werden. Gerade in dieser entlegenen Gegend finde ich immer wieder angeschossenes Wild, das sich hierher zurückgezogen hat und dann verendet ist. Das wurde entweder gar nicht oder nur halbherzig nachgesucht und deshalb nicht gefunden. Falls *ich* mal nicht richtig treffe, was so gut wie nie vorkommt, suche ich so lange nach, bis ich das Tier gefunden habe. Das bin ich ihm schuldig. Ich schieße auch nie eine Ricke vom Kitz weg oder irgendetwas in der Art!«

Ich hätte ihm stundenlang zuhören können. Mich interessierte die spezielle Art des Jagens, das Wildern, beziehungsweise ein bestimmter Aspekt: Als Wilderer ist man Jäger und Gejagter zugleich. Das ist eine große Belastung, der man nur standhalten kann, wenn man ein starkes Nervenkostüm hat. Ich habe das selbst schon erlebt, wenn ich in Gegenden, wo man immer Gefahr läuft, selbst zur Beute zu werden, einheimische Jäger auf der Jagd begleitete, zum Beispiel Indios im Regenwald am Amazonas, Pygmäen im Kongobecken oder Sans – besser bekannt als Buschmänner – in der Kalahari. Wenn sie jagen, müssen sie ständig auf der Hut vor Jaguaren, Leoparden, Löwen und anderen Beutegreifern sein. Sie müssen wie der Gepard in der Serengeti sein, der, wenn er eine Gazelle gerissen hat, sie schnell wegbringen muss, damit er sie nicht an einen Stärkeren verliert. Diese Feindwahrnehmung bei der Jagd haben in Deutschland nur noch Leute wie der Wilderer. Er muss sich zwar nicht vor irgendwelchen Wildtieren, dafür vor dem Jäger, Jagdgehilfen und Förster in Acht nehmen. Ein Berufsjäger, der angestellt ist, oder ein Hobbyjäger, der für seine Jagd bezahlt hat und auf dem Hochsitz sitzt oder auf die Pirsch geht, braucht diesen Instinkt nicht mehr; er kann sich ausschließlich auf seine potenzielle Beute konzentrieren.

Außerdem hatte der Mann viele interessante Geschichten zu erzählen, nicht nur Wilderergeschichten, sondern auch von Begegnungen mit Wildtieren wie Wildkatze, Baummarder, Birkhuhn oder Schwarzstorch. Er kennt jede Pfifferling- oder Steinpilzstelle, ist ein wandelnder Naturführer. Er sitzt nie auf einem Hochsitz. Da wäre er schön dumm. Wenn ein Jagdaufseher vorbeikommt, wäre er da oben gefangen. Ein Wilderer ist immer auf der Erde, ist ein Lauer- und Pirschjäger, wie der Luchs. Wenn es die Situation verlangt, kann er sich geräuschlos gegen den Wind seiner Beute nähern, und wenn es sein muss, sitzt er stundenlang bewegungslos an einem Baum oder hinter einem Felsblock und hört in den Wald hinein. Ein Schwarzgeher hat dadurch eine ganz andere Wahrnehmung und gewinnt einen enormen Erfahrungsschatz, was Beobachtungen in der Natur angeht, ist eins mit der Natur.

»Schau dir die Leute heute an!«, sagte er – nach für mich untypisch langer Zeit hatte ich ihm vorgeschlagen, uns zu duzen. »Was sie über die Natur wissen, haben sie aus dem Fernsehen, aus Büchern, Zeitschriften oder dem Internet. Die meisten jedenfalls. Vorgefertigtes Wissen. Alles Theorie, keine Praxis. Keine eigenen Erkenntnisse oder Erfahrungen, kein intensives Sich-Einlassen auf die Natur. Der Mensch, also zumindest in Deutschland und wahrscheinlich auch in allen anderen sogenannten hoch entwickelten Staaten, hat sich von der Natur entfremdet, den Bezug zu ihr verloren und lebt immer mehr in einer, ich sage mal: virtuellen Welt. Die Städter laufen total blind durch den Wald, gehen an den tollsten Dingen vorbei. Die haben kein Auge mehr dafür, haben es ja nie gelernt. Bei vielen Jägern ist das übrigens ähnlich; die sind nur noch auf den Rehbock, den Hirsch oder das Mufflon konzentriert, nehmen das Spiel der Iltisse oder die Insekten oder Vögel nicht mehr wahr.«

Da konnte ich ihm nur beipflichten, denn ich mache sehr häufig ganz ähnliche Erfahrungen. Mehrmals im Jahr halte ich Vorträge an Schulen, an allen Arten von Schulen und für die unterschiedlichsten Jahrgangsstufen. Jedes Mal bin ich erschüttert, wie wenig praktisches Wissen die Kinder und Jugendlichen über die Natur haben. Wenn ich sie was ganz Simples frage, zum Beispiel, ob die Amsel, die da irgendwo im Baum singt, ein Männchen oder ein Weibchen ist, wird wild geraten. Sie haben keine Ahnung. Keiner weiß, dass bei den Amseln – wie bei eigentlich allen Vögeln! – ausschließlich die Männchen singen. Die Weibchen zwitschern höchstens. Eine meiner Lieblingsfragen ist: »Wenn ein Rehkitz zur Welt kommt, ist es getarnt. Wie sieht seine Tarnung aus? Hat es Punkte? Hat es Streifen? Oder ist es grün?« Es ist kaum zu glauben, wie viele Kinder oder Jugendliche »grün« ankreuzen.

Ich schätze, dass die meisten Deutschen, wenn man sie für ein paar Stunden allein in einem tiefen Wald zurücklassen würde, vielleicht sogar noch nachts, vor Angst fast sterben würden. Doch was sollte ihnen schon passieren? Die Wahrscheinlichkeit, einem Verbrecher in die Hände zu fallen, der sich genau zu diesem Zeitpunkt in ebendiesem Wald versteckt, ist weit höher, als von einem Tier angegriffen zu werden.

Zwar haben die unterschiedlichsten Freizeitaktivitäten in der freien Natur, allen voran das Wandern, das zu einer regelrechten Modeerscheinung geworden ist, in den letzten Jahren immer stärker zugenommen, aber das heißt nicht, dass sich die Leute, wie der Eifeler Wildschütz es nannte, intensiv auf die

Natur einlassen. Im Gegenteil, vielen ist es – ob aus Unkenntnis oder Gleichgültigkeit – völlig egal, was sie »draußen« anrichten. Ein Beispiel: Als ich in den Alpen drehte, habe ich nicht nur einmal gesehen, dass ein Drachen- oder Gleitschirmflieger viel zu knapp über Gamsen oder Steinböcke hinwegjagte, sodass die Tiere panisch davonstoben.

Anderes Beispiel: 2010 waren der Leiter der Nationalparkverwaltung Sächsische Schweiz im Elbsandsteingebirge, Dr. Jürgen Stein, und ich als Gäste der Radio-Livesendung FIGARO-Café eingeladen. Thema des Gesprächs sollte sein, wie wir Menschen zur Natur stehen, welchen Wandel unsere Wahrnehmung erfährt und wohin das führt. Als ich im Vorfeld zu Jürgen Stein sagte, dass die Landschaft dort einfach grandios sei und ich Reklame für seinen Park machen könne, sagte er: »Machen Sie das bloß nicht! Wir haben eh schon genug Besucher, 1,7 Millionen pro Jahr. An einem Fels brütet der Uhu, den muss ich schützen, und daneben wollen Freeclimber ihrem Sport nachgehen. Kriegen Sie das mal unter einen Hut! Ich bin froh, wenn nicht noch mehr Leute kommen.«

Ein drittes Beispiel: Solange ein Wanderer auf dem Weg marschiert, spitzt das Rotwild zwar die Lauscher und verfolgt ihn akustisch, bleibt aber ruhig, da es die Situation gewohnt ist. Da kann sogar eine ganze Wandergruppe samt Hund daherspazieren. Kein Problem. In dem Moment aber, wo der Wanderer den Weg verlässt und in den Wald hineingeht, nimmt ihn das Rotwild als Feind wahr und prescht davon. Plötzlich ist der ganze Wald in Aufruhr, wie bei einer Treibjagd.

Daher will man nicht, dass die Menschen unkontrolliert hinaus in die Wälder, Moore und Berge strömen, und versucht sie – zumindest in den meisten Gegenden Deutschlands – in bestimmter Weise zu kanalisieren, durch eigens angelegte Radwege, Wanderwege, Klettersteige und so weiter, durch das Einrichten sogenannter Wildruhezonen oder durch Betretungsverbote abseits der Wege in den Nationalparks. Da ist es gut, dass wir Deutschen gern auf der sicheren Seite sind. Statt querfeldein zu laufen, wählen wir lieber eine Wanderroute, wo wir wissen, dass wir unterwegs an einem Ausflugslokal etwas zu essen und zu trinken bekommen oder – bei mehrtägigen Touren wie dem Eifel-, dem Hunsrück- oder dem Rheinsteig oder einer Hüttenwanderung in den Alpen – Übernachtungsmöglichkeiten finden. Dazu das Handy im Rucksack. Im Notfall wählt man 112, dann kommt der Rettungsdienst, die Bergwacht oder wer auch immer und birgt einen. Da kann eigentlich nichts passieren. Denkt man. Ein Irrglaube, aber das ist ein anderes Thema.

Entfremdung von der Natur kontra sich einlassen auf die Natur. Besser nur im Stadtpark oder Zoo spazieren gehen oder doch hinaus in die Wildnis und Natur hautnah erleben?

»Ich war lange Zeit im Gewissenskonflikt, was meine Arbeit betrifft«, erklärte ich dem Eifeler Wilderer. »Ich sagte mir: Du drehst Filme über die schönsten, interessantesten, artenreichsten Regionen Deutschlands oder der Welt, die bewahrt werden sollen, so, wie sie sind. Zum Beispiel Alaska. Du lernst dort eine absolut menschenleere Region kennen, in der dir in vier Monaten vielleicht zwei Menschen begegnen und hin und wieder mal eine Cessna hoch über dir fliegt. Bist total überwältigt von der Macht der Natur, in der du dich als ganz kleines Fusselchen fühlst. In solchen Ländern hast du ein ganz anderes Gefühl als in Deutschland; du merkst: Du bist nichts, eine Made, die da geduldet wird, bestenfalls. Und ein kleiner Fehler kann fatale Folgen haben. Dann kommst du zurück nach Deutschland, machst einen Film, schreibst ein Buch und hältst Vorträge. Und weckst bei den Zuschauern, Lesern, Zuhörern Interesse an dieser Region, animierst sie vielleicht sogar dazu, sich das selbst mal anzusehen. Es reicht ja schon, wenn du nur bei einem Bruchteil Begehrlichkeiten weckst. Mit manchen meiner Filme erreiche ich vier- bis fünfeinhalb Millionen Zuschauer im Hauptprogramm des ZDF am Abend. Davon sagen dreieinhalb Millionen: ›Was für ein grandioser Film, spannend, aber was der arme Kerl alles erleiden musste mit den wilden Tieren, mit den Moskitos und den Bären und so weiter. Das wäre nix für mich. Nee, Schatz, da fahren wir nie hin!‹ 200 000 Zuschauer würden es dir gern nachmachen. 150 000 haben nicht das Geld dazu, einige sagen sich, dass es ökologisch nicht korrekt ist, so weit zu fliegen, oder haben andere Gründe, es sein zu lassen. Wenn letztlich auch nur 500 oder tausend sagen: ›Schatz, lass uns das nächstes Jahr drei Wochen lang machen‹, dann sind das für so ein sensibles Ökosystem wie die Arktis oder die Subarktis eigentlich schon zu viele.«

»Trotzdem drehst du weiter Filme und schreibst Bücher«, wandte der Wilderer ein.

»Ja; jahrelang habe ich die Stellen, an denen ich gedreht habe, nicht verraten, auch weil das Teil meines Firmenkapitals war. Jedes Flugzeug, das vorbeiflog, habe ich argwöhnisch betrachtet, ob es vielleicht nach lukrativen Zielen für den Tourismus Ausschau hält. Als Erstes kommen die Superreichen, die es sich leisten können, selbst zu abgelegensten Orten mal schnell per Wasserflugzeug eine Tagestour zu unternehmen. Dann kommt das Schiff eines Outdoor-Edeltourismusbetriebs vorbei oder das eines Privatiers mit Kunden und Freunden an Bord. Zuerst schauen sie die Bären nur vom Schiff aus an, dann lassen sie die Boote zu Wasser und stehen schließlich mit Pumpguns samt Gummigeschossen und Bärenspray in der Hand auf dem Festland. Und dein Shangrila ist zerstört. Noch heute mache ich teilweise nur äußerst vage Angaben zu den Orten, an denen ich gedreht habe. Doch ich weiß auch, dass weder ich noch andere den Lauf der Zeit aufhalten können und es immer Veränderungen geben wird.«

»Im Grunde empfinden wir ganz ähnlich. Ich bin genauso hin- und hergerissen. Einerseits bedaure ich die Menschen, die, wie ich vorhin gesagt habe, blind durch den Wald laufen, andererseits kann mir das nur recht sein. Jetzt entdeckt mich höchstens mal ein Tierfilmer«, meinte der Schwarzgeher grinsend.

»Apropos entdecken. Cleo und ich sind ja, wie ich zu Anfang gesagt habe, auf der Suche nach dem Luchs. Du bist schon so lange in den Bergen und Wäldern hier unterwegs; siehst du ab und zu mal einen?«

»Sehr selten«, sagte er. »Spuren ja, auch mal einen Riss, der definitiv von einem Luchs stammt. Ein paarmal ist es mir auch schon passiert, dass sich einer gedrückt hat.« – Damit meinte er, dass der Luchs nicht weglief, wenn er den Mann kommen sah, sondern sich flach auf den Boden presste. Das tun viele Katzen. Der Gepard, der Leopard, der Löwe. Ein sehr interessantes Verhalten. Sie vertrauen alle auf ihre Tarnung. Nur Wildkatzen nicht, die hauen immer ab. – »Ich glaube, ich habe sogar mal ein Geheck unter einem Holzstoß entdeckt, bin mir aber nicht sicher. Jedenfalls hatte eine Luchsin da zwei Junge, vielleicht zehn, zwölf Wochen alt, versteckt.«

»Hm, kurios. Nicht in einer Felsen- oder Wurzelhöhle, sondern unter einem Holzstoß?«

»Warum nicht? Da scheint die Sonne drauf. Es ist schön warm, und es gibt in der Nähe Feldmäuse.«

Ich bin nicht der Einzige, der wissen will, ob, beziehungsweise der mit eigenen Augen sehen will, dass in der Eifel tatsächlich wieder Luchse leben. Der Luchs ist längst nicht so scheu wie der Wolf oder der Baummarder, aber nicht zuletzt durch seine perfekte Tarnung ein Phantom der Wälder.

Ole Anders, Luchsbeauftragter des Nationalparks Harz, hat mir mal erzählt, dass er jedes Jahr 200 Meldungen von Wanderern bekommt, die behaupten, einen Luchs gesehen zu haben. »Davon haben«, so Ole, »hundert ein halb im Gebüsch verstecktes Reh gesehen, das im rotbraunen Sommerfell einem Luchs verdammt ähnlich sieht. Ein Luchs ist ja auch spannender als ein Reh. Hundert Meldungen sind echte Luchssichtungen.« Im Nationalpark Harz leben mittlerweile einige Luchse außerhalb des Luchsschaugeheges, also in freier Wildbahn. Da ist die Chance, einen zu Gesicht zu bekommen, relativ groß. Zumal sie, wie gesagt, nicht sonderlich scheu sind und sich drücken, statt zu fliehen. Als aufmerksamer Wanderer kann man so durchaus in zwanzig, dreißig Meter Entfernung ein gepunktetes Etwas im Gras liegen sehen. Und wenn man die richtigen Leute kennt, wie zum Beispiel Cleo und ich Ole Anders, der die Spur telemetrierter Luchse aufnehmen kann, ist die Wahrscheinlichkeit noch größer.

Weltweit werden seltene und scheue Tiere aber in der Regel nicht durch optische Beobachtungen erstmals bestätigt, sondern über Kot und frische Trittsiegel. Vermutet man aufgrund solcher Spuren ein bestimmtes Tier in einem Gebiet, kann man Duftlockstöcke aufstellen: mit speziellen Düften präparierte Pfähle, die man in die Erde schlägt. Luchse zum Beispiel lockt man mit Baldrian. Der Geruchssinn des Luchses ist – typisch für Katzen – zwar schlechter ausgeprägt als sein Gehör oder sein Sehsinn, aber Baldrian kann er einfach nicht widerstehen, und sobald er dessen Duft an einem Lockstock riecht, wird er sich daran reiben. Dabei bleiben einige seiner Haare an dem Pfahl hängen. Mithilfe dieser Haare beziehungsweise einer Genanalyse dieser Haare kann man den Luchs nachweisen – oder feststellen, dass der vermutete Luchs in Wirklichkeit eine Wildkatze ist.

Oder man baut Foto- oder Videofallen auf, um vielleicht einen Nachweis für die tatsächliche Anwesenheit des Luchses in einem Gebiet zu erhalten. Solche Foto- oder Videofallen erfüllen in Gegenden, wo man den Luchs nicht mehr nachzuweisen braucht, weil man weiß, dass es ihn dort gibt, noch andere Zwecke, so zum Beispiel im Nationalpark Harz. Der Luchs hat ein sehr auffälliges Fell, und keine zwei Luchse haben dieselbe Fellfärbung. Luchse zu unterscheiden ist damit sehr einfach, zumal die individuelle Fleckung des Fells von der Jugend bis ins Alter immer gleich bleibt – nur dass sie im Sommer etwas ausgeprägter ist als im Winter – und selbst auf Schwarz-Weiß- oder grünstichigen Fotos, wie sie bei Nacht entstehen, gut erkennbar ist. Man nutzt Foto- und Videofallen auch dazu, um an den Ohren markierte Luchse zu identifizieren, und mit einer bei einem Riss aufgestellten Fotofalle kann man verifizieren, ob der Kadaver von einem Luchs stammt. Falls ja, wird der Luchs zurückkehren und an seiner Beute weiterfressen.

Von einem Reh – der Lieblingsspeise des bei uns heimischen Eurasischen Luchses – kann ein Luchs eine knappe Woche leben, wenn es nicht aufgrund der Witterung zu schnell verdirbt. Aber Katzen haben eh kein Problem damit, ein bisschen angegammeltes Fleisch zu fressen. Luchse jagen außerdem Nagetiere, Kleinsäuger, Füchse, Hasen, Marder und, und, und. Es gibt auch welche, die sich auf Rotwild spezialisiert haben. Im Bayerischen Wald haben Cleo und ich es selbst erlebt, dass ein Luchsmännchen, ein sogenannter Kuder, eine ausgewachsene Hirschkuh gerissen hat, also ein Tier mit achtzig bis neunzig Kilogramm Lebendgewicht. Das ist eine enorme Leistung für eine Katze, die im Schnitt selbst nur zwischen zwanzig und 25 Kilogramm wiegt. Sehr schwere Kuder können aber auch weit über dreißig Kilogramm auf die Waage bringen. Luchsweibchen wiegen normalerweise fünfzehn bis zwanzig und maximal dreißig Kilogramm.

In Alaska oder Kanada sieht die Situation ganz anders aus. Der dort vorkommende Kanadische Luchs, der deutlich kleiner und leichter ist als der Eurasische, hat ein recht eng begrenztes Nahrungsspektrum. Elch, Karibu, Dallschaf, Schneeziege, Moschusochse sind zu groß, bestenfalls kann er mal eines ihrer Jungtiere reißen. Bleibt die Kleintierwelt. Dazu zählen das Arktische Ziesel, das aber im Unterschied zum Luchs nicht im Wald, sondern in der offenen Tundra lebt. Manchmal fallen Moorschneehühner als Beute an, die Hauptnahrung aber besteht aus Schneeschuhhasen. Und zwar so überwiegend, dass die Population des Luchses mit der Bestandsdichte des Schneeschuhhasen steigt und fällt: Gibt es viele Schneeschuhhasen, gibt es auch viele Luchse, weil diese mehr Junge großkriegen und weil die Jungtiere, obwohl sie sich anfangs bei der Jagd immer recht ungeschickt anstellen, genug Nahrung finden, um den Winter zu überleben. Heißt im Umkehrschluss: Gibt es wenige Schneeschuhhasen, gibt es wenige Luchse. Ganz einfach.

Die Bestandsdichte der Schneeschuhhasen unterliegt einem Zyklus von etwa zehn Jahren, in dessen Verlauf die Zahl der Tiere zunächst stark zunimmt, um dann dramatisch einzubrechen. Ursache ist vermutlich eine Viruserkrankung.

Mit den Kanadischen Luchsen ist es wie mit den Wölfen jener Region: Mehrmals passierte es mir, dass ein paar Meter vor mir ein Schneeschuhhase durchs Weidendickicht huschte und ein Luchs direkt hinterher. Der Luchs nahm mich mit Sicherheit wahr, aber meine Anwesenheit störte ihn nicht. Interessierte ihn auch nicht, interessieren tat ihn nur der Schneeschuhhase. Meist hörte ich in solchen Fällen, dass der Luchs seine Beute erwischte, denn Luchse sind äußerst erfolgreiche Jäger.

Zurück in die Eifel. Wenn schon der Wilderer, der seit Jahrzehnten Tag für Tag durch die Wälder streift, nur selten einen Luchs zu Gesicht bekommt, war die Wahrscheinlichkeit, dass Cleo und ich – in erster Linie Cleo mit ihrer feinen Spürnase – hier doch noch einen Luchs aufspürten, äußerst gering. Wir konnten nur darauf hoffen, zufällig einen zu sehen. Und dann müsste ich genau in dem Moment die Kamera griff- und aufnahmebereit haben, denn mehr als ein, zwei, drei Sekunden würden mir nicht bleiben, um ein Foto zu schießen. Von einer Filmaufnahme ganz zu schweigen. Die Versuchung, es weiterhin zu probieren, war groß, denn wenn wir in der Eifel einen Luchs nachweisen könnten, wäre das ein ganz toller Erfolg für uns. Aber, wie zu Anfang gesagt, Cleo und ich hatten unser Zeitbudget schon wieder überschritten und mussten daher schweren Herzens den Heimmarsch Richtung Nordeifel antreten.

»Denk daran, was du mir versprochen hast«, erinnerte mich der Wilderer, als Cleo und ich uns von ihm verabschiedeten, »dass du mich nicht auffliegen lässt. Also keine Personenbeschreibung, keine Angaben über das Gebiet, in dem du mich getroffen hast, oder irgendetwas in der Richtung. Verstanden?«

»Versprochen«, sagte ich und nickte. Seinen Namen kannte ich ohnehin nicht. Wollte ich auch nicht kennen. Ich wusste nicht einmal, aus welchem Dorf er kam. Am Dialekt konnte ich hören, dass er Eifeler ist. Vielleicht hat er sich aber auch nur gut verstellt.

Au weja – Hodenabriss beim
Dülmener Wildpferdefang

Der Januar und der Februar können einem manchmal ganz schön aufs Gemüt schlagen. Es ist nasskalt, die Tage sind kurz, oft wird es gar nicht richtig hell, da will man nur noch ab in den Süden. Mich zieht es in solchen Momenten komischerweise in den Norden, genauer: an den nördlichen Rand des Ruhrgebiets. Dort, im Merfelder Bruch etwa zwölf Kilometer westlich von Dülmen, lebt eine der größten Wildpferdherden Europas: die sogenannten Dülmener Wildpferde.

Mich zieht es an diesen Ort, weil ich ein großer Pferdefreak bin. Als junger Mann hatte ich einmal selbst ein Pferd. Gradiska war eine alte Traberstute, die von mir ihr Gnadenbrot bekam, ein wunderschönes, sensibles Pferd. Während meiner Ausbildung zum Revierjäger in Niedersachsen konnte ich meinen Lehrmeister Karl Lapacek sogar dazu überreden, dass ich Gradiska im Dienst reiten durfte. Das war optimal, denn vom Pferd aus konnte ich prima sehen, was es an frischen Fährten gab, wo das Wild Schaden angerichtet oder jemand Holz geklaut hatte, wo morsche Bäume waren und so weiter. Vor allem kam ich bis auf zehn, fünfzehn Meter an Wildtiere heran. Rot-, Dam- oder Rehwild, selbst Wildschweine sehen in einem Pferd quasi einen zu groß geratenen Kollegen, und wenn man sich als Reiter flach macht und der Wind in die richtige Richtung steht, nehmen sie einen gar nicht wahr. Das ist faszinierend.

Auch sind viele spannende oder aufregende Momente und Geschichten in meinem Leben mit einem Pferd verbunden. Der Ritt durch das Tianshan-Gebirge im wilden Kirgisistan zu den Marco-Polo-Argalis und den Schneeleoparden zum Beispiel war einer der phantastischsten Pferderitte, die ich je in meinem Leben gemacht habe.* Und das schönste Interview meines Lebens führte ich auf dem Rücken eines Pferdes. Das war eine total schräge Geschichte. Ich drehte damals auf der

* Andreas Kieling schildert diese und weitere Reisen zu bedrohten Tierarten in dem Buch »Meine Expeditionen zu den Letzten ihrer Art«, Malik Verlag, München 2009 – Anm. d. Verlags.

kubanischen Isla de la Juventud (»Insel der Jugend«; so ihr offizieller Name, inoffiziell wird sie häufig Treasure Island – »Schatzinsel« – genannt, weil sie Robert Louis Stevenson zu seinem berühmten Roman inspiriert haben soll) einen Film über Piraten, Schätze, Riffe und wollte ein Interview mit einem Mann namens Rocco führen, der behauptete, der Urenkel eines berühmten Piraten zu sein.

Für das Interview ritten wir in die Berge, ich auf Diablo, einem herrlichen Apaloosa-Hengst mit großen ausdrucksvollen Augen. Vor einer traumhaften Kulisse führte ich das Interview: Rocco – der Typ sah phantastisch aus, hatte einen Touch von Johnny Depp in »Fluch der Karibik« – saß auf seinem Pferd, rauchte eine Zigarette, war trotz der laufenden Kamera völlig entspannt. Hinter ihm ging über der Karibik die Sonne unter und tauchte die Landschaft in weiches, warmes Abendlicht, Zikaden zirpten, Vögel schwirrten umher, die ersten Fledermäuse und Flughunde waren unterwegs, und Rocco erzählte Seeräubergeschichten. Der Dolmetscher war so überwältigt von der Stimmung, dass er manchmal zu übersetzen vergaß, und ich wusste gar nicht, was ich zuerst drehen sollte. Leider ist das Interview nie gesendet worden, weil die Verantwortlichen beim Fernsehen meinten, es hätte mit der eigentlichen Geschichte nicht viel zu tun. Die Zuschauer hätten es geliebt, da bin ich mir ganz sicher. Vor allem die Frauen; die einen hätten den verwegen aussehenden Rocco geliebt, die anderen die Pferde, und der Rest hätte gesagt: »Schatz, wir müssen auch mal nach Kuba, wenn das da so schön ist.«

»Ich kenne eine Abkürzung durch den Wald«, sagte Rocco, als wir den Rückweg antraten.

Pferde wissen, wann es nach Hause geht; dann genügt der leichteste Schenkeldruck oder einmal ganz leicht in die Flanken getippt, und sie preschen los. Sobald wir den weichen Sandboden durch den Wald erreicht hatten, gab Rocco seinem Pferd die Sporen, und Diablo machte seinem Namen alle Ehre und rannte wie der Teufel, setzte sich an die Spitze unseres kleinen

Trupps. Es war ein Höllenritt, halb in den Steigbügeln stehend, hielt ich mit der linken Hand die Kamera, die ich mir unter den Arm geklemmt hatte, mit der rechten die Zügel, und so ging es fast im Dunkeln durch den Urwald. Und da passierte das Unvermeidliche: Die Pferde kannten die Abkürzung natürlich, ich nicht, und urplötzlich bog Diablo im vollen Galopp nach rechts ab, und ich – total auf geradeaus gepolt – segelte geradeaus weiter. Die Kamera!, dachte ich noch, zog sie fest an meinen Körper und schlug im nächsten Moment mit dem Kopf an einen Stein. *Paff!* Natürlich trägt in der Karibik kein Mensch einen Reithelm, bestenfalls einen Vaquero-Hut (Vaqueros sind die spanischen/mittelamerikanischen Cowboys). Als ich wieder zu mir kam, hielt mich Rocco in den Armen, küsste mich über das ganze Gesicht und rief immer wieder: »Andrés, estás vivo! Estás vivo!« (»Du lebst! Du lebst!«) Bis auf eine große Platzwunde war mir nichts passiert. Wieder mal mächtig Schwein gehabt.

Zurück in den Merfelder Bruch. Die »Dülmener Wildpferde« sind in vielerlei Hinsicht eine interessante Sache. Man möchte doch meinen, dass eine der größten Wildpferdherden Europas irgendwo in Polen lebt, in Russland, Ungarn oder in der Camargue. Aber nein, sie lebt in Deutschland.

Das relativiert sich allerdings recht schnell, denn der Begriff »Dülmener Wildpferde« ist irreführend, da diese Tiere keine Wildpferde im wissenschaftlich-zoologischen Sinn sind, sondern halb wild lebende Nachfahren einer alten deutschen Pferderasse. Weshalb sie auch nicht in der Roten Liste der gefährdeten Arten, sondern »nur« in der Roten Liste der gefährdeten *Nutztierrassen* geführt werden – mit dem Status »extrem gefährdet«. Das einzig »echte« Wildpferd, das es heute noch in reiner Form gibt, ist das ursprünglich nur östlich des Urals vorkommende Przewalskipferd. Sein einst westlich des Urals lebender Vetter, der Tarpan, wurde im 19. Jahrhundert ausgerottet. Die polnischen Koniks stammen zwar vermutlich vom Tarpan ab, sind aber auch keine »richtigen« Wildpferde mehr.

Die Dülmener Wildpferde sind also gar keine echten Wildpferde, aber sie sehen so aus. Sie sind meist braun- oder graufalben und haben den für Wildpferde typischen Aalstrich von der Mähne bis zum Schweif, das sogenannte Schulterkreuz – seitlich die Schultern hinunterlaufende Streifen, die zusammen mit dem Aalstrich ein Kreuz bilden –, gelegentlich »Zebrastreifen« an den Beinen, sind eher klein, dafür robust und widerstandsfähig. Und sie leben vom Menschen nahezu unbeeinflusst und sich selbst überlassen das ganze Jahr im Freien. Sie werden weder geimpft noch beschlagen, und wenn ein Tier krank wird, muss die Natur das regeln.

Erstmals urkundlich erwähnt wurden die Dülmener Wildpferde im 14. Jahrhundert. 1316 sicherten sich die Besitzer einer »Wildbahn« das Recht an den wilden Pferden. Als Wildbahn bezeichnete man früher eine Art Forst, der der Hege von Wild diente. Daher kommt übrigens der heute noch gebrauchte Begriff »in freier Wildbahn«. In Westfalen hielten sich bis ins 20. Jahrhundert Wildbahngestüte, in denen sich Pferde ohne Eingriff des Menschen, sprich ohne Zuchtkontrolle, vermehren konnten. Die Tiere aus solchen Gestüten wurden in erster Linie an das Militär und in die Landwirtschaft verkauft.

Die Dülmener Wildpferde wurden durch die Urbarmachung immer größerer Landstriche und die dichter werdende Besiedlung Westfalens zunehmend bedrängt, wodurch ihr Bestand im Lauf der Jahrhunderte immer mehr abnahm. Mitte des 19. Jahrhunderts ließ Alfred Franz Friedrich Philipp X. Herzog von Croÿ die verbliebenen zwanzig Wildpferde einfangen und auf die Wildbahn im Merfelder Bruch bringen. Diese Letzten dieser Art waren zusammen mit den ebenfalls letzten Emscherbrüchern, einer wild lebenden Hauspferderasse, die der Herzog von Croÿ aufkaufte, die Grundlage für die heute zwischen 320 und 350 Tiere zählende Herde. Da man damals schon von den Folgen der Inzucht wusste und das wildpferdähnliche Erscheinungsbild der Pferde erhalten wollte, wurden Einzüchtungen vorgenommen, zunächst unter anderem mit Ponys aus der Mongolei, ab Mitte des 20. Jahrhunderts vorwiegend mit Koniks.

Die Wildpferdebahn umfasst heute etwa 360 Hektar oder 3,6 Quadratkilometer. Die Hälfte davon sind Graslandschaften, 45 Prozent entfallen auf Kiefernwald, durchsetzt mit Birken, Erlen und hin und wieder einer Eiche. Die restlichen fünf Prozent machen Wege, Schneisen, Gräben und die »Arena« (dazu später mehr) aus. Die Pferde leben dort zwar, wie schon gesagt, relativ frei – allenfalls in sehr harten Wintern wird Heu, Stroh oder Grassilage zugefüttert –, die Zucht aber ist strengstens reguliert.

Junghengste wollen, sobald sie geschlechtsreif werden, einem Rivalen Stuten abjagen und eine eigene Herde bilden. Ist genügend Land vorhanden, ist das kein Problem, da sich die neue Herde ein eigenes Gebiet suchen kann. Im Merfelder Bruch ist der Raum aber begrenzt, und auf begrenztem Raum würde es unter den Hengsten unweigerlich bald zu schweren Kämpfen kommen, bei denen die Tiere sich unter Umständen üble Verletzungen zufügen würden. Das ist das eine. Das andere ist, dass die Herde, würde man sie sich ungehemmt vermehren lassen, nicht überleben könnte, da die Wildbahn einer größeren Anzahl von Pferden schlicht nicht genug Nahrung bieten könnte. Und ungehemmt vermehren würde sie sich, keine Frage, da natürliche Feinde wie Wolf oder Bär fehlen. Der Ausweg liegt darin, dass nur ein bis zwei, selten drei Deckhengste – in letzter Zeit immer Koniks – und die auch nur während des Sommers bei der Herde leben (um die Geburtstermine einzuschränken) und dass einmal im Jahr, immer am letzten Samstag im Mai, die Junghengste aus der Herde herausgefangen werden. Das ist der berühmte Dülmener Wildpferdefang, der großartige Höhepunkt des Jahres.

Als Cleo und ich in den Merfelder Bruch kamen, hatten die meisten Stuten bereits gefohlt. Und da Stuten wenige Tage danach rossig werden und man ein paar Tage davor zwei Konikhengste zur Herde gebracht hatte, war auf der Wildbahn natürlich Halligalli. Die zwei Sportsfreunde aus Polen hatten einen Mordsspaß. Sie rannten den ganzen Tag herum und prüften, welche Stuten paarungsbereit waren. Hengste haben dann einen ganz tiefen Gang, ähnlich dem Tölt (eine spezielle, für Reiter sehr angenehme und rückenschonende Gangart), halten den Kopf dabei sehr tief und flehmen. Steigt ihnen der gesuchte Duft in die Nase, verfolgen sie die Stute und – *heidewitzka!* Und, ich wollte es kaum glauben, obwohl die Auswahl für die beiden Herren ja nun wirklich beträchtlich war, kam es zu erbitterten Kämpfen zwischen den beiden.

Einige Wanderwege in dieser Region führen an der Wildbahn vorbei, und in den Sommermonaten darf man an den Wochenenden und an Feiertagen gegen ein kleines Entgelt sogar *in* der Wildbahn wandern. Das nutzten Cleo und ich weidlich aus und trafen fast ständig auf Pferde. Das Schöne ist, dass man ganz nah an sie herangehen kann. Zwischen den Pferden stehen, ihren Geruch in der Nase, die Wärme spüren, die sie ausstrahlen, der Blick aus ihren großen, ausdrucksstarken Augen, mal ein sanfter Stupser der weichen Lippen ... Das hat für mich etwas Meditatives. Es vermittelt mir das Gefühl von tiefer Entspanntheit und von Frieden und Harmonie, obwohl ich natürlich weiß, dass Pferde alles andere als friedlich und harmonisch sein können. Nicht nur Hengste, auch Stuten kämpfen untereinander, und dabei wird kräftig zugebissen – der Begriff »Stutenbissigkeit« kommt nicht von ungefähr. Tritte sind da zwar seltener, kommen aber vor, und es wird durchaus auch einer trächtigen Kontrahentin in den Bauch getreten. Zimperlich sind die Mädels bei ihren Rangeleien also nicht.

Bei den Dülmener Pferden ist das ein bisschen anders. Da diese Herde ausschließlich aus Stuten besteht – lassen wir mal die Deckhengste beiseite, die für wenige Monate in der Herde leben, und ebenso die männlichen Youngsters, die bis zu einem bestimmten Alter, in dem sie die Herde allerdings längst verlassen haben, nichts zu melden haben –, gibt es ein paar Besonderheiten. Das ist zum einen ihre Größe; in freier Wildbahn gibt es meines Wissens keine Pferdeherde mit nur annähernd so vielen Tieren. In der Dülmener Herde sind Familienverbände aus drei bis zehn verwandten Stuten und Fohlen auszumachen, die von der je ältesten Stute geleitet werden. Für die gesamte Herde gibt es eine, ich nenne sie mal: Oberleitstute – die erfahrenste von allen –, die zum Beispiel den Auftakt (nicht das Kommando) zum Weidewechsel, zum Aufsuchen einer Wasserstelle oder – dazu komme ich später – zum Aufgalopp in die Arena gibt. Wenn die Leitstute zum Beispiel Durst hat und zum Saufen geht, gehen alle anderen ebenfalls zum Saufen. Und innerhalb von 20 Minuten ist die riesige Wiese, auf der sie alle gerade noch am Grasen waren, komplett leer. Das ist faszinierend, absolut faszinierend. Dass in einer derart großen Herde das Sozialgefüge so reibungslos funktioniert, überrascht mich jedes Mal wieder. Apropos reibungslos. Erstaunlicherweise ist gerade in dieser Herde die Stutenbissigkeit relativ gering. Und noch etwas Überraschendes und wirklich Komisches: Die jeweiligen Deckhengste müssen der »Chefin« ihre Aufwartung machen, bevor sie sich den rossigen Stuten nähern dürfen.

Cleo und ich hatten das Glück, eine Stute beim Fohlen beobachten zu können. Ich freute mich über diese seltene Gelegenheit, zunächst, denn wie sich herausstellte, wurden es quälende Stunden für das Muttertier. Die Vorderläufe und ein Teil des Kopfes des Fohlens waren schon zu sehen, aber dann ging es irgendwie nicht weiter. Mehrere Stunden lang legte sich die Stute abwechselnd hin, stand wieder auf, rollte sich auf dem Rücken hin und her, ging ein paar Schritte. Zwei andere Stuten waren ständig an ihrer Seite. Das kennt man auch von anderen Tierarten, zum Beispiel Vicuñas oder Elefanten, dass die werdende Mutter ein bisschen abgeschirmt und beschützt wird. Manchmal, wenn ich so etwas beobachte, habe ich allerdings den Eindruck, dass da eine gute Portion Neugier mit dabei ist. Ich verfolgte das Ganze mit der Kamera, immer in ausreichend Abstand, um die Stute nicht nervös zu machen. Auf einem normalen Gestüt hätte längst ein Tierarzt eingegriffen, aber ein Dülmener Wildpferd überlässt man selbst in so einem Moment sich selbst. Dass ein Muttertier oder der Nachwuchs – oder beide – bei der Geburt sterben, passiert ja in freier Wildbahn auch. Für Pferde- oder allgemein für Tierfreunde mag das befremdlich sein, doch die Herzog von Croÿ'sche Verwaltung ist da nur konsequent. Mit einer notwendigen Ausnahme: Mangels Geiern, Bären, Wölfen oder sonstiger Prädatoren, die die Kadaver »entsorgen« würden, werden tote Pferde aus der Wildbahn geholt und zum Abdecker gebracht.

Friederike Rövekamp beobachtete das Geschehen ebenfalls. Friederike ist einer der beiden für dieses Gebiet zuständigen Förster, eine tolle Frau und eine hübsche Försterin – mal wieder –, hat natürlich auch wieder einen sehr gut aussehenden Mann, Thomas; das ist der andere Förster im Merfelder Bruch.

»Das wird nichts mehr« sagte Friederike irgendwann. »Das Fohlen ist bestimmt tot. Die Stute wird es nicht rauskriegen. Die wird sterben.«

Die Stute war mittlerweile so erschöpft und entkräftet, dass sie nicht mehr aufstehen konnte. Friederike und ich sahen, dass das Fohlen wieder ein kleines Stück aus dem Geburtskanal rutschte. Normalerweise würde eine Stute jetzt aufstehen und das Fohlen – *flup!* – im Gras landen. Diese Stute kam jedoch nicht auf die Beine. Und dann, nach weiteren schier endlos sich dehnenden Minuten, schlüpfte das Fohlen schließlich doch nach draußen. Es war ein windiger Tag, und die Fruchtblase flatterte dem Kleinen um den Kopf. Ich sehe das Bild noch vor mir. Und womit keiner mehr gerechnet hatte: Das Fohlen lebte. Es rappelte sich auf, versuchte seine ersten Schritte, fiel wieder hin. Ein Fohlen ist ja, wie bei allen Huftieren, im Verhältnis zum Muttertier sehr groß und extrem hochläufig. Das ist selbst bei den Dülmener Wildpferden so, die eher kurze Beine haben. Gewöhnlicherweise würde die Mutter es jetzt anstupsen, um es zum erneuten Aufstehen zu motivieren. In dem Fall nicht. Dafür kamen andere Stuten, schnupperten an dem Kleinen.

Irgendwann hatte sich die Mutter so weit von der anstrengenden Geburt erholt, dass sie wieder aufstehen konnte. Das Fohlen, das sich mittlerweile ebenfalls aufgerappelt hatte, stakste auf seinen X-Beinen sofort ans Gesäuge und trank. Beide hatten überlebt. Das hätte man nicht für möglich gehalten.

Dann war er da, der Tag des alljährlichen Dülmener Wildpferdefangs. Kurz zur Erinnerung: Am letzten Samstag im Mai werden die Jährlingshengste aus der Herde herausgefangen und anschließend versteigert (ein paar wenige werden verlost). Und zwar schon seit 1907. Mitte der 1920er-Jahre wurde zu diesem Zweck eine Arena gebaut, die in den 1950er-Jahren vergrößert und mit einer Tribüne für 12 000 (!) Zuschauer umgeben wurde.

Mit dieser einen Veranstaltung im Jahr werden die Wildpferde finanziert (ein Stehplatz kostet sechs Euro, ein Sitzplatz zwischen neunzehn und 23; Stand 2011). Die Herzog von Croÿ'sche Verwaltung hat zwar keine Tierarztkosten zu tragen – als normalen Pferdehalter frisst einen der Tierarzt (das Teuerste an einem Pferd) fast auf –, auch fallen keine Kosten für einen Stall an (das Zweitteuerste) und nur in Ausnahmen für Futter. Hufschmied (das Dritteuerste) braucht es ebenfalls keinen, da die Dülmener Wildpferde ja nicht beschlagen werden. Aber: Die Herde muss natürlich schon irgendwie betreut werden; es muss darauf geachtet werden, ob in schneereichen Wintern zugefüttert werden muss, ob ein Pferd verendet und der Abdecker geholt werden muss, es muss regelmäßig überprüft werden, ob der etwa fünfzehn Kilometer lange Zaun, der die Wildbahn umgibt, intakt ist oder irgendwo ausgebessert werden muss, und dergleichen mehr.

Als Cleo und ich uns morgens auf den Weg zum Merfelder Bruch machten, waren die Zufahrtsstraßen schon fast verstopft. Der Dülmener Wildpferdefang ist unter Pferdefreunden ein Begriff. Das Spektakel in der Arena, das fast immer ausverkauft ist, zieht Besucher aus ganz Europa an, etliche kommen auch oder sogar nur wegen der Stände, die an diesem Tag außerhalb der Wildbahn aufgebaut werden. Da sind Hufschmiede, Leute, die Sättel, Trensen und Zaumzeug verkaufen. Pferdefutter wird angeboten, Hufeisen. Alles rund ums Pferd. Einen Stand mit handgestrickten Socken, wie er auf praktisch jedem Weihnachtsmarkt zu finden ist, wird man hier allerdings vergebens suchen. Zum Glück! Aber natürlich gibt es zu essen und zu trinken, und so mancher Besucher bleibt gleich am Bierstand hängen.

Vor dem Fang der Junghengste gibt es in der Arena verschiedene Vorführungen. Kutschgespannfahrten, Quadrillereiten, Voltigier- und Schaunummern. Cleo und ich sahen zum Beispiel einen Schnelligkeitswettbewerb und drei »Hunnen«, die aussahen wie Dschingis Khan, in Lederpanzerung mit Reflexbögen einreiten und vom Pferd aus auf Strohpuppen schießen. Die unterschiedlichsten Sachen, die zusammengenommen eines beweisen: Dülmener Wildpferde lassen sich gut abrichten und sind vielfältig einsetzbar. Auch bringen manche Besucher im Pferdeanhänger einen jungen Dülmener Hengst mit, den sie bei einer der letzten Auktionen ersteigert haben, und lassen ihn auf einer Wiese zeigen, was er kann.

Kurz und gut: Es wird allerhand geboten.

Cleo und ich machten einen Rundgang. Der Duft von Leder, der Geruch von gegrillten Würstchen, die Musik aus den Lautsprechern, die Vorfreude und gespannte Erwartung von Tausenden von Menschen – das erzeugte eine ganz eigene, unglaubliche Stimmung. Ähnlich wie bei einem Volksfest und doch völlig anders. Im einen Moment hätte ich vor Ergriffenheit heulen können, im anderen fühlte ich mich richtiggehend high. Das hatte aber noch einen speziellen Grund.

»Wenn du beim Fang mitmachen willst, kann ich das arrangieren«, hatte Friederike angeboten. »Du würdest sogar fünfzig Euro Fängergeld kriegen.«

Und ob ich wollte! Zum einen ist es für jeden der Fänger eine große Ehre, mitmachen zu dürfen. Wenn man einem Pferdenarren sagt: »Ich war auf dem Dülmener Wildpferdefang und durfte mit fangen«, macht er fast einen Kniefall vor einem. Die jungen Männer der Gegend reißen sich darum, doch die Chancen dranzukommen sind bei nur etwa 25 Fängern nicht sehr hoch. Zum anderen war es für mich, der ich diese Herde schon so oft besucht hatte – allerdings nie am letzten Samstag im Mai –, *die* Gelegenheit, die Pferde hautnah in einer nicht alltäglichen Situation zu erleben.

Friederike, die beim Fang die Leitung hat, bestand darauf, dass ich einen halbtägigen Sicherheitslehrgang machte, da die Junghengste nicht etwa mit dem Lasso eingefangen werden, sondern mit bloßen Händen! Da sollte man schon wissen, wie man das richtig macht, denn die Tiere wehren sich wie verrückt, und ein einjähriger Hengst hat schon richtig was drauf. Natürlich gibt es da ein paar Tricks.

»Verpönt ist, das Pferd am Schweif zu ziehen oder festzuhalten«, erklärte mir Friederike, »aber was oft gemacht wird, ist, dass man, wenn man es einmal so um den Hals hat« – sie deutete mit einem Arm einen »Schwitzkasten« an – »mit der anderen Hand die Nüstern runterdrückt, damit es schlechter Luft bekommt; dann kriegst du ihn auch runter.«

Im Gegensatz zu mir haben die anderen Fänger, alles Bauernburschen, tagtäglich mit Pferden zu tun, denn jeder Hof in dieser Gegend hat ein paar Pferde. Und die Westfalen sind ja alle so ein bisschen XXL, also zwischen 1,85 und zwei Meter groß, um die achtzig bis hundert Kilogramm schwer, richtige Kerle. Wie man sich Landwirte halt so vorstellt. Jedenfalls: Ich war der Kleinste von allen.

»Und was ziehe ich an?«, fragte ich Friederike.

»Alle haben Jeans an und Fußballschuhe mit Stollen, weil du damit das Pferd am besten anbremsen kannst. Zieh dir also die festesten Schuhe an, die du dabeihast. Für obenrum brauchst du nicht zu sorgen. Ihr werdet alle einheitlich eingekleidet.«

Am großen Tag bekam ich ein in zwei Blautönen gestreiftes Hemd mit Stehkragen und ein rotes Halstuch – die traditionelle

Arbeitskluft im Münsterland – und, zusammen mit dem Fängergeld, Biermarken. Jede Menge Biermarken. Toll, dachte ich. Als man mir dann aber einen Hodenschutz, wie er zum Beispiel beim Baseball oder beim Boxen getragen wird, in die Hand drückte, klappte mir die Kinnlade nach unten, und ich bekam schlagartig ein flaues Gefühl im Magen.

»Ach, du Sch...«, stammelte ich. »Das ist nicht euer Ernst, oder? Ihr veräppelt mich doch!«

»Kein Scherz. Wir tragen auch alle einen. Zieh ihn lieber an.«

Die anderen Fänger, die ich jetzt erst kennenlernte, waren sehr kumpelhaft und ausgesprochen kollegial, haben mich sofort in ihre Gruppe integriert. Da gab es keine Animositäten, so nach dem Motto: Was will denn der Film-Heini hier? Allerdings machten sich alle ein bisschen Sorgen wegen meines Alters.

»Mit dreißig hört der Spaß hier eigentlich auf«, sagte einer der beiden Älteren, die vielleicht so um die vierzig waren. Das ist bei Westfalen schwer zu schätzen, weil sie schnell altern. »Dann kommt die nächste Generation.«

»Aber du bist doch bestimmt schon über dreißig«, wandte ich ein.

»Ja, bin ich«, lachte er, »aber man braucht immer zwei, drei Fänger mit viel Erfahrung.«

»Und warum ist dreißig sonst die Grenze?«, wollte ich wissen.

»Du wirst gleich sehen, wie anstrengend das Fangen ist. Da muss man körperlich wirklich fit sein. Und wenn der Bierbauch im Weg ist«, meinte er schmunzelnd, »ist Schluss.«

Da musste auch ich lachen, Westfalen trinken nämlich gern und viel.

»Und denk mal an den Hodenschutz«, setzte er noch hinzu. »Spätestens mit dreißig fängt man an, an Nachwuchs zu denken ...«

Man trägt also einen Hodenschutz – hatte ich; eine Jeans, Westfalenhemd und ein rotes Tuch – hatte ich auch; Stollenschuhe – hatte ich welche zu Hause, aber natürlich nicht dabei, da mussten meine Wanderschuhe herhalten; einige Fänger trugen Protektoren unter dem Hemd – hatte ich blöderweise ebenfalls nicht. Mittlerweile war ich mir gar nicht mehr so sicher, ob es eine tolle Idee war, beim Wildpferdefang mitzumachen, ein Rückzieher kam aber nicht infrage. Die Blöße wollte ich mir nicht geben.

Ich war schon seit Stunden aufgeregt, doch jetzt, sozusagen in voller Montur, fieberte ich dem Ereignis regelrecht entgegen – und musste mich weiter gedulden.

»Da kommt der Prinz«, raunten die Fänger auf einmal in ihrer laaaaangsamen Sprechweise. Rudolph Erbprinz von Croÿ lädt zu dem Spektakel gern Prominenz ein, in erster Linie Vertreter des Hochadels aus ganz Deutschland, zum Teil auch aus England, wo ja bekanntermaßen die ganz großen Pferdenarren sitzen. Das Bild, das sich mir nun bot, war, wie soll ich sagen?, absurd. Vorneweg fuhr ein Mercedes-Geländewagen, sah aus wie gepanzert. Da saß wohl der Prinz drin. Dahinter ein weißes Rolls-Royce-Cabriolet mit offenem Verdeck, weitere dicke Mercedes, Bentleys und so fort – staatskarossenmäßig. So weit, so gut. Nun hatten wir ja im Mai 2011 diese extreme Trockenheit – es war, um es deutlich zu sagen, furztrocken –, und der Weg zur Arena war nicht geteert. Sprich, die High Society verschwand in einer enormen Staubwolke, tauchte wieder auf, verschwand wieder ... Ich dachte, das kann nicht wahr sein, das ist wie bei Monty Python. Es war urkomisch, das schrägste Bild der gesamten Veranstaltung. Dummerweise habe ich es nicht gedreht.

Als die Wagen schließlich angehalten hatten, stiegen die Herrschaften hustend und prustend, die Damen mit ihren Fächern wedelnd – ja, sag mal, ging es mir durch den Kopf, bin ich im 17. Jahrhundert oder was? – aus, klopften sich, so gut es ging, den Staub ab und schritten, jawohl, die gingen nicht, die schritten, sozusagen am Pöbel vorbei, Richtung Arena. Es war das reinste Kuriositätenkabinett. Etliche der Männer hatten extrem große Ohren, was besonders auffiel, da viele die Haare mit Gel nach hinten gekämmt hatten; einige waren »Wattlöper«, so nennt man im Westfäler Platt »Schräggeher«, Menschen, die infolge langer Inzucht nicht mehr richtig geradeaus laufen können. Alle steckten sie in Streifenhemd, Reitersakko mit hochstehendem Kragen und karierter Hose. Die Frauen (oder müsste ich sagen: die Damen?) trugen überdimensionierte Hüte – Ascot lässt grüßen – und ihre Fächer.

Ihr Marsch zwischen Bier- und Würstchenbuden hindurch zur Ehrentribüne glich einem Spießrutenlauf.

»Also, Männer«, mahnte uns Friederike ein letztes Mal, »ihr wisst: Es wird kein Pferd am Schweif gehalten. Ihr könnt einen Junghengst zu zweit oder zu dritt runterdrücken. Es gibt keine brutalen Handlungen. Alles muss sauber ablaufen. Andreas«, wandte sie sich an mich, »wo ist eigentlich Cleo? Nicht, dass sie uns mittendrin in die Arena stürmt, weil sie zu dir will.«

»Nein, nein«, beruhigte ich sie, »Cleo ist beim Wirt.«

Dass Friederike die Fänger immer wieder an diese Grundsätze erinnerte, hat einen bestimmten Grund: Der Dülmener Wildpferdefang ist nicht unumstritten. Ein Bauernbursche findet ihn klasse und sagt: »Super, die fangen die Pferde nur mit der Hand. Die nehmen nicht mal ein Lasso.« Ein so großes Tier wie einen Jährlingshengst zu fangen hat schon etwas, ich will nicht sagen: Brutales, aber es geht ruppig zu. Ein Stadtmensch wird sich daher fürchterlich darüber aufregen: »So eine Sauerei! Die armen Pferde! Das geht doch nicht! Dagegen muss man etwas unternehmen!« Und Tierschützer argumentieren, es sei für die Pferde zu stressig. Friederike hält dagegen, dass es für die Tiere besser sei, an einem einzigen Tag im Jahr für ein paar Stunden unter Stress zu stehen, dann aber für ein ganzes Jahr wieder Ruhe zu haben, wie es hier der Fall ist, als wenn man die Junghengste mit dem Lasso in der Wildbahn einfangen würde. Das wäre ohnehin kaum zu bewerkstelligen. Wie will man unter über 300 Pferden, die auf 360 Hektar frei herumlaufen, alle Junghengste ausmachen und einfangen? Dazu bräuchte man Wochen, und das hieße, dass die Pferde über sehr viel längere Zeit und noch dazu in ihrem Lebensraum gestört und in Unruhe versetzt würden. Davon abgesehen, ist das Einfangen mit einem Lasso für ein Pferd auch nicht gerade stressfrei. All das gilt genauso fürs Betäuben, ob mit Gewehr oder Blasrohr. Darüber hinaus: Die meisten Pferdekenner sind sich einig, dass das Fangen von Hand absolut akzeptabel ist.

Ich war total aufgeregt, hatte richtig Lampenfieber. Erst einmal gab es ein Ritual zur Einstimmung. Alle Fänger hängten sich ein und ließen ihren »Schlachtruf« erschallen.

»Für uns Wildpferdefänger Kraft, Mut und Geschick, das brauchen wir jetzt! Jo, jo, jo!«

Unsere erste Aufgabe war es, die riesige Herde zu dem Einlass in die Arena zu treiben.

»Wie gut kannst du laufen?«, fragte mich einer der Männer.

»Ich jogge fast jeden Tag«, gab ich zur Antwort.

Das hätte ich nicht sagen sollen, denn prompt hieß es: »Na gut, dann hilf mal hinten mit.«

Mit zwei jungen Burschen, die sehr gute Läufer waren, rannte ich bestimmt einen Kilometer ans Ende der Herde, um die Nachzügler anzutreiben.

Über den Lärm all der Menschen und Tiere hinweg hörten wir, wie der – nennen wir ihn mal – Stadionsprecher über Lautsprecher die Zuschauer richtig heiß machte.

»Uuuund jetzt der Einlauf der Wildpferde!«

Dann galoppierten weit über 300 Pferde in die Arena. Beifall brandete auf. Und natürlich wieder Staub. Die Pferde beruhigten sich recht schnell, liefen ein, zwei Runden und blieben schließlich stehen. Die meisten Stuten kennen das Ganze ja schon.

»Und jetzt kommen unsere Junghengstfänger.« Der Stadionsprecher nannte alle 24 Fänger mit Vor- und Zunamen. Man muss sich mal in die Lage der Männer versetzen: Solide Bauernburschen, die sonst auf dem Trecker sitzen und ihre Mais- und Getreidefelder bestellen, sind da für einen Tag die großen Helden. »Uuund Andreas Kieling, meine Damen und Herren, der bekannte Tierfilmer! Andreas, wink uns mal zu!«

Bloß: Andreas war noch gar nicht da. Ich glaube, da haben mich die Kollegen ein bisschen verarscht, nach dem Motto: Lasst den mal ganz hinten laufen, dann kommt er als Letzter in die Arena. War bestimmt ein witziges Bild, wie ich da mit hängender Zunge angehechelt kam. Hinter mir schloss sich das Tor zur Arena. Peinlich zwar, aber für mich einer der lustigsten Momente des Tages. Der Stadionsprecher machte es wett, indem er mich unter anderem »als einen der besten Tier- und Naturfilmer, dekoriert mit dem Panda Award«, vorstellte. Als daraufhin Tausende Leute klatschten, wurde mir ganz warm ums Herz.

Die Fänger marschierten zur Ehrentribüne, um dem Erbprinzen mit einem tiefen Diener ihre Reverenz zu erweisen. Ich natürlich hinterher, was mir die Gelegenheit gab, die frisch gepuderten Damen aus der Nähe zu betrachten. Es waren ein paar schicke Ladys dabei. Wahrscheinlich angeheiratet.

Der Fang selbst ist eigentlich eine simple Sache. Etwa die Hälfte der Fänger separiert eine Gruppe von etwa zehn, zwölf Pferden aus der großen Herde, treibt sie in eine abgetrennte Ecke und versperrt ihr den Weg zurück in die Arena. Und dann wird geguckt. »Stute!«, ruft der eine Fänger. »Stute!«, der andere. Sobald einer »Hengst!« ruft, springen ihm zwei oder drei weitere Fänger zu Hilfe. Nun müssen sie versuchen, dass einer das Tier in den Schwitzkasten bekommt, damit sie es von der Gruppe weg wieder in die Arena führen können. Die Hengste wehren sich natürlich, bocken und springen wie beim Rodeo – und das ist eigentlich genau das, worauf die Zuschauer warten. Denn dieses Fangen mit bloßen Händen und das Niederringen hat etwas Archaisches, und das fasziniert uns Menschen.

Der eine oder andere Hengst kommt den Fängern aus und mischt sich wieder unter die Herde, aber: Aufgeschoben ist nicht aufgehoben. Das weiß er nur nicht. Manchmal braucht es vier Männer, um einen Hengst auf dem Weg zurück in die Arena zu bremsen, und da landet schon mal ein Fänger im Staub. »Oooooh!«, geht es dann durch die Menge. In der Arena wird der Hengst niedergerungen, ihm ein Halfter umgelegt und ein Chip implantiert – das ginge vermutlich auch im Stehen, bis 2010 bekamen die Jährlingshengste aber noch ein Brandzeichen, und dazu musste das Tier liegen –, dann wird er in ein kleines Gatter außerhalb der Arena geführt, was sie alle komischerweise geschehen lassen. Als wüssten sie, dass sie es nun überstanden haben.

Friederike Rövekamp lief wie ein Derwisch zwischen den Fängern und den Pferden herum und passte auf, dass alles korrekt ablief. Es war ein Bild für die Götter: In ihrer Förstermontur und mit dem feschen Hut – es sah aus, als hätte sie ein Riesensalatblatt auf dem Kopf – sauste sie durch die Arena und gab ihre Anweisungen: »Hey, nicht so ruppig!« – »Passt da besser auf!« – »Halt den knapper!« Hin und wieder stauchte sie einen Fänger gehörig zusammen: »Wenn du das noch mal machst, den noch einmal am Schweif hältst, dann fliegst du raus! Dann ist hier Schluss. Hast du verstanden?« Wow, dachte ich, das hätte ich ihr gar nicht zugetraut. Die Bauernburschen waren ja alle unheimlich kräftig und mindestens einen, wenn nicht zwei Kopf größer als Friederike, außerdem vollgepumpt mit Adrenalin. Aber vor Friederike hatten sie großen Respekt, und wenn die fragte: »Hast du verstanden?«, bekam sie umgehend ein »Ja, habe ich« zur Antwort.

Sind alle Junghengste aus der jeweiligen Gruppe herausgefangen, werden die Stuten in ein großes Gatter innerhalb der Arena getrieben, und das Spiel beginnt von vorn. Man hat also irgendwann drei Gruppen: die immer kleiner werdende, mit Hengsten durchmischte Herde in der Arena, die separierten Hengste im kleinen und die reine Stutengruppe im großen Gatter.

Ich half mit, den Fluchtweg zur Arena zu versperren, und versuchte mit meiner kleinen Helmkamera, die ich allerdings nicht auf dem Kopf, sondern in der Hand trug, gute Aufnahmen zu bekommen, als einer der Fänger rief: »Komm, Andreas, das ist deiner. Krieg ihn!«

»Nein, macht ihr nur«, winkte ich ab.

Ich habe nun wirklich keine Angst vor Pferden. Aber: Erstens wurde ich von 12 000 Leuten beobachtet, und in einigen Gesichtern meinte ich lesen zu können: Jetzt kommt der große Tierflüsterer. Der braucht einem Pferd bloß die Hand vor die Nüstern zu halten und ein Zauberwort zu sagen, schon lässt es sich freiwillig das Halfter umlegen. Jetzt mal übertrieben ausgedrückt, aber ich hatte tatsächlich den Eindruck, dass viele der Leute dachten, ich könnte einen Hengst mit Leichtigkeit bezähmen. Mit meinem verspäteten Einlauf in die Arena hatte ich für mein Gefühl mein Blamagepensum für diesen Tag jedoch bereits erfüllt. Zweitens hatte ein Junghengst erst wenige Minuten vorher einem Fänger voll zwischen die Beine getreten. Und das hat echt nicht gut ausgesehen, wie der arme Kerl sich stöhnend am Boden wälzte und seine Bällchen hielt. Wie sich später herausstellte, hatte er einen Hodenabriss. Diese Art des Pferdefangs ist also wirklich nicht ganz ohne. Und da ich zwei Tage später zum nächsten Dreh musste, konnte ich mir keine Verletzungen leisten, nicht einmal einen gebrochenen Finger, geschweige denn einen Hodenabriss. Vor allem deshalb hielt ich mich zurück. Außerdem: Ich kam mit der Kamera immer ganz nah an das Geschehen heran, und das war für mich eigentlich schon das Highlight. Vielleicht hat mich auch ein bisschen gehemmt, dass ich die friedlichen Bilder im Kopf hatte, wie ich im Winter oft zwischen den Pferden stehe, sie kraule, ihnen eine Möhre gebe oder ein paar Pellets.

»Einen, der mit Bären in Alaska rummacht und immer nah an Elchen dran ist, habe ich mir mutiger vorgestellt«, bekam ich von einem der Zuschauer zu hören, aber ich glaube, die meisten konnten meine Zurückhaltung verstehen.

Am Ende war nur noch ein schwarzer Hengst übrig. Bereits zweimal hatte er sich von den Fängern losgerissen. Und wenn ein Pferd – oder überhaupt ein Tier – ein paarmal hintereinander eingefangen wurde, ist es natürlich erst recht scheu. Da der Knabe inzwischen die komplette Arena (bis auf den Teil, wo sich das Gatter mit den Stuten befand) für seine Flucht nutzen konnte, mussten wir ganz schön viel laufen, bis wir ihn endlich ein weiteres Mal einkreisen und ein paar Fänger ihn sich schnappen konnten. Und wieder riss er sich los und – *hopp!* – sprang einfach über uns drüber! Für einen Jährling kein Problem. Also das ganze Spiel von vorn. Durch die Arena jagen, Pferd einkreisen, festhalten ... So nicht, dachte sich der Hengst wohl, denn erneut strampelte er sich frei und entkam.

»Mensch, da muss jetzt mal richtig Masse dran«, sagte der Chef der Fänger nach dem ich weiß nicht wievielten Einkreisen. »Stefan, jetzt bist du dran.«

Und dann kam Stefan: 2,05 Meter groß, 120 Kilo schwer. Stefan schnappte sich den Hengst, und ab in die Arena zum Halfterumlegen und Chippen. Gegen Stefan hatte der kleine Satansbraten keine Chance, und endlich wurde auch dieser letzte Hengst weggeführt.

»Bravo! Bravo!«, schrien die Zuschauer, die richtiggehend mitgefiebert hatten.

Der Schlussakt war ein weiterer großartiger Moment an diesem an tollen Ereignissen so reichen Tag: Die Fänger und ich bildeten ein Spalier, das aus der Arena hinausführte; das Tor zum Gatter mit den Stuten auf der einen und das Tor zur Wildbahn auf der anderen Seite der Arena wurden geöffnet, die Herde angetrieben, und dann galoppierten etwa 320 Pferde, begleitet von klassischer Musik, zwischen uns hindurch zurück auf die Weide. Ein wahrhaft grandioser Augenblick.

Ich rate jedem, der sich über den Wildpferdefang aufregt, ihn sich mal anzuschauen, denn die Stuten liefen vielleicht 500 Meter weit, blieben dann stehen und fingen zu grasen an, völlig ruhig und entspannt.

Jetzt konnte für die Fänger der gemütliche Teil des Tages beginnen. Nach all dem Staub, den wir geschluckt hatten, war mir nun klar, warum wir so viele Biermarken bekommen hatten. Es wurde ein ziemliches Besäufnis.

Die Veranstaltung ging unterdessen mit der Versteigerung und der Verlosung (jedes Jahr werden die vier oder fünf als Erstes gefangenen Tiere verlost) der Jährlingshengste weiter. Die Dülmener Wildpferde haben einen hervorragenden Ruf, weil sie sehr robust sind und, wie ich schon weiter oben beschrieben habe, so vielseitig einsetzbar. Deshalb kommen nicht nur Zuschauer, sondern auch Käufer aus ganz Europa in den Merfelder Bruch. Der schwarze Hengst ist übrigens für über tausend Euro weggegangen. Das ist ein gutes Geld für ein Kaltblut. Für einen Jährling dazu.

Jedes Jahr könnten locker hundert Junghengste verkauft werden, meines Wissens gab es jedoch noch nie so viele. In diesem Jahr, 2011, waren es 22. In den Jahren davor waren es zwar mehr – 2010 33, 2009 48, 2008 34 –, aber immer viel zu wenige. Im Frühjahr 2011 wurden sehr viele Hengstfohlen geboren; das heißt, wenn der Winter 2011/12 nicht zu streng wird, werden 2012 wohl so um die fünfzig Hengstfohlen zur Versteigerung kommen.

Für mich war der Dülmener Wildpferdefang ein sehr, sehr emotionales Erlebnis. Dass ich mitten im Geschehen dabei sein durfte, war eine tolle Sache und macht mich ein bisschen stolz. Und wenn ich es irgendwie einrichten kann – und mich die Fänger lassen –, wäre ich beim nächsten Mal gern wieder dabei. Dann würde ich versuchen, selbst einen Hengst zu fangen. Das habe ich Cleo versprochen.

Welse – Fische im XXL-Format

Eine der schönsten Regionen der norddeutschen Tiefebene ist – neben der Nossentiner/Schwinzer Heide – der Spreewald in der Niederlausitz im Südosten Brandenburgs. Mit Spree verbindet man Berlin, das »Spree-Athen«, kanalisierten Fluss, regulierte Wasserstände, viele Menschen ..., dabei hat die Spree noch ein völlig anderes Gesicht, das den wenigsten Menschen bekannt ist. Jeder hat zwar schon mal vom Spreewald gehört – oder wenigstens von den berühmten Spreewälder Gurken –, aber so richtig da gewesen ist kaum einer. Wird auch immer schwieriger, denn die Wege werden immer enger, die Menschen immer weniger, die Häuschen ebenfalls. Wer trotzdem mal dorthin kommt, kommt aus dem Staunen nicht heraus. Ich zumindest kenne in Deutschland keine andere so wilde, abwechslungsreiche und urige Gegend wie diese märchenhafte Auen- und Moorlandschaft. Das dünn besiedelte Binnendelta mit seinen vielen natürlichen Verzweigungen der Spree, den unzähligen von Menschenhand geschaffenen Kanälen, ausgedehnten Feuchtwiesen und Bruch- und Auenwäldern ist ein Dorado für Tiere. Kranich, See-, Schrei- und Fischadler, Eisvogel und Rohrdommel, Fischotter und Biber, Wolf, Reh- und Rotwild – die stärksten Rothirsche ganz Deutschlands leben hier –, Wildschwein und Marderhund sind nur einige der vielen Arten, die im Spreewald vorkommen.

Eine Besonderheit im Spreewald, einem seit 1991 unter der Schirmherrschaft der UNESCO stehenden Biosphärenreservat, ist die traditionelle Lebens- und Arbeitsweise auf den kleinen Hofstellen, die zum Erhalt dieses typischen Lebensraums beitragen, und sind natürlich die Sorben. Die oftmals auch Wenden genannte Minorität – eine von vier in Deutschland anerkannten nationalen Minderheiten – zog bereits im sechsten Jahrhundert nach Christus im Zuge der großen Völkerwanderung aus ihrer ursprünglichen Heimat zwischen den Flüssen Oder und Dnjepr in die damals fast menschenleere Lausitz. Heute leben in der Niederlausitz (Brandenburg) etwa 20 000 Niedersorben und in der Oberlausitz (Sachsen) um die 40 000

Obersorben. Das Wort »Lausitz« entstammt der sorbischen Sprache – niedersorbisch: *Łužyca,* obersorbisch: *Łužica* – und bedeutet in etwa »sumpfige, feuchte Wiesen«. Überall finden sich zweisprachige Ortsschilder, zum Beispiel *Cottbus* und *Chóśebuz*.

Cleo und ich wollten in den Norden des Spreewaldes, wo wir schon des Öfteren unterwegs gewesen waren. Unser Ziel waren dieses Mal aber nicht die wie verwunschen wirkenden Wälder, sondern Welse beziehungsweise erst einmal Stephan Höferer. Bei Stephan dreht sich praktisch alles ums Angeln: Er ist leidenschaftlicher Angler, und er lebt vom Angelsport. Er schreibt Bücher übers Angeln und Artikel für Anglerzeitungen; er verkauft Fischfotos und liefert Filmmaterial für DVDs, die Anglerzeitungen beigelegt werden. Als Cleo und ich ihn besuchten, arbeitete er an einer DVD mit den besten Forellenpuffs in Niedersachsen, weshalb er nur vier bis fünf Tage Zeit für Cleo und mich hatte. (Forellenpuffs sind eine pervertierte Art des Angelns: Ein Angler kauft am Forellenpuff eine Tagesangelkarte für zum Beispiel zwei Forellen. Dann werden aus einem Wasserbehälter zwei Forellen genommen und in den Teich gesetzt. Der Angler fängt mehr oder weniger die Fische heraus, die gerade erst eingesetzt wurden: gestresste und völlig desorientierte Tiere.) In Stephans kleinem Häuschen gibt es einen liebevoll eingerichteten Anglerraum, in dem unter anderem präparierte Fischköpfe hängen, Reusennetze, ein paar Köder, mit denen Stephan kapitale Fische gefangen hat, ein Gemälde von einem Wels unter Wasser, ein Foto, auf dem ihm Ministerpräsident Matthias Platzeck mit Händedruck zu seiner Ehrenmedaille für den Fang des größten Welses 2010 gratuliert: 2,19 Meter lang war der Waller, wie der größte reine Süßwasserfisch Europas ebenfalls genannt wird, und 62 Kilogramm schwer. Das ist enorm, denn meistens erreicht er in deutschen Gewässern nur eine Länge von bis zu eineinhalb Metern und ein Gewicht von fünfzig Kilogramm. Grundsätzlich kann er weit größer als die 2,19 Meter werden, da Welse zeit ihres Lebens wachsen und bis zu achtzig

Jahre – nach Schätzungen sogar hundert Jahre – alt werden können. Größer als der Europäische Wels ist in Europa nur der Stör, der aber lediglich zum Ablaichen in Flüsse kommt und ansonsten im Meer lebt.

Eine der bekanntesten Methoden, einen Wels zu fangen, ist, ihn mit einem sogenannten Wallerholz anzulocken. Das Wallerholz sieht aus wie eine zu groß geratene Tabakpfeife: ein Hohlkörper mit Stiel. Der Angler, der abends – Welse sind dämmerungs- und nachtaktiv – auf den See oder den Fluss hinausfährt, schlägt mit diesem Wallerholz vorsichtig aufs Wasser, wartet einen Moment und wiederholt das Ganze. Theoretisch könnte man natürlich genauso gut mit der Handfläche auf das Wasser titschen, aber im Dunkeln verpasst man höchstwahrscheinlich den Moment, in dem der Wels nach oben schnellt und zuschnappt, und dann hat man unter Umständen Hautabschürfungen oder zwei Finger weniger an der Hand. Da ist es besser, ein Wallerholz zu nehmen. Irgendwann wird vielleicht ein Wels darauf aufmerksam – Welse sind sehr empfindsam, was Geräusche an der Wasseroberfläche angeht – und denkt, da oben liegt ein langsam verendender Fisch, der in seinen letzten Zügen mit der Schwanzflosse aufs Wasser schlägt; das ist leichte Beute. Wie ein Torpedo schießt er hoch, sieht im letzten Moment, dass da gar kein Fisch ist, dreht wieder ab. In diesem Moment wirft der Angler seine schwere Welsrute mit einem Köderfisch aus. In der Regel kehrt der Wels zurück – wenn nicht, kommt noch einmal das Wallerholz zum Einsatz –, schnappt sich den Fisch, der seiner Meinung nach gerade noch gezappelt hat, und hängt am Haken. Dann beginnt der Kampf.

Die größten Welse wurden meines Wissens bisher in Osteuropa gefangen, in Bulgarien, Rumänien oder der Ukraine. Der größte mit einem Foto dokumentierte Fang stammte aus dem Po in Italien: stattliche 2,78 Meter lang und 144 Kilogramm schwer. Allerdings werden in den letzten Jahren auch die Welse in Deutschland immer größer. Niemand weiß genau, woran es liegt. Eine mögliche Ursache ist das Kühlwasser von Kraftwerken, das, nachdem es seinen Zweck erfüllt hat, als dann warmes Wasser in Flüsse geleitet wird. An der Spree kämen dafür etwa die Braunkohlekraftwerke Jänschwalde, das zweitgrößte Kraftwerk Deutschlands, Schwarze Pumpe und Boxberg infrage. Im Neckar werden seit einiger Zeit ebenfalls sehr große Welse gefangen. Da reihen sich auch mehrere Kraftwerke auf, unter anderem das Kraftwerk Stuttgart-Münster, das Kernkraftwerk Neckarwestheim, das Steinkohlekraftwerk Heilbronn und das 2005 stillgelegte Kernkraftwerk Obrigheim.

Was das mit dem Wels zu tun hat? Fällt die Wassertemperatur unter sieben bis vier Grad Celsius, stellt der Wels die Nahrungsaufnahme ein und hält Winterruhe. Dann liegt er ruhig in Uferspalten oder auf dem schlammigen Grund von Seen und Flüssen und wartet, dass das Wasser wieder wärmer wird. Das hat auch damit zu tun, dass im Winter weniger Futter zur Verfügung steht. Aber dort, wo sommers wie winters warmes Wasser eingeleitet wird, tummeln sich natürlich unzählige Futterfische: Plötzen, Rotfedern, Brassen, Güstern, Lauben, Moderlieschen, Karauschen, Karpfen, Schleien, Aale ... Und dann wird gefressen, was das Zeug hält. Da ist nichts mit Winterruhe und Fasten.

Apropos Fressen und Fasten: Welse haben ein sehr schmackhaftes, festes, eher fettes Fleisch. Wallerfilet mit Kräutern und Weißwein, leicht gedünstet, schmeckt phantastisch. Man kann den Wels aber genauso gut braten, gratinieren, pochieren, backen und was weiß ich alles. Sein leckeres Fleisch und die Tatsache, dass es je nach Alter des Tieres entweder gar keine oder nur sehr wenige Gräten enthält, macht ihn als Speisefisch derart beliebt, dass er auch in Aquakulturen gezüchtet wird; in Ungarn übrigens schon seit Beginn des 20. Jahrhunderts!

Ich hatte im Amazonas und im Rio Paraguay ziemlich große Welse gefangen, aber das zählt ja nicht so richtig. Trotzdem war ich am Angeln jetzt so wenig interessiert wie an den traumhaft schönen Wäldern dieser Region. Vielmehr ging es mir um eine Unterwassergeschichte mit Welsen, und ebendeshalb wollten Cleo und ich zu Stephan Höferer. Welse sind nämlich sehr territorial, halten sich oft jahrelang an derselben Stelle auf beziehungsweise suchen dieselben Laichplätze auf. Tagsüber verstecken sie sich, beispielsweise unter ins Wasser gestürzten Bäumen oder in Höhlen an unterspülten Ufern, erst nachts gehen sie auf Jagd. Und Stephan weiß, wo man sie findet.

Zur schönsten Zeit der Region, zur Robinienblüte im Mai/Juni, tappten Cleo und ich auf dem Weg zu Stephan durch einen Altarm der Spree. Die Gewöhnliche Robinie, auch Falsche oder Scheinakazie genannt, hat ein sehr hartes und witterungsbeständiges Holz, widerstandsfähiger und dauerhafter noch als Eiche, weshalb es sehr gefragt ist: im Schiff-und Möbelbau, als Schwellenholz und Holzkohle, für den Bau von Klettergerüsten auf Spielplätzen und vielem mehr, und weshalb die Robinie, die ursprünglich aus Nordamerika stammt, mittlerweile in Europa weit verbreitet ist. Ihre Blüten liefern zudem den sehr milden Akazienhonig, der ja eigentlich ein Robinienhonig ist. Egal, die Blüten riechen jedenfalls atemberaubend, überwältigend, leicht süßlich, fast parfümartig. Fichten, Buchen, Eichen, Bergahorn oder Esche riechen nicht. Müssen sie ja auch nicht, denn sie zählen zu den Windbestäubern. Linde und Robinie hingegen müssen duften, um Insekten anzulocken und von ihnen bestäubt zu werden.

Die ganze Landschaft ist mit einem herrlichen Aroma überzogen, und wenn ein Windstoß in einen Robinienwald fährt, ist es, als würde es duftige Flocken schneien. Das hat einen unglaublichen Charme und macht einen Teil des Reizes dieser Gegend aus.

Stephan wohnt in dem kleinen romantischen Ort Neuhaus mitten in der Märkischen Heide an einem Bogen der Spree. In seinem früheren Leben war er Heizungsinstallateur in Treptow-Köpenick, Ostberlin. Nach der Wende wurde Stephan das Leben in Berlin zu hektisch. Hinzu kam die schlechte Bezahlung. In Berlin wird handwerkliche Arbeit extrem schlecht entlohnt. Das liegt wohl auch an den vielen osteuropäischen Handwerkern, allen voran Polen, die nach Berlin drängen und sehr gute Leistungen erbringen. Fliesenlegen, Verputzen, Installation, Zimmererarbeiten, alles tipptopp. Irgendwann war Stephan klar, er muss raus aufs Land. Mit seiner Frau Sabine fuhr er auf der Suche nach einer neuen Heimat durch die Gegend, und irgendwann kamen die beiden dabei nach Neuhaus. Sie fanden es auf Anhieb wunderschön und fragten nach Mietobjekten. Es gab aber keine, und so pachteten sie erst einmal ein Grundstück und stellten einen Wohnwagen darauf, bis sich schließlich doch ein Häuschen zum Mieten fand. Die beiden haben in Neuhaus ihr Shangrila gefunden.

Am nächsten Tag machten Cleo und ich einen frühen Morgenspaziergang, um den winzigen Ort zu erkunden, was ja nicht viel Zeit beansprucht, und Brötchen fürs Frühstück zu holen.

»Dann kannst du dir gleich die Bäckersfrau anschauen«, hatte mir Stephan schmunzelnd mit auf den Weg gegeben.

Es gibt hier eines der letzten intakten Nadelwehre. Normalerweise, wenn der Wasserstand flussabwärts gehoben werden soll, wird an einem Wehr der Schieber hochgezogen. Bei Nadelwehren – eine irreführende Bezeichnung, die »Nadeln« sind nämlich ungefähr fünf Meter lange und zehn Zentimeter dicke Kanthölzer – werden je nach Bedarf einige oder mehrere der vertikal eingelassenen Holzbohlen aus der Halterung gezogen. Wenn also die Nachricht aus Berlin kommt, dass das Wasser knapp sei, werden am Nadelwehr Neubrück einzelne Stangen herausgezogen, sodass mehr Wasser strömen kann. Und wenn nach einigen Tagen genug Wasser nach Berlin geschwappt ist, werden wieder ein paar Hölzer reingesteckt. Das Wehr hat ein handgeschmiedetes und verschnörkeltes Geländer, sehr schön. In der winzigen Schleuse für Kleinbootfahrer hängt eine Betriebsanleitung in altdeutscher Schrift, wie in die Schleuse hineinzufahren ist, welche Kurbel zuerst betätigt werden muss und so weiter. Nun soll das hundert Jahre alte, denkmalträchtige Nadelwehr abgerissen werden, obwohl es voll funktionsfähig ist. In etlichen Bundesländern gäbe es da einen Riesenaufschrei, Proteste, Bürgerbegehren. In Brandenburg wird so etwas einfach platt gemacht. Statt des schönen alten Nadelwehrs soll für sieben Millionen Euro ein Hightechwehr gebaut werden. Das ist der Beginn der Verschandelung einer Landschaft, die zwar kein Museum bleiben soll, aber es gäbe Alternativen. Und mit sieben Millionen Euro könnte man das alte Wehr ewig lang erhalten und einen netten Brandenburger dafür bezahlen, dass er es bedient.

Direkt im Ort ist zwischen der Spree und dem Neuhauser Speisekanal, der die Spree mit dem Oder-Spree-Kanal verbindet, der Wergensee aufgestaut. Vor über hundert Jahren wurde dort ein Pumpwerk gebaut, um Wasser von der Spree in den Oder-Spree-Kanal zu pumpen. Eine Zugbrücke gewährt Sport- und kleinen Ausflugsbooten Durchlass. Auch eine moderne Schleuse gibt es. Als Handelsweg, um Waren aus dem Sorbenland nach Berlin zu transportieren – zum Beispiel die schon erwähnten berühmten Spreewälder Gurken –, haben die Schifffahrtsstraßen längst ausgedient, obwohl sie, ökonomisch gesehen, die beste Alternative sind. Aber heute muss alles schnell gehen, heute werden die Waren per Lkw und Frachtflugzeug transportiert. So ganz ist die Zeit auch hier nicht stehen geblieben.

In einem Garten war eine alte Frau mit einer noch älteren Schürze dabei, ein Beet umzugraben. Als ich sie grüßte, kamen wir ins Gespräch, und ich sprach sie auf die schwere Gartenarbeit an. Sie war 82 und hatte sicher einiges durchgemacht, und bestimmt litt sie in ihrem Alter an dem einen oder anderen Wehwehchen, aber statt zu jammern und zu klagen sagte sie: »Ich bin so zufrieden, dass alles so gut wächst dieses Jahr!« Ich finde es immer schön, wenn ich Menschen treffe, die mit Wenigem oder mit einfachen Dingen glücklich und zufrieden sein können.

Neugierig betrat ich schließlich die Bäckerei. Die Bäckersfrau war ziemlich hübsch. Sie trug eine sehr eng anliegende weiße Hose und ein ebenso knapp bemessenes weißes T-Shirt, das es kaum schaffte, die üppige Oberweite im Zaum zu halten. Sehr, sehr aufreizend. Und völlig unpassend. Ich glaubte, ich wusste, was Stephan mir hatte sagen wollen. Der Bäckermeister, der aus der Backstube in den Laden kam, als er dort einen Fremden reden hörte, war ein lustiger Geselle. Schrippen – »Wir verkaufen keine ›Brötchen‹«, sagte er – kosten hier nur zehn Cent.

Man neigt als Fremder, als Auswärtiger ja dazu, ein Dorfidyll zu romantisieren, wenn man aber vierzig Jahre lang darin gelebt hat, sieht diese Welt ganz anders aus. Aber: Die alte Frau war zufrieden, der Bäckermeister war zufrieden, lediglich die Bäckerin wirkte leicht unbefriedigt. Zum Abschied warf sie Cleo ein Brötchen hin. Cleo, die unheimlich gern Brot frisst, war happy, meine Neugierde war befriedigt, und so sind wir zurück zu Stephan und Sabine.

Zwei Stunden später liefen Cleo, Stephan und ich einen der romantischsten Wasserläufe entlang, die es in Brandenburg gibt. Wenn jetzt noch zwei Feen zwischen den Erlen und Weiden schweben würden, dachte ich, würde ich nicht mal glauben zu träumen. So zauberhaft war das hier.

Der Flusslauf war völlig naturbelassen, das Ufer stellenweise eingebrochen, das Wasser durch den gelösten Torf dunkelbraun, aber klar. Ein paar Wasserlinsen und Seerosen setzten bunte Farbtupfer. Auf dem einen Ufer beschatteten riesige Schwarzerlen das Wasser, im Hintergrund standen große Birken, dahinter riesige malerische Eichen, an die sich ein bisschen Kiefernwald anschloss. Auf der anderen Seite breitete sich eine riesige Sumpflandschaft aus Röhricht, Schilf und Riedgras aus. Außer Stephan und mir kein Mensch weit und breit. Wir sahen Pirol, Wiedehopf, Kolkrabe, Eichelhäher und Kranich und auf einmal – ungefähr siebzig Meter vor uns – eine Wildschweinbache mit ihren Frischlingen, die im Ufermatsch ein Schlammbad nahmen. Cleo, die begeisterte Wildschweinjägerin, wäre am liebsten gleich losgestürmt. Eigentlich ist Schwarzwild eher dämmerungs- und nachtaktiv, hier aber kann man es am helllichten Tag beobachten. Einfach traumhaft.

Aber wir waren ja nicht wegen der Wildschweine in diesem wildromantischen Feenwald, sondern weil hier der größte Raubfisch Europas gerade am Laichen war. Welse kommen zum Ablaichen gern hierher. Dazu suchen sie sich ihren Weg von der wilden Spree über Kanäle, Seitenarme und Seen. Stephan hat mir die genauen Zusammenhänge erklärt, aber ich habe sie, ehrlich gesagt, nicht ganz verstanden.

»Du wirst es nicht glauben, aber in diesem Fluss, der nicht breiter als zwanzig Meter ist, laichen tatsächlich Welse«, hatte mir Stephan beim Frühstück erzählt.

Um meine Tauchausrüstung nicht tragen zu müssen, stapfte ich in voller Montur – sprich: in Neoprenanzug und Jacket, mit Bleigurt um den Bauch, Pressluftflasche auf dem Rücken, der schweren Unterwasserkamera unter dem einen und den Taucherflossen unter dem anderen Arm – hinter Stephan durch den Wald.

»Wenn mich jetzt jemand sieht«, sagte ich zu Cleo, »wird er denken, er sei im falschen Film.«

»Da sind wir«, sagte Stephan, »hier kannst du reingehen und gucken.«

Ich stieg in das Wasser. Knietief. Hm. Ich tastete mich vorsichtig, um nicht zu viel Schlamm aufzuwirbeln, ein paar Meter Richtung Flussmitte. Trotzdem blubberte bei jedem Schritt Faulschlamm hoch und stiegen Methangasblasen auf, die an der Wasseroberfläche zerplatzten und den Gestank von faulen Eiern freigaben. Cleo rannte jedes Mal total aufgeregt am Ufer entlang, wenn so eine Blase hochkam. Mittlerweile ging mir das Wasser wenigstens knapp bis zur Brust. Da bin wohl eher ich im falschen Film, dachte ich.

»Und du bist dir sicher, dass hier Welse laichen?«, rief ich zu Stephan hinüber. Ich wusste, dass Welse wie fast alle Süßwasserfische zur Laichzeit seichte Gewässer aufsuchen. Aber so seicht? Die Fische sind ja nicht gerade klein.

»Na, such einfach mal«, dröhnte Stephans tiefe Stimme, die er jahrelang auf dem Bau geschult hatte, zu mir.

Welse sind während des Ablaichens recht apathisch, wie weggetreten. Nicht anders als andere große Fische, zum Beispiel Hecht und Karpfen. Sie alle reagieren dann kaum auf Störungen und haben keine gute Feindwahrnehmung mehr. Sobald ein Mensch untertaucht, also sich in ihrem ureigenen Element bewegt, nehmen sie ihn überhaupt nicht mehr wahr. Unglaublich. Der einzige Fisch, der in dieser Zeit noch klar im Kopf ist, ist die Bachforelle.

Ich habe mal erlebt, dass ein riesiges Karpfenweibchen, 25 bis dreißig Pfund schwer, knapp unter der Wasseroberfläche schwamm, manchmal sah man die Rückenflosse herausspitzen. Sie hatte fünf kleine Männchen im Gefolge, die sich mit ihr paaren wollten. Sie gab ihre Eier ab – je nach Größe und Alter des Weibchens sind das eine bis eineinhalb Millionen –, und die Männchen gaben ihr Sperma darüber. Die waren wie hypnotisiert, sodass ich sie sogar anfassen konnte, ohne dass sie wegschwammen. Bei Hechten ist es ähnlich. Da sie bereits im zeitigen Frühjahr laichen, suchen sie dazu recht gern überflutete Wiesen auf, da sich das Wasser dort sehr schnell erwärmt. Das nutzten die Menschen früher zum »Hechtstechen«. Man brauchte sich nur in Gummistiefeln auf eine geflutete Wiese zu stellen und darauf zu warten, dass ein Hecht daherkam. Dann rammte man ihm einen eigens gefertigten Hechtspeer in den Leib. Wer sich keinen Hechtspeer leisten konnte, griff einfach zur Mistgabel. Früher war Hechtstechen weit verbreitet, heutzutage ist es streng verboten, aber nach wie vor eine Form der Wildfischerei.

Es dauerte tatsächlich nicht lange, da sah ich in dem torfigen Wasser eine XXL-Kaulquappe. Der Wels ist ja nicht der schönste Fisch. Er sieht, finde ich, richtig fies aus: riesiger breiter Flachkopf mit außergewöhnlich langen Barteln – Barteln sind, ich nenne es mal »fadenförmige« Tast- und Geschmacksorgane; der Wels hat zwei wirklich extrem lange, knorpelverstärkte und höchst bewegliche am Oberkiefer und vier kurze, unbewegliche am Kinn –, breites Maul mit vorstehendem Unterkiefer und vier bis fünf Reihen kleiner Bürstenzähne, aufgequollener Bauch, relativ dünner langer Schwanz. Schleimige, glatte Haut ohne Schuppen. Wirklich kein ästhetischer Anblick. Hinzu kommt die schlammgraue Farbe, am Rücken dunkler, am Bauch heller. Ein Wels sieht aus, als stecke er noch mitten in seiner Metamorphose, als wäre er irgendwie nicht ganz fertig. Eben wie eine Monsterkaulquappe.

Vorsichtig berührte ich den Wels. Keine Reaktion. Dann nahm ich das glitschige hässliche Ding sogar in den Arm.

»Pass auf!«, hörte ich Stephan mich warnen. »Die können sehr schnell aggressiv werden und dich beißen.«

»Wie, die beißen? Kein Fisch beißt in der Paarungszeit!«, gab ich zurück.

Der Wels ließ sich durch unsere laute Unterhaltung so wenig wie durch meine Berührungen stören, war total phlegmatisch.

»Doch, doch«, rief Stephan, »der Wels ist der einzige Fisch, der aktiv Menschen attackiert, wenn ihm etwas nicht passt. Ich hab da so meine Erfahrungen. Vom Bootfahren.«

Stephan war, noch bevor er als Heizungsinstallateur arbeitete, Leistungssportler gewesen und rudert bis heute gern, am liebsten mit seinem originalen DDR-Boot, Einheitsmarke, Plastikschale mit Rudern. Er rudert die Spree hoch und runter und in die Nebenarme hinein.

»Vom Rudern?«, fragte ich daher, eher aus Spaß.

»Nein, ich habe auch ein Motorboot. Früher, als ich einen kleinen Fünf-PS-Benzinmotor hintendran hatte, ist nie was passiert, aber seit ich den Elektromotor habe, haben mir Welse schon zwei Schrauben abgebissen. Offensichtlich können die diese Vibrationen nicht ab.«

»Das glaube ich nicht.«

»Doch! Ich zeige dir nachher eine Schraube.«

Später, wieder bei ihm zu Hause, sollte er mir tatsächlich eine demolierte Kunststoffschraube unter die Nase halten.

»Das könnte genauso von einem Stein sein, den du gerammt hast«, gab ich zu bedenken.

»Nein, das war ein Wels. Definitiv«, beharrte Stephan.

Der Wels, den ich im Arm hielt, rührte sich jedenfalls kein bisschen, als würde er sich tot stellen. Hm, dachte ich, um den in die Pfanne zu kriegen, braucht man keine Wallerrute und keinen Kescher, den könnte man wahrscheinlich einfach aus dem Wasser tragen.

Die Plackerei, Pressluftflasche, Bleigurt und Taucherflossen hierherzuschleppen, hätte ich mir sparen können: Ich brauchte nicht zu tauchen, hielt einfach nur die Unterwasserkamera unter Wasser. Im Display, das oben herausragte, konnte ich den Wels mühelos beobachten. Nach und nach entdeckte ich weitere, alle zwischen einem und 1,20 Meter lang und so um die 25 Kilogramm schwer.

»Ich hab dir doch gesagt, dass hier welche sind«, rief Stephan, »meinst du, ich erzähl dir Quatsch!?«

Ich stand zwischen den Tieren im Wasser und machte meine Aufnahmen. Auf eine Kunststoffschraube oder die Vibrationen eines Elektromotors mochten die Fische ja möglicherweise aggressiv reagieren, hier und jetzt passierte jedenfalls nicht viel.

»Kein Problem«, meinte Stephan, als ich ihm sagte, dass mir hier zu wenig Action sei, »wo dieser Flusslauf in den nächsten See mündet, gibt es eine drei Meter tiefe Stelle, und da sitzt fast immer ein großer Wels in einem abgesoffenen, hohlen Eichenstamm. Den habe ich sogar schon mal an der Angel gehabt, aber als er sich unter seine Eiche rettete, hatte er so einen Zug drauf, dass mir die Schnur riss. Einen Wels kannst du nicht aufhalten, den kannst du nur bremsen.«

Wenig später waren wir an der Einmündung in den See.

»Pass bloß auf«, warnte mich Stephan noch einmal eindringlich, als ich mich wieder zum Tauchen bereitmachte, »wenn er zu Hause sein sollte, kann es sein, dass er sauer wird.«

In schöner Regelmäßigkeit geistern alle paar Jahre im Sommerloch »Mörderwelse« oder neudeutsch »Problemwelse« durch die Medien, so wie vor etwa zehn Jahren »Killerwels Kuno« aus Mönchengladbach, der sogar in der internationalen

Presse für Schlagzeilen sorgte. Kuno soll im Volksgarten-Weiher einen jungen Dackel gefressen haben. Komischerweise hat sich nie ein Dackelbesitzer gemeldet, der den Verlust seines Vierbeiners beklagte. Angler, darunter bekannte Welsangler, machten Jagd auf Kuno, aber der entzog sich jedem Versuch, seiner habhaft zu werden. Das Sommerloch zog vorbei, es gab andere Probleme in der Republik, und so ward die Geschichte um den Wels vergessen. In anderen Jahren ist es ein Krokodil im Rhein oder ein Panther in Bayern, das beziehungsweise den zig Leute gesehen haben wollen. Erwischt wurden auch sie nie.

»Pass bloß auf«, sagte ich meinerseits zu Cleo, um Stephan ein bisschen aufzuziehen, »hier sind Welse drin, nicht dass du als kleine zierliche Französin verschluckt oder unter Wasser gezogen wirst.«

Cleo hat seit ihrer Kindheit ein Problem damit, wenn ich untertauche. Und wenn ich mit Pressluft tauche, wie jetzt, weil ich ja drei Meter tief musste, und es beim Eintauchen blubbert, gerät sie völlig aus dem Häuschen. Bis man untergetaucht ist und die Tauchausrüstung durch die Auftriebskraft des Wassers deutlich an Gewicht verliert, ist sie eine ziemliche Behinderung. Da kann man nicht noch auf einen Hund aufpassen. Damit Cleo nicht ins Wasser sprang und die Sedimente aufwirbelte, was ich beim Filmen wirklich nicht gebrauchen konnte, bat ich Stephan, auf sie aufzupassen, und drückte ihm die Hundeleine in die Hand. Ich tauchte ab – *blubb, blubb, blubb* –, riesige Blasen stiegen hoch, und wenige Sekunden später sah ich unter Wasser vier Pfoten auf mich zupaddeln. Cleo hatte sich also von Stephan losgerissen. Ich packte sie, zog sie zurück ans Ufer und gab Stephan wieder die Leine.

»Der Wels haut uns ab, wenn das so weitergeht«, sagte ich zu Stephan – nachdem ihm Cleo das dritte Mal entwischt und mir ins Wasser gefolgt war.

»Ich krieg die nicht gehalten, die ist wie verrückt«, rechtfertigte sich Stephan.

Es war sehr chaotisch. Schließlich blieb mir nichts anderes übrig, als Cleo etliche Meter vom Ufer entfernt an einem Baum festzubinden, damit ich in Ruhe arbeiten konnte.

Stephans Warnungen vor der Aggressivität der Welse hatten mich nun doch leicht verunsichert, aber kühn, wie ich bin, tauchte ich ab. Stephan hatte mir die Stelle, an der ich den Wels suchen musste, ziemlich genau beschrieben, und bald fand ich den hohlen Eichenstamm. Er war riesig, lag wahrscheinlich schon seit 500 Jahren da unten. In dunklen torfigen Gewässern ist die Sicht in drei Meter Tiefe nicht mehr besonders gut, reicht maximal eineinhalb Meter weit. Die Taucherlampe hatte ich wieder ausgeschaltet; sie nutzte mir hier nichts, da ihr Licht nur die vielen Schwebeteilchen im Wasser reflektierte und die Sicht dadurch verschlechterte statt verbesserte. Das ist vergleichbar mit einer Autofahrt in dichtem Nebel oder bei starkem Regen; da sieht man mit Abblendlicht auch mehr als mit Fernlicht.

Im Halbdunkel tastete ich mich daher den Stamm entlang. Wie aus dem Nichts tauchte auf einmal fast direkt vor meinen Augen ein riesiger Kopf auf, etwa so breit wie meiner, aber hässlicher; der platte Kopf eines Welses – der Rest des Fisches steckte im Baumstamm – mit den charakteristischen winzigen Augen, was Welse so richtig hinterhältig aussehen lässt. Die zwei beweglichen Barteln des Oberkiefers fingerten in meine Richtung, um mich abzuchecken. Unheimlich. Dieses Exemplar war zwar kein Monsterwels, aber unter Wasser herrscht ein anderer Lichtbrechungswinkel, weshalb Dinge ein Drittel größer und ein Viertel näher wirken. Jedenfalls habe ich mich im ersten Moment ziemlich erschrocken.

Um zu zeigen, wie groß der Wels war, brauchte ich natürlich einen Größenvergleich. Blöd, dass Frank nicht hier ist, ärgerte ich mich, oder ein anderer zweiter Kameramann; na, muss ich halt selbst wieder zum Vergleich herhalten. Zunächst aber drehte ich die Kamera und hielt sie auf mein Gesicht zu, guckte in die Linse, machte ein erstauntes Gesicht, Kontrollblick zum

Wels, noch mal überraschter Blick in die Kamera. Dann schwenkte ich die Kamera ganz langsam auf den Wels, damit man später sehen würde, dass die Einstellung in einem Stück gedreht und nicht im Nachhinein mit Aufnahmen aus einem Aquarium zusammengeschnitten geworden war. Dann schob ich zum Größenvergleich meine Hand zwischen Kamera und Wels und überlegte, wie ich den Wels aus der Eiche herauslocken könnte, da schoss er auch schon mit einer irren Geschwindigkeit aus seinem Loch. Direkt auf mich zu. Trotz Stephans Warnungen hatte ich nicht mit einem Angriff gerechnet und erschrak daher, dieses Mal richtig heftig. Es ging so schnell, dass ich nicht einmal mehr reagieren konnte.

Das Zuschnappen seiner Kiefer war so laut, dass ich es durch die Neoprenhaube und trotz des Blubberns meiner Luftblasen deutlich hören konnte. Dummerweise steckte meine Hand zwischen den Kiefern des Fisches, und dummerweise hatte ich keine Handschuhe an. Als der Wels meine Hand wieder freigab, sah sie aus, als wäre mir jemand mit einer gröberen Küchenreibe oder Ähnlichem darübergefahren. Zum Glück hat der Wels sehr kleine Zähne, sonst hätte meine Hand ganz anders ausgesehen. Ein Hecht oder Zander zum Beispiel würde einem mit seinen großen Zähnen nicht nur die Haut, sondern auch gleich noch das Fleisch in Streifen abziehen. Die beißen allerdings nur, wenn man sich beim Entfernen des Blinkers oder Hakens ungeschickt anstellt. Deswegen nutzen Angler bei Hecht und Zander Maulsperren und einen Hakenlöser oder eine Zange.

Kleine Zähne hin oder her, mir fehlten jedenfalls ein paar Hautfetzen. Schmerzen spürte ich keine – noch nicht, später sollten die feinen Risswunden höllisch brennen –, weil mir das Adrenalin bis zu den Ohren stand. Mir fiel ein, dass es einen bestimmten Griff gibt, mit dem man einen Wels so halten kann, dass man ein Zuschnappen verhindert. Bei diesem sogenannten Wallergriff packen Welsspezialisten große Welse fest an der dicken Unterlippe und hieven sie dann aus dem Wasser. Mit einem Gaff würde man sie zu schwer verletzen. Dazu muss man wissen: Große Exemplare werden nach dem Fang vermessen und gewogen – ein Wels kann, bei kühlem Wetter und wenn man ihn feucht hält, fünfzehn bis zwanzig Minuten an der Luft überleben – und dann ins Wasser zurückgesetzt. So einen großen Fisch will ja kein Mensch essen.

Auch beim Wallergriff trägt man tunlichst einen dicken Handschuh. Das war mir jetzt aber egal. Bursche, dich krieg ich, dachte ich. Ich ließ meine Kamera, die durch ein dünnes Seil mit meinem Bleigurt verbunden war, nach oben steigen, um beide Hände frei zu haben. Der Wels hatte sich in der Zwischenzeit wieder in sein Loch beziehungsweise den hohlen Baumstamm verzogen und beobachtete mich. Sehr, sehr vorsichtig diesmal und bereit, sie sofort wegzuziehen, schob ich meine rechte Hand an den Wels heran, während ich ihn mit der linken abzulenken versuchte, und packte dann blitzschnell zu. Geschafft! Ich hatte ihn genau richtig am Unterkiefer erwischt. Na, ganz so richtig wohl doch nicht, denn der Wels fing an zu toben, wie ein Berserker, schlug mit dem Schwanz. Nutzte ihm aber nicht viel, weil sein Bewegungsfreiraum in dem Baumstamm recht begrenzt war. Nach zehn, fünfzehn, höchstens zwanzig Sekunden hatte er sich endlich beruhigt und hielt ganz still, was ja der Zweck des Wallergriffs ist.

Etwas Ähnliches kenne ich sonst nur von Haien. Die Biologin und Tauchlehrerin Christina Zenato, die den Spitznamen »Hai-Lady« trägt, hat herausgefunden, dass Haie in »tonische Bewegungslosigkeit« verfallen, wenn man ihre sogenannten Lorenzinischen Ampullen – das sind elektromagnetische Sensoren an der Nase, mit deren Hilfe sich Haie orientieren – berührt. Sie sind dann wie betäubt oder in Trance. Erst wenn man die Hand wegzieht, wachen sie wieder auf. Ob der Wels Lorenzinische Ampullen hat, ist allerdings selbst unter Experten umstritten.

Jedenfalls hielt der Bursche jetzt still. Ich blies jede Menge Luft ins Jacket und zog den Wels mit an die Wasseroberfläche –

bei drei Meter Tiefe brauchte ich ja keine Dekompressionsstufen einzuhalten.

»Ich hab ihn! Ich hab ihn!«, rief ich, sobald ich den Lungenautomaten aus dem Mund gezogen hatte, und wuchtete die Monsterkaulquappe ein Stück aus dem Wasser, sodass Stephan den Kopf sehen konnte. Seinen Gesichtsausdruck werde ich nie vergessen. Er riss Mund und Augen auf, war total perplex. Cleo, die Stephan inzwischen zu sich geholt hatte, bellte, was das Zeug hielt, war völlig abgedreht. Der Wels machte keinen Mucks.

»Mensch, das gibt's ja nicht«, stammelte Stephan, als er endlich seine Sprache wiederfand. »Ja, du bist mir einer. Wels mit der Hand fangen, das hatten wir noch nie.«

Ich platzte fast vor Stolz. Wenn ich es nicht selbst erlebt hätte, hätte ich diese Geschichte nicht geglaubt. Aber ich habe ja meine Zeugen: Stephan, Cleo – und den Wels.

»Hol die 7D aus meinem Rucksack«, bat ich Stephan, »ich tauche noch mal ab, komm mit dem Wels wieder hoch und versuche was einigermaßen Vernünftiges zu sagen.«

Da Stephan selbst fotografiert und filmt, musste ich ihm meine Kamera nicht erst erklären. Ich tauchte also ab und wieder auf und brabbelte in etwa Folgendes in die Kamera: »Sie werden es mir nicht glauben, das ist nicht gestellt, ich komme gerade von da unten und habe ihn mitgebracht. Sie sehen den berühmten Wallergriff, je fester man zudrückt, desto mehr blockiert die Bewegung des Fisches. Mehr kann ich dazu jetzt nicht sagen, denn ich kann ihn kaum mehr halten. Auf Wiedersehen.«

Dann ließ ich den Wels los, und der zog ohne große Hast von dannen.

»Na ja«, meinte Stephan grinsend, »eloquent ist was anderes.«

»Man kann ja ruhig merken, dass ich total aufgeregt war. Das größere Problem ist, ob die das später im Tonstudio so hinbekommen, dass man *mich* hört – und nicht nur Cleos Gebell.

Und Hauptsache ist doch, dass man sieht, wie ich dieses Monster aus dem Wasser hebe.«

»Glaub ja nicht, dass das ein großer war, das war nur ein mittelmäßiger. Der war maximal 1,60 oder 1,70 lang und hatte höchstens vierzig Kilo. Der ganz Große muss da unten noch irgendwo sitzen«, war Stephans letzter Kommentar zu dem Thema.

Für Cleo und mich war der Wels groß genug.

Von Spatzen und Bibern: Wildtiere in der Stadt

Ich bin gerade in einen großen Haufen Hundeschiete getreten. Cleo ist entsetzt, denn das hat sie noch nie erlebt.

Berlin ist nichtsdestotrotz eine wunderbare Stadt. Überall Hunde aller Art, vom »Straßenköter«, den jemand im Spanien- oder Griechenlandurlaub aufgelesen hat, bis hin zum reinrassigen kurzhaarigen Magyar Viszla, der dem Rhodesian Ridgeback mittlerweile den Rang als Modehund streitig macht. In einigen Stadtteilen trifft man eher auf Kampfhunde in entsprechender Begleitung, in anderen häufiger schicke Hunde mit eleganten Frauen am anderen Ende der Leine. Cleo ist happy in Berlin. Es duftet so gut, an fast jeder Ecke liegt ein Brötchen oder ein Stück Currywurst und alle paar Meter ein Häufchen, wo sie noch mal drübermarkieren kann. Couldn't be better.

Derselben Meinung ist Prof. Peter Berthold, Verhaltensforscher, ehemaliger Leiter der Vogelwarte Radolfzell am Bodensee und *die* Koryphäe auf dem Gebiet der Ornithologie in Deutschland. Peter Berthold ist der Inbegriff eines gebildeten Menschen; egal, zu welchem Thema man ihm eine Frage stellt, ob Geologie, Soziologie, Germanistik oder Potenzstörungen: Er weiß Bescheid. Und er fällt überall auf. Lange graue Haare, langer grauer Bart, Adlernase, Nickelbrille, lebhafte Erscheinung. Seit zwei Jahren humpelt er ein bisschen, nachdem er bei einer seiner letzten großen Expeditionen, in Finnland, in ein tiefes Loch gefallen ist, als er, den Blick nach oben, einem laut rufenden Bartkauz – Bartkäuze sind riesige Eulen, größer als Uhus – durch den Wald folgte. Der Professor behauptet bis heute, dass es nicht einfach ein »Loch«, sondern ein alter russischer Schützengraben war. Er fiel also zwei Meter tief in einen russischen Schützengraben von 1941 oder 1942, verletzte sich dabei schwer an der Hüfte und ist seitdem nicht mehr ganz so mobil. Aber mobil genug, um mit seinen nunmehr 72 Jahren die Welt zu bereisen, Vorträge zu halten, in der Heinz-Sielmann-Stiftung als Stiftungsrat eine führende Rolle zu spielen, Mitglied verschiedener Akademien zu sein oder Spendengelder einzutreiben. Sein Kalender ist so voll, dass er kaum Zeit hat.

Peter und ich haben uns 2008 in der SWR-Talkshow »Samstagnacht« kennengelernt und waren uns danach sofort einig, dass wir irgendwann mal zusammen einen Film machen müssen. Und zu diesem Zweck – genauer: für einen Film über den Haussperling, auch Spatz genannt – hatten wir uns nun in Berlin verabredet. Außer in den Tropen und in den Polargebieten ist der kleine Singvogel überall dort zu finden, wo es Menschen gibt, denn der Spatz ist ein typischer Kulturfolger. Wobei ich sagen muss, dass ich unter »singen« etwas anderes verstehe als das recht monotone Tschilpen dieser Vögel. Da der Haussperling fast auf der ganzen Welt vertreten ist und dazu in großer Zahl – der Bestand wird auf 500 Millionen Tiere geschätzt –, möchte man meinen, dass die Art nicht bedroht ist. In Westeuropa aber gehen die Zahlen beständig und rapide zurück. Nach Trendanalysen in Österreich und der Schweiz zum Beispiel um bis zu zwanzig Prozent innerhalb von zehn Jahren, in Luxemburg und Deutschland sogar um bis zu dreißig Prozent! Und bei Westeuropa wird es nicht bleiben.

Peter Berthold fährt am liebsten Zug, und zwar nachts, denn dann kommt er ausgeschlafen am Ziel an, zum Beispiel um sieben Uhr morgens am Bahnhof Zoo, wo Cleo, mein älterer Sohn Erik und ich ihn alles andere als ausgeschlafen, vielmehr leicht schlaftrunken erwarteten.

Cleo begrüßte Peter freudig. Sie hatte ihn bereits in der Eifel kennengelernt, und Peter hat nicht nur ein sehr einnehmendes Wesen, sondern ist auch ein ausgesprochener Hundefreund. Er selbst hat einen Jack-Russell-Terrier, den er zwar nie mit auf Reisen nimmt, von dem er aber viel erzählt.

»Ich werde dir sagen, wieso der Haussperling, übrigens einer der interessantesten Vögel in Berlin, in Deutschland so selten geworden ist«, sagte er. »Dazu gehen wir am besten in den Zoo. Cleo, komm, wir gehen in den Zoo.«

Es gibt zwei Tiergärten in Berlin, zum einen den wunderschönen, großzügig angelegten Tierpark Berlin in Friedrichsfelde – der größte Landschaftstiergarten Europas – und zum anderen den Zoologischen Garten Berlin, kurz Zoo Berlin, im Bezirk Mitte gegenüber dem Bahnhof Zoo, der nicht nur der älteste Tiergarten Deutschlands ist, sondern mit fast 1500 verschiedenen Arten auch der artenreichste der Welt. Viele Jahre war Nilpferd Knautschke das Maskottchen und der Publikumsliebling des Zoos Berlin. 1943 in Berlin geboren, war es eines von nicht einmal hundert Tieren, die den Zweiten Weltkrieg überlebten. Als der dreißigfache Vater 1988 nach einem Rivalenkampf, bei dem ihm der eigene Sohn schwere Wunden zugefügt hatte, eingeschläfert werden musste, weinte halb Berlin. So wie 2011 nach dem Tod von Eisbär Knut. Aber all das interessiert den Professor nur am Rande.

»Ich habe das mal ausgerechnet«, erklärte er mir, während wir zum Zoo spazierten. »Es ist unglaublich. Also früher, als man die Kleinfelderwirtschaft in Deutschland hatte und nicht so viel Spritzmittel verwendete, da lagen in Deutschland 200 000 Tonnen Unkrautsamen auf den Feldern. Das muss man sich mal vorstellen. Von Ostpreußen bis an die Ardennen. Jetzt sind es vielleicht noch lächerliche 4000 Tonnen. Das heißt, unsere ganzen körnerfressenden Vögel finden im Sommer nicht genügend Futter. Deswegen setze ich mich dafür ein, dass die Körnerfresser wie zum Beispiel das Rebhuhn« – übrigens Peters Leibspeise – »oder der Feldsperling auch im Sommer gefüttert werden, ansonsten werden diese Arten über kurz oder lang bei uns aussterben.

Der Sperling ist in Europa außerdem ein Standvogel, festgelegt auf ganz enge Lebensräume. Nur wenige sind sogenannte Kurzstreckenzieher. Im Allgemeinen, das ist meine Wahrnehmung, verhungert der Spatz eher, als dass er wegfliegt, um sich woanders Nahrung zu suchen. Er ist somit das genaue Gegenteil eines Schreiseeadlers oder Storches, der bis nach Südafrika fliegt. Apropos Zugvögel« – das ist Peters zweites Lieblingsthema –, »man muss sich mal vorstellen, die Wüsten werden immer breiter. Unsere Zugvögel sind so konditioniert, dass sie es mit ihren Fettreserven immer knapp über die Sahara schafften. Nun hat sich die Sahara in den vergangenen fünf Jahrzehnten aber um hundert Kilometer ausgedehnt, weshalb jetzt viele Vögel, dreißig oder vierzig Kilometer bevor die Sahara endet, einfach tot vom Himmel fallen.«

»Der Haussperling lebt aber doch in Städten und Dörfern, da muss doch genug Futter anfallen«, wandte ich ein.

»Ja, früher. Als nicht so viele Flächen versiegelt und die Städte nicht so sauber waren, sodass überall Gräser und sonstiges Grünzeug, von dessen Samen sich Spatzen ernähren, Brotkrümel und all so etwas zu finden war, als es Fuhrwerke statt Autos gab, ständig jede Menge warme Mahlzeiten« – so nennt Peter Pferdeäpfel – »auf die Straßen fielen, aus denen sich die Spatzen unverdaute Haferkörner herauspicken konnten.«

»Da waren die Städte ja generell, ich nenne es mal ›ländlicher‹«, warf ich ein, »da wurden in den Randgebieten, aber zum Teil auch in der Stadt Schweine, Hühner, Hasen, Schafe und Ziegen gehalten.«

»Stimmt. Auf dem Land fällt heutzutage auch immer weniger Futter an. Vielerorts geben Bauern auf, und die modernen Erntemaschinen lassen ja kaum etwas auf den Feldern zurück. Selbst an den Getreidesilos findet der Spatz maximal ein bis zwei Monate im Jahr Körner und kann dann in Saus und Braus leben. Ansonsten ist alles weggefegt. An den vielen Rainen zwischen den früher weit kleineren Feldern wuchsen außerdem unzählige Wildgräser und -kräuter. Und weil der Sperling nicht abwandert, sterben viele. Die Nahrung reicht halt nur noch für eine kleine Population. Das Ganze betrifft übrigens auch die Rebhühner. All diese Vögel erleiden einen regelrechten Ernteschock. Ein paar Wochen können sie sich mit Getreide vollstopfen, und dann ist, fast von heute auf morgen, Schluss.«

»Unglaublich, dass es einen Vogel gibt, der sich auf so einen engen Lebensraum beschränkt und nicht instinktiv seinen Standort verlegt, um weiterzuleben.«

Peter füllt übrigens das ganze Jahr über die Vogelhäuschen bei seinem Haus auf. Er verfüttert zentnerweise Sonnenblumenkerne, Weizen, Hirse, Hafer. Ungefähr 200 Spatzen leben rund um sein Haus, die er liebevoll versorgt, plus Gartenrotschwanz, Meisen, Kernbeißer und wahrscheinlich Rebhühner.

Am Haupteingang des Zoos stieß Regisseurin Iris, die endlich mal bei einem Dreh dabei sein hatte wollen, zu uns. An der Kasse gab es ein Problem, ein großes Problem, nein: zwei große Probleme. Das erste: Sie ließen Cleo nicht hinein! »Hunde dürfen nicht mitgeführt werden«, hieß es. Die Begründung: Vor einiger Zeit hatte sich ein Hund losgerissen und irgendwelche Tiere durcheinandergebracht. Seither dürfen keine Hunde mehr in den Zoo. Verständnislos schüttelte ich den Kopf. Cleo hatte in den Zoo in Heidelberg gedurft und war schon im Leipziger Zoo. Auch in den Tierpark Berlin im ehemaligen Ostberlin hätte ich sie mitnehmen dürfen, aber dummerweise galt ausgerechnet das Restaurant im Westberliner Zoo als großer Spatzentreff.

»Cleo ist ein bekannter Hund, arbeitet fürs ZDF«, versuchte ich die Leute zu überzeugen und legte Cleos Autogrammkarte vor. Cleo schaute derweil, als wüsste sie, worum es ginge, ganz schmachtend und freundlich. »Der Hund ist absolut gehorsam, und ich verspreche Ihnen, ihn die ganze Zeit an der Leine zu führen. Wir wollen ja nicht einmal zu den Tiergehegen, sondern nur zum Restaurant. Außerdem war Cleo erst vor ein paar Wochen hier im Zoo.«

Tatsächlich hatte wenige Wochen vorher im Flusspferdhaus eine Abendveranstaltung mit ausgewählten Gästen und Catering vom Feinsten stattgefunden. Cleo und ich waren als Überraschungsgäste geladen, und da hatte Cleo sehr wohl reingedurft. Das Flusspferdhaus ist total schräg. Ganz toll. Durch riesige Glasscheiben kann man die Hippos im Wasser beobachten. Man sieht zum Beispiel, wenn sie koten. Dabei drehen sie ihr Schwänzchen und quirlen den Kot so lecker ins Wasser rein. Das ist auch eine Form des Reviermarkierens. Ich hielt an dem Abend einen Vortrag, und damit die Leute nicht allzu sehr von den Flusspferden abgelenkt wurden, hatte man Spanische Wände aufgestellt. Man konnte die Hippos nun zwar nicht mehr sehen, aber immer noch hören. Und jedes Mal, wenn eines der Tiere ordentlich einen ziehen ließ, was recht häufig der Fall war, sorgte das für Gelächter. Es war ein Riesenspaß. Das nur nebenbei.

Alle meine Argumente brachten nichts, Cleo wurde dazu verdammt, den ganzen Tag im Kassenraum zu sitzen. Das zweite Problem, und dasjenige, das mich richtig aus der Fassung brachte, war, dass wir 200 Euro für die Dreherlaubnis entrichten sollten – pro Stunde! Zuerst dachte ich, ich hätte nicht richtig gehört, aber Tierparks denken beim Anblick einer Filmkamera sofort ans Abzocken.

»Also hören Sie mal«, schritt Peter ein, »Ihr Zoodirektor ist ein Kollege von mir, den ruf ich jetzt mal an.«

Kurz darauf hatte er tatsächlich Bernhard Blaszkiewitz an der Strippe und legte los: »Wir wollen weder die Gorillageburt drehen noch die Kastration des Giraffenbullen ...« Es ging eine ganze Weile hin und her, und letztlich konnte Peter ein Honorar in Höhe von 400 Euro für den gesamten Drehtag aushandeln. Ich fand auch das eine unverschämt hohe Summe. Ich war fast schon so weit, das Ganze abzublasen. Ich zahl gern 400 Euro für das Filmen der Berggorillas in Ruanda oder Ähnliches, aber nicht dafür, dass ich auch noch Reklame für einen Zoo mache.

Endlich konnte es losgehen.

»Der Grund, weshalb es in Tierparks viele Spatzen gibt«, erklärte mir Peter, »ist, dass viele Mahlzeiten abfallen. Hier zum Beispiel gibt es das Restaurant, außerdem die Waldschänke, ein Bistro, etliche Kioske. Dazu kommt die tägliche Fütterung der Vögel. Ein Spatz ist natürlich in der Lage, durch einen Volierendraht zu schlüpfen und sich bei den Fasanen und so weiter mitzubedienen. Deshalb hat er hier einen idealen Lebensraum, Nahrung das ganze Jahr über. Deswegen bleibt er hier.«

Neben reichlich Futter findet der Spatz hier gute Nistplätze. Das im indischen Stil erbaute Elefantenhaus etwa mit seinen vielen Türmen und ein nachgebauter Bauernhof mit Fachwerkhäusern bieten reichlich Vorsprünge und Nischen. Kurzum, ein Spatzen-Dorado.

Wir gingen erst einmal in die Afrika-Abteilung. Im ersten Gehege standen einige Oryxe. Oryxe sind auffallend hübsch gemusterte, fast pferdegroße Antilopen mit extrem langem, spiralförmig gedrehtem Gehörn. Im flach auslaufenden Wassergraben vor ihnen tummelten sich Spatzen und nahmen ihr Morgenbad. Es waren ungefähr zwanzig, ein Minischwarm, wir hingegen träumten von großen Scharen.

In meiner Jugend gab es noch Wolken voller Spatzen; im ländlichen Thüringen waren das in erster Linie Feldsperlinge. Damals fanden die Spatzen einen reich gedeckten Tisch vor, selbst wenn die Felder längst abgeerntet waren. Viele Bauern, deren Betrieb zu DDR-Zeiten in eine Landwirtschaftliche Produktionsgenossenschaft (LPG), einen »genossenschaftlich-sozialistischen Großbetrieb«, umgewandelt oder in eine LPG eingegliedert worden war, hielten sich nebenbei ein, zwei Schweine, ein paar Karnickel, Gänse, Enten und Hühner. Vor allem Kaninchen und Hühnereier konnte man sehr gut an die staatlichen Aufkaufstellen verkaufen. Es gab damals einen Trick: Als anerkannter Kaninchenzüchter mit Ausweis hatte man vielleicht vierzig Kaninchen zu verkaufen. 38 gab man für je vierzig Ostmark an die Aufkaufstellen, zwei behielt man. Im Laden kostete das Karnickel, abgezogen, so, wie man es abliefern musste, dann nur zwanzig Ostmark, weil Karnickel subventioniert waren. Schlaue Kaninchenzüchter, wie der Opa meines Cousins, kauften die Kaninchen billig im Laden und verkauften sie wieder an die staatliche Aufkaufstelle. Schneller und leichter konnte man sein Geld nicht verdienen. Na, jedenfalls reichte das Getreide, das dem Federvieh hingestreut wurde, auch für etliche Spatzen.

Mitten zwischen den Spatzen sah man oft einen Kanarienvogel, Zebrafinken oder Nymphensittich. Man versuchte damals, speziell in der DDR, aber auch in den alten Bundesländern, über Tiere und Pflanzen – eine Zeit lang war der Gummibaum allgegenwärtig – ein bisschen Exotik in sein Heim zu bringen. Und wenn so ein Vogel aus seinem Käfig entkam, mischte er sich gern unter die Spatzen. Das ging aber nie lange gut, da diese »Käfigvögel« die kalten Winter nicht gewohnt waren.

Geht man heute mit offenen Augen durch eine Stadt, ein Dorf oder ein ländliches Gebiet, wird man feststellen, dass von den einst riesigen Spatzenschwärmen kaum mehr etwas übrig ist. In den Städten findet man Sperlinge außer in Zoos eigentlich nur noch an Bahnhöfen und Schnellimbissbuden, im Sommer auch in Biergärten und Straßencafés. Aber auch dort nicht mehr so häufig, weil öfter und schneller sauber gemacht wird als in früheren Zeiten, dem Spatz somit weniger Zeit bleibt, sich Essensreste vom Tisch oder vom Boden zu holen.

Wir gingen weiter durch den Zoo und sahen hin und wieder ein weiteres Spatzenschwärmchen. Jedes hatte seine eigene Nahrungsquelle gefunden; das erste hatte sich, wie gesagt, die Oryx-Anlage ausgesucht, ein anderes war bei den Zebras, ein drittes bei den Elefanten, ein viertes bei den Flachlandgorillas ... Na ja, dachte ich frustriert, dass sind jetzt nicht die Spatzenmassen, die wir uns erhofft hatten. Ich war ohnehin leicht sauer wegen der 400 Euro. Außerdem tat mir Cleo leid, die im Kassenkabäuschen sitzen musste. War nicht mein Tag.

Schließlich kamen wir zum Hauptrestaurant. Das war vom fünften Spatzenschwärmchen okkupiert. Da es immer noch früh am Morgen war und deshalb bislang wenig Krümel für die Spatzen abgefallen waren, waren sie entsprechend gierig. Peter, Iris, Erik und ich bestellten uns jeder einen Pflaumenstreuselkuchen, und in null Komma nichts waren die Spatzen da. Landeten auf dem Löffel, auf der Tasse, andere versuchten frech, direkt vom Kuchen ein Stück abzupicken. Trotz Spatzenandrangs waren es nicht so viele wie erhofft. Ein paar Stunden später waren sie ziemlich satt gefressen, sie kamen zwar noch an den Tisch, aber man musste ihnen die Krümel schon vor den Schnabel setzen, damit sie was nahmen.

»Sag mal«, fragte ich Peter, »können wir uns von Sperlingen irgendwelche Krankheiten holen, so wie das Stadttauben nachgesagt wird?«

Stadttauben nennt man deswegen ja auch »fliegende Ratten«. Sie übertragen aber nicht mehr Krankheiten als jedes andere Wildtier. Das Problem ist eher, dass sie unsere Kulturdenkmäler zuschittern.

»Ach was. Der Spatz ist ein sehr sauberer Vogel. Er überträgt nur in sehr seltenen Fällen Krankheiten. Ganz im Gegenteil: Der Spatz kann sich bei uns infizieren, zum Beispiel mit Salmonellen oder Kolibakterien; da ist er relativ sensibel. Bei Pferdeäpfeln ist er sehr resistent, aber wenn wir Menschen uns nach dem Gang zur Toilette nicht die Hände waschen und dem Sperling dann mit unseren mit Kolibakterien behafteten Fingern ein paar Krümel hinwerfen, kippt der um und ist mausetot. Das Gleiche passiert, wenn wir mit verdorbenen Lebensmitteln hantieren.«

Wir infizieren also den Sperling, nicht umgekehrt, sehr interessant. Trotz toller Gespräche und ein paar gelungener Sperlingsaufnahmen verließen wir mehr oder weniger enttäuscht den Zoo. Cleo, total glücklich, uns wiederzusehen, führte ein Freudentänzchen auf und wollte sich gar nicht mehr beruhigen.

Da wir noch Bilder vom urbanen Leben brauchten, schlug Iris vor, in Prenzlauer Berg zu drehen. Ziemlich angesehener Stadtteil mit herrlichen alten Bauten aus Jugendstil und Gründerzeit und mittlerweile eine der teuersten Wohngegenden in Berlin-Mitte.

»Guck mal da«, rief Peter auf einmal und deutete auf den Garten eines Restaurants, »da balgen sich die Spatzen um die Krümel! Und im Hintergrund die schönen Kastanien und die alten Häuser. Iris, komm schnell! Da setzen wir uns hin, legen ein paar Brösel auf den Tisch, und Andreas kann eine Szene drehen.«

Die beiden setzten sich, und ich begann das schwere Stativ aufzubauen, da ich in Zeitlupe drehen wollte: Die Bedienungen sollten für den Betrachter mit dem Tablett in der Hand aus dem Haus schweben und die Spatzen wie ein kleines ästhetisches Ballett in diesem wunderschönen Biergarten mitten in Prenzlauer Berg tanzen.

Ich hatte die Kamera noch nicht installiert, da kam schon der Geschäftsführer in den Garten gestürmt.

»Haben Sie eine Drehgenehmigung? Ohne drehen Sie hier nicht!«, herrschte er mich an.

Irgendwie verständlich. Hinter Iris und Peter saßen Gäste, und Unbeteiligte darf man nicht so ohne Weiteres filmen. Da könnte ja einer, der seiner Frau erzählt hat, dass er länger im Büro bleiben müsse, mit seiner Geliebten sitzen. Und dann sieht ihn seine Frau im Fernsehen mit einer hübschen Brünetten in einem lauschigen Gartenrestaurant …

»Wissen Sie denn nicht, wer diese Frau da ist, da vorn neben dem Herrn mit den langen Haaren?«, fragte ich und deutete auf Iris und Peter.

Der Mann schaute zu Iris, und ich zwinkerte ihr schnell zu. Iris ist ziemlich helle und verstand sofort.

»Nein, kenn ich nicht«, flüsterte der Geschäftsführer. »Wer ist das?«

»Das ist Walentina Tereschkowa«, nannte ich den erstbesten Namen, der mir einfiel, »die berühmte russische Sopranistin. Sie ist gerade auf Deutschland-Tournee. Es ist eine große Ehre, dass sie hier in Ihrem Restaurant zu Gast ist.«

»Donnerwetter!«, rief der Mann. Ich hatte Mühe, ernst zu bleiben, denn Iris ist eher kräftig, vollbusig und hat halblange blonde Haare, während Walentina Tereschkowa dunkelhaarig und schlank ist. Davon mal abgesehen, ist Walentina Tereschkowa keine Sängerin, sondern war Kosmonautin. Sie war die erste Frau im Weltraum, ausgezeichnet mit zig Orden und dem Ehrentitel »Held der Sowjetunion«. Es gab in der Sowjetunion und sogar in der DDR mal eine Briefmarke mit ihrem Konterfei. Gerade im ehemaligen Ostberlin hätte ich mit meiner Mogelei schnell auffliegen können, auch wenn der erste – und einzige – Weltraumflug der Tereschkowa schon fast fünfzig Jahre zurückliegt. Er war 1963. »Na, wenn das so ist, so eine große Persönlichkeit und so eine große Künstlerin … Und wer ist der Mann neben ihr?«

»Das ist ihr Agent«, tüdelte ich frech weiter, »der managt sie in Deutschland. Der hat schon viele groß rausgebracht, die Montserrat Caballé, die Kessler-Zwillinge und die Jacob Sisters.«

Der Mann glaubte mir das alles, kein Wunder: große Kamera, riesiges Richtmikrofon, und Erik hatte ich als meinen Praktikanten vorgestellt. Bei so viel Aufwand musste da ein großer Star sitzen. Mein Sohn pinkelte sich derweil vor Lachen fast in die Hose.

»Kann ich etwas für Sie tun?«, fragte der Geschäftsführer eilfertig.

»Ähm, ja. Wir brauchen eine Einstellung, wie zwei Ober durch die Tür nach außen treten. Am besten mit Kuchen und einer Weißen mit Schuss« – das ist ein Berliner Schankbier mit einem kräftigen Spritzer Fruchtsirup – »auf dem Tablett. Wir können gern im Hintergrund den Schriftzug vom Restaurant zeigen.« Kaum war er weg, um die zwei Ober zu organisieren, ging ich schnell zu Iris und sagte leise zu ihr: »Kein Wort Deutsch! Du bist Russin, eine berühmte Sopranistin und sprichst nur Russisch! Sag einfach ›Da‹ oder ›Njet‹, also ›Ja‹ oder ›Nein‹, wenn ich mit dir rede.«

»Gibt es Probleme?«, fragte Peter.

»Keine Probleme, wir müssen die Geschichte nur ein bisschen umbauen. Du bist übrigens ihr Manager!«

»Ah, gut. Ein Riesenspaß.«

Wieder in normaler Lautstärke brabbelte ich auf Russisch, das ich durch meine Schulzeit in der DDR ganz gut draufhabe, und Iris warf brav hin und wieder ein »Da« oder »Njet« ein.

Dann drehten wir unsere Szene, wie die Spatzen in Zeitlupe durch den Garten flatterten, die Menschen ihren Kuchen aßen, ihren Kaffee oder ihre Weiße mit Schuss tranken. Als wir schließlich gingen, winkten uns Geschäftsführer und Kellner lange nach. Faszinierend, was Prominenz – selbst nur vermeintliche – bewirkt.

Peter fuhr ein bisschen nachdenklich aus Berlin ab, denn für einen für heutige Verhältnisse einigermaßen idealen Lebensraum für Spatzen, wie Berlin es mit zwei Tiergärten, unzähligen Imbissbuden, Straßencafés, mehreren Bahnhöfen und als nicht besonders saubere Stadt sein sollte, gab es viel zu wenige dieser Tiere.

»Dem Spatz geht es in Deutschland gar nicht gut«, war Peters Resümee.

Nachdem Peter und Iris abgereist waren, paddelten Erik, Cleo und ich eine ganze Woche durch und rund um Berlin, nicht zuletzt um geeignete Drehorte zu finden, an denen wir weitere in der Stadt lebende Wildtiere filmen konnten, zum Beispiel Mandarinenten.

In der Parkanlage Tiergarten, wo einst die preußischen Könige Rot- und Damwild aussetzen ließen, um es danach jagen zu können, fanden wir unzählige dieser ursprünglich aus Ostasien stammenden Vögel. Die mit mehreren Hundert Tieren größte Population auf dem europäischen Festland und zweitgrößte außerhalb Asiens lebt übrigens in der Region Potsdam. Ich bin jedes Mal fasziniert, wenn ich das farbenprächtige, wie von Künstlerhand mit feinem Pinselstrich gezeichnete Gefieder der Männchen sehe. Das kann man nicht beschreiben, das muss man gesehen haben. Bei schönem Wetter strömen Einheimische und Touristen in Scharen in das grüne Herz Berlins zwischen Potsdamer Platz und Regierungsviertel, Brandenburger Tor und Bahnhof Zoo mit seinen Liegeflächen, Spielwiesen, Spazierwegen, Seen, Kanälen und Brücken. Überall sieht man dann Spaziergänger, Jogger, Radfahrer und Sonnenanbeter, und von den Grillwiesen im nördlichen Teil ziehen verlockende Düfte durch den Park.

Wir paddelten durch den Park und versuchten die spektakulär schönen Mandarinenten zu filmen und zu fotografieren, als

Erik einer sehr attraktiven Frau zuwinkte, die am Ufer mit einem Jack-Russell-Terrier spazieren ging. Sie winkte zurück und ließ dabei die Hundeleine los. Vielleicht hat sich die Leine auch von allein gelöst. Jedenfalls stürzte der Jack Russell auf zwei Mandarinenten zu, die am Ufer saßen, schnappte sich eine und schüttelte sie kräftig durch. Es war gerade Brutzeit, für diese Ente war die Hochzeit aber gelaufen, die war nämlich hinüber.

Riesentheater! Riesengeschrei am Ufer.

»Wie können Sie nur Ihren Hund frei herumlaufen lassen! Die armen Vögel!«, schimpfte eine alte Frau.

»Es tut mir sehr leid, das hat er noch nie gemacht«, entschuldigte sich die Hundebesitzerin daraufhin.

»Ja, ja das sagen sie alle, das macht er immer zum ersten Mal, auch wenn er beißt. Das kennen wir schon.«

Berliner haben ja so eine direkte Art. Das ging ein Weilchen hin und her, bis sich die Leute schließlich wieder beruhigten.

»Voll schräg, die Szene«, meinte Erik. »Hast du gesehen, wie schnell der Hund die Ente hatte?«

Berlin ist eine faszinierende Stadt, sie bietet alles: Natur, Nachtleben, Kultur. Und sie ist ein Hundeparadies mit immer freundlichen, aufgeschlossenen Menschen. Wer einmal die Möglichkeit haben sollte, längere Zeit in Berlin zu verweilen, sollte die Stadt auf alle Fälle auch als »Wasserreisender« erkunden. Entweder geht man dazu an einer der achtzig Anlegestellen auf eines der vielen Fahrgastschiffe, die dreißig verschiedene Touren anbieten, zum Beispiel am Bundeskanzleramt und am Reichstagsgebäude vorbei und unter der berühmten neugotischen Oberbaumbrücke hindurch. Oder man mietet sich ein Boot oder Kanu und entdeckt Berlin auf eigene Faust. Neben Spree und Havel gibt es ja zig Kanäle, ganz Berlin ist quasi von Wasserstraßen durchgezogen. Es gibt allerdings eine Beschränkung: Zwischen Oberbaum- und Moltkebrücke sind nur Motorboote zugelassen, die schneller als fünf bis sechs Stundenkilometer fahren.

Berlin auf diese Weise zu entdecken ist unglaublich reizvoll. Menschen winken einem vom Ufer aus zu, es gibt unendlich viele Restaurants auf Hausbooten, wo man anlegen, etwas essen und trinken kann. Man sieht viele Wasservögel, zumeist Stockenten, hin und wieder mal eine Reiherente, Blesshühner, Schwäne.

Von der wunderschönen, vorwiegend aus rotem Backstein gebauten Oberbaumbrücke mit ihren hübschen Zinnen und Türmchen, die in ihrer Zeit als Grenzübergang eher gemieden wurde, hat man Richtung Nordwesten freien Blick auf »Molecule Man«, drei dreißig Meter hohe seltsame Männerfiguren des Bildhauers Jonathan Borovsky, die, von Löchern durchsiebt, auf dem Wasser zu stehen scheinen. »Die Dreikäsehoch« oder »Calgon-Männer« (in Anspielung auf die Löcher beziehungsweise den vermeintlichen »Lochfraß«) nennen die Berliner, die allem und jedem gern Spitznamen geben, diese Figuren. Der Reichstag zum Beispiel heißt im Volksmund wegen seiner Glaskuppel »Glühbirne«. Das schönste Berliner Kosewort, finde ich, ist »Knutschkugel« für die berühmte BMW Isetta, einen Motorkabinenroller. Obwohl ich mir nicht so sicher bin, ob das wirklich ein Berliner Ausdruck ist; zumindest habe ich ihn hier das erste Mal gehört.

Auf der Oberbaumbrücke können die Fußgänger durch Arkaden gehen, fast wie durch einen mittelalterlichen Kreuzgang, während daneben die Autos und die knatschgelben S-Bahnen fahren. Im Abendlicht sieht die Oberbaumbrücke einfach nur atemberaubend aus. Wow.

Im Hintergrund, hinter »Molecule Man«, sieht man den Berliner Fernsehturm.

»Der war die Idee von SED-Chef Walter Ulbricht. Das Lustige ist, dass sich in der mit Metall verkleideten Kugel da oben«, sagte ich zu Erik und deutete zur Spitze des Fernsehturms, »die Sonnenstrahlen in einer Weise spiegeln, dass sie ausgerechnet ein Kreuz bilden. Das muss Ulbricht tierisch geärgert haben. Als eingefleischter Kommunist hatte der mit der Kirche nicht viel am Hut. Die Berliner nannten den Fernsehturm daher ›Rache des Papstes‹ oder ›St. Walter‹.«

»Nee, oder?«, lachte Erik.

»Ja, doch. Ulbricht hat wohl ernsthaft darüber nachgedacht, das Ding abreißen beziehungsweise die Kugel umbauen zu lassen.«

»Irre.«

Am nächsten Tag kamen wir an die Glienicker Brücke, die zwischen Potsdam und Berlin die Havel überspannt und während des Kalten Krieges dreimal Schauplatz für den legendären Austausch von Agenten zwischen Ost und West war, was jedes Mal ein Medienspektakel heraufbeschwor. In der malerischen Havellandschaft stehen herrliche Häuser und prächtige Villen.

»Hey, Papa«, sagte Erik, »ich habe mal gehört, dass sich Tom Cruise irgendwo hier eine Villa mieten wollte, weil er in Berlin drehte und nicht ins Hotel wollte. Und weißt du was? Er hat sie dann nicht genommen, weil der Garten so klein war, dass sein Hubschrauber dort nicht hätte landen können.«

»Solche Probleme möchte ich auch mal haben«, antwortete ich. »Ich habe davon gelesen. Und ich meine, es war sogar die Kampffmeyer-Villa, die er mieten wollte. Die diente KGB und Stasi während der Agentenaustausche als Unterkunft und Beobachtungsposten. Schon mal davon gehört?«

»Ja, in der Schule«, winkte Erik ab.

Berlin ist ja überhaupt geschichtsträchtig. Bei jedem meiner Besuche gehe ich zu der Gedenkstätte »Weiße Kreuze« zwischen Reichstag und Brandenburger Tor, die den Maueropfern gewidmet ist. In der Nacht von 12. auf 13. August 1961 wurden alle Wege von Ost nach West abgeriegelt und mit dem Bau der Berliner Mauer begonnen. Das erste Maueropfer war vermutlich Ida Siekmann, die am 22. August an den Verletzungen starb, die sie sich bei ihrem Sprung aus einem Fenster ihrer im Ostsektor gelegenen Wohnung auf den zu Westberlin gehörenden Gehweg zugezogen hatte. Nur zwei Tage später gab es den zweiten Mauertoten: Günter Litfin. Er wurde beim Durchschwimmen des Spandauer Schifffahrtskanals kurz vor Erreichen des westdeutschen Ufers regelrecht exekutiert.

Erik und ich trafen uns mit seinem Bruder Jürgen an einem alten Wachturm an ebenjenem Spandauer Schifffahrtskanal, in dem er für Günter eine Gedenkstätte hat einrichten lassen. Eigentlich sollte der Turm abgerissen werden, um Wohnblocks Platz zu machen, doch dann wurde um den Turm herum gebaut, sodass er heute von Häusern umstellt ist. Im Turm hängt ein großes Bild von Günter Litfin: ein junger Mann mit freundlichem Gesicht. Der nur das wollte, was alle wollten, nämlich die Freiheit. Und der durch seinen Bruder hier die letzte Ehre erfährt. Jürgen Litfin erzählte uns, wie er seinen Bruder das letzte Mal gesehen hat: im Sarg liegend, mit einem Pflaster am Kinn. Man hatte seinem Bruder von hinten in den Kopf geschossen, das Pflaster verdeckte das Austrittsloch der Kugel. Es war ein sehr bedrückender Moment. Jürgen hat die Geschichte seines Bruders schon mindestens 700-mal erzählt. Für mich und Erik war es aber das erste Mal, dass wir die Geschichte eines Mauertoten von jemandem hörten, der unmittelbar davon betroffen ist, und wir hatten beide Tränen in den Augen.

Jürgen Litfin ist sehr verbittert, weil sich die Stadt Berlin seiner Meinung nach nicht genügend um die Zeitzeugen und -zeugnisse von dreißig Jahren Mauerbau kümmert. Das sehe ich etwas anders. Es gibt die »Weißen Kreuze«, es gibt das Mauermuseum am Checkpoint Charly, die »Gedenkstätte Berliner Mauer«, die »Geschichtsmeile Berliner Mauer«, die unter Denkmalschutz stehende East Side Gallery – ein von über hundert Künstlern aus 21 Ländern bemaltes, 1,3 Kilometer langes Teilstück der sogenannten Hinterlandmauer; das bekannteste Werk dürfte der »Bruderkuss« zwischen SED-Chef Erich Honecker und dem sowjetischen Staats- und Parteichef Leonid Breschnew sein – und etliche andere Stätten dieser Art. Man muss wissen, dass die Touristen aus drei Gründen nach Berlin kommen: billig Party machen, einmal die Hauptstadt sehen und natürlich wegen der geschichtsträchtigen Sehenswürdigkeiten, und dazu zählen eben nicht nur das Brandenburger Tor oder der Berliner Dom, sondern auch Zeugnisse der jüngeren Geschichte. Deshalb will der Berliner Senat jetzt möglichst viele Mauerstücke, die über all die Jahre an Privatleute, Museen und Staatsgäste verkauft oder verschenkt worden waren, zurückkaufen, um wieder mehr Mauer als Zeitzeugnis in der Stadt zu haben.

Eine Gedenkstätte der neueren Geschichte, die Erik und mich schwer beeindruckt hat, ist das »Denkmal für die ermordeten Juden Europas«, kurz »Holocaust-Mahnmal« genannt, beim Brandenburger Tor. Jeder Besucher weiß vermutlich von dem Grauen, das die 2711 Betonquader symbolisieren, deren graue Farbe an die Asche verbrannter Juden erinnern soll, und schon allein die Tatsache, dass man in den nur 95 Zentimeter breiten Gängen, die zwischen den Stelen verlaufen, nicht nebeneinander, nur allein gehen kann, erzeugt ein beklemmendes Gefühl.

Es gibt in Berlin eines der kuriosesten und umstrittensten Tier-Management-Projekte, von denen ich in Deutschland je gehört habe, nämlich den Biberausstieg in der Nähe des Ostbahnhofs. Den wollten Erik und ich uns unbedingt ansehen. Beim ersten Mal hatten wir ihn glatt übersehen, deshalb paddelten wir noch einmal an der Oberbaumbrücke los, vorbei an der riesigen neuen Arena und der East Side Gallery, auf der linken Seite Kreuzberg und auf der rechten Friedrichshain, und dann entdeckten wir ihn. Auf dieser Strecke ist die Spree komplett kanalisiert: Stahlwände ragen steil ins Wasser. Eine dieser fünfzehn Meter hohen Spundwände hat man 2009 so weit abgesenkt, dass sie nun eine leicht zu erreichende Ruhebank bildet. Am darüberliegenden Hang sind treppenartig ein paar Steine aufgeschichtet. Das war's.

»Guck dir das an!«, rief ich Erik zu. »Das hat sage und schreibe 58 000 Euro gekostet! Ich bin ein großer Tierfreund, das weißt du, aber das ist absoluter Schwachsinn. Zum einen gibt es in ganz Berlin nur etwa dreißig Biber, zum anderen glaube ich nicht, dass ein Biber im Stadtzentrum leben muss. Was bitte soll er da? Parkbänke anknabbern und die Spree aufstauen? Draußen an der Havel, im Spreewald oder in der Schorfheide ist es ideal für ihn. Da gehört er hin, nicht mitten in eine Großstadt.«

Fanatische Tier- und Naturschützer argumentieren, dass, wenn sich ein Biber in die Stadt verirrt, er die Möglichkeit brauche, eine Schwimmpause einzulegen. Und was, wenn dem Biber, nachdem er sich erholt hat, einfällt, erst mal den Abhang hochzuklettern und ein bisschen durch Berlin zu laufen, statt gleich weiterzuschwimmen? Da hat er beste Chancen, überfahren oder von einem Hund attackiert zu werden.

Die Berliner haben sich fürchterlich über den Biberausstieg aufgeregt, die meisten natürlich, weil er so viel Geld gekostet hat. Das Geld kam übrigens aus dem Europäischen Fonds für Regionale Entwicklung (EFRE). Als dann aber mal ein Hund in die Spree fiel und sich dank des Biberausstiegs retten konnte, sagten die Berliner mit ihrem trockenen Humor: »Na, wenigstens einmal hat er was genützt.«

Erik und ich hatten ursprünglich die Idee gehabt, Cleo vom Kanu aus ins Wasser springen zu lassen und zu gucken, ob sie über den Biberausstieg rauskommt; falls nicht, hätten wir beide sie ja retten können. Das Ding ist mittlerweile jedoch derart vermüllt – da lagen Bierdosen und -flaschen, alles mögliche Treibgut, Zigarettenschachteln, Kippen und jede Menge anderer Dreck –, dass sich nicht mal Cleo hätte durchwuseln können, geschweige denn ein Biber.

Wir kletterten den Abhang hoch, an dem inzwischen niedrige Büsche wachsen, Heckenrosen, Erlen, ein paar Weiden. Oben saßen junge Leute, die Musik hörten, Alkohol tranken und sich ganz unverfroren in aller Öffentlichkeit einen Joint reinzogen.

»Riechst du das? Das riecht ganz komisch, als ob jemand Tee verbrennt«, sagte Erik.

»Erik, das ist Gras, Marihuana. Denk an Jim Morrison, an Janice Joplin, Jimi Hendrix, das ist sehr, sehr ungesund. Mach das bitte nie.«

Wir waren zu dem Zeitpunkt schon mehrere Tage unterwegs, Erik, Cleo und ich, und ich merkte, dass Erik Bock hatte, sich mal wieder mit jungen Leuten zu unterhalten statt immer nur mit seinem alternden Vater und einem Hund. Also sagte ich: »Quatsch doch mal ein bisschen mit denen. Ich schau mir inzwischen die East Side Gallery an. Ruf an, wenn es dir zu langweilig wird.« In Zeiten des Mobiltelefons ist das ja kein Problem mehr.

Es dauerte gar nicht mal so lange, da meldete sich Erik.

»Hallo, Papa, die sind ganz cool drauf, kommen aus Kassel, Touristen. Kannst jetzt aber kommen.«

»Hast du gezogen?«, fragte ich ihn, als wir uns von den Leuten verabschiedet hatten.

»Nein«, sagte mein Sohn. Was auch stimmte, anderenfalls hätte ich es sicherlich gerochen.

»Das ist nicht deine Welt und nicht dein Weg«, sagte ich noch.

Aber ich kann verstehen, dass junge Menschen, wenn sie nach Berlin kommen, abfeiern und Spaß haben wollen. Berlin ist eine Partystadt. Der Bürgermeister macht das viermal die Woche vor. Klaus Wowereit ist ein Partylöwe. Und alle machen es ihm nach. Let's have party.

An einem der nächsten Tage paddelten wir, wie immer den Menschen an Bord der Fahrgastschiffe und den hübschen Mädchen im Bikini am Ufer winkend, Richtung Spandauer Zitadelle, die kurz nach dem Zusammenfluss von Havel und Spree in der Havel liegt. Die Zitadelle ist eine der besterhaltenen Festungen der Hochrenaissance in ganz Europa mit einem riesigen Wassergraben. Die Spandauer Zitadelle diente zwar immer wieder mal als Gefängnis, aber Albert Speer und Rudolf Heß waren nicht, wie oft behauptet, hier inhaftiert.

Der Wassergraben beziehungsweise die Havel, die die Zitadelle von allen Seiten umgibt, ist voller Fische: Karpfen, Rotfedern, Barsche, Hechte ... Außerdem sieht man Enten – und hin und wieder, vor allem in den Morgenstunden, einen Biber. Und hier, im Speckgürtel Berlins, hat das größte Nagetier Europas auch seine Daseinsberechtigung. Erik, Cleo und ich sahen gefällte Bäume in der Havel, überall Schleifspuren, wo der Biber an Land ging, um Kräuter, Rinde, Blätter und Äste zu fressen. Die Leibspeise des Bibers sind Weiden und Pappeln, grundsätzlich aber ist er ein pflanzlicher Allesfresser.

Die Berliner Biber bauen, wie zum Beispiel die in der Schorfheide, Erdbaue in die Uferböschung, keine Knüppelburgen. Der Klassiker ist ja die Knüppelburg, oben mit Schlamm und Laub verschmiert, damit sie Angriffen von größeren Raubtieren standhält. Der Eingang, egal, ob zu Erdbau oder Knüppelburg, liegt unter Wasser. Daher logischerweise auch ein Teil des Biberheims, aber mehrere Röhren führen zu einem trockenen Wohn- und Schlafbereich.

Für den Winter lagert der Biber, der keinen Winterschlaf hält, jede Menge Weichhölzer im gefluteten Teil seines Baus oder seiner Burg ein. Das hat zwei entscheidende Vorteile: Es kommt kein Licht an das Holz, sodass es relativ lange frisch bleibt, und im Wasser bleibt es zudem immer schön weich. Den Wintervorrat braucht er für den Fall, dass das Gewässer zufriert und er nicht mehr an Land gehen kann, um Nahrung zu suchen.

Es gibt übrigens nur zwei Arten von Bibern. Den Europäischen beziehungsweise Eurasischen und den Kanadischen beziehungsweise Amerikanischen. Äußerlich kann man sie kaum unterscheiden, so wie auch Männchen und Weibchen fast gleich aussehen. Sie erreichen eine Kopf-Rumpf-Länge (also ohne Schwanz gemessen) von achtzig bis 110 Zentimeter und wiegen zwischen gut zwanzig und 35 Kilogramm.

Mitte des letzten Jahrhunderts war der Biber fast in ganz Europa ausgerottet. Schuld waren sein dichtes, wasserabweisendes Fell, das Bibergeil – der Duftstoff, mit dem sie Reviere markieren und der in der Volksmedizin als Wundermittel galt – und sein Fleisch. In Deutschland ist der Biber dank strenger Schutzvorschriften und Wiederansiedlungsprogramme wieder in allen Flächenbundesländern heimisch.

Es ist sehr interessant in dieser Spandauer Zitadelle. Da leben vier oder fünf Biber, die zwischen der Havel und den von Menschen angelegten Kanälen hin und her wandern können. Recht viel mehr werden es in diesem Gebiet nicht werden, da Biber ihr Revier verteidigen. Es ist nicht das Verhalten des Bibers oder seine Beobachtung dort so toll – man sieht sie halt durchs Wasser schwimmen –, sondern die Tatsache, dass ein Tier, von dem man einst glaubte, es sei sehr sensibel, so nah an einer menschlichen Siedlung lebt. Nur fünfzehn, zwanzig Meter entfernt geht eine stark befahrene Straße Richtung Spandau.

Biber besitzen offensichtlich die Fähigkeit, sich an die Nähe des Menschen zu gewöhnen. Oft stärker, als diesen lieb ist. Im Biosphärenreservat Schorfheide-Chorin zum Beispiel, dem rund sechzig Kilometer nordöstlich von Berlin gelegenen größten zusammenhängenden Waldgebiet Deutschlands, in dem schon seit Längerem viele Biber leben. Das etwa 600 Hektar große Kerngebiet, der Buchenwald Grumsin, wurde erst kürzlich, im Juni 2011, UNESCO-Weltnaturerbe, hat somit denselben Status wie etwa die Serengeti, der Grand Canyon oder der Yosemite-Nationalpark. Mitten in diesem in sich geschlossenen Buchenwald liegen Moore und Seen. Sehr außergewöhnlich. Obwohl die Schorfheide mit dem Jagdschloss Hubertusstock als berühmtem Jagdsitz seit Jahrhunderten bevorzugtes Jagdgebiet der Herrschenden war, von König Friedrich Wilhelm IV. über Kaiser Wilhelm II., Friedrich Ebert und Hermann Göring bis zu Erich Honecker, lebten die Menschen dort sehr bescheiden.

»Als ich das erste Mal in der Schorfheide war, nach der Wende, waren die Verbindungswege zwischen den Orten noch aus Sand«, erzählte ich Erik. »In einem kleinen Dorf, in das ich damals kam, herrschte gerade große Aufregung, denn ein Biber hatte in der Nacht mitten am Dorfplatz einen großen Apfelbaum umgelegt, den Lieblingsbaum des Bürgermeisters. Musst du dir mal vorstellen: Der Biber hat in einer einzigen Nacht einen Apfelbaum durchgenagt, und Apfelbäume haben hartes Holz. Jetzt stand da nur noch der fein säuberlich zu einem Kegel abgenagte Stumpf; der Baum selbst lag daneben. Und der Bürgermeister stand inmitten der Bescherung und schäumte vor Wut. ›Wenn ich den erwische‹, tobte er, ›dann knalle ich ihn ab! Der hat dann nichts mehr zu lachen. Scheiß Naturschutzgebiet! Die Biber fressen uns hier alles weg. Mein Lieblingsapfelbaum! Boskop, so leckere Äpfel, jetzt ist er hin. Gucken Sie sich das mal an!‹ Plötzlich stutzte er, fragte mich dann: ›Wo kommen Sie überhaupt her?‹ Irgendwie tat mir der Mann leid, andererseits konnte ich mir das Lachen kaum verbeißen.«

»Finde ich jetzt auch ein bisschen übertrieben, so einen Aufstand zu machen wegen eines einzigen Baums«, meinte Erik.

»Ja, woanders schlagen die Biber viel übler zu und richten oft richtigen Schaden an. In Niederbayern, irgendwo bei Regen, zündeten vor ein paar Jahren Unbekannte sogar eine Biberburg an, weil die so viel Wasser anstaute, dass Äcker und Weiden geflutet wurden. Klar, dass die Landwirte nicht gerade begeistert sind, wenn der Biber auf ihrem Grund seiner Bautätigkeit frönt, aber deswegen seine Burg abbrennen? Im Hofgarten von Schloss Schleißheim, das ist bei München, machen sich die Biber seit Jahren über die alten wertvollen Bäume her. Da ist die Schlossverwaltung kräftig am Jammern und Schimpfen, weil der Park unter sogenanntem Ensembleschutz steht.«

»Du, Papa, wir sind jetzt schon eine ganze Weile in Berlin, aber so wahnsinnig viele Wildtiere haben wir eigentlich noch nicht gesehen. Spatzen, Mandarinenten, ein paar Biber.«

»Hm, ja. Die meisten Wildtiere sind auch in der Stadt sehr scheu. Vögel wissen vielleicht, dass sie uns leicht entkommen können, und zeigen sich deshalb vertrauter. Andere sind nachtaktiv. Aber lass dich nicht täuschen, es gibt in Berlin jede Menge Wildtiere. Wie auch in anderen Städten. Ratten, Marder, Füchse, Waschbären ... Und vielerorts sind sie ein echtes Problem.«

»Aber wieso leben jetzt überhaupt so viele Wildtiere in den Städten? Berlin ist ja recht grün, aber viele Städte sind das nicht. Gefährlich ist es auch, mit den ganzen Autos und so«, wunderte sich Erik.

»Wir sind eine Wegwerfgesellschaft, und da ist es für die Tiere einfach, an Nahrung zu kommen. Manche Städte werden zum Beispiel den Ratten gar nicht mehr Herr, obwohl die Kammerjäger ständig Giftköder ausbringen oder Lagerräume und die unterirdischen Gänge der Nager begasen. Mittlerweile gibt es zig verschiedene Rattengifte. Die meisten Ratten in unserem Land sind heutzutage Wanderratten, die erst im 18. Jahrhundert aus Asien nach Europa kamen. Sie haben die kleinere Hausratte, die den Menschen im Mittelalter so viel Ärger bereitete, weitgehend verdrängt. Eine Zeit lang gab es relativ wenige Ratten bei uns, doch seit wir so viel Nahrungsmittel wegwerfen und jedes Haus eine Biomülltonne hat, vermehren sie sich regelrecht explosionsartig.

In anderen Städten sind Raben- und Saatkrähen eine Plage. Sie richten zwar keinen Schaden an, dafür ist ihr Gekrächze, vor allem wenn sie zu mehreren auftreten, nervtötend.

Auch der Steinmarder – das ist der mit dem weißen Kehlfleck, im Unterschied zum gegabelten gelblichen Kehlfleck des Baummarders, der ausschließlich im Wald lebt und nie in die Stadt kommt – ist kein gern gesehener Gast. Er lebte als Kulturfolger immer schon gern in der Nähe des Menschen, in Parkanlagen, Scheunen oder auf Dachböden, weshalb er auch Hausmarder genannt wird, doch in den vergangenen Jahren hat er sich so stark vermehrt – keiner weiß genau, wieso; liegt wohl an der hohen Mäuse- und Rattenpopulation, denn auf viel Beute reagiert der Marder mit hoher Vermehrungsrate –, dass er manchenorts ebenfalls eine Plage ist. Obwohl er ein reines Raubtiergebiss hat, frisst der Marder gern auch Kirschen und anderes Obst, am liebsten aber Vogeleier, Jungtiere, Jungwild. Und er mag aus irgendeinem Grund Kunststoffkabel. Daher knabbert er Leitungen durch, mit Vorliebe Brems- und Kraftstoffleitungen. Marderfraß ist ein echtes Problem. Manche Autobesitzer probieren die hanebüchensten Dinge: bauen sich Ultraschallgeräte ins Auto ein, verstänkern es, um Marder fernzuhalten, oder dichten den Motorraum von unten ab. Andere parken nachts ihr Auto immer an derselben Stelle, weil es mal hieß, der Marder würde nur deshalb an den Kabeln knabbern, weil das Auto von einem Marder aus dem Nachbarrevier markiert worden sei. Bernhard Knöpke hat das auch nichts geholfen. Er hatte trotzdem an seinem erst sechs Monate alten Auto einen Marderschaden.

In Berlin haben Wildtiere sogar den Namen eines Stadtteils bekommen: die ›Reinickendorfer Füchse‹«, sagte ich ernst.

»Ach, Papa, verarsch mich nicht. Die kenn ich, das ist ein Sportverein.«

»Tatsache ist aber, dass in Berlin viele Füchse leben. Und es werden immer mehr. Bei den Füchsen ist es nicht nur das große Nahrungsangebot, weil wir so viel wegwerfen und weil es wieder mehr Ratten in den Städten gibt. Bei ihnen kommt dazu, dass in der Stadt kein Jagddruck herrscht. Obwohl längst nicht mehr so viele Füchse geschossen werden wie früher, weil viele Jäger Angst vor dem Fuchsbandwurm haben. Und da außerdem jahrzehntelang Impfköder gegen Tollwut ausgelegt wurden, vermehren sie sich in letzter Zeit sehr stark. In freier Wildbahn reguliert sich die Fuchspopulation selbst und ist an die Population der Mäuse, die Hauptbeute der Füchse, gebunden. In der Stadt funktioniert das nicht, weil sie genug anderes zu fressen finden. Auf dem Land eigentlich auch nicht. Bei uns in der Eifel kommen sie ja jede Nacht ins Dorf und fressen den Katzen die Futternäpfe leer, und wenn der Hofhund was draußen liegen lässt, dann sind sie so dreist und nehmen das einfach mit. Die brauchen keine Gänse mehr zu stehlen. ›Fuchs, du hast die Gans gestohlen‹«, stimmte ich das alte Kinderlied an. »Kennst du das?«

»Nee, glaube nicht«, meinte Erik unsicher. Na, vielleicht lag es an meiner Sangeskunst.

Bei Geflügelmastbetrieben findet man dennoch häufig Füchse. Aus den Abfällen und dem Stallmist, die als Dünger auf die Felder getragen werden, können sie sich tote Küken und Hähnchenteile holen, für den Fuchs ein Festmahl. Wenn der Fuchs mal nichts anderes findet, geht er nach einem Regen auf die Wiese und wartet, bis die Regenwürmer hochkommen. Bei einem offensichtlich gerade erst überfahrenen Fuchs sah ich mal, wie ihm Dutzende Würmer aus dem Maul krochen: Der hatte sich kurz vor seinem Tod wohl so richtig vollgefressen.

Und dann gibt es noch ein richtig großes Wildtier, das es zunehmend in die Städte zieht: das Wildschwein. Es hält sich bevorzugt in den Randgebieten auf und unternimmt von dort aus Streifzüge bis in die Innenstadt. Essensreste, Kompost, Gemüse, Fallobst, Eicheln, Kräuter, Wurzeln, Würmer, Jungtiere: Ein Wildschwein frisst einfach alles. Und wenn die »gebratenen Tauben« nicht ins Maul fliegen, dann wird der Boden umgegraben. Für ein bis zu 150 Kilogramm schweres Tier mit einem kräftigen Rüssel ist ein Maschendrahtzaun um einen Garten oder einen Komposthaufen kein Hindernis, der wird einfach hochgedrückt. Dummerweise verlieren Wildschweine relativ leicht die Scheu vor dem Menschen. Es gab in Berlin schon mehrmals den Fall, dass eine Bache mit ihren Frischlingen auf einen Kinderspielplatz marschiert ist. Das kann gefährlich werden. Denn wenn die Kinder mit den putzigen, hübsch gestreiften Schweinchen spielen wollen, sieht die Wildschweinmutter das unter Umständen als Bedrohung und greift die Kinder an.

Wildkaninchen sind die einzige Art, die mir einfällt, bei denen die Entwicklung umgekehrt verlief. Sie waren früher massenhaft in Stadtparks, botanischen und zoologischen Gärten, in Privatgärten und selbst auf den Grünstreifen neben den Straßen zu finden und richteten verheerenden Schaden an. Sie nagten die Rinde junger Bäume ab, fraßen Sträucher und Stauden kahl, machten sich über Gemüse- und Kräuterbeete her und untergruben alles mit ihren Bauen. Vor sechzig Jahren begann sich das Blatt dann zu wenden. Zuerst wurde in den 1950er-

Jahren aus Südamerika die Myxomatose, dann aus China RHD, die sogenannte Chinaseuche, eingeschleppt. Beides sind Viruserkrankungen, die fast ausschließlich Kaninchen befallen und innerhalb weniger Wochen beziehungsweise Tage zu einem qualvollen Tod der Tiere führen. Seither gehen die Kaninchenbestände so drastisch zurück, dass in manchen Bundesländern schon darüber nachgedacht wird, Wildkaninchen unter Schutz zu stellen.

Ein weit größeres Problem als heimische Tierarten sind in der Regel Neozoen, sprich ursprünglich nicht in Deutschland heimische Tierarten, weil sie hier meist keine natürlichen Feinde haben. In Wiesbaden und Köln sind es die Alexandersittiche. Nichts gegen Alexandersittiche, schöne Vögel, aber zum einen machen sie einen Höllenlärm, zum anderen verdrängen sie heimische Vogelarten wie Haustauben, Elstern, Raben- oder Saatkrähen aus ihren angestammten Lebensräumen, und zum dritten haben sie eine sehr starke Magensäure. Wenn so ein Sittich auf ein Auto kackt, dann zieht es den Lack auf. Das ist kein Spaß.

In Kassel sind Waschbären eine Plage. Prinzipiell ist auch gegen den Waschbären nichts zu sagen, aber er verdrängt ebenfalls andere Tiere aus ihren Lebensräumen, zum Beispiel Steinmarder, Fuchs, Wiesel und Iltis, also andere kleine Raubtiere. Und wer schon mal einen solchen Kleinbären auf dem Dachboden hatte, weiß, dass die ganz schön viel Lärm machen – dummerweise nachts, weil sie nachtaktiv sind. Da kriegt man kein Auge mehr zu. Sie loszuwerden ist fast unmöglich. Als Generalist kann sich der Waschbär von allem ernähren, angefangen vom Obst, das er von Bäumen klaut, über Eier und Jungvögel, die er aus Nestern holt, bis zum Inhalt der Mülltonne. Er findet überall sein Auskommen. Die Tiere können sehr vertraut werden; das geht so weit, dass man junge Waschbären am Kragen packen und aus der Mülltonne ziehen kann, ohne gebissen zu werden. Mit alten sollte man das tunlichst nicht machen.

Der Name »Waschbär« rührt übrigens von einem Übersetzungsfehler. Die amerikanische Bezeichnung »raccoon« oder

»racoon«, ein Wort aus der Sprache der Algonkin-Indianer, bedeutet so viel wie »der mit seinen Händen reibt, schrubbt und kratzt«. Waschbären sind in der Lage, einen Gegenstand, den sie einmal mit ihren sensiblen und langen Klammerfingern »gescant« haben, für immer zu speichern. Man könnte einem Waschbären die Augen verbinden, die Nase zuklammern und einen Strumpf über den Kopf ziehen, und trotzdem würde er, wenn man ihm eine Nuss oder eine Kirsche in die Hand drückte, allein an der Form erkennen, worum es sich handelt. Daher hat er seinen indianischen Namen. Die Eigenheit, Futter zu waschen, zeigen nur in Gefangenschaft lebende Tiere, vermutlich eine Leerlaufhandlung.

Jedenfalls ist der Waschbär ein großes Problem in Deutschland. In der Kassler Umgebung gibt es, soweit ich weiß, sogar staatlich beauftragte Waschbärenfänger. Die Zoos und die Privatgehege in Kassel und Umland kriegen Jahr für Jahr Hunderte von Anrufen: »Wir haben hier junge Waschbären im Garten, Sie brauchen nicht vielleicht noch welche?« Oder: »Wir haben vier Waschbären in der Gartenlaube sitzen. Wollen Sie die abholen?« Nein, will natürlich keiner, weil es einfach zu viele davon gibt.

Nach ereignisreichen Tagen, die ich vor allem deswegen genossen habe, weil ich endlich mal wieder viel Zeit mit wenigstens einem meiner Söhne verbringen konnte, reisten Erik, Cleo und ich aus Berlin ab – mit dem festen Vorhaben, dass dies nicht der letzte Aufenthalt in dieser wunderbar lebendigen und vielseitigen Stadt war.

Bruder Wolf – ein vergessenes Versprechen

Die erste Begegnung mit einem frei lebenden Wolf in Deutschland, bei der wir uns alle drei – Cleo, der Wolf und ich – in die Augen schauen konnten, dauerte ganze zwei Sekunden. Das war 2008. Cleo war gerade ein Jahr alt, und wir waren in der Lausitz unterwegs, wo 1996 erstmals wieder ein Wolf gesichtet wurde – und wo 1904 der damals letzte frei lebende Wolf Deutschlands geschossen worden war. Im Jahr 2000 konnte das erste Geheck, also der erste Wurf, in der Lausitz nachgewiesen werden, genauer: auf dem Truppenübungsplatz Oberlausitz in der Muskauer Heide, wo der Wolf einen idealen Lebensraum vorfand. Lange Zeit dachte man ja, die Wölfe kämen durch den Oderbruch und über die Schorfheide nördlich von Berlin nach Deutschland. Mittlerweile weiß man, dass ihr Wanderkorridor in der Lausitz ist. Wie dem auch sei: Wölfe, die von Polen nach Deutschland wandern, müssen entweder die Oder oder die Neiße durchqueren. Die Neiße friert im Winter auch mal zu, was es für die Tiere einfacher macht.

Wozu Wölfe in der Lage sind, konnte man schon mehrmals sehen. Im April 2007 tauchte ein Wolf in Schleswig-Holstein auf. Anhand einer Haarprobe, die einer Genanalyse unterzogen wurde, konnte nachgewiesen werden, dass er einer der westpolnischen Wölfe war, die die Lausitz besiedelt haben. In Schleswig-Holstein angekommen, wurde er auf der Bundesstraße B76 überfahren. 2008 wurde im Reinhardswald in Hessen ein aus der Lausitz zugewanderter Wolf nachgewiesen. Der im Januar 2011 in der Nähe von Gießen im Rhein-Main-Gebiet angefahrene Wolf stammte entgegen ersten Vermutungen nicht aus der Lausitz, sondern war über die Alpen zugewandert. Das Tier konnte sich verletzt in den Wald schleppen, wo sich seine Spur verlor. Nebenbei: Das Verrückte ist, dass ein Jäger, der einen schwer verletzten Wolf findet, dem Tier nicht den Fangschuss geben darf, um ihm unnötige Qualen zu ersparen, weil der Wolf in Deutschland nicht dem Jagdrecht unterliegt. Stattdessen muss der Jäger einen Tierarzt rufen, der das Tier zuerst betäubt und ihm dann die Todesspritze gibt. Ich finde das absurd.

Diese drei Wölfe hatten alle eine ganz schön lange Wanderung hinter sich, bei der sie zum Teil mindestens sechs Autobahnen überqueren mussten. Um das zu schaffen, müssen sie meines Erachtens die eine oder andere Wildbrücke benutzt haben. Die Idee der Wildbrücken stammt aus Kanada. Dort und in Skandinavien baut man schon seit Langem Wildschutzzäune entlang der Highways und in bestimmten Abständen eben Wildbrücken. Das Prinzip ist einfach: Die Tiere werden, sobald sie auf den Wildschutzzaun treffen und ihn entlanglaufen, unweigerlich zur nächsten Wildbrücke geleitet. Ich kann mir gut vorstellen, dass ein Wolf bei einer Wanderung durch Deutschland Wildbrücken nutzt. Die Frage ist jedoch, was einen Wolf, eigentlich ein sehr standorttreues Wesen, dazu treibt, so weit zu wandern, warum manche Wölfe enorme Strapazen auf sich nehmen, um sich weit entfernte Lebensräume zu erschließen. Es gibt keine Erklärung dafür.

Zurück zu Cleos und meiner ersten Begegnung mit einem wild lebenden Wolf in Deutschland. Es war ein Morgen Ende Oktober. Das Licht war nicht besonders gut. Cleo und ich hatten bis dato mehrere Wölfe gefährtet, große Abdrücke, wie von einem starken Schäferhund. Natürlich hätten die Trittsiegel tatsächlich von einem Schäfer- oder einem anderen großen Hund sein können, aber Cleo und ich fanden auch Losung (Kot), in der sich Wildschwein- und Rehhaare befanden, und das war ein eindeutiger Beweis. Außerdem kann man Wölfe am Passgang erkennen. Der Wolf setzt einen Fuß vor den anderen, eine sehr energiesparende Art der Fortbewegung, die Hunde, bis auf ein paar hochläufige Windhunde, nicht mehr so perfekt können. Dieser Passgang ermöglicht es dem Wolf, ohne große Anstrengung dreißig Kilometer und mehr zu laufen.

Eigentlich war diese Begegnung mit dem Wolf völlig unspektakulär. Cleo und ich waren ungefähr 120 Meter von einer der vielen mit Gras und vereinzelten Bäumchen bewachsenen Schneisen entfernt, die die hiesigen Kiefernwälder durchziehen, als wir eine Bewegung in der Mitte der Schneise wahrnahmen. War da ein Wolf? Ich hob mein Fernglas, betrachtete ihn kurz, auch Cleo guckte, dann war der Wolf mit einem Satz im Wald verschwunden.

»Sag mal, war das jetzt wirklich ein Wolf?«, fragte ich Cleo.

Cleo schaute mich nur gelangweilt an. Es ist nämlich so, dass der Hund, also der domestizierte Wolf, seinen Vorfahren weder am Erscheinungsbild noch am Geruch erkennt. Wenn sich zwei Hunde begegnen, wedeln sie mit dem Schwanz, beschnuppern sich, wollen sich kennenlernen, und wenn sie gut drauf sind, spielen sie miteinander. Ein Hund möchte aber niemals mit einem Wolf Kontakt aufnehmen. Beide erkennen sich nicht als zur selben Familie gehörig, eigentlich eine bittere Erkenntnis.

Wir liefen zu der Stelle, wo wir den Wolf gesehen hatten, und Cleo nahm sofort die Rotwildfährte auf, der zuvor offenbar auch der Wolf gefolgt war; die Fährte des Wolfs hat sie dagegen kaum interessiert. Für sie war es nur die Spur eines anderen Raubtiers.

Das Gleiche hatte ich mit Cleos Vorgängerin Cita in Alaska erlebt. Wenn dort Wölfe heulten, hat Cita das zwar registriert, aber interessiert hat es sie nur wenig. Ich werde nie vergessen, wie Cita ihren ersten Wolf sah. Der verhielt sich ganz anders als der in der Lausitz, schnürte direkt auf uns zu. Von Neugier oder Interesse keine Spur, im Gegenteil: Cita knurrte. Für sie war der Wolf ein fremdes Wesen, etwas Unbekanntes, das auch noch direkt auf uns zukam. In der Wahrnehmung eines Hundes ist der Wolf ähnlich zu sehen wie ein Fuchs, Marder, Vielfraß oder Luchs. Ein Wolf ist für den Hund kein Verwandter, sondern einfach ein Beutegreifer. Das ist ganz entscheidend. Ich hingegen sehe in Cita – wie auch in ihren Vorgängerinnen – viel Wölfisches. Das geht vielen Hundebesitzern ähnlich, vielleicht nicht unbedingt beim Mops oder Pinscher. Wenn ich mit Cleo auf der Jagd bin und mit ihr kommuniziere, zum Teil nur durch Bewegungen, Gesten und erlernte Absprachen, dann sehe ich in ihr den Wolf. Als Cleo ihren ersten Wurf großzog und ihr nach der sechsten Woche die Milch versiegte, begann sie überall eifrig Futter zu sammeln und es daheim hochzuwürgen, um ihre Welpen zu füttern, so, wie es auch eine Wölfin tut.

Jedenfalls: Der Wolf war weg. Ich wollte seiner Spur folgen, aber Cleo hatte nur die Rotwildfährte im Kopf und hat sich schlicht verweigert.

Jetzt stellt man sich natürlich die Frage, wieso der Wolf wieder nach Deutschland kommt, und der eine oder andere mag sich sagen, wenn ich Wolf wäre, würde ich in Polen oder Tschechien bleiben, da sind die Wälder schöner und größer.

Das mag sein, aber in einigen Verwaltungsbezirken Polens und in Tschechien unterliegt der Wolf dem Jagdrecht – obwohl er eigentlich europaweit unter Schutz steht. In Deutschland hingegen darf kein Wolf geschossen werden. Es kommt zwar immer mal wieder zu Abschüssen, weil ein Wolf für einen streunenden Hund gehalten wird, Wölfe sind aber intelligent genug zu wissen, wann Schüsse ihnen gelten oder ob sie in einem Gebiet sind, in dem sie vom Menschen nichts zu befürchten haben.

Ein weiterer Punkt ist, dass es immer mehr Wölfe in Polen und Tschechien gibt. Junge Tiere werden daher aus den Heimatgebieten abgedrängt und müssen sich neue Lebensräume erschließen. Es kam ja auch nicht gleich ein ganzes Rudel nach Deutschland, sondern erst mal nur einer. Meistens sind es junge Rüden, die auf der Suche nach einem neuen Territorium »auswandern«.

Vor vielen Jahren, vor dem Eintreffen des ersten Wolfs, war in der Lausitz zudem Muffelwild ausgesetzt worden. Mufflons sind Schafe, die ursprünglich nur in sehr bergigem und felsigem Gelände auf Korsika und Sardinien heimisch waren. Da es dort keine Wölfe gibt, haben sie eine schlechte Feindwahrnehmung gegenüber den großen Beutegreifern. Der Wolf, der über die Grenze tappte, erkannte schnell, dass sie leichte Beute sind und außerdem gut schmecken, sodass er sich alle paar

Tage eines schnappte. Heute gibt es in der Lausitz übrigens so gut wie gar kein Muffelwild mehr. Aber damals wurde der Wolf durch das Muffelwild in die Lausitz gelockt. Hinzu kommt, dass auf Truppenübungsplätzen nicht intensiv gejagt wird, und die Schießerei der Bundeswehr stört ihn überhaupt nicht, da er weiß, dass die Schüsse nicht ihm gelten.

Außerdem muss man sagen, dass der Wolf aus der Nähe zum Menschen durchaus seine Vorteile zu ziehen weiß. Wo Menschen sind, ist Nutzvieh, und ein Schaf oder eine Ziege ist halt nun mal einfach zu erlegen. Also wird er sich (vermenschlicht gesehen) sagen: »Bevor ich kilometerweit einem Reh nachjage, das ich vielleicht doch nicht kriege, wobei ich viel Energie verbrauche und mich verletzen könnte, gehe ich lieber auf die Weide, wo die Schafe oder Milchziegen stehen.« Besonders gefährlich ist, wenn Wölfe von klein auf lernen, dass Wildschwein, Reh und Hirsch schwierige Beute sind, während die Koppel des Bauern eine Art Selbstbedienungsladen ist. Als Generalist und Opportunist wird ein Wolf immer den leichtesten Weg wählen. Das birgt natürlich enormes Konfliktpotenzial für die Mensch-Wolf-Beziehung. Eine Konsequenz aus diesem Verhalten des Wolfes kann man in Rumänien beobachten. Dort werden Schafe, Ziegen und andere Nutztiere tagsüber von mehreren Hütehunden bewacht und nachts in wolfssichere Pferche gebracht. So wie die Viehzüchter in Afrika abends ihre Zeburinder in den dornenbewährten Kral hineintreiben, um sie vor Leoparden, Geparden, Löwen und Hyänen zu schützen.

Doch selbst wenn alle Landwirte in der Lausitz ihre Weiden mit Elektrozaun schützen sollten, bliebe immer noch das Wild: Rehwild, Rotwild, Schwarzwild, Damwild … Wie dem auch sei: Nutz- und Wildtierbestände zusammen ergeben einen mehr als üppig gedeckten Tisch. Ausreichend Nahrung bedeutet eine hohe Reproduktionsrate, das weiß auch eine Wölfin. Sie würde es nur anders formulieren: Viel Beute heißt, dass ich viele Junge bekomme und alle großkriege.

In der Lausitz hat der Wolf also einen idealen Lebensraum vorgefunden. Hier hat er nicht viel zu befürchten und findet reichlich Beute. Warum also in Polen bleiben?

Es gibt wohl kaum ein anderes Tier in Deutschland, das so stark polarisiert wie der Wolf und das – vom Bären vielleicht mal abgesehen – so viel Angst und Schrecken verbreitet. Um zu erklären, warum das so ist, muss man sehr weit in die Historie zurückgehen.

Es gab in Deutschland eine Zeit, als wir den Wolf verehrten. Wir bewunderten seine Sinnesleistungen, die den unsrigen weit überlegen sind. Der Wolf hat die feinere Nase und das bessere Gehör. Und er war über sehr lange Zeit der bessere und schnellere Jäger. Wenn der Steinzeitmensch mit Pfeil und Bogen, den ersten Fernwaffen, ein Wild beschoss und es nach langer Suche endlich fand, war der Wolf längst da. In vielen Mythen und Legenden war der Wolf Vermittler zwischen materieller und geistiger Welt, ein spiritueller Helfer. Er ist Stammesvater (zum Beispiel bei den Usbeken und den Hunnen), Retterin und Ziehmutter (in der römischen Mythologie wurden Romulus und Remus, die späteren Gründer Roms, von einer Wölfin gesäugt) oder Bruder (bei einigen Indianerstämmen). »Bruder Wolf. Ein vergessenes Versprechen«, nannte denn auch Wolfskenner und Tierfotograf Jim Brandenburg seinen wunderschönen Bildband über die Timberwölfe. Für die Germanen symbolisierte der Wolf Kraft und Stärke, und noch im Mittelalter fand man ihn häufig als Wappentier.

Als der Mensch sesshaft wurde und Ackerbau und Viehzucht zu betreiben begann, kippte diese Verbundenheit allmählich ins Gegenteil. Der Ackerbau juckte den Wolf nicht sonderlich, denn ihm blieben für lange Zeit ausreichend Rückzugsmöglichkeiten. Ganz anders war es mit der Viehzucht. Während nämlich die Wildtiere immer weniger wurden, präsentierte der Mensch in Form von Schafen, Ziegen und Rindern die Beute quasi auf dem Tablett. Der Wolf wurde zum Konkurrenten um

Nahrung, nicht so sehr für den reichen Bauern, der von hundert Schafen jedes Jahr zwei, drei an Wölfe verlor, aber für den Kleinbauern. Der hatte vielleicht nur eine einzige Milchziege, und wenn die von einem Wolf gerissen wurde, bedrohte das die Existenz der ganzen Familie.

Diese Veränderung in der Wahrnehmung des Wolfes war jedoch nur der Anfang. Es kam die Zeit der großen Kriege, von Pest und Hungersnöten. Die Menschen schlachteten ihr Nutzvieh, jagten das Wild in den Wäldern. Bald herrschte unter den Beutegreifern genauso Nahrungsmangel wie bei den Menschen. Und da lagen dann auf einem großen Schlachtfeld überall Tote. Natürlich machten sich hungrige Wölfe, genauso aber auch Bären, Raben oder Bussarde über die Leichen her.

Von diesen Vorkommnissen war es nicht weit zum Märchen vom menschenfressenden Wolf. Ich sage bewusst »Märchen«, denn die zahlreichen Schilderungen, in denen Wölfe in extrem harten Wintern Menschen angegriffen haben, waren alle erfunden. Wissenschaftler verschiedenster Disziplinen – Biologen, Germanisten und Soziologen – haben sich mit diesem Thema auseinandergesetzt und nie auch nur einen einzigen Nachweis für den Wahrheitsgehalt solcher Geschichten entdeckt. Der Wolf würde eher verhungern, als einen Menschen zu reißen. In den letzten fünfzig Jahren starben in ganz Europa neun Menschen an den Folgen eines Wolfsangriffs. Bei fünf dieser Fälle wurde bei den Wölfen Tollwut nachgewiesen. Allerdings muss man, wie die Tiermedizinerin Dorit Feddersen-Petersen, die Wölfe in freier Wildbahn und im Gehege erforscht hat, in einem Interview mit der Zeitschrift »Unsere Jagd« (November 2009) sagte, »beim Verhalten von Gehegewölfen Unterschiede machen. Die sind an Menschen gewöhnt und sozialisiert. Wenn dann noch einer schreiend wegläuft, ist der Übergriff schnell da. Bei unseren Forschungen ist keiner mehr ins Gehege gegangen, wenn die Wölfe geschlechtsreif waren. Man muss den Wolf in seinem Wolfsein respektieren.« Das gefällt mir: Man muss den Wolf in seinem Wolfsein respektieren.

Natürlich wird sich ein Wolf verteidigen, wenn er sich in die Enge getrieben fühlt, beispielsweise weil ein Bauer ihn mit der Mistgabel oder einem Knüppel aus dem Schafspferch treiben will. Springt der Wolf dann am Bauern vorbei, um zu fliehen, heißt es gleich, dass er den Bauern angegriffen hätte.

So wurde der Wolf über die Jahrhunderte vom Urvater und Bruder zum Sinnbild des Bösen, was in dem Glauben an Werwölfe gipfelte. Dazu mögen auch sein ausgeprägter Jagdinstinkt, seine Geschmeidigkeit, die kraftvollen Bewegungen, die großen Zähne und die gelben glitzernden Augen beigetragen haben. Wer einmal aus der Nähe in die Augen eines Wolfes gesehen hat, weiß, dass einen da eine Mischung aus Faszination und Schaudern überkommt.

In Deutschland kommt, was die Furcht vor dem Wolf betrifft, etwas ganz Entscheidendes dazu. Ich habe in den unterschiedlichsten Ländern immer wieder die Menschen danach gefragt, wie sie damit umgehen, dass große Beutegreifer oder gar gefährliche Tiere in ihrer unmittelbaren Nähe leben – in Rumänien, Alaska und Kanada zum Beispiel fragte ich wegen Wolf und Bär, in Indonesien wegen des hochgiftigen Komodowarans, in Australien wegen des Salzwasserkrokodils, in Indien wegen des Asiatischen Löwen ... Die meisten guckten mich nur verständnislos an. Sie kennen es nicht anders, weil diese Tiere einfach immer da waren. Bär, Wolf oder Krokodil sind Teil ihres Lebens, Teil ihres Alltags. Sie sind zwar nicht glücklich darüber, aber sie akzeptieren es.

Wir hingegen sind die Gegenwart großer Beutegreifer – mit Ausnahme der geflügelten wie Geier und Adler, die wir aber nie als Gefahr für den Menschen sahen – nicht mehr gewohnt. Außerdem neigen wir Deutschen dazu, alles kontrollieren zu wollen; das ist kein Vorwurf, wir sind einfach so. Lange glaubten wir, auch die Natur beherrschen zu können. Der Wolf aber gehört zu den Sachen, die wir nie werden kontrollieren können, weil er so anpassungsfähig ist. Er kann am Stadtrand leben, wie zum Beispiel in Sibiu oder Braşov in Rumänien, oder in den tiefsten Wäldern Sachsens oder Brandenburgs. Ich denke, der Wolf gehört in unser Naturgefüge – wenn auch nicht an den Stadtrand –, wir müssen im Umgang mit ihm nur wieder erlernen, was seit Jahrhunderten verloren gegangen ist.

Apropos Sachsen und Brandenburg. Wenn man alte Jagdzeitungen der DDR durchblättert, dann sieht man sporadisch Meldungen über die Sichtung von Wölfen in bestimmten Gebieten und über den Schaden, den sie angerichtet haben. Man regte sich aber nicht sonderlich darüber auf, denn in die dicht besiedelten Gebiete (Thüringen, westliches Sachsen) kam er nicht. Wie auch? Sobald einer auftauchte, wurde er geschossen. In der DDR unterlag der Wolf nämlich dem Jagdgesetz, und es gab sogar eine Abschussprämie.

Wir kennen also die Schauermärchen über Wölfe, aber den »wirklichen« Wolf kennen wir nicht. Von seiner ursprünglichen Natur her ist der Wolf gegenüber dem Menschen vorbehaltlos. In Mitteleuropa hat er aber über die Jahrhunderte die Erfahrung gemacht, dass Artgenossen, die vor Dunkelheit ihren Kopf aus dem Wald streckten, früher oder später einer Kugel aus einem Jagdgewehr zum Opfer fielen. Er lernte: Wo es nach Mensch riecht, knallt es häufig, und das ist verbunden mit Schmerz und Blut. Meist fehlt dann auch einer aus dem Rudel. Aus dem einst vorbehaltlosen Tier ist so ein extrem scheues und ängstliches geworden. Diese Angst gibt der Wolf an seine Welpen weiter. Wenn ein Hirsch vor der Wolfshöhle vorbeizieht, wird die Wolfsmutter interessiert ihren Kopf strecken und Jagdleidenschaft signalisieren. Wenn sie aber die Witterung eines Menschen wahrnimmt, wird sie Alarm geben, und alle werden im Bau verschwinden. Das lernt der Wolfswelpe bereits im Alter von drei bis vier Wochen, wenn er das erste Mal aus dem Bau kommt. Und vergisst es sein Leben lang nicht. Er ist so konditioniert und geprägt, dass er beim Auftauchen eines Menschen die Rute einklemmt und abhaut.

Ganz anders ist es in Alaska oder Nordkanada. In den nördlichen Gebieten Alaskas, vor allem nördlich der Brookes Range,

Das Gehörn der Steinböcke wächst zeit ihres Lebens. Bei alten männlichen Tieren kann es eine Länge von über einem Meter erreichen *(vorige Seite)*.

Steinböcke zeigen dem Menschen gegenüber kaum Scheu *(oben links)*.

Auch weibliche Steinböcke tragen ein Gehörn *(links)*.

Bei schwierigen Kletterpartien musste ich Cleo tragen *(oben rechts)*.

Steinwild kann extrem gut „äugen". Seinen Augen entgeht nichts *(rechts)*.

Die erste in Deutschland nachgewiesene Felsenbrut eines Schwarzstorchpaars *(oben links)*

Ein einen Tag altes Schwarzstorchküken. Die Geschwister schlüpfen im Abstand von 24 Stunden *(Mitte)*.

Bei extrem kalter Witterung in den Bergen sind die Verluste bei den Dunenjungen im April sehr hoch *(unten links)*.

Das Elternpaar am Bach bei der Nahrungssuche *(oben)*

Schwarzstorch kurz nach dem Flüggewerden *(rechts)* und im Balzgefieder *(ganz rechts)*

Haselhahn im Balzgefieder *(links)*

Die Wasseramsel ernährt sich von Kleinkrebsen und Larven *(oben)*.

Während des Balzens ist der Auerhahn zeitweise taub *(rechts)*.

Bei der Annäherung von Menschen verhalten sich Luchse ruhig und vertrauen auf ihre Tarnung *(vorige Doppelseite)*.

Nur selten lassen sich Jungluchse in den ersten Lebenswochen vor der Höhle blicken *(oben)*.

Luchs am Riss. Sein Beutespektrum reicht vom Kleinsäuger bis zum Hirschkalb *(unten)*.

Ein starker Luchskater kann bis zu 40 Kilo schwer werden *(rechts)*.

Die Dülmener Wildpferdeherde umfasst etwa 320 Tiere *(oben links)*.

Selbstbildnis mit meiner Lieblingsstute *(unten links)*

Immer am letzten Samstag im Mai werden die Junghengste aus der Herde herausgefangen. Zur traditionellen Arbeitskluft gehören das in zwei Blautönen gestreifte Hemd mit Stehkragen und ein rotes Halstuch *(rechts)*.

Sie sind sich fremd geworden: Weit über 10 000 Jahre Domestikation liegen zwischen Cleo und dem Wolf *(oben)*.

Die Hauptbeute des Wolfs sind Wildtiere. Trotzdem erlegt er gelegentlich auch Haustiere *(unten)*.

Wolfsbaue liegen oft an unzugänglichen Orten im Wald verborgen *(oben)*.

Die Jungwölfe sind acht bis neun Wochen alt und haben mächtigen Hunger *(unten)*.

ELKA

So blühen Felder, auf denen seit Jahren keine Spritzmittel mehr verwendet werden *(vorige Doppelseite)*.

Hauptbeute des Seeadlers sind Blesshühner, Entenvögel und Fische. Von einem verendeten Reh kann er lange leben *(links oben und rechts)*.

Fischer Horst vom Schaalsee. Die Maräne ist sein „Brotfisch" *(unten links)*.

Wildbrücken werden dort errichtet, wo Autobahnen Lebensräume zerschneiden. Sie sind meist Grünbrücken, also bepflanzt, dienen als Wanderkorridore und werden von den Tieren – hier Wildschweinen – ganz selbstverständlich benutzt *(oben links, Mitte links und rechts)*.

Ein Wolf an der deutsch-polnischen Grenze. Flüsse stellen für den Einwanderer kein Hindernis dar *(unten links)*.

Eigentlich halten Haselmäuse zur Jahreswende schon lange Winterschlaf *(links)*.

Hans Wurst im Sommer während seiner Genesung *(oben und unten)*

Fast der typische Canaletto-Blick an der Elbe in Dresden. Cleo interessiert sich mehr für die vielen Wollhandkrabben *(folgende Doppelseite)*.

Nach der Brut- und Aufzuchtszeit vereinen sich die Kraniche wieder zu großen Schwärmen *(oben)*, unter die sich zur gemeinsamen Futtersuche gern Bläss-, Saat-, Grau-, Ringel- und Nonnengänse mischen *(unten)*.

In einer spektakulären Kletteraktion bringt Erik den aus dem Nest gefallenen Junguhu wieder in die Felswand. Die vielen grauen Federn im Nest deuten darauf hin, dass sich seine Eltern auf Wildtauben spezialisiert haben *(rechts)*.

Trompetende Kraniche über der nächtlichen Ostsee *(folgende Doppelseite)*

Im Dezember, bei stürmischem Wetter, bekommen die Kegelrobben ihre Jungen. Nur vierzehn bis achtzehn Tage werden die Heuler von der Mutter betreut; dann sind sie sich selbst überlassen. – Rolf Blädel, der Seehund- und Robbenvater von Helgoland, mit einem erst vier Tage alten Heuler, der zu früh von der Mutter verlassen wurde *(unten rechts)*.

Professor Peter Berthold in seinem Element. Am Rupfplatz eines Uhupaares, in einer Felswand in der Eifel, finden wir Federn von acht verschiedenen Vogelarten, Überreste von Ratten, Kaninchen, mehreren Jungfüchsen und einem Igel.

Der Sturm spült nicht nur Strandgut an die Küste von Helgoland, sondern auch beachtliche Stücke Bernstein.

wohin abgesehen von ein paar Abenteurern nie ein Mensch kommt, habe ich es mehrmals erlebt, dass ein Wolf in zehn bis fünfzehn Meter an mir vorbeizog, vielleicht zweimal den Kopf hob, Witterung aufnahm und schließlich weiterging. Die Wölfe tolerieren sogar Menschen in der Nähe ihrer Beute. Bis auf zwanzig Meter kann der Mensch herantreten, ohne dass der Wolf von dem Kadaver ablässt. Dies scheint das Urzeitverhalten des Wolfes zu sein. Die Nähe des Menschen wird nicht als Bedrohung gesehen. So beschreibt es auch Ian McAllister, der siebzehn Jahre lang wild lebende Wölfe im Great Bear Rain Forest an der Westküste Kanadas beobachtet hat, in seinem Buch »Wilde Wölfe«. Wo der Wolf keine negativen Erfahrungen mit Menschen gemacht hat, nimmt er den Menschen zwar aktiv wahr, sieht in ihm aber einfach einen anderen Beutegreifer. Und Beutegreifer gehen sich eher aus dem Weg. Zu Angriffen kommt es eigentlich nur, wenn sie gleichzeitig an einen Riss wollen, egal, wer die Beute erlegt oder gefunden hat. Doch selbst wenn Beutegreifer es auf dieselbe Nahrungsquelle abgesehen haben, überwiegt in den meisten Fällen eine Art Rangordnung nach dem Motto: Wer zuerst kommt, mahlt zuerst. Wölfe zum Beispiel folgen sehr gern Grizzlys, in der Hoffnung, dass von deren Beute etwas für sie abfällt. Genauso gut kann es umgekehrt sein, dass ein Braunbär einem Rudel Wölfe folgt, weil er weiß, wenn sie einen Riss, etwa ein Karibu, erwischen und sich daran satt gefressen haben, bleibt meist etwas übrig, und notfalls kann er immer noch die Knochen knacken und das Mark herauslutschen.

Nicht selten entdeckten Cita und ich am Morgen eine frische Wolfsspur, die keine zwei Meter am Zelt vorbeiführte. Sie kamen immer gegen den Wind an unser Zelt und haben uns ausgecheckt. Es hat nie einen Übergriff gegeben. Sie waren einfach nur neugierig. Wenn wir mit dem Kanu ein Stück auf dem Yukon oder einem anderen Fluss paddelten, liefen oft Wölfe am Flussufer neben uns her, verschwanden nach einer Weile, kamen nach zwei, drei Kilometern wieder, um uns erneut auf ein paar Hundert Metern zu begleiten. Auch hier war es reine Neugier. Wölfe sind nämlich sehr, sehr neugierig.

Ein einziges Mal habe ich es erlebt – das war bei meiner ersten großen Reise nach Alaska –, dass sich ein Wolf sehr für meinen Hund interessierte. Es war ein uralter Wolf, der immer um unser Camp herumschlich. Er war so alt, dass seine Fangzähne nur mehr braune Stümpfe waren. Er versuchte durch Bellen und seine Präsenz den Hund zu locken; ich kann es mir nur so vorstellen, dass er Kim fressen wollte.

Zurück nach Deutschland. Ich fürchte, dass der Wolf hier auch in Zukunft für Zündstoff sorgen wird. Mir ist es daher sehr wichtig klarzustellen, dass der Wolf keine Gefahr für den Menschen ist, und ich hoffe, dass ich dazu beitragen kann, den Konflikt zwischen Mensch und Wolf wenigstens ein bisschen zu entschärfen.

Auf der einen Seite findet man die Wolfsbefürworter, die wissen, dass der Wolf ein wichtiges Glied im Haushalt der Natur ist. Der Wolf als Generalist oder Opportunist erschließt sich immer sehr einfache Nahrungsquellen, wie eben in der Lausitz das Muffelwild. Ein Grund ist sicherlich, dass Wölfe keinen Tötungsbiss haben, im Gegensatz zu Wildkatzen. Der Luchs zum Beispiel kann seine Beute recht schnell zur Strecke bringen, indem er sich (meistens) im Hals- oder Luftröhrenbereich festbeißt und bei einem großen Tier gegebenenfalls so lange mitschleppen lässt, bis es zusammenbricht und verendet. Wölfe hingegen müssen eine große Beute, wie Rind oder Elch, durch immer wiederkehrende Attacken und zahlreiche Bisse, was meist nur im Rudel gelingt, so schwer verletzen, dass es irgendwann – meist erst nach einigen Tagen – seinen vielen Verletzungen erliegt oder zumindest so schwach ist, dass es auch von einem Wolf zu Boden gezogen und getötet werden kann. Ich habe es in Alaska zweimal erlebt, dass Wölfe große Beutetiere angriffen und verletzten. Einmal war es ein großer Karibubulle. Es dauerte zwei Tage, bis die Wölfe ihn zur Strecke bringen konnten. Als er schon schwer verletzt im Flussbett stand, nahm er noch einen der Wölfe aufs Geweih und schleuderte ihn durch die Luft. Das andere Mal attackierte ein Wolfsrudel einen jungen Elchbullen und verletzte ihn ebenfalls schwer. Es brauchte ganze vier Tage, bis der Elch schließlich von sich aus aufgab und in die Knie ging. Erst dann konnten ihn die Wölfe erlegen und sich die Bäuche vollgeschlagen. Auf Raten, denn auf einmal tauchte ein Grizzly auf und vertrieb die Wölfe vom Riss. Doch die Wölfe ließen sich das von einem jungen Bären nicht lange bieten, belauerten ihn und wendeten das Blatt wieder. Der Bär kämpfte um sein Leben, um den Attacken der Wölfe zu entkommen. Wäre er zwanzig oder auch nur zehn Meter an den Wölfen und dem Riss vorbeimarschiert, wäre gar nichts passiert.

Das Töten großer Beute ist ein sehr langwieriger Prozess, der den Wolf in der Wahrnehmung des Menschen nicht sehr sympathisch erscheinen lässt. In Deutschland sind die Wolfsrudel zudem sehr klein – sie waren ohnehin nie so groß wie in alten Berichten behauptet –, zu klein, um ein vielfach größeres Tier zu attackieren. In der Regel besteht bei uns ein Rudel nur aus einem Elternpaar, den Welpen und den Einjährigen, die sich bald vom Rudel trennen.

Als Nächstes, nach dem Muffelwild, war in der Lausitz das Damwild dran, das im Vergleich zu Rot-, Schwarz- und Rehwild keine gute Feindwahrnehmung hat. Schwarzwild ist darüber hinaus sehr wehrhaft. Danach – und das ist eigentlich der Normalfall – wird sich der Wolf selektiv anderen Wildarten widmen. Selektiv heißt, er wird in erster Linie schwache, alte, kranke und unaufmerksame Tiere erbeuten. Mit Sicherheit wird ihm auch mal ein starkes und gesundes Stück zum Opfer fallen, aber das ist eher die Ausnahme. Nachdem wir Wolf, Bär und Luchs aus Deutschland verjagt hatten, mussten die Jäger diese großen Beutegreifer ersetzen. Jäger jagen ja auch selektiv, schießen alte, schwache und kranke Tiere. Der Wolf trägt durch sein selektives Jagen nicht nur zur Gesunderhaltung der Wildtierarten bei, er übt darüber hinaus eine regulierende Wirkung auf die Wildtierbestände aus, was sich sehr anschaulich am Beispiel des Yellowstone-Nationalparks im Grenzgebiet von Wyoming, Montana und Idaho erklären lässt. 1995 wurden dort vierzehn kanadische Timberwölfe ausgesetzt, um die Wapiti-Population zu regulieren. Nebenbei: Es gab einen unglaublichen Schlagabtausch von Befürwortern und Gegnern, was mich damals ziemlich schockierte, denn dieses Gebiet ist wildester Westen. Wenn nicht hier Wölfe, wo denn dann? Auf der einen Seite standen, wie eigentlich immer in solchen Fällen, die Viehzüchter und Jäger, auf der anderen fast schon fanatische Natur- und Tierschützer.

Es gab damals zwischen 16 000 und 19 000 Wapitis im Yellowstone-Nationalpark. Fünfzehn Jahre später war die Anzahl dieser zweitgrößten Hirschart der Welt tatsächlich rapide geschrumpft, auf etwa 7000, und die der Wölfe auf knapp hundert angestiegen. Nachdem die Wölfe die schwachen, alten und kranken Wapitis so ziemlich »aussortiert« und damit deren Bestand wie gewünscht reguliert hatten, ergänzten sie ihren Speiseplan um Schneeziegen, Dickhornschafe, Streifenhörnchen, Koyoten und so weiter. 1988 hatte es im Nationalpark einen verheerenden Brand gegeben, in dessen Folge sich die Vegetation regenerieren konnte, da die Asche, die zurückbleibt, fruchtbarer Dünger ist und da wieder mehr Licht auf den Waldboden fällt. Zu dieser Regeneration leisteten die Wölfe durch die Reduzierung der viel zu vielen Wapitis, die enorme Schäden am Pflanzenbewuchs anrichteten, nachweislich einen positiven Beitrag. In der Folge gab es wieder mehr Insekten, die ihrerseits Vögel anlockten. Auch andere Beutegreifer profitierten von den Wölfen: Die Wölfe erlegen ein Wapiti, vor allem nachts, weil sie dann ihren Beutetieren in puncto Geruchssinn überlegen sind, fressen sich voll und lassen den Rest liegen, sodass Vögel, wie Kolkraben, Elster oder Steinadler, kleine Raubtiere, wie Vielfraß, Fuchs, Marder und Kojote, und sogar eine Bärenmutter mit ihren Kleinen sich von diesen Resten ernähren können. Folglich stiegen die Populationen dieser Beutegreifer an. Eine interessante Entwicklung.

Man kann dieses Szenario nicht eins zu eins auf Deutschland übertragen, da wir hier andere Verhältnisse haben, aber es regt zum Nachdenken an. Für die Natur jedenfalls ist der Wolf von unschätzbarem Wert. Man muss sich trotzdem gut überlegen, ob man in allen Gebieten Deutschlands wieder Wölfe haben will. Leisten könnten wir es uns; wir sind reich genug, um die paar Nutztiere, die von Wölfen gerissen werden, verschmerzen zu können. Wollen wir den Wolf aber auch in dichter besiedelten Gegenden haben oder in solchen, die vom Tourismus leben?

Auf der anderen Seite gibt es die Wolfsgegner, die sagen, jeder Wolf, der auftaucht, müsse vertrieben oder geschossen werden. Leider finden sie Unterstützung bei den Medien, die jede Wolfsgeschichte gern aufgreifen – vor allem in der Sauregurkenzeit – und eine völlig unbegründete Panik verbreiten. »Der Wolf ist los!«

Als es vor 25, 26 Jahren mal hieß, es seien Wölfe – es waren Timberwölfe – aus dem Gehege im Adler- und Wolfspark Kasselburg bei Gerolstein ausgebrochen, war sofort die Urangst vor dem Wolf wieder da. Rotkäppchen, der Wolf und die sieben Geißlein, der Wolf im Schafspelz, all diese Geschichten geisterten durch die Köpfe der Menschen. Die Jägerschaft wurde mobilisiert, Polizei und Bevölkerung in Alarmbereitschaft versetzt. RTL, damals ein ganz junger Sender, machte sogar Liveübertragungen aus der Eifel. Es wurden dann erst mal irrtümlich drei streunende Schäferhunde erschossen. Kurioserweise kamen fast alle Wölfe nach einigen Tagen des Nachts durch das Loch, das sie sich unter dem Zaun gebuddelt hatten, zurück ins Gehege gekrochen. Vermutlich hatten sie sich in der für sie fremden Wildnis nicht wohlgefühlt.

Neben all jenen, die den Wolf aus einer diffusen und – ich wiederhole es gern noch einmal – völlig unbegründeten Angst heraus fürchten, zählen viele Jäger zu den Wolfsgegnern. Ich habe nie verstanden, dass sich Jäger, die sich ja eigentlich der

Hege und Pflege des Wildes an sich verschrieben haben, ausschließlich auf die Hege und Pflege der »Nutztiere« – in diesem Fall meine ich Wild, das einen jagdlichen Nutzen hat – konzentrieren, Beutegreifer wie zum Beispiel den Fuchs oder eben den Wolf völlig außer Acht lassen beziehungsweise sogar als Feind sehen.

Ein tatsächlich negativer Aspekt – nicht des Wolfes an sich, sondern an seiner Gegenwart in unseren Wäldern – ist, dass er in die Wildtierbestände eine gewisse Unruhe bringt. In Gebieten, in denen es (viele) Wölfe gibt, ist das Wild aufmerksamer als in wolfsfreien Regionen, eher nachts als in der Dämmerung aktiv, und Schwarz-, Rot- und Damwild findet sich außerdem zu sogenannten Angstrudeln zusammen (Rehe behalten ihr einzelgängerisches Leben bei), weil dann die Wahrscheinlichkeit, dem Wolf zum Opfer zu fallen, geringer ist. Zum einen gibt es bei größeren Rudeln mehr »Wachposten«, und sobald einer einen Wolf wahrnimmt, warnt er alle anderen. Angstrudel bieten zum anderen einen weiteren Vorteil. Das ist ein auf der ganzen Welt verbreitetes Phänomen, ob an Land oder unter Wasser: Sobald Beutetiere, ob Fische, Vögel, Schalenwild oder was auch immer, eine große Gruppe bilden, sind sie relativ sicher. Ein Beutegreifer muss nämlich immer erst eines der Tiere von den anderen abdrängen – was ihm in der Regel nur bei einem schwachen, verletzten, kranken oder unaufmerksamen Tier gelingt –, bevor er es jagen und erlegen kann. Die Jäger argumentieren, dass Angstrudel schwerer zu bejagen sind, da die Tiere bei einem Schuss wild auseinanderpreschen, und dass durch die höhere Konzentration von mehr Wild auf engerem Raum mehr Bäume verbissen und geschält werden. Dies ist eine Entwicklung, die man in Regionen kennt, in denen der Mensch als Jäger weniger in die Wildtierbestände eingreift. Bleibt zu klären, ob sie so negativ zu bewerten ist.

Dann sind da die Landwirte, Schafzüchter und anderen gewerblichen Nutztierhalter, die ab und zu ein Tier an die Wölfe verlieren. Sie bekommen allerdings Fördermittel für Präventionsmaßnahmen und – sofern sie ihre Herden gegen Wolfsübergriffe geschützt haben – für jeden Riss eine Entschädigung.

Als Feind sehen den Wolf zudem all jene, die vom Tourismus leben. Im Berchtesgadener Land zum Beispiel stieß ich jedes Mal, wenn ich auf den Wolf zu sprechen kam, auf große Ablehnung. Die Almbauern fürchten die Rückkehr des Wolfs nicht nur, weil er ihr Vieh reißen könnte, sondern vor allem, weil dann die Touristen ausbleiben könnten. Der stellvertretende Landrat Rudolf Schaupp forderte bei einem Treffen der Almbauern im März 2011 sogar, den Wolf zum Abschuss freizugeben, weil man in der Vergangenheit »furchtbare Erfahrungen« mit dem Wildtier gemacht habe.

Wenn man den Wolf aber bekämpft, zum Beispiel mit Giftködern, hat das natürlich auch für andere Tiere Folgen, in erster Linie Greifvögel und Kleinraubtiere. Und wenn wir Deutschen keinen Wolfsschutz betreiben, machen wir uns unglaubwürdig, denn immerhin gelten wir weltweit als eine der führenden Nationen, was Natur- und Umweltschutz angeht. Wir maßen uns an, die Einrichtung von Schutzgebieten in Ländern wie Sibirien, Bangladesch, Indonesien oder Sri Lanka zu fordern, um den sibirischen oder den bengalischen Tiger, den Komodowaran oder den Sri-Lanka-Leoparden zu schützen, um nur mal ein paar Großprädatoren zu nennen, und geben dafür sogar Millionen Euro an Unterstützung, wir fordern Toleranz von der Bevölkerung gegenüber diesen Tieren, aber wir sind nicht in der Lage oder besser: nicht dazu bereit, große Beutegreifer wie den Wolf oder den Bär in unserem eigenen Land zu tolerieren. Große Raubtiere im Zoo, hinter Glas oder Gittern oder durch einen Wassergraben in Schach gehalten, ja, gern, da sind sie willkommen, da wird noch ein Riesenhype darum gemacht, wenn mal ein Junges geboren wird, aber wehe, wehe, so ein Tier taucht aus eigenen Stücken in Deutschland auf. Ich muss bei diesem Thema immer wieder auf den Braunbär Bruno kommen. Als der erst zwei Jahre alte Bruno von Italien in das österreichisch-deutsche Grenzgebiet wanderte und auf seinen Streifzügen auch

Nutz- und Haustiere schlug, begannen die Medien Panik zu verbreiten. Die bayerische Regierung versagte komplett, stufte Bruno als »Problembären« ein. Als es nicht gelang, den Bären lebend zu fangen, wurde er zum Abschuss freigegeben. Etwa drei Wochen nach seiner Ankunft in Bayern war Bruno tot. Das also ist unsere Art von Naturschutz. Welch eine Doppelmoral!

Ich habe, das dürfte mittlerweile klar geworden sein, eine große Sympathie für den Wolf, und wenn Cleo und ich durch wildreiche Wälder streifen, stelle ich mir gern vor, dass dort wieder Wölfe leben.

Wer allerdings glaubt, in Deutschland ohne Weiteres einen Wolf beobachten zu können, den muss ich enttäuschen. Das Tierfreigelände Neuschönau im Nationalparkzentrum Lusen (Teil des Nationalparks Bayerischer Wald) ist meiner Meinung nach die beste Region, um Wölfe in einer natürlichen Umgebung zu sehen. Das Großgehege hat eine lange Tradition und ist unter guter Führung. Die Wölfe können Präsenz zeigen, sich aber genauso gut den Blicken der Besucher entziehen. Ich war mal im Winter dort und hatte ein Hirschkalb mitgebracht, das im Gehege ausgelegt wurde. Es dauerte relativ lange, bis die Wölfe an das Kalb herangingen. Wahrscheinlich waren sie deshalb so misstrauisch, weil das Kalb meinen Geruch in das Gehege gebracht hatte, sie aber nur an den Geruch ihrer Pfleger und Betreuer gewöhnt waren. Sobald sie ihre Scheu überwunden hatten, haben sie das Kalb gierig verschlungen.

Es war gerade Paarungszeit, und die Alphawölfin war in der Hitze. Sie hatte sich bereits mit mehreren Rüden eingelassen, was sehr interessant war, denn normalerweise paart sie sich nur mit dem Alphamännchen. Jüngere, rangniedere Wölfinnen werden von der jeweiligen Alphawölfin eines Rudels während der Ranzzeit übrigens weggebissen, sodass sie sich nicht paaren können. In freier Wildbahn bleibt jungen Wölfen die Möglichkeit, abzuwandern und ein eigenes Rudel zu gründen, wodurch sich die Wölfe verbreiten.

Wer einen wild lebenden Wolf sehen möchte, versucht sein Glück am besten in der Lausitz, genauer im gegenwärtigen Hauptverbreitungsgebiet der Wölfe: in der Muskauer Heide und der Heide- und Teichlandschaft in der Oberlausitz. Die Muskauer Heide, das größte Binnendünengebiet Deutschlands, ist eine eher karge Landschaft, geprägt von ausgedehnten Kiefernwäldern, Zwergstrauchheiden, Trockenrasen und Heidemooren. Das Tiefland der Oberlausitzer Heide- und Teichlandschaft – wieder ein Superlativ: die größte Teichlandschaft Deutschlands – ist eine Kulturlandschaft mit über tausend Fischteichen. Klingt nicht so, als könnte jeden Moment Rotkäppchen hinter dem Baum hervorspringen, aber das ist dem Wolf egal. Für ihn sind Ruhe und die Anzahl von Beutetieren und von Versteck- und Deckungsmöglichkeiten entscheidend, und davon gibt es hier reichlich.

Insgesamt leben in der Lausitz zurzeit (Stand: September 2011) neun Wolfsfamilien und ein Wolfspaar. Das ist nicht wirklich viel, und man muss sich darüber im Klaren sein, dass der Wolf in Deutschland im Gegensatz zu seinen Artgenossen in Kanada und Alaska nicht nur sehr scheu, sondern auch eher dämmerungs- und nachtaktiv ist. Die meisten Wahrnehmungen von Wölfen geschehen bei uns daher durch selbstauslösende Wildkameras oder Fotofallen, die an exponierten Stellen aufgestellt sind. Direkte Beobachtungen erfordern viel Geduld, Einfühlungsvermögen und Ausdauer – und bleiben dennoch reine Zufallsbegegnungen. Selbst erfahrene und hartgesottene Tierfilmer brauchen oft Jahre, bis sie nennenswertes Filmmaterial beisammenhaben. Wer hingegen immer wieder mal einen oder mehrere Wölfe sieht, sind die Jäger, weil sie oft ebenfalls in der Dämmerung und nachts unterwegs sind, und vor allem die Bundesgrenzschützer an der Oder-Neiße-Linie. Letztere sind nämlich mit Nachtsichtgeräten ausgestattet, um Jagd auf Zigarettenschmuggler und Menschenhändler entlang der Grenze zu machen.

Sich in der Nähe eines Wolfsrisses im Gebüsch zu verstecken und darauf zu warten, dass der Wolf oder das Wolfsrudel zurückkehrt, ist vertane Zeit. Wölfe treten nicht einfach wie ein Luchs oder ein Rudel Rotwild auf direktem Weg auf eine Lichtung, sodass man nur noch den Auslöser des Fotoapparats oder den Aufnahmeknopf der Filmkamera zu drücken braucht. Vielmehr sondieren sie das Gebiet erst: Sie schlagen unter Wind einen weiten Bogen, um sämtliche Witterungen zu erschnuppern. Sobald sie einen Menschen riechen, werden sie keinen Fuß auf die Lichtung setzen.

Die Alternative ist ein Hochsitz. (Achtung: Ein Hochsitz ist eine »forst- und jagdbetriebliche Einrichtung«, heißt: Zutritt für Unbefugte verboten. Also besser erst eine Genehmigung einholen.) Wenn man eine Woche lang täglich – bei Vollmond auch nachts, wo man dann unter Umständen halb erfroren im Schlafsack hockt – auf einem Hochsitz ausharrt, ausgerüstet mit Essen, einer Wasser- und einer Pinkelflasche, wird man, wenn man ganz großes Glück hat, irgendwann für ein paar Sekunden einen Wolf sehen. Vielleicht. Man wird alle möglichen Tiere sehen: Dachs, Rothirsch, Damwild, Wildschwein, Fuchs, aber den so scheuen Wolf?

Wolfsforscher argumentieren übrigens, dass Menschen, die durch den Wald schleichen, um ein gutes Bild vom Wolf zu erhaschen, die Wölfe nur noch scheuer und vorsichtiger machen. Der Wolf kann nämlich nicht unterscheiden, ob es sich bei dem Schleicher um einen Jäger mit einem Gewehr oder einen aufdringlichen Tierfilmer oder -fotografen mit einer Kamera und einem Stativ auf der Schulter handelt. Wenn sich der Tierfilmer also wie ein Jäger verhält, so wie Cleo und ich, nimmt der Wolf dies als Gefahr wahr und sucht das Weite. De facto sind Cleo und ich oder jeder andere Filmer oder Fotograf ja tatsächlich auf der Pirsch, auf Fotojagd.

Das hieße im Umkehrschluss: Wenn man mit einem Wanderfreund – oder ich mit Cleo – einfach durch den Wald spaziert und sich dabei normal unterhält, müsste das dem Wolf ziemlich egal sein, denn er kann einen jederzeit orten und hört, wenn man seinen Standort verändert. Wie beim Rotwild: Die

Wandergruppe zieht durch den Wald, unterhält sich und ist fröhlich. Die Hirsche stehen in der Dickung, stellen die Lauscher auf und wissen sofort, das sind Wanderer oder Waldarbeiter. Schon das Sprechen signalisiert ihnen: Die sind nicht auf der Pirsch, denn die geben sich gar keine Mühe, leise zu sein. Sie nehmen sogar den Kopf wieder runter und fressen weiter. Schleicht aber ein Jäger des Weges und tritt unachtsam auf einen trockenen Ast, herrscht sofort Warnstufe Rot. Die Tiere wissen: Da kommt was, was nichts Gutes im Schilde führt. Ich mache es selbst sehr oft: Ich gehe meines Weges, laufe dabei im Zickzack und sabble vor mich hin. Mit dieser Methode komme ich häufig sehr nah an Tiere heran. Nur: Bei Wölfen klappt das dummerweise nicht.

Richtig viel Glück braucht es, um einen Wolf nicht nur zu sehen, sondern beim Mausen zu beobachten, also auf der Jagd nach Mäusen. Das ist wie ein Fünfer oder ein Sechser im Lotto. Und so ein Glück sollte ich in der Muskauer Heide haben, aber dazu später mehr.

Zunächst versuchte ich Wölfe in einem Gebiet nur einen Steinwurf hinter der deutsch-polnischen Grenze zu drehen, da ich einen vielversprechenden Anruf aus Polen bekommen hatte.

»Wir haben eine Wolfshöhle mit vier Welpen gefunden«, hieß es. »In diesem Gebiet wird nicht gejagt. Die Wölfe sind daher ziemlich vertraut. Wenn du Lust hast, dann komm vorbei.«

Als ich dort ankam, war ich ein bisschen enttäuscht von der Umgebung. Nach einem Waldbrand hatte das Militär die Reste der Bäume zu Wällen zusammengeschoben, eine ziemlich unromantische Stelle, andererseits ein ideales Labyrinth für Wölfe, Füchse und Marder. Das hatte sich wohl auch die Wölfin gedacht, denn genau in diesem Verhau aus Stämmen und Ästen hatte sie ihr Geheck mit den vier Welpen. Cleo hätte die Wälle sicher gern erkundet, musste aber in der Waldhütte bleiben, in der wir während der Drehtage unsere Unterkunft hatten, da sie unsere Chance, die Welpen herauszulocken, durch ihre Witterung geschmälert hätte. Drum herum war dichter und verbuschter Wald, sodass ich nur Sichtweiten von 25 bis maximal fünfzig Meter hatte.

Ich legte vor der Wurfhöhle den Kadaver eines einjährigen Damhirschen aus, den ich mitgebracht hatte, und dann wartete ich.

Am ersten Tag tat sich gar nichts, zumindest nicht direkt am Bau. Zweimal nahm ich in einiger Entfernung die Mutter wahr, die mich ihrerseits mit Sicherheit längst bemerkt hatte. Beim ersten Mal, als sie ungefähr 150 Meter vom Bau entfernt war, machte ich irgendeine Bewegung, vermutlich einen Kameraschwenk – und weg war sie. Da der Wind auf mich zu stand, konnte es nicht mein Geruch gewesen sein, der sie verschreckt hatte. Eine halbe Stunde später kam sie wieder und umschlug den Baubereich großräumig. Unweigerlich nahm sie Witterung von mir auf, und ihr war klar: Da ist ein Mensch am Bau. Ich sah sie noch ganz kurz im Unterholz – und wieder war sie weg.

Am zweiten Tag konnten drei der acht bis neun Wochen alten Welpen dem Duft des Kadavers nicht mehr widerstehen. Die Zeit, in der Wolfsjunge ausschließlich gesäugt werden, das sind die ersten drei bis vier Wochen, hatten sie bereits hinter sich. In der daran anschließenden sehr kurzen Entwöhnungsphase bekommen sie zusätzlich zur Milch vorverdaute Bissen. Dazu stupsen sie die Mutter, sobald diese von der Jagd zurückkommt, an die Schnauze oder lecken an ihren Lefzen und lösen damit den Würgereflex aus, sodass die Wölfin ihren Mageninhalt hochwürgt. Danach erfolgt recht schnell die Umstellung auf feste Nahrung.

Einer nach dem anderen tapsten die possierlichen Fellknäuel aus dem Bau und fingen an, an dem Hirsch zu nagen. Das war mit Sicherheit der erste Hirschbraten in ihrem Leben, und die Kleinen hauten richtig rein, wie hungrige Wölfe halt. Die Milchzähne von Fleischfressern sind zwar schon sehr scharf, aber mit ihren kleinen Mäulchen taten sich die jungen Wölfe schwer, Stücke aus dem Hirschen herauszureißen. Leichter war es, den Bast, die nährstoffreiche Haut rund um das Geweih, abzunagen. Wölfe haben ein reines Fleischfressergebiss, wie zum Beispiel der Hund und die Katze, das heißt, alle Zähne, selbst die Backenzähne, sind spitz. Das ist nötig, um sich in der Beute festzubeißen, Fleischstücke herauszureißen und zu zerkleinern. Reine Pflanzenfresser wie etwa Rind und Pferd haben hingegen breite Zähne, mit denen die Nahrung zermahlen wird. Und wir Menschen haben – wie übrigens auch Schweine – ein Allesfressergebiss.

Der vierte Welpe war so scheu, dass ich ihn nie zu Gesicht bekam. Es gibt immer die Mutigen unter den Jungtieren, die meist zuerst sterben, weil sie den Kopf zu früh aus dem Bau strecken und dann von einem Fressfeind, zum Beispiel einem Adler oder einer Eule, erwischt werden oder eine Kugel verpasst bekommen, und die kleinen Feiglinge, die übervorsichtig und extrem ängstlich sind, dafür länger leben.

Man konnte den Bereich, in dem sich die drei um den Bau herum bewegten, ganz klar eingrenzen. Am liebsten saßen sie direkt einen Meter vor dem Bau. Bei einem Geräusch oder einer falschen Bewegung von mir waren sie ganz schnell im Bau verschwunden. Dann dauerte es ein paar Minuten, bis einer nach dem anderen wieder zum Vorschein kam, um weiter am Hirschkopf zu knabbern. Je scheuer, misstrauischer und vorsichtiger ein Jungtier, desto geringer ist der Abstand zwischen sicherem Bau und Aufenthaltsbereich. In Alaska hätte man Welpen in diesem Alter schon dabei beobachten können, wie sie vor dem Bau spielen und vielleicht sogar einen kleinen Ausflug machen, so hundert Meter vom Bau weg, denn Wölfe sind in diesem Alter bereits in der Lage, sich zu orientieren und zurückzufinden. Was nicht weiter verwunderlich ist, denn um so einen Wolfsbau herum stinkt es wegen der ganzen Futterreste und des Kots gewaltig. Im Lauf des Tages ließen mich die Wölflein allerdings immer näher heran.

An diesem zweiten Tag bekam ich die Wölfin überhaupt nicht zu Gesicht. Ich vermute, dass sie in der Nacht zum Bau zurückgekehrt war. Und selbst wenn nicht: Da die Kleinen auch schon feste Nahrung zu sich nahmen und einen Damhirsch direkt vor der Nase hatten, wären sie auf keinen Fall verhungert – auch wenn sich die Wölfe in dieser Region normalerweise hauptsächlich von kleinen Säugetieren ernähren, also Mäusen, Eichhörnchen, Kaninchen, jungen Hasen und so weiter. Bedenken, dass die Mutter ihren Wurf aufgeben könnte, hatte ich nicht, dazu ist der Mutterinstinkt selbst bei extrem scheuen Tieren zu groß. Ich wusste: Sobald meine Witterung verflogen war, würde sie sich wieder um ihre Welpen kümmern.

Die Wölfin ließ sich auch am dritten Tag nicht blicken, hatte aber in der Nacht ein Kaninchen zum Bau gebracht. Als die drei Mutigeren mit den ersten Sonnenstrahlen aus der feuchten und muffigen Höhle stolperten, waren sie noch halb verschlafen, fingen sich aber trotzdem gleich zu balgen an. In den spielerischen Kämpfen mit den Geschwistern geht es wie eigentlich bei allen Tieren neben der körperlichen Fitness um Stärke und Dominanz, um die Rangfolge. In einem Rudel spielen die Kleinen auch mit den älteren Wölfen und genießen dabei eine gewisse Narrenfreiheit. Wenn sie es allerdings zu wild treiben, werden sie zur Ordnung gerufen, damit sie lernen, sich zu integrieren. Nach der Rauferei machten sich die drei über das, was vom Kaninchen übrig war, her. Den Rest des Tages verbrachten sie wie schon den Tag davor mit Dösen, das von gelegentlichen Rangeleien unterbrochen wurde, und damit, am Hirschgeweih zu nagen. Bis zum Abend war die Knochensubstanz fein säuberlich freigelegt.

Am vierten Tag war der Bau leer. Die Wölfin hatte in der Nacht ihre Jungen offenbar in einen neuen Unterschlupf getragen oder geführt, weil sie den Wall nicht mehr für sicher hielt.

Cleo und ich machten uns enttäuscht auf den Heimweg. Zu gern hätte ich noch den nächsten wichtigen Schritt auf dem Weg ins Erwachsenenleben gefilmt: das Erlernen der Jagd.

Dazu bringt die Wolfsmutter zunächst kleine Tiere lebend an den Bau, wo sie sie flitzen lässt, sodass ihre Jungen ihnen hinterherhetzen und sie fangen können, was für die Beute ein langwieriger und zum Teil quälender Tod ist, aber eine gute Übung für Wolfsjunge. Dann kommt die Phase, in der die Mutter ihren Nachwuchs mit auf die Jagd nimmt. In der Regel wird sie für den Anfang einfach zu erlegende Tiere, wie Jungwild und kleine Nager, aussuchen. Dennoch werden viele Versuche fehlschlagen; jagen zu lernen ist ein langer Prozess.

Im Jahr darauf schenkte mir ein Bekannter aus Polen ein Foto, das mich in Staunen versetzte. Die Aufnahme war Ende September am polnischen Rand der Muskauer Heide an einem künstlich angelegten Feuerlöschteich im Wald entstanden, wieder ein völlig unromantischer Ort. An diesem Teich waren verschiedene Wildkameras installiert, da man anhand des Fährtenbildes mehrere Wölfe in diesem Gebiet vermutete. Das Foto zeigte eine Wölfin mit fünf fast ausgewachsenen Jungtieren. Der größte Jungrüde war bereits größer als seine Mutter. Was mich so erstaunte, war, dass das Bild bei bestem Tageslicht entstanden war. Die eingeblendete Uhrzeit zeigte 14:30 Uhr!

Ob nun in Alaska und Kanada, ob in Deutschland, Rumänien, Polen, Spanien oder sonst irgendwo: Der wild lebende Wolf hält Abstand zum Menschen. Nur in absoluten Ausnahmefällen gelingt es einem Menschen, direkten Kontakt zu einem Wolf oder einem Wolfsrudel herzustellen. Eine, der das gelungen ist, ist die österreichische Biologin und Wolfsforscherin Gudrun Pflüger. Auf einer entlegenen Insel vor der Westküste Kanadas fand sie ein Rudel der seltenen Küstenwölfe, das höchstwahrscheinlich nie zuvor einen Menschen gesehen hatte – und konnte beweisen, dass solche Wölfe dem Menschen friedlich begegnen. Gudrun Pflüger verbrachte eine Nacht in der Nähe eines zurückgelassenen jungen Wolfes. Als das Rudel am nächsten Tag zurückkehrt, umkreisen die Wölfe neugierig, aber ruhig und ohne jegliches Anzeichen von Aggression die Biologin, die mitten auf einer Wiese liegt. Dann geschieht das beinahe Unglaubliche: Die Leitwölfin nähert sich, berührt mit ihrer Schnauze fast den Kopf der Wolfsforscherin und gibt damit den Anstoß für den Rest des Rudels. In dem wunderbaren Film »Auf der Spur der Küstenwölfe« sieht man Gudrun Pflüger schließlich mit dem Alphapaar ruhig auf der Wiese liegen, während die Jüngsten des Rudels verspielt umhertollen.

Etwas anderes ist das bei Gehegewölfen. Einer der bedeutendsten Wolfsforscher weltweit, der Biologe und Ethnologe Erik Zimen, lebte in einem Gehege inmitten eines Wolfsrudels und einer Pudelgruppe. Er hatte Wölfe und Königspudel verpaart, um an ihren Nachkommen, den »Puwos«, vergleichende Verhaltensforschung betreiben zu können. Im bald darauf gegründeten Nationalpark Bayerischer Wald erforschte er sieben Jahre lang das Sozialverhalten von Wölfen im Rudel. Daneben leitete er im Auftrag des WWF ein Forschungsprojekt über die Ökologie der letzten in den Abruzzen lebenden Wölfe, das dazu diente, adäquate Maßnahmen zu deren Schutz treffen zu können, drehte unter anderem die Dokumentarfilme »Wildwege« und »Wolfsspuren« und schrieb mehrere Bücher. Das 1979 erschienene Buch »Der Wolf. Verhalten, Ökologie und Mythos« gilt noch heute als Standardwerk über Wölfe.

Erik Zimen kam zu sehr interessanten Erkenntnissen: Wölfe haben ein stark ausgeprägtes Sozialverhalten. Innerhalb eines Rudels herrscht zwar eine streng hierarchische Struktur, jedoch keine Diktatur: Die Position des Alphawolfs, also des Rudelchefs, ist nicht ein für alle Mal festgeschrieben, sondern wird stets neu ausgefochten; Leittier ist immer das jeweils erfahrenste, klügste und stärkste Tier. Wölfe haben eine Arbeitsteilung und unterstützen sich gegenseitig, zum Beispiel bei der Beaufsichtigung des Nachwuchses. Das Einzige, was Erik Zimen zum Nachteil gereicht, ist, dass er »nur« mit Gehegewölfen lebte.

So wie Werner Freund in seinem gleichnamigen Wolfspark in Merzig (Saarland), der, um seine Verhaltensforschung betreiben zu können, »zum Wolf unter den Wölfen« wurde, wie er es selbst formuliert. In mehreren Gehegen hält er verschiedene Unterarten von Wölfen: den Timberwolf oder Amerikanischen Grauwolf, der einst in Nordamerika weit verbreitet war und heute vorwiegend (wieder) in Südostkanada und im Osten der USA lebt; den Arktischen, Polar- oder Weißwolf, der auf den kanadischen Arktisinseln und an der Nordküste Grönlands vorkommt; den Europäischen beziehungsweise Eurasischen Wolf, dessen Verbreitungsgebiet sich von Europa und Skandinavien über China und die Mongolei bis zum Himalaja erstreckt; und den Kanadischen Wolf, den es in freier Wildbahn nur westlich und nördlich der Hudson Bay gibt.

Als Cleo und ich unseren alten Freund Werner das letzte Mal besuchten, durfte ich mit in eines der Gehege, in dem zwei gut acht Monate alte, also fast ausgewachsene Welpen lebten. Wir haben ein totes Reh mitgenommen und uns flach auf den Boden gelegt, um keine Dominanz zu zeigen. Die beiden Wölfe stürzten sich gierig auf das Reh. Werner Freund, der in der Rangordnung über den Tieren stand, hielt das Reh mit einem großen Fleischerhaken fest. Ansonsten hätten die Welpen den Kadaver sofort weggeschleppt. Immer wieder zog er den Wölfen das Reh weg, um ihnen zu demonstrieren, dass er, wenn er wollte, zuerst fressen könnte und sie in der Rangordnung unter ihm stehen.

Als Werner kurz das Gehege verließ, probierte ich dasselbe Kunststück, aber jedes Mal wurde ich bei dem Versuch, den Kadaver zu mir herzuziehen, streng angeknurrt – obwohl die beiden Jungs erst acht Monate alt waren! Na ja, als Neuzugang im Rudel stand ich in der Rangordnung ganz klar unter ihnen.

Als Werner zurückkam und sah, was ich machte, fuhr er mich an: »Was machst du da? Ich bin hier der Leitwolf! Du kannst doch nicht mit meinen Wölfen deine Experimente machen, das ist gefährlich!«

Werner hat sehr viel Erfahrung mit Wölfen, jedoch, wie gesagt, nur mit Gehegewölfen. Sein gesamtes Wissen, seine ganzen Erlebnisse bezieht er aus der Arbeit mit diesen Tieren. Er kann keine einzige Geschichte von Wölfen in freier Wildbahn erzählen. Er heult zusammen mit seinen Wölfen und kommuniziert mit ihnen, das macht einen riesigen Eindruck auf viele Menschen. Er hat seine Wölfe zwar nicht auf sich geprägt – so wie etwa Konrad Lorenz Graugänse –, sie jedoch so weit sozialisiert, dass sie gelernt haben, mit Menschen umzugehen, wodurch sie ein anderes Verhalten zeigen als wild lebende Wölfe. Werner hat für diese Tiere den neutralen Status eines Menschen verloren, er ist nicht mehr einfach ein anderer Beutegreifer wie etwa Bär, Luchs oder Vielfraß, sondern Teil des Rudels. Und als solches wird er in die Rangordnungskämpfe einbezogen, mit allem, was dazugehört: Knurren, Zwicken, Beißen. Dem kann er nur entgehen, indem er Dominanz zeigt.

2011 fuhren Cleo und ich zusammen mit Frank erneut in der Muskauer Heide.

Frank und ich waren begeistert, auch wenn uns ein bisschen die Knie schlotterten. Immerhin standen wir 300 Meter hoch auf einer Plattform, ohne Reling, ohne Geländer, gesichert nur mit einem Stahlkabel, und schauten über die Braunkohlelandschaft im äußersten Osten Deutschlands. Wir standen nämlich auf einem der höchsten Schornsteine Deutschlands, auf dem letzten der ehemals drei Schornsteine des alten Kraftwerks Boxberg, das, weil ohne Filter betrieben, als die größte Dreckschleuder Deutschlands galt. Wir warfen einen Blick in den gewaltigen Schornstein.

»Wie kann ein Schornstein einen solchen Durchmesser haben?«, rief ich erstaunt.

Frank hatte es offenbar die Sprache verschlagen, denn er guckte nur völlig fasziniert in die dunkle Tiefe.

Wir waren dort oben, um einen Überblick über die Landschaft zu erhalten. Die Aussicht war gigantisch. Man muss sich das mal vorstellen: Man steht höher als auf dem Berliner Fernsehturm, aber ohne den Schutz einer Glaskugel oder eines stabilen Geländers, und der Wind weht einem ganz schön frisch um die Nase. Im Süden Tschechien, im Osten Polen, im Nordwesten in der Ferne das nächste Kraftwerk, Schwarze Pumpe, im Norden ganz schemenhaft zu erkennen das Kraftwerk Jänschwalde. Um uns herum renaturierte, eigentlich muss man sagen: rekultivierte Flächen. Um hier Braunkohle zu gewinnen, wurden vierzig Prozent des Energieaufwands allein dafür verbraucht, das Erdreich über den Flözen wegzuräumen. Riesige Bagger waren im Einsatz, die Kohle war teilweise sehr schwefelhaltig, hatte viele Ascheanteile, war also nicht sehr energiereich. Trotzdem hat sich der Abbau für die DDR gelohnt. Die großen Tagebaue wurden nach dem Auflassen zum Teil geflutet oder mit Erde befüllt und bepflanzt. Es entstanden riesige Wälder, und in diesen praktisch menschenleeren Wäldern haben sich unzählige Wildtiere – Beutetiere wie Beutegreifer, unter anderem auch der Wolf – angesiedelt, weil es dort schön ruhig ist und sie viel Futter finden.

Frank und ich waren in einem Fahrstuhl, der für die Demontage des Schornsteins außen angebracht worden war, hochgefahren. Ursprünglich hatte der Schornstein wie die beiden anderen nach einem teilweisen Abbau gesprengt werden sollen; die Erschütterung des Bodens rundum wäre aber so stark gewesen, dass unter Umständen das neue Kraftwerk Boxberg, das Vattenfall gehört, Schaden genommen hätte. Also wird der 40 000 Tonnen schwere Schornstein komplett rückgebaut. Jetzt sind Industriekletterer und Abrisskommandos damit beschäftigt, ihn erst einmal auszuhöhlen, vor allem den Stahl herauszubauen. All das ging Frank und mir durch den Kopf, als wir da oben standen.

»Na, hoffentlich hält der noch ein paar Stunden«, meinte Frank.

»Warum wird dieser Wasserdampf eigentlich nicht in irgendeiner Form genutzt, zum Beispiel zum Antreiben einer Turbine?«, sinnierte ich laut vor mich hin, denn wir sahen auch auf das neue Kraftwerk Boxberg, aus dessen Kühltürmen der heiße Wasserdampf waberte.

»Offenbar geht das nicht, oder der Aufwand ist zu hoch, sonst würden Vattenfall und andere Betreiber von Kraftwerken die Energie doch nicht einfach so verdunsten lassen«, wandte Frank ein.

Da mochte er durchaus recht haben.

»Sag mal«, meinte Frank nach einer Pause und beschrieb mit seinem Arm einen weiten Bogen, »in diesem riesigen Gebiet sollen wir Wölfe finden? Und auch noch vor die Kamera kriegen?«

Gute Frage, die Muskauer Heide ist nämlich etwa 230 Quadratkilometer groß.

»Wir beschränken uns auf den Truppenübungsplatz Oberlausitz, wo ich vor ein paar Jahren schon mal einen Wolf gesehen habe und die Chancen am größten sind. Der ist nur 140 Quadratkilometer groß – «

»Ha! Nur!«, warf Frank ein.

»Außerdem ist die Bundeswehr superfreundlich: Einer ihrer erfahrensten Führer wird uns Stellen zeigen, wo in letzter Zeit Wölfe gesichtet wurden.«

»Letztes Jahr«, erzählte uns dieser Klaus, ein älterer, unheimlich sympathischer Mann, ein Typ, wie man ihn sich als Großvater wünscht, am nächsten Morgen in seinem sorbisch-sächsischen Dialekt, »hat meine Frau einen Wolf überfahren, einen jungen Rüden. Die Presse hat sie übel beschimpft, als Wolfstöterin, dabei konnte sie gar nichts dafür. Der lief ihr direkt vors Auto. Bei den anderen Tieren hat nie ein Hahn danach gekräht.«

»Wie? Bei den anderen Tieren?«, fragte Frank.

»Na ja, sie hat schon mehrere überfahren, Rehe und ein Wildschwein«, meinte Klaus und zuckte mit den Schultern.

Wir liefen mit Klaus auf den endlosen Matsch- und Sandwegen kreuz und quer durch das Gebiet und fanden recht schnell frische Wolfsfährten, vor allem auf den Fahrwegen der Bundeswehr; das liegt daran, dass Wölfe keine Scheu vor Autos haben und auf diesen Wegen schnell und vor allem lautlos vorankommen. Wir fanden auch Wolfsfährten und -losung in alten, ehemals von der Roten Armee genutzten, heute verlassenen Gebäuden. Spuren von Wölfen zu entdecken war also nicht das Problem. Ab und zu sahen wir sogar mal einen Wolf, maximal drei zugleich – vermutlich ein Elternpaar mit einem Jungtier –, jedoch immer nur für kurze Momente, höchstens ein paar Sekunden. Das Problem war, die Wölfe vor die Kamera zu kriegen.

»Wenn wir uns keinen Wolf laufen wollen«, flachste ich, »brauchen wir einen Hotspot, einen Kadaver.«

Endlich sahen wir mehrere Kolkraben und Bussarde in der Luft. Als wir uns der Stelle näherten, über der sie kreisten, hörten wir auch Elstern, die ein ganz seltsames Geräusch machen, als würde man eine Streichholzschachtel schütteln. Und tatsächlich lag da ein Hirschkalb. Und an dem Hirschkalb hatten offensichtlich mehrere Wölfe gefressen. Um den Kadaver herum sahen wir nämlich Fährten und viel Losung von Wölfen und in der Losung reichlich Hirschhaare.

Cleo war begeistert und begann sofort an dem Hirschkalb zu nagen, beziehungsweise an dem, was davon übrig war. Cleo ist da total pragmatisch. Was andere verschmähen, ist für sie immer noch gut genug. Ist kein Fleisch mehr da, knackt sie die Knochen auf und lutscht das Mark heraus. Cita war genauso. Cleo war jedenfalls glücklich.

Frank und ich nicht, der Kadaver war nämlich schon älter, ebenso die Losung der Wölfe. Offensichtlich waren die Wölfe länger nicht mehr hier gewesen. Dafür hatten andere Beutegreifer wie Füchse und ebendie Raubvögel, die uns angelockt hatten, daran gefressen. So ein relativ großer Brocken Fleisch spricht sich im Wald schnell herum.

Ganz in der Nähe stand ein Hochsitz, und auf dem gingen, nachdem wir uns von Klaus verabschiedet hatten, Frank, Cleo und ich mit Kamera und Stativ in Position in der Hoffnung, dass sich vielleicht doch Wölfe blicken ließen. Als wir den Sitz herunterklappten, suchten zwei Gelbhalsmäuse, die sich dort ihr Nest gebaut hatten, schnell das Weite. Sonst tat sich nichts, den ganzen Tag lang.

Wir mussten also auf die Pirsch. Zu pirschen ist nicht Franks Sache, also zogen Cleo und ich am nächsten Morgen allein los. Es gibt auf dem Truppenübungsplatz ein wunderschönes Tal, und in einem Tal gibt es meist Wasser. Da sich Raubtiere, speziell große, gern in der Nähe von Wasser aufhalten, standen die Chancen gut, dass wir dort fündig würden.

Als Jäger mit der Kamera verhält man sich, wie schon erwähnt, wie ein »richtiger« Jäger, das heißt, man pirscht gegen den Wind, die Sinne sind bis zum Äußersten angespannt, man konzentriert sich. Cleo schnupperte in die Luft hinein, ich lauschte auf das leiseste Knacken oder ein anderes Geräusch, suchte mit den Augen ständig die Umgebung ab. Nichts. Zumindest kein Wolf. Wir sahen zwar wieder ständig Wolfsspuren, aber eben keinen Wolf.

In dem Tal hatten die Soldaten ein Verpflegungslager aufgeschlagen, mit Zelten und Dixie-Klos. Man konnte sehen, dass Wölfe, nachdem die Soldaten wieder abgezogen waren, durch das Lager gelaufen waren, ihre Spuren waren nämlich in denen, die die Soldaten mit ihren Stiefeln hinterlassen hatten. Es mussten mindestens zwei gewesen sein, da es zwei unterschiedlich große Trittsiegel gab.

Von den Wölfen selbst natürlich wieder keine Spur. Trotzdem bewegte ich mich ganz leise und vorsichtig und war bis unter die Haarspitzen angespannt, was sich immer auch auf Cleo überträgt. Ihre ganze Verspieltheit ist dann dahin, in solchen Momenten ist sie einzig und ausschließlich Jagdhund. Sie ist wie ausgewechselt, und manchmal denke ich, das ist jetzt nicht derselbe Hund, mit dem ich gestern in der Stadt unterwegs war. Diese Anspannung ist zum Teil unerträglich. Wenn man den ganzen Tag in der Natur unterwegs ist, permanent schussbereit – mit der Kamera –, und auf ein seltenes, scheues, vielleicht nicht ganz ungefährliches Tier, zumindest für Cleo, wartet, in der Gewissheit: Wahrscheinlich kriegst du nur eine einzige Chance, und wenn du die versemmelst, ist es vorbei, dann ist das unglaublich anstrengend. Nach einem solchen Tag bin ich genauso k.o. wie jemand, der den ganzen Tag konzentriert am Computer gesessen und irgendwelche Börsenkurse verfolgt oder Bilanzen erstellt hat. Cleo geht es ähnlich. Sie legt sich dann, sobald wir nach Hause oder in eine Pension kommen, sofort irgendwo hin und schläft ein. Das macht sie nicht, wenn sie den ganzen Tag mit Hunden gespielt hat oder wir völlig unbeschwert einfach drauflos gewandert sind.

Kurz darauf hörten wir in der Ferne ein seltsames Geräusch und gingen ihm nach. Wir kamen an eine große Heidefläche, an deren Rändern ein paar Fichten, Kiefern, Weiden, Erlen und Birken standen, sogenannte Pionierpflanzen, wie man sie häufig auf Truppenübungsplätzen findet. Zwei Spürpanzer (im Jargon »Spürfuchs« genannt) – die sind eine Nummer kleiner als der »Leopard« – und ein Lkw rumpelten gerade quer über die Heide. Das war der Lärm, den Cleo und ich gehört hatten. Außerdem stank es fürchterlich nach Abgasen, die uns genau in die Nase wehten, weil der Wind direkt auf uns zu stand. Gebannt sah ich zu, wie sich die Fahrzeuge ihren Weg über das unebene Gelände bahnten. Cleo reckte ihre Nase mehrmals in den Wind. Sie schien von etwas Witterung zu bekommen. Es gab hier ja auch jede Menge Mäuselöcher.

Als die Fahrzeuge etwa 700, 800 Meter von uns entfernt waren, tauchte am anderen Ende der Heide unvermittelt ein Wolf auf. Ich war total verblüfft. Wir sahen den Wolf vielleicht für zehn Sekunden, dann war er wieder verschwunden. Ich stellte die Kamera ein, und tatsächlich ließ sich der Wolf ein zweites Mal blicken. Das Interessante war, dass er vor den Militärfahrzeugen überhaupt keine Scheu hatte. Aus unserer Perspektive sah es sogar so aus, als würde er ihnen folgen, was er natürlich nicht tat. Es schien eher, als würde er, so wie eben noch Cleo, nach Mäusen suchen, die hier offensichtlich recht zahlreich waren. Ich schaffte gerade mal ein paar kurze Filmaufnahmen und vier Fotos, dann verzog sich der Wolf endgültig.

»Okay, Cleo. Jetzt ist er zwar weg, aber da hier so viele Mäuse sind, kommt er vielleicht wieder.«

Cleo und ich verbrachten eine unbequeme Nacht auf dem Hochsitz am Rand der Heide. Am frühen Morgen nahm ich in der Dämmerung eine Bewegung im Gras wahr. Sofort war ich hellwach. Ein Wolf? Oder doch bloß wieder ein Fuchs? Zum Glück steht der Wind in unsere Richtung, dachte ich. Ganz langsam und vorsichtig hob ich das Fernglas hoch. Ein junger Wolfsrüde! Ich konnte es kaum fassen. Geduckt schlich er durch das Gras, verharrte plötzlich, regungslos. Da muss irgendein Bau sein, sagte ich mir. Die Minuten vergingen. Der Wolf schien nicht einmal mehr zu atmen. Dann ein Sprung, und – *schnapp!* Im hohen Gras konnte ich meistens nur den Kopf und die Rückenlinie sehen. Auf der einen Seite seiner Schnauze sah ich kurz ein Mäuseschwänzchen baumeln. Eine Stunde lang lag der Wolf auf der Lauer und erbeutete in dieser Zeit elf oder zwölf Mäuse – so genau habe ich es nicht mitzählen können –, seine Tagesration. Mein Sechser im Lotto mit Zusatzzahl!

Für mich war es ein ganz großes Privileg, diese Szene beobachten zu dürfen. Nicht weil die Handlung so spektakulär war, sondern allein aus dem Grund, weil der Akteur ein Wolf war. Und ich wünsche mir sehr, dass wir dem Wolf in Deutschland eine echte Chance geben, denn er ist – ich hoffe, das klargemacht zu haben – kein Ungeheuer, sondern ein faszinierendes Tier.

Im Wald der betrunkenen Hirschkäfer

Auf der ganzen Welt gibt es magische Orte, Orte, zu denen die Menschen sich hingezogen fühlen. Darunter sind viele Berge, etwa der Kailash in Tibet, auf dessen Gipfel nach dem Glauben Einheimischer die Götter wohnen, weshalb die Besteigung bis heute tabu ist, der Uluru (Ayers Rock) in Australien, der komplett vergletscherte »Eisberg« Mount McKinley in Alaska oder der Mount Everest in Nepal. Andere magische Orte können von der Natur in die Landschaft gestellte Skulpturen sein, wie die bizarr geformten Steinnadeln im Valley of Desolation in Südafrika. Sie können über der Erde liegen und ebenso darunter, zum Beispiel in ihrer Stille und Erhabenheit an Kathedralen erinnernde Tropfsteinhöhlen.

Solche Orte schlugen die Menschen seit jeher oft schon allein aufgrund ihres Aussehens oder ihrer gigantischen Größe in den Bann. Wenn dort dann noch einem oder mehreren Menschen Unerklärliches widerfuhr – vielleicht, dass ein Steinzeitclan genau da immer besonders großes Jagdglück hatte –, war der Schritt nicht weit, dass dieser Ort zu einer Kult- und Opferstätte wurde und symbolische Kraft erlangte. Diese Symbolkraft haben manche Orte bis heute.

In Deutschland zieht es viele Menschen zu den Externsteinen, markanten Sandsteinformationen bei Detmold. Sie gelten als größtes Heiligtum der Germanen, wofür es allerdings keine Belege gibt. Es wurden Feuersteinspitzen aus der Steinzeit gefunden und Feuerstellen aus dem frühen Hochmittelalter, aber keine Spuren kultischer Handlungen von Germanen. Wie dem auch sei: Aus der Ferne wirken die fünfzig Meter hohen Sandsteinformationen wie eine Burg, eine Festung, uneinnehmbar. Vielleicht der Sitz einer oder mehrerer Gottheiten? Das erzeugt gewaltigen Respekt. Interessant ist auch, dass die Südwestseite komplett naturbelassen ist, während die Nordostseite von Menschenhand vielfältig bearbeitet wurde. Da sind verschiedene Reliefs zu sehen; da wurde versucht, Nischen in den recht weichen Sandstein zu graben. Wenn man sich die Externsteine anschaut, kann man sich vorstellen, dass sie immer ein Ort waren, um sich bestimmten Eingebungen, Sphären, Stimmungen, Gebeten, Hoffnungen oder Wünschen hinzugeben.

Jedes Jahr besuchen bis zu eine Million Menschen die Externsteine; das ist eine unglaublich große Zahl. Darunter sind Menschen, die zwischen den Steinen umherwandern, als wären sie nur eine von vielen Sehenswürdigkeiten in Deutschland, und achtlos ihre Coladosen wegwerfen, sehr viele aber wirken regelrecht beseelt und sind zu Tränen gerührt. Das zeigt, dass es eine große Sehnsucht nach solchen Orten gibt – was immer man dort sucht oder zu finden hofft.

Ich glaube, in der heutigen Zeit will man an magischen Orten in erster Linie der Bedrohung oder der Härte des modernen Lebens entfliehen. Man sollte aber nicht erwarten, dass man sich an einem solchen Ort gleich besonders wohlfühlt. Das braucht seine Zeit. Es gehören eine innere Bereitschaft und Einstellung dazu, ein Sich-einlassen. Gerade Letzteres fällt uns Menschen schwer, weil unser Kopf total voll ist und weil es lange dauert, bis wir richtig »runterfahren«, geschweige denn ganz abschalten können. Und es gehört Ruhe dazu. Die »großen« magischen Orte mögen wichtig sein, doch weit bedeutender sind meiner Meinung nach die »kleinen« magischen Orte eines jeden Einzelnen. Ein Ort, der schnell und einfach zu erreichen ist und an dem man sich, das ist ganz entscheidend, *instinktiv* wohlfühlt, an dem man sich geborgen fühlt, wo man besonders gut entspannen kann oder schöne Träume hat, ein Ort, zu dem es einen immer wieder »magisch« hinzieht. Das kann der alte Obstbaum im Garten oder der schattenspendende Baum am Stadtrand sein, unter dem man Ruhe findet und, wie wir das heute nennen: Kraft und Energie tanken kann; der Angelsteg, der weit in den See hinausreicht und an dem man so manchen großen Fisch gefangen hat, die Flussbiegung, an der sich so prima auf den Strom schauen lässt, das Moor, über dem morgens der Nebel aufsteigt, die Waldlichtung, auf der man schon viele Tiere beobachtet hat, ohne dass sie einen entdeckt haben, vielleicht der Ort, an dem man sich heimlich mit seiner oder seinem Geliebten trifft und herrliche Stunden verbrachte – das alles können magische Orte sein. Die Orte unserer Kindheit, an denen wir schöne oder abenteuerliche Erlebnisse hatten, an denen wir vielleicht in unserem jugendlichen Leichtsinn mit unserem Leben gespielt haben, an die wir immer wieder zurückkehren, sei es ein alter Steinbruch, eine Burgruine, eine Felsenhöhle, das stillgelegte Fabrikgelände, der aufgelassene Bahnhof, auf dem eine alte Lok vor sich hinrostet. Der Ort, an dem man seinen ersten Kuss bekam – wenn das nicht gerade, was meist der Fall zu sein scheint, die Schule war, denn Schulen sind definitiv keine magischen Orte. Lernorte sind selten magisch, mit Ausnahme von Klöstern.

Bei Cleo, die bei vielen Dingen in ihrer Wahrnehmung viel sensibler ist, als ich es bin, habe ich festgestellt, dass sie sich an den »großen« magischen Orten nie besonders auffällig verhält, etwa unruhig wurde, zu scharren oder zu kratzen anfing oder in der nächsten Nacht besonders gut schlief. Nichts davon. Sie vermittelte mir dasselbe Gefühl wie an jedem x-beliebigen Ort: Wenn Herrchen sich wohlfühlt, fühle ich mich auch wohl. Sie erkennt in solchen Orten nicht wie wir Menschen etwas Besonderes. Ein großer Fels ist für sie einfach ein großer Fels. Das Besondere für Cleo ist eigentlich nur, dass es dort vor Gerüchen nur so wimmelt, weil Tag für Tag Hunderte von Menschen ihre Duftnoten hinterlassen, und die muss Cleo natürlich überprüfen. Grundsätzlich ist für sie aber eine Eiche im Wald, an der sich ein Wildschwein gescheuert oder ein Rudel Hirsche seine Duftspur hinterlassen hat, viel interessanter.

In der Tierwelt gibt es ebenfalls »große« magische Orte. In der Eifel zum Beispiel fliegen jedes Frühjahr und jeden Herbst Tausende von Kranichen auf ihrem Zug nach Südeuropa oder Nordafrika in Sichtweite meines Hauses den höchsten Vulkankegel dieses Gebirges an, drehen mehrere Runden, bevor sie sich neu formatieren, sodass ausgeruhte Tiere die Führung übernehmen. Vielleicht herrschen an diesem Ort einfach nur gute Windbedingungen, bestimmte Thermiken oder besondere

Luftströmungen. Ich denke, dass dieser Ort für die Kraniche so eine Art Landmarker ist, den sie auch finden, wenn das Wetter schlecht ist, einfach aufgrund des Gravitationsfelds der Erde.

Viele Tiere haben aber auch ihren »kleinen« magischen Ort – zumindest in gewisser Weise: einen Platz, an dem sie sich sicher und geborgen fühlen, an dem sie sich über Beutegreifer oder Konkurrenten keine Gedanken machen müssen, an dem sie – vielleicht empfinden ja auch Tiere so – abschalten können. Die meisten Tiere haben eine sehr kurze Tiefschlafphase von nur wenigen Minuten und brauchen dazu einen sicheren Ort. Mir ist es in all den Jahren kaum je passiert, dass ich ein Tier im Tiefschlaf überraschte. Einmal war das bei einem Wildschwein der Fall. Es lag in einer Hecke, und im ersten Moment hielt ich es für tot. Erst als ich mich ihm schon auf knapp einen Meter genähert hatte, schnellte es plötzlich hoch und stob panisch davon. Cleo, die am Tag bis zu sechzehn Stunden dösen kann, habe ich natürlich schon oft im Tiefschlaf erwischt. Wenn ich sie dann berühre, reagiert sie überhaupt nicht. Das erste Mal habe ich mich deshalb total erschrocken, weil ich zunächst, wie bei dem Wildschwein, dachte, sie sei tot. Vor lauter Angst rief ich laut ihren Namen, stupste sie. Ganz langsam nur wachte sie auf und schaute mich irritiert an. Sie fragte sich vermutlich, warum ich sie mitten in der Nacht aus dem Schlaf riss, zumal wir nicht irgendwo in der Wildnis, sondern zu Hause in der Eifel waren. Ich drückte sie erleichtert an mich, was sie wohl noch mehr verwunderte, weil doch weit und breit keine Gefahr war.

Einer meiner magischen Orte ist die Wildbahn im Merfelder Bruch. Und es gibt einen Baum in Deutschland, den ich schon seit über vierzig Jahren regelmäßig aufsuche (ausgenommen die Jahre, da ich als ehemaliger Republikflüchtling nicht in die DDR reisen konnte). Dieser Baum, eine Eiche, steht in der Colbitz-Letzlinger Heide in Sachsen-Anhalt, einer Region der Superlative: Sie ist die größte nicht landwirtschaftlich genutzte Freifläche und das größte unbewohnte Gebiet Deutschlands mit dem größten geschlossenen Lindenwald Europas – dem unter Naturschutz stehenden Colbitzer Lindenwald –, und es finden sich hier viele hundert Jahre alte Eichenwälder und Auenlandschaften. Das liegt daran, dass der Wald seit dem 16. Jahrhundert unter Schutz steht. Damals erhielt er als Jagdgebiet der brandenburgischen Kurfürsten Sonderstatus. Das bedeutete, dass nur der Kurfürst – später waren es die preußischen Könige und die deutschen Kaiser – und die Hofgesellschaft jagen durften, dass kein Holz eingeschlagen, ja nicht einmal Totholz gesammelt werden durfte, sodass die Bäume dort groß und mächtig wurden und, wenn ihre Zeit vorüber war, einfach umfielen und liegen blieben. Eichenwälder haben wir ja eine Menge in Deutschland, aber die meisten sind Forste, das heißt, sie sind aufgeräumt. In der Colbitz-Letzlinger Heide – von hier stammt übrigens das bekannte alte Lied »Im Wald und auf der Heide« – stehen die ältesten Eichen Deutschlands, so um die 600 Jahre alt. Man kann bei einer alten Eiche das Alter nur schätzen. Kernholzbohrungen, um die Jahresringe zu zählen, funktionieren bei alten Eichen nicht, weil sie innen komplett morsch sind.

»Meine« Eiche ist uralt. Sie hatte schon zu sterben angefangen – was bei Eichen ein sehr, sehr langer Prozess ist –, bevor ich sie das erste Mal sah. Schon vor vierzig Jahren war sie nicht mehr üppig grün, sondern bereits knorrig und trug nur noch wenige Blätter. Dennoch ist sie voller Leben.

Sie ist der Lebensraum unter anderem von Pirolen und Buntspechten, von Baummardern und Eichhörnchen, von Hornissen und Waldameisen sowie von verschiedenen Käfern: dem Großen Eichenbock – auch Held-, Riesen- oder Spießbock genannt, ein schwarzbrauner Käfer von bis zu fünf Zentimeter Körperlänge mit auffallend langen Fühlern; beim Weibchen können sie Körperlänge, beim Männchen sogar das Doppelte der Körperlänge erreichen – oder dem grün schillernden, über zwei Zentimeter langen Großen Gold- oder Rosenkäfer. Beide Käferarten werden in der deutschen Roten Liste als »vom Aussterben bedroht« geführt. Und in meiner Eiche leben die laut Roter Liste »stark gefährdeten« Hirschkäfer – andere Namen sind Horn- oder Feuerschröter oder Donnergugi; wofür »gugi« steht, weiß ich nicht, aber »Donner« soll sich vom germanischen Donnergott Donar (Thor) ableiten. Na, jedenfalls ist der Hirschkäfer – »Insekt des Jahres 2012« – der größte Käfer Europas; Männchen werden bis zu siebeneinhalb, Weibchen maximal vier Zentimeter groß.

Vor 41 Jahren fuhr ich das erste Mal in die Colbitz-Letzlinger Heide – zweieinhalb Tage brauchte ich mit meinem einfachen Fahrrad für die gut 200 Kilometer von meiner Heimatstadt Gotha bis nördlich von Magdeburg – und streifte einen Tag lang kreuz und quer durch die herrliche Landschaft. Bis ich die Eiche entdeckte. Die nächsten zwei, drei Tage kletterte ich in dem gewaltigen Baum herum oder lag auf dem Waldboden und beobachtete fasziniert, was sich auf und unter der Eiche so abspielte. Schließlich trat ich mit einigen in einem Schuhkarton auf dem Gepäckträger verstauten Schätzen, darunter ein Prachtexemplar von einem Hirschkäfermännchen, die Heimreise an.

Das Besondere am Hirschkäfer ist – neben den geweihschaufelartig ausgebildeten Mandibeln (Oberkiefer) der Männchen – sein langes Larvenstadium. Drei bis fünf, manchmal auch bis zu acht Jahre, je nach Qualität des Holzes, lebt die Larve des Hirschkäfers in und von morschem, also von Pilzen zermürbtem Totholz. Am liebsten legen Hirschkäferweibchen ihre Eier in einem Eichenstubben ab, selten in anderen Laubbäumen wie Linde, Buche, Esche oder Ulme. Die Larve frisst bis zur Verpuppung ungefähr einen Kubikmeter (!) Holz. Das muss man sich mal vorstellen! Aber wie oft findet man denn in Deutschland noch Totholz? Holz war immer unser wichtigster Rohstoff, und jahrhundertelang haben wir uns Bau- und Brennholz aus unseren Wäldern geholt. Sogenannte Stubbenroder, einer der härtesten Berufe, die man sich vorstellen kann, gruben mit Hacken und Schaufeln sogar die großen Wurzelstöcke der Bäume aus, um sie als Feuerholz zu verkaufen. Dennoch blieb früher genügend Totholz übrig, das nicht nur für die Larven des Hirschkäfers, sondern auch für die anderer Käfer und generell für Insekten lebenswichtig ist. Heute ist Deutschland dank nachhaltiger Forstwirtschaft zwar das waldreichste Land Europas – ein Drittel unserer Staatsfläche ist von Wald bedeckt –, aber wir haben kaum mehr Urwälder, das heißt kaum Totholz.

Man könnte meinen, ein Käfer, der bis zu acht Jahre für seine Entwicklung, quasi zu seiner Vollendung, braucht, der lebt auch sehr lange. Doch das Gegenteil ist der Fall. Der Hirschkäfer kommt Ende Mai, Anfang Juni aus seiner Puppenwiege, schwärmt ein bisschen umher, wobei sich die Männchen wegen ihres hohen Eigengewichts und vor allem wegen ihres gewaltigen Oberkiefers mit dem Fliegen ziemlich schwertun. Ein Hirschkäfermännchen schwärmt aufgrund seiner Kopflastigkeit nie in der Horizontalen, sondern immer leicht aufgerichtet. Bevor ein Hirschkäfer startet, muss er lange Luft in seine Hinterflügel pumpen, um sie zu straffen. (Bei Käfern ist nur das hintere Flügelpaar flugfähig, das vordere Flügelpaar, das von Chitin überzogen ist, dient als Schutz für die Hinterflügel und den Hinterleib.) Aber wenn er dann mal fliegt, hört man es schon von Weitem: ein tiefes, rasselndes Brummen. Dass ein Tier eine solche Kraftanstrengung auf sich nimmt, hat in der Regel einen von zwei Gründen: die Suche nach Futter oder nach einem Partner. Futtersuche spielt beim Hirschkäfer als Motivation kaum eine Rolle, denn sobald er sich entpuppt hat, nimmt er so gut wie keine Nahrung mehr zu sich. Die Männchen können mit ihren Mandibeln sowieso weder kauen noch beißen, allenfalls mit den Mundwerkzeugen Pflanzensaft saugen oder lecken. Hirschkäfer fressen also nicht wie manch andere Käferart ganze Bäume kahl. Bleibt die Paarung. Zwei Rivalen kämpfen um ein Weibchen, der Sieger paart sich, das Weibchen legt die Eier in morschem Holz ab, und damit endet für beide das Käferleben. Bei Männchen nach etwa vier, bei Weibchen nach zirka acht Wochen. Ein kurzes Vergnügen.

Seit 1935 wird ein Großteil der Colbitz-Letzlinger Heide als Truppenübungsplatz genutzt, zunächst von den Nationalsozialisten, die im Zuge der militärischen Erschließung erst einmal drei Dörfer dem Erdboden gleichmachten, nach Ende des Zweiten Weltkriegs für fast fünf Jahrzehnte von der Roten Armee, die achtzig Prozent des Waldes abholzte, um das Gelände zu vergrößern, und seit 1994 von der Bundeswehr. Der »Truppenübungsplatz Altmark« ist mit 230 Quadratkilometern nach Bergen und Grafenwöhr der drittgrößte Deutschlands. Allerdings wird hier nicht scharf geschossen, sondern mit Laser. Knallen tut es trotzdem.

Nun ist es so, dass man seltene, scheue, vom Aussterben bedrohte Tiere entweder in Nationalparks findet oder in abgelegenen, schwer zugänglichen Regionen, die wir in Deutschland aber kaum haben, außer vielleicht in den Alpen. Oder auf Truppenübungsplätzen, die ja in einer gewissen Weise auch Schutzgebiete sind. Das hört sich makaber an, ist aber so. Der Truppenübungsplatz Oberlausitz aus dem vorherigen Kapitel, nun Heimat wild lebender Wölfe, ist dafür ein gutes Beispiel. Und die Leser meines Buches »Ein deutscher Wandersommer« erinnern sich vielleicht an das Beispiel der seltenen und stark gefährdeten Gelbbauchunke: Sie laicht auf Truppenübungsplätzen in den Tümpeln, die sich in den Spurrinnen und Mulden bilden, die Panzer hinterlassen.

Der Mensch richtet, außer dass er herumballert und mit großen Kettenfahrzeugen kreuz und quer über das Terrain fährt, auf einem Truppenübungsplatz eigentlich nicht viel Schaden an. Die Bäume lässt man wachsen, wie sie wollen. Wenn einmal eine Granate fehlschlägt und einen Waldbrand auslöst, wird gelöscht oder lässt man die Fläche kontrolliert abbrennen, was dem Erhalt der Heide als offenem Landschaftstyp sehr guttut. Denn Heidschnucken, die genügsamen Schafe, dürfen hier nicht fressen.

Als ich das erste Mal an den Truppenübungsplatz Altmark kam, 1970, wollten mich die Russen nicht auf das Gelände lassen, klar, war Sperrgebiet, und stellten so seltsame Fragen wie: »Du haben Schwester, achtzehn? Fick, fick?« Ich natürlich: »Da, da. Ja, ja. Das nächste Mal bringe ich Schwester mit.« Die Russen, die ich sonst in meinem Leben kennengelernt habe, sind eigentlich nette, unkomplizierte Menschen, aber die Soldaten, die die Zugänge zum Truppenübungsplatz bewachten, waren Rekruten, neunzehn, zwanzig Jahre alt; denen war einfach stinklangweilig. Man findet heute noch im näheren Umkreis der Schlagbäume die Wodkaflaschen, die sie vor vierzig, dreißig oder zwanzig Jahren leer getrunken haben.

Auch heute ist das Gelände natürlich Sperrgebiet, umgeben von einer Art Bannwald, weshalb Cleo und ich uns im »Gefechtsübungszentrum Heer« in Letztlingen einen Passierschein besorgen mussten. Vor der Kaserne, vor dem großen Tor, steht eine schräg aufgerichtete Stahlplatte von solcher Dicke – etwa dreißig Zentimeter –, dass man denkt, nie und nimmer könne ein Geschoss sie durchschlagen, und trotzdem ist sie von Löchern durchsiebt. Zur Zeit der Nazis war die Colbitz-Letzlinger Heide ein Versuchsgebiet, wo man neue Munition ausprobierte, auch Munition, die stärkste Panzerung durchschlug.

An der Pforte meldeten Cleo und ich unser Begehr, dann mussten wir warten, dass uns jemand abholte. Man kann da als Zivilist nicht so einfach hineinspazieren, ist ja alles streng geheim, und überhaupt, Bundeswehr: zack, zack! Da wird nicht schräg über die Straße gegangen, da wird in rechtem Winkel abgebogen. Kurz darauf nahm uns ein junger, gut aussehender Feldwebel in Empfang, um uns zu Hauptmann Thomas Herzog zu führen, der für die Presse- und Öffentlichkeitsarbeit und damit auch für das Ausstellen von Passierscheinen zuständig war.

»Na, Sie haben ja hier bestimmt einen Mordsschlag bei den Mädels«, sagte ich zu ihm.

»Ja, das habe ich.« Und nach einer kleinen Pause: »Weil wir hier die Einzigen sind, die noch einen Kredit bekommen.«

Eine erschreckende Aussage. Nicht Charakter oder Aussehen zählen, sondern allein, ob man Geld hat beziehungsweise von der Bank leihen kann. Tatsächlich ist diese Gegend eine der ärmsten, die ich in Deutschland kenne. Nicht einmal in der Landeshauptstadt Magdeburg, die mit etwas mehr als 230 000 Einwohnern zugegebenermaßen recht klein ist, gibt es Arbeitsstellen in nennenswerter Zahl, obwohl sie ein Industrie- und Handelszentrum ist; in Stendal und Schönebeck erst recht nicht. Die Unternehmen, die es in diesen Städten früher gegeben hat, etwa eine Maschinenfabrik, ein Traktorenwerk und eine Brauerei in Schönebeck oder ein Reichsbahnausbesserungs- und ein Dauermilchwerk in Stendal, haben die Wende meistens nicht überlebt.

Halbe Dörfer stehen leer, morgens klappern die Störche auf den Dächern und füttern ihre Jungen, aber man sieht niemanden zur Arbeit gehen. Häuser müssen wegen Privat- oder Geschäftsinsolvenz versteigert werden, bloß: Keiner will sie haben. Wie bei dem älteren Ehepaar, bei dem ich immer wohne, wenn ich in diese Gegend komme. Die beiden haben einen Bauernhof mit mehreren Gebäuden und ein paar Gästezimmern. Früher hatten sie auch eine Kneipe, die zu DDR-Zeiten ganz gut lief. Nach der Wende verdienten sie immer weniger Geld und konnten schließlich ihre Kredite nicht mehr bedienen. Da hat die Bank den Hahn zugedreht und wollte den Besitz versteigern. Das komplette Anwesen für 60 000 Euro! Dafür kriegt man in mancher westdeutschen Stadt nicht einmal ein Ein-Zimmer-Apartment. Trotzdem kam kein einziger Interessent.

Als ich mich dieses Mal von den Leuten verabschiedete, weinte die Frau bitterlich.

»Wissen Sie«, sagte sie, »seit fast zwanzig Jahren haben wir keinen Urlaub mehr gehabt. Wir haben immer nur gearbeitet und versucht, diesen Betrieb am Leben zu halten.«

Solche oder ähnliche Geschichten hörte ich des Öfteren und war immer wieder erschüttert von der Hoffnungslosigkeit der Menschen.

Die Jungen wandern ab. Es ist wie vor dem Mauerbau, als Ostdeutschland auszubluten drohte, weil so viele Menschen in den Westen zogen. Und der Staat tut nicht viel, um die Situation zu verbessern. Die Folgen sind, je nach Gemüt, Gleichgültigkeit, Verbitterung oder Hass. Das gibt dem Rechtsradikalismus einen unheimlichen Nährboden.

Vor ein paar Jahren wurde ich in der Colbitz-Letzlinger Heide abends an einer Tankstelle von Glatzentypen ziemlich angepöbelt. Grund war mein »Wessi«-Kfz-Kennzeichen. Als ich ihnen erklärte, dass ich in Gotha geboren bin, entspannten sie sich, und da mich interessierte, wie die Jungs tickten, sagte ich: »Wollt ihr ein Bier? Ich geb eins aus.«

Da standen wir dann an der Tankstelle, und die jungen Männer erzählten mir von ihrer Frustration und was sie in den Rechtsradikalismus getrieben hat. Das hat ja seine Ursache. Wann kamen die Nazis an die Macht? Nach der großen Weltwirtschaftskrise, nach Rezession und Depression.

Das Lustige an dem Abend waren die Hirschkäfer. Die Tankstelle war von Aral, und alle Insekten werden nachts magisch von blau-violettem Licht angezogen. Alle paar Minuten kam aus dem nahen Eichenwald ein Hirschkäfer angeflogen – *brrrrrrr!* –, prallte – *boing!* – gegen eines der blau leuchtenden Aral-Logos und stürzte ab. Einer der Glatzen sagte dann: »Oh, guck mal. Schon wieder so ein großer Käfer.« Sobald der Hirschkäfer seine Benommenheit abgeschüttelt hatte, pumpte er Luft in seine Flügel und düste zurück in den Eichenwald. Voll schräg.

Tja, also, zurück in das »Gefechtsübungszentrum Heer« in Letzlingen. Während uns der Feldwebel zu Hauptmann Herzog führte, wurden Cleo und ich von dem einen oder anderen Soldaten erkannt. »Sind Sie nicht der Kieling?« – »Ist das nicht die Cleo?« – »Tolle Filme.« Hauptmann Herzog fragte nach dem Wohin, Warum und Weshalb, dann bekamen Cleo und ich unseren Passierschein. Je bekannter man wird, desto einfacher wird manches. Na ja, ehrlich gesagt hatten wir den Deal gemacht, dass ich im Herbst einen großen Vortrag über Natur und Wild in der Kaserne halten würde, zu dem auch Zivilisten Zutritt hätten, und hatte dadurch ein gewisses Privileg.

Den Passierschein in der Tasche, machten Cleo und ich uns auf den Weg Richtung Truppenübungsplatz. Mittendrin liegt eine große Heidefläche, umgeben von einem uralten Eichenwald, im Süden schließt der Colbitzer Lindenwald an.

Als ich nach der Wende das erste Mal wieder hierherkam, ich glaube, es war 1991, lag alles voller Munition, zum Teil steckten Granaten sogar in den Eichen des angrenzenden Waldes. In der Regel war das Übungsmunition. Übungsgeschosse erkennt man daran, dass sie blau sind – sofern die Farbe noch dran ist –, daher wahrscheinlich auch die blauen Helme der UN-Friedenstruppen. Scharfe Munition hat entweder keine Farbmarkierung oder einen roten Kopf. Das ist auf der ganzen Welt so.

»Das ist eine Arbeit für dreißig Jahre, hier alles von Munition und Altlasten zu säubern«, sagten mir die Männer vom Räumdienst.

In dem romantischen Dorf Dolle erzählte mir damals eine alte Frau, die Besitzerin einer kleinen Wirtschaft: »Na ja, also beim Adolf ging alles ordentlich und geregelt zu, aber zur Russenzeit, da ist schon mal eine Granate hier in Dolle gelandet. Der Kirchturm hat mehrmals eine abbekommen. Zum Glück sind die nicht explodiert.«

Eines der letzten verirrten Übungsgeschosse traf nachts das Altenheim, sauste im Dachstuhl auf der einen Seite rein und auf der anderen wieder raus. Am nächsten Tag wurde auf der russischen Kommandantur angerufen und gesagt: »Hier ist heute Nacht ein Riesending bei uns durchs Haus.« Ein paar Stunden später kamen die Russen mit einem Sack Zement und einer Maurerkelle, schmierten die beiden Löcher, die die Granate gerissen hatte, zu, holten das Geschoss aus dem Garten, wo es sich in die Erde gebohrt hatte, und es war wieder gut. Die Menschen hier sind mit solchen Vorfällen recht entspannt umgegangen, sie kannten es ja nicht anders.

Mittlerweile ist fast alles geräumt, das Gebiet ist aber trotzdem noch Sperrzone. Das darf normalerweise kein Zivilist, das darf nicht einmal jeder Soldat betreten.

Es gab in der Geschichte der Menschheit immer Tiere, denen besondere Eigenschaften oder Kräfte angedichtet wurden. Der Hirschkäfer ist eines davon. Den Germanen war er heilig; da er angeblich Blitz und Donner anlockte, durfte man ihn nicht mit ins Haus nehmen. Die Römer bastelten aus Hirschkäferköpfen Ketten, die ihre Kinder vor Krankheiten schützen sollten. Im Mittelalter sollten seine Mandibeln gegen Zauberei schützen und dienten als Orakel. In der Türkei wurden in der Nacht fliegende Hirschkäfer für Hexen gehalten. Das sind nur ein paar von vielen Beispielen.

Mich hat der Hirschkäfer schon in frühester Kindheit fasziniert, und ich habe mich intensiv mit ihm beschäftigt. Einmal fiel mir dabei eine wissenschaftliche Arbeit von 1870 in die Hände. Der Verfasser, ein Entomologe, an dessen Namen ich mich leider genauso wenig erinnere wie an den Titel des Buches, schreibt, dass er Hirschkäfer beim Überwintern gefunden hätte. Die würden dann blass werden. Was der gute Mann da gesehen hatte, war die Puppe eines Hirschkäfers, zwar schon ein fertiges Insekt, aber noch nicht komplett ausgehärtet. Er beschreibt auch, dass er sich einmal mit Bier eingesprüht und in Windrichtung zum Wald gestellt habe; in null Komma nichts seien an die dreißig Hirschkäfer auf seiner Jacke gelandet und hätten das Bier abgeleckt. Das Spannende ist, dass an vielen solchen Geschichten etwas Wahres dran ist. Hirschkäfermännchen lieben tatsächlich Bier: Der Geruch ähnelt dem Sexualduftstoff der Weibchen und der Geschmack dem von vergorenem Eichensaft. Und Hirschkäfer lieben vergorenen Eichensaft! Daher findet man sie am ehesten an alten Eichen, wo nicht lange davor ein Ast abgebrochen oder der Blitz eingeschlagen ist und die Wunde »blutet«. »Vergoren« heißt aber »alkoholisch«. Und Alkohol macht Hirschkäfermännchen liebesbedürftig und kampflustig. Das ist wie bei uns Menschen.

Bei den Kämpfen geht es hoch her. Aus mehreren Meter Entfernung kann man das Knacken der Mandibeln und der Flügeldecken hören, wenn sich die Männchen gegenseitig umfassen und vom Baum zu stoßen versuchen. Die »Geweihzangen« haben noch einen anderen Zweck. Ist der Konkurrent vertrieben, umklammert der Sieger das Weibchen, um sich mehrmals mit ihm zu paaren. In dieser Position können die Hirschkäfer bis zu drei Tage verharren, wobei das Männchen das Weibchen mit seinem Rücken vor dem Angriff von Fressfeinden schützt. Denn für Spechte, Eichelhäher oder Krähen etwa ist ein so großer Käfer ein Wahnsinnsproteinhappen. Sieht man ein lädiertes Hirschkäfermännchen – mit abgerissenem Bein oder einem Loch im Chitinpanzer –, ist die Verletzung höchstwahrscheinlich auf einen Vogel, nicht auf einen Kampf mit einem Rivalen zurückzuführen, da Hirschkäfer sogenannte Kommentkämpfe austragen, also stark ritualisierte Kämpfe, bei denen es selten zu schweren Verletzungen kommt – Ausnahmen bestätigen allerdings auch hier die Regel. Zwar könnte das Männchen mit seinen Zangen durchaus einen Specht vertreiben, aber wer hält im Liebesrausch schon Ausschau nach Feinden? Ist die Hirschkäfersaison vorbei, kann man unter so mancher Eiche einen Hirschkäferfriedhof finden – eine Stelle, an der viele Mandibeln und Vorderflügel liegen; recht viel mehr lassen die Fressfeinde von einem Hirschkäfer nicht übrig.

Eigentlich ist das Leben der Hirschkäfer ein trauriges. Man stelle sich das vor: Drei bis fünf oder sogar acht Jahre lang musst du dich durch muffigen, verpilzten Eichenmulm durchfressen, erblickst dann endlich das Licht der Welt, musst als Männchen kämpfen, darfst dich paaren, vielleicht auch nicht, legst als Weibchen die Eier ab, und nach wenigen Wochen stirbst du. Kein Wunder, dass die Hirschkäfer dem Alkohol so zugetan sind. Als Junge habe ich ein paarmal frisch entpuppte Hirschkäfer unter Liebesentzug gehalten. Erstaunlicherweise lebten die zweieinhalb bis drei Monate. Offenbar löst also die Paarung einen frühen Tod aus.

Weil die knorrige mächtige Eiche, die ich bei meinem ersten Besuch der Colbitz-Letzlinger Heide entdeckt hatte, so alt ist, brechen ständig Äste ab und läuft daher ein bisschen Saft heraus, weshalb man da eigentlich immer Hirschkäfer findet. 2011 aber war kein gutes Hirschkäferjahr, es war sogar ein ausgesprochen schlechtes.

Ich hätte mir die ganze Sache leicht machen können, in dem ich einfach bei Förster Horst Schulze aus Teerofen filmte. Die kleine Waldarbeitersiedlung verdankt ihren Namen dem Holzteer, den man hier früher aus Buchen, seltener aus Eichen gewonnen hat. Holzteer, der beim Brennen von Holzkohle entsteht, wurde lange Zeit vor allem in der Schifffahrt zum Imprägnieren des Holzes und der Taue verwendet. Das Zeug riecht widerlich – zumindest für unsere Nasen, denn bis heute nutzt man es als Lockstoff für Schwarz- und Rotwild.

Horst Schulze hatte ich drei, vier Jahre davor kennengelernt. Als wir eines Nachmittags neben einer Eiche vor seinem Haus beim Kaffeetrinken saßen, machte es etwa einen Meter neben mir *plop!*; ich schaute in die Richtung, und da lag ein Hirschkäfer im Gras! Mein Blick wanderte den Stamm hoch, und ich sah keine zwei Meter über mir zwei Hirschkäfer kämpfen! Unglaublich. Ich dachte, ich bin im falschen Film. Als ich Horst Schulze darauf ansprach, meinte er lapidar: »Ja, ja, wir haben ständig Hirschkäfer hier.«

Ich wollte aber bei meiner Eiche sein, und so lagen Cleo und ich stundenlang unter dem Baum, träumten vor uns hin und warteten. Es war angenehm warm, herrlich ruhig, nur ab und zu war ein Knacken oder Rascheln von einem Tier zu hören, dazu dieser einzigartige, heimelige Duft von Wald.

Hin und wieder guckte ich mit meinem Fernglas nach oben. Hornissen sah ich herumfliegen, Prachtrosenkäfer, zwei Eichenböcke. Gegen Abend fingen die Ziegenmelker, die einzigen in Europa heimischen Nachtschwalben, zu balzen an. Dann machen die Männchen ganz komische Geräusche, dass man denkt, was ist das denn? Das klingt wie eine Mischung aus Kröte und Mofa.

Plötzlich hörten wir ein Auto sich nähern.

»Nanu«, sagte ich verwundert zu Cleo, »hier ist doch sonst nie ein Mensch.«

Nur wenige Meter entfernt kam ein Nissan Titan mit zwei Männern in einer Uniform zum Stehen. Die beiden hatten uns nicht entdeckt, und während ich erst einmal liegen blieb, lief Cleo auf die zwei zu. Als er den Hund sah, sprang einer der beiden aus dem Auto, riss eine Pistole aus dem Halfter und zielte auf Cleo. Schlagartig wurde mir ganz kalt ums Herz.

»Hallo, hallo! Alles okay! Das ist mein Hund. Ich bin hier«, rief ich im Aufspringen.

Der Typ senkte die Waffe, behielt sie aber in der Hand. Dann erkannte er mich.

»Sagen Sie mal, sind Sie das wirklich?«, fragte er verblüfft. »Das gibt's doch nicht. Was machen Sie denn hier?«

»Wir sind Hobbyornithologen«, sagten schließlich beide fast gleichzeitig.

Das war irgendwie schräg. Die Männer fuhren einen Monster-Pick-up, trugen eine Uniform und Waffen und hatten, wie ich bemerkte, eine Riesenfunkantenne dabei, stellten sich aber als Hobbyornithologen vor. Wie passt das denn zusammen? Ich muss wohl recht verdattert dreingeschaut haben, denn sie erklärten mir, dass sie jetzt gerade beruflich unterwegs seien, als Sicherheitsdienst, der durch die Gegend hier patrouilliert.

»Hier treibt sich viel Volk herum. Manche suchen nach Altmetall, also Messinghülsen, obwohl das Gebiet geräumt ist. Andere fahren mit ihren Motocross-Maschinen hier kreuz und quer. Die kriegen wir natürlich kaum.«

»Bei mir ist alles legitim. Hier«, ich zog die Papiere aus meiner Hosentasche und reichte sie ihnen, »sind mein Passierschein und meine Durchfahrgenehmigung.«

»Ist das Cita?«, wollten sie wissen, nachdem sie einen Blick auf das Papier geworfen hatten, und nickten zu Cleo hin.

»Nein, das ist Cleo.«

Ich erlebe das unheimlich oft. Obwohl Cleo in den beiden Fünfteilern »Mitten in Südafrika« und »Mitten im wilden

Deutschland«, die schon mehrmals im Fernsehen ausgestrahlt wurden, meine ständige Begleiterin war, fragen sehr viele Leute, ob sie Cita sei. Das versetzt mir immer einen kleinen Stich, weil ich, sosehr ich Cleo liebe, meine gute alte Cita bis heute vermisse. Cleo ist ein völlig anderer Hund als Cita, mit einem ganz anderen Charakter, sodass ich die beiden nie hätte verwechseln können, aber ich kann verstehen, dass einem Fremden das passiert, weil Cita genau wie Cleo ein Hannoverscher Schweißhund war.

Die zwei Männer erzählten mir, dass sie heute schon zwei Wiedehopfe gesehen hätten, wie schön doch die Ziegenmelker am Quaken seien, und überhaupt, wie toll das hier sei. Dann sollte ich durch ihre Ferngläser gucken, ob die was taugten. Nach der anfänglichen Rambo-Situation mit gezogener Knarre herrschte nun eine entspannte Atmosphäre. Wir plauderten ein Weilchen, dann machten sich die beiden auf ihren Kontrollgang.

Cleo und ich legten uns wieder unter die Eiche, und kurz darauf kamen dann endlich zwei Hirschkäfer. Sie tranken an einer Stelle ganz weit oben am Baum, in etwa dreißig Meter Höhe.

In der Nacht gab es ein furchtbares Gewitter. Ein Blitz jagte den anderen. Da Cleo und ich nur alle paar Tage zu unseren Wirtsleuten fuhren, um zu duschen und für die kleine Wäsche, rückten wir in unserem kleinen Zelt besonders nah zusammen. Obwohl wir beide keine Angst vor Blitz und Donner haben, ist es immer etwas Besonderes, den Elementen ausgeliefert zu sein. Wenn man im Wald campt, sind nicht die Blitzeinschläge das Bedrohliche, sondern die mit dem Gewitter verbundenen gewaltigen Sturmböen. Größere Äste oder gar ganze Bäume brechen und haben schon so manches Zelt zerstört oder schlafende Camper schwer verletzt oder gar getötet.

Am nächsten Tag waren wieder nur in luftiger Höhe Hirschkäfer auszumachen. Wenn die Männchen kämpfen, übrigens vorwiegend in den Abendstunden, kann es zwar mal passieren, dass einer im Eifer des Gefechts den Halt verliert und auf dem Boden landet. Und wenn sie von einem Specht, Star oder anderen Vogel attackiert werden – oder man sie mit der Hand fangen will –, stellen sie sich erst einmal tot, und wenn das nicht hilft, lassen sie sich einfach vom Baum fallen. Unten angekommen, bleiben sie sehr lange liegen, wie ein Stück Holz, dann kann sie der Feind nicht mehr als Käfer ausmachen. Das ist ihre Überlebensstrategie. Das zu filmen konnte ich mir sparen, solche Aufnahmen locken keine Oma hinter dem Ofen hervor. Wollte ich spektakuläre Filmaufnahmen bekommen, musste ich in den Lebensraum der Hirschkäfer vordringen.

»Na, Cleo, da hilft alles nichts. Ich muss in die Krone hoch. Gut, dass ich die Kletterausrüstung dabeihabe!«

Ich holte Sicherungsseil, Steigklemmen und Steigeisen aus dem Auto, versuchte das Seil über einen möglichst hohen Ast zu werfen und machte mich an den Aufstieg. Eine alte Eiche hochzuklettern ist nicht einfach. Zum einen kann jederzeit ein morscher Ast abbrechen und einen auf seinem Weg nach unten treffen, zum anderen ist die Borke zwar zerfurcht wie eine XXL-Elefantenhaut, aber auch sehr weich und bröckelt schnell. Ich kam zwar ziemlich weit nach oben, war jedoch immer noch weit entfernt von den Hirschkäfern.

Ein jeder Baum ist ein eigener Mikrokosmos, speziell ein alter und schon gar eine alte Eiche. Eichen bieten einer Vielzahl und Vielfalt von Insekten ein Zuhause – bis zu tausend (!) Arten können in einer Eichenkrone leben, und auf keinen Baum sind so viele Insektenarten spezialisiert wie auf die Eiche; man vermutet, dass das am hohen entwicklungsgeschichtlichen Alter der Eiche liegt –, dazu kommen Flechten, Pilze und Moose, Höhlenbewohner wie Specht, Eule, Waldkauz, Fledermaus oder Baummarder.

Klettert man einen Baum hoch, ist man erst einmal ein Eindringling, ein Fremdkörper in diesem Mikrokosmos. Sitzt man dann in der Krone, ist es ähnlich wie beim Tauchen: Solange man an einem Gewässer, zum Beispiel einem See, auf und ab läuft, schwimmen die Fische panikartig weg, weil sie den Schatten, den man auf das Wasser wirft, fürchten; taucht man jedoch in dem See, ist man fast von einem auf den anderen Moment nur ein weiterer Fisch, ein sehr großer zwar, vielleicht sogar ein Raubfisch, aber man gehört einfach dazu. Die Fische schwimmen seelenruhig um einen herum, der eine oder andere kommt vielleicht sogar neugierig näher. Von Flucht jedenfalls keine Spur mehr. Das ist absolut faszinierend. Als ich mir ein Zubrot als Wipfelköpfer und Zapfenpflücker verdiente, habe ich manchmal in den Baumkronen mit Fichtenkreuzschnäbeln und Kernbeißern zusammen gefrühstückt, also Vögeln, die eigentlich nie auf der Erde und daher überhaupt nicht an die Nähe von Menschen gewöhnt sind. Die kamen in der Krone auf anderthalb Meter an mich heran.

Auf der Eiche passierte nun dasselbe. Ein Pirol, dieser hübsche Vogel – die Männchen haben einen knallgelben Körper und schwarze Flügeldecken sowie Schwanzfedern – mit seinem fast tropisch-exotischen Ruf kam angeflogen und setzte sich ganz in meiner Nähe auf einen Ast. Ich will nicht sagen, dass er mich ignoriert hat, es war ihm schlicht piepegal, dass ich da war. Bei den Hirschkäfern brauchte es komischerweise etwas länger, bis sie mich nicht mehr als Eindringling in ihrer Welt wahrnahmen.

Cleo und ich fühlten uns hier, an »unserem« magischen Ort, sehr wohl. Meine totale Gelassenheit, die Ruhe des Waldes übertrugen sich auch auf meine Gefährtin. Hunde sind ganz oft ein Stimmungsbarometer für den Gemütszustand ihrer Bezugsperson. Sie fühlen sehr stark mit uns. Nach dem Motto: Geht es meinem Freund gut, geht es mir auch gut und fühle ich mich wohl. Dasselbe empfinde ich ja auch ganz stark für Cleo. Obwohl sie schon vier Jahre alt ist, spiele ich oft mit ihr. Wir tollen dann meistens herum, jagen uns gegenseitig, schnappen uns gegenseitig blitzschnell Bälle, Äpfel, Stöcke oder andere Sachen weg, verstecken sie und versuchen sie wiederzufinden. Das Größte für Cleo ist allerdings, wenn wir beide auf dem Boden liegen und uns gegenseitig am Kopf beschnüffeln. Am liebsten hinter den Ohren. Dann ist sie so glücklich, dass ich sogar manchmal in ihrem Gesicht ein Grinsen zu erkennen glaube.

Eines Abends, kurz vor dem Einschlafen, fiel mir die Abhandlung von 1870 ein, und in den nächsten Tagen brachte ich jedes Mal je eine Flasche Malzbier (ohne Alkohol, zum Anlocken) und Billigbier (das ich sehr sparsam verwendete, nur um die Hirschkäfer in Kampfstimmung zu versetzen) sowie etliche Schraubverschlüsse von Wasserflaschen mit, die ich mit dem Bier füllte und, so gut es ging, auf den Ästen verteilte. Es dauerte meist gar nicht lange, bis die ersten Insekten aus den kleinen Näpfchen schlürften. Inzwischen hatten sich auch die Hirschkäfer so an mich gewöhnt, dass sie sich nicht jedes Mal, wenn ich mich bewegte, wie tot vom Baum fallen ließen. Das war anfangs etwas frustrierend und vor allem nervig, denn bis diese nicht gerade flinken Tiere wieder 30 Meter den Stamm hochgekrabbelt waren, vergingen etliche Stunden. Warum sie nicht einfach hochgeflogen sind, weiß ich nicht, ich vermute aber, dass sie das Aufpumpen des Flugapparats und das Fliegen sehr viel Energie kosten, sodass sie es nur nutzen, wenn es nicht anders geht.

Und dann gelangen mir ganz außergewöhnliche Aufnahmen: kämpfende Hirschkäfer direkt vor meiner Kamera! Das ist wie ein Ringkampf. Die Hirschkäfer umklammern sich und versuchen den Gegner mit einem klassischen Überkopfwurf vom Baum zu katapultieren. Einmal landete einer direkt vor Cleos Nase, die am Waldboden vor sich hindöste und sich furchtbar erschrak. Meines Wissens hat es nie davor jemand geschafft, einen Hirschkäferkampf in freier Wildbahn zu filmen. Solche Aufnahmen wurden immer in einem Studio oder einem großen Terrarium gedreht, wo alles schön ausgeleuchtet ist. Bei meinen Bildern sieht man, dass sie vom Baum aus gefilmt und fotografiert wurden. Man sieht die Tiefe des Waldes, man hört Cleo irgendwo »unten« herumlaufen und seltsame

Töne von sich geben, weil sie sich Sorgen um Herrchen machte, der so hoch oben im Baum herumkletterte. Furchtbar viel passieren konnte allerdings nicht – dachte ich zumindest. Seit Tagen lebte ich jetzt schon mehr oder weniger auf meiner Eiche. Es war ein tolles Gefühl. Ich lernte den Baum immer besser kennen. Die schwierigen Kletterpassagen ebenso wie die bequemen Astgabeln, auf denen ich prima ausruhen konnte oder sogar ein Mittagsschläfchen hielt. Aber immer mit Klettergurt und Sicherungsseil. Die magische Eiche hat mit ihrer gewaltigen Höhe und den riesigen Ästen ein so großes Volumen, dass ein mehrmaliger Abstieg am Tag zum Boden einfach zu kräftezehrend gewesen wäre.

Ich rief Frank an, der mehr oder weniger auf Abruf saß.

»Frank, du musst kommen. Wir können jetzt die Szenen drehen, die wir für den Film brauchen.«

Am nächsten Morgen nutzte ich die Zeit, bis ich Frank in Tangermünde, der nächsten Stadt mit Bahnanschluss, vom Zug abholen konnte, dazu, das Innere der Eiche zu erkunden. Es ist nämlich ein so großer Teil des Stammes hohl, dass selbst ein ausgewachsener Mann, in diesem Fall ich, hineinklettern kann. Bislang hatte ich nur einen kurzen Blick in diese »Höhle« geworfen, da ich mich ganz auf die Hirschkäfer konzentriert hatte. Mit einer Stirnlampe am Kopf, weil nur durch ein paar Astlöcher Licht in das Dunkel fällt, schaute ich mich um.

»Da muss mich Frank unbedingt aufnehmen«, rief ich zu Cleo hinaus, als ich weiter oben am Stamm ein etwas größeres Astloch entdeckte, durch das eine Kamera passte. Denn man kennt zwar Naturdokumentationen, in denen eine Minikamera in einen Baum geschoben und die Innenwelt des Stammes gezeigt wird, aber wann steckt schon ein ausgewachsener Tierfilmer drin?

Es war ein faszinierendes Erlebnis. In dem Hohlraum herrschten geschätzte 36 bis vierzig Grad, und ich fühlte mich wie in einem Brutkasten. Dazu dieser muffig-dumpfe Geruch, als wäre seit 300 Jahren nicht mehr gelüftet worden. Da fällt das

Atmen schwer. Mir zumindest, die Hornissen, die mich umschwirrten, schienen kein Problem damit zu haben, ebenso wenig die Heldböcke, die ich entdeckte. Wie am Anfang des Kapitels erwähnt, ist diese Käferart in Deutschland vom Aussterben bedroht. Das liegt zum Teil daran, dass Heldböcke in der ersten Hälfte des 20. Jahrhunderts als große Forstschädlinge galten und deshalb der erklärte Feind aller Förster und Waldbesitzer waren, weshalb viele vernichtet wurden. Tatsache ist: Die neun bis zehn Zentimeter lange Larve dieses Käfers bohrt sich von der Borke, wo sie als Ei abgelegt wurde, bis ins gesunde Kernholz vor und hinterlässt dabei riesige Fraßgänge, so groß, dass man einen Finger hineinstecken kann. Tatsache ist aber auch, dass der Heldbock kranke und alte, absterbende Eichen bevorzugt. Insofern ist er kein »Forstschädling«, sondern ein »Holz-« oder »technischer Schädling«. In Deutschland sind aber nur etwa neun Prozent aller Laubbäume überhaupt Eichen, und entsprechend rar sind alte. Zudem ist der Große Eichenbock sehr ortstreu und hält sich fast ausschließlich an seiner Geburtseiche auf. Zählt man diese beiden Fakten zusammen: wenige alte Eichen und geringe Reiselust, kann man sich schnell ausrechnen, wie das enden wird.

Für Cleo war es eine schöne Zeit. Wir waren vom frühen Morgen bis zum späten Abend im Wald, einem sehr wildreichen dazu – ein Dorado für einen Jagdhund. Bei fast jedem Schritt stieß Cleo auf eine Fährte, all diese tollen Gerüche. Ich fühlte mich dort ohnehin unglaublich wohl. Trotz der unmittelbaren Nähe zu einem Truppenübungsplatz – oder vielleicht gerade deshalb, weil das ganze Gebiet ja für die meisten Menschen gesperrt ist – liegt der Wald in völliger Abgeschiedenheit. Man möchte dort fast glauben, man sei allein auf der Welt. Die Stille, die Naturbelassenheit und die riesigen alten Eichen – ich kenne sonst keinen Ort, außer vielleicht in Dänemark, wo diese herrlichen Bäume in so großer Zahl stehen –, die sich seit hundert oder 150 Jahren kaum verändert haben, strahlen etwas Urwüchsiges aus und lassen einen völlig vergessen, dass nur wenige Kilometer entfernt die moderne Zivilisation alles fest im Griff hat. Ich könnte den halben Sommer da verbringen, die Seele baumeln lassen, unter meiner Eiche liegen und über den Baum nachdenken oder ein Buch lesen.

Es ist für mich ein Ort, an dem ich völlig zur Ruhe kommen kann, ein Ort, der eine fast schon magische Anziehungskraft auf mich ausübt, und gleichzeitig einer, an dem mir nie langweilig wird, weil es immer irgendetwas zu beobachten gibt. Eines Abends saß ich mit Cleo unter der Eiche, und für den Bruchteil einer Sekunde dachte ich, welchem Förster ist denn da der Dackel abgehauen? Da trottete auf einem schmalen Waldweg ein Prachtkerl von einem Baummarder direkt auf uns zu – bis er uns bemerkte und sich in die Büsche schlug. Ein paarmal kam auch Rotwild oder ein Wildschwein ganz nah an uns heran.

Kurz und gut: Diese Eiche mit ihrer eigenen kleinen Welt ist einer der Orte, an dem ich mich extrem wohlfühle. Es gibt ja viele Menschen, die eine Sehnsucht nach bestimmten Orten haben. Und je älter man wird, desto wichtiger werden sie einem.

Nun ist ja alles relativ. Als ich Frank zu der Eiche, zu meinem magischen Ort führte, meinte er nur: »Donnerwetter, ist das ein Baum!«

Ich will nicht sagen, das Bier floss in Strömen, aber es gab reichlich, und die Hirschkäfer kämpften zum Teil direkt vor meinem Gesicht, wurden sogar richtig frech. Einer biss mich sogar in die Nase, biss sich richtig daran fest. Das blutete nicht nur sehr stark, es tat auch verdammt weh. Ein andermal kam ein Heldbock daherspaziert und wollte am Bier lecken. Neben dem Näpfchen saß aber ein kapitaler, etwa sieben Zentimeter großer Hirschkäfer – ich hatte seit Jahren nicht mehr ein solches Prachtexemplar gesehen –, und der hatte was dagegen. Er schnappte sich den Heldbock, es krachte und knackte – *krrrk* –, und wenige Sekunden später fiel der Heldkäfer tot zu Boden.

Der Hirschkäfer hatte ihn fast in zwei Teile zerlegt. Unglaublich!

Nicht so toll war, dass es in dem Wald in diesem Jahr massenhaft Eichenprozessionsspinnerraupen gab. Sobald die Sonne untergegangen ist, kommen diese Raupen aus ihrem Nest und marschieren im Gänsemarsch – daher ihr Name –, die Bäume entlang und fressen die Blätter kahl. Das Forstamt hatte bereits ein Rundschreiben ausgegeben, und auch die Medien warnten täglich davor, in den Wald zu gehen, da die sehr feinen Härchen der Raupe ein Eiweißgift absondern, das zu allergischen Reaktionen führt, und schon die leichteste Berührung einer Raupe reicht, dass die Härchen abbrechen und sich im Umkreis verteilen. Und wie ich den Baum hinunterkletterte, fasste ich prompt in so ein Nest. Es dauert eine Weile, bis das Gift zu wirken beginnt, aber nach zwei, drei Stunden sah ich aus wie ein Pickelhering. Nicht nur an meiner Hand, sondern überall, wo die Haut recht weich ist, an den Innenseiten der Arme, in den Achselhöhlen, ja sogar am Bauch hatte ich Unmengen kleiner Quaddeln. Die juckten tierisch, viel schlimmer aber war, dass ich Härchen eingeatmet hatte. Meine Mund- und Nasenschleimhaut war total gereizt, und ich hatte Atembeschwerden. Das Einatmen der Haare kann Bronchitis und Asthma auslösen, auch bei Vögeln, den Fressfeinden der Raupen. Da kann man dann Vögel husten hören, so unglaublich das klingt. In seltenen Fällen kann das Gift sogar zu einem sogenannten anaphylaktischen Schock und zum Versagen des Herz-Kreislauf-Systems führen. Zum Glück zeigte ich keine so heftige Reaktion, nach vier, fünf Tagen war der Spuk vorbei.

In Dolle hörten wir von einem Förster der Gegend, der sich für 2000 Euro ein Entsorgungskommando aus Magdeburg kommen und die Eichen um sein Forsthaus mit riesigen Staubsaugern absaugen ließ. Das muss man sich mal vorstellen: Hier leben die meisten Menschen von Hartz IV, und da lässt sich einer für 2000 Euro Raupen absaugen. Das war schon sehr befremdlich.

Ich erzählte Frank von dem Buch von 1870 und was passierte, als sich der Verfasser mit Bier einsprühte.

»Lass uns das doch mal ausprobieren. Ich will sehen, ob das funktioniert«, schlug er vor.

Da die Biervorräte schon wieder erschöpft waren, brauchten wir erst einmal Nachschub. Also auf zu Aral. An der Tankstelle wunderten sie sich schon, warum ich immer so viel Malzbier und billiges Bier kaufte, ein Oettinger oder ein »5.0«. An dem Abend war der Pächter selbst da.

»Heißt Ihr Hund Cleo?«, fragte er, nachdem er uns eine Weile gemustert hatte.

»Ja«, sagte ich.

»Ach, dann sind Sie es wirklich. Sie sind doch der, der mit den Bären ... und dann durch Deutschland gewandert ist mit diesem Hund. Das ist ja toll.«

Das passiert mir oft, dass sich die Menschen an Citas oder Cleos Namen erinnern, nicht aber an meinen.

»Sagen Sie mal, haben Sie Autogrammkarten dabei?«, war die nächste Frage des Mannes.

»Mhm, habe ich.«

«Ja, also, passen Sie auf, Sie können sich hier alles aussuchen: belegte Brötchen, Säfte, Bier. Nehmen Sie sich, nehmen Sie sich! Ich brauche eine Karte für Jennifer und Katja – und natürlich eine für mich und für meinen Sohn.«

Am nächsten Tag, als wir das Leergut zurückbrachten, war der Pächter wieder da. Schon von Weitem rief er: »Ich brauche noch mal fünf Karten.«

»Sagen Sie mal, so bekannt bin ich ja nun wirklich nicht. Was machen Sie denn damit?«, fragte ich überrascht.

»Doch, doch. Der von der Sparkasse will eine und der von der Versicherung und ...«

Das war wirklich lustig.

Am Abend nebelten Frank und ich meine alte Forstjacke kräftig mit Bier ein, sodass ich roch wie eine alte Kneipe, dann stellte ich mich so an den Waldrand, dass der Wind den Geruch in den Wald hineintragen konnte, drehte mich mit ausgebreiteten Armen im Kreis, damit das Bieraroma sich schneller verteilte. Frank hatte Mühe, ernst zu bleiben, denn ich muss wirklich komisch ausgesehen haben: eine tanzende Vogelscheuche mit Stirnlampe auf dem Kopf. Aber es erfüllte seinen Zweck. Es dauerte nur ein paar Minuten, dann hörten wir ein Brummen in der Luft. Der erste Hirschkäfer kam angeflogen, landete auf meiner Jacke und fing an, die Biertröpfchen aufzulecken. Keine halbe Minute später kam der Nächste und der Nächste und ... Sehr schräg.

Frank und ich hatten eine gute Zeit, konnten tolle Geschichten drehen und hatten viel Spaß. Nach einigen Hirschkäferkämpfen zogen wir das Resümee: Alkohol und Sex geht nicht. Mehrmals hatten wir nämlich beobachtet, wie Hirschkäfer, von Bier oder Baumsaft berauscht, aufeinander losgingen, während ein Dritter, der nüchtern geblieben war, sich mit dem umkämpften Weibchen paarte. Und zwar in aller Ruhe. Es war wie im wahren Leben: Riesenrauferei in der Kneipe, die zu nichts führt, außer vielleicht einem ausgeschlagenen Zahn oder einem blauen Auge, und die charmanten Jungs, die leichtfüßigen, die klar im Kopf sind, sahnen die Mädels ab. Frank und ich konnten noch mehr Parallelen zwischen dem Verhalten von Hirschkäfern und Menschen ziehen und haben viel gelacht.

In unserem Budget waren eigentlich nur fünf Drehtage vorgesehen gewesen. Frank war im Soll, aber ich war mittlerweile seit sechzehn Tagen hier, hatte also wieder einmal wahnsinnig überzogen. Filmen hat ja bei mir ganz viel mit Leidenschaft zu tun, da passiert es öfter, dass ich nicht auf die Zeit und das Geld schaue; dazu kamen dieser wunderbare Drehort: meine magische Eiche, und natürlich die Hirschkäfer, die mich schon seit meiner Kindheit faszinieren. Tag sechzehn sollte nun wirklich der letzte sein. Wir brauchten auch nur noch wenige Einstellungen: ich in der Eiche, ich beim Abseilen, ein paar Nahaufnahmen.

»Ist ein super Licht«, rief Frank, der mich von schräg unten filmte, zu mir hoch.

Ich hatte mich gerade vom Sicherungsseil gelöst, weil ich es neu anbringen wollte, als ich über mir einen lauten Knall hörte. Ich kannte das Geräusch: Wenn Eichen im Sommer sehr trocken werden, verspannt sich das Holz manchmal so stark, dass Äste einfach abplatzen. Ich schaute nach oben und sah im selben Moment einen dicken Ast herabstürzen. Der rauscht knapp an dir vorbei, dachte ich noch, und schon traf er mich voll am Kopf. Als ich wieder zu mir kam – nach meinem Gefühl nach endlos langer Zeit, doch Frank meinte später, es seien nur etwa zehn Sekunden gewesen –, sah ich irgendwie rot. Ich blinzelte, doch es wurde nicht besser. Vorsichtig tastete ich meine Augen und den Kopf ab. Offensichtlich hatte ich eine Platzwunde am Kopf, von der mir Blut in die Augen rann. Kopfwunden bluten ja sehr stark, außerdem schwitzte ich fürchterlich, weil es an dem Tag tierisch heiß war.

»O wei, o wei, das ist ja furchtbar«, rief Frank und kam zum Baum gelaufen.

»Geh von da weg, du wirst ganz voller Blut«, warnte ich ihn.

»Bist du okay?«

»Ja, es geht so.«

Meine Halswirbel waren so gestaucht, dass ich das Gefühl hatte, als säße mein Kopf direkt auf dem Rumpf. Oh, Shit!, dachte ich, weil wir doch noch dies und das drehen wollten.

In solchen Momenten hilft mir das Filmen.

»Nimm das auf!«, rief ich Frank zu, kramte die kleine Kamera aus dem Rucksack, hielt sie am ausgestreckten Arm auf mein Gesicht zu und erzählte, was gerade passiert war und dass es also nicht ganz ungefährlich ist, in heißen, trockenen Sommern durch Eichenwälder zu laufen.

Frank filmte mich derweil von unten in der sogenannten Totalen, wo man mich nur als kleines Männchen sieht.

»Da muss der Joseph später in der Farbkorrektur ein bisschen was machen, dass das Rot nicht so stark rauskommt«, meinte Frank trocken, als ich schließlich wieder neben ihm auf dem Boden stand, und: »Tja, Close-ups« – damit meinte er Nahaufnahmen – »können wir jetzt keine mehr drehen, so wie du aussiehst.«

Cleo war völlig irritiert. Der Chef ist verletzt, was ist denn da los? Man würde vielleicht erwarten, dass sie Herrchens Wunde sauber lecken wollte oder etwas in der Art. Genau das Gegenteil war der Fall. Nachdem sie an mir herumgeschnüffelt hatte, ging sie auf Distanz, legte sich zwei Meter entfernt von mir ins Gras und wartete ab, wie meine Reaktion wäre. Wahrscheinlich ist das eher ihr Wesen. Sie kennt angeschossene oder auf andere Weise verwundete Tiere, und jetzt war das auf einmal bei Herrchen so. Sie roch das Blut, den Angstschweiß, und ich benahm mich ja auch anders, da ich nach wie vor leicht benebelt war. Das alles war ihr suspekt. Und sie wusste nicht so recht: Soll ich helfen, oder soll ich ihn verbellen und Standlaut geben? Oder einfach gar nichts tun? Sie war total verwirrt. Armes Mädchen.

Als ich später wieder einen klaren Kopf hatte und mit Frank über den Vorfall sprach, wunderte ich mich, dass ich nicht abgestürzt war. Offenbar hatte sich die Hand, in der ich das Sicherungsseil hielt, verkrampft, als der Ast mich traf. Wenn ich es losgelassen hätte, wäre es durch die Astgabel geschossen, und ich wäre etwa vierzehn Meter abgestürzt.

Frank musste am selben Nachmittag zurück nach Berlin, während ich erst am nächsten Tag abreisen wollte, und so fuhr ich ihn nach Tangermünde zum Zug. So, wie ich war: das Gesicht mehr schlecht als recht mit unseren letzten beiden Schlucken Trinkwasser gesäubert, T-Shirt, Hose und vor allem natürlich die Haare voller Blut. Vor dem Bahnhof stieg ich aus dem Auto, um Frank beim Ausladen seines Gepäcks zu helfen. Und das Komische war: Die Leute dort guckten mich kurz an und dann wieder weg. Vielleicht dachten die: Armer Kerl, hat so viele Feuermale im Gesicht. Oder vielleicht hielten sie das Blut für Farbkleckse, denn mittlerweile war es getrocknet und hatte eine beinahe bräunliche Farbe angenommen. Nachdem Cleo und ich uns von Frank verabschiedet hatten, ging ich in eine Apotheke. Da reagierten die Leute ganz anders. Die eine Apothekerin wollte mich zum Röntgen schicken, die andere zu einem Arzt um die Ecke, einem Hautarzt oder so. Es war kurios, wirklich kurios. Ich kaufte Schmerzmittel und ein paar Sachen zum Desinfizieren und suchte das Weite.

»Mann«, sagte ich zu Cleo, »das ist so ein tolles Licht heute. Lass uns noch ein letztes Mal zu unserer Eiche fahren und ein bisschen filmen und fotografieren. Das Licht wird heute Abend grandios.«

Ich hatte auch das Gefühl, unseren magischen Ort jetzt nicht einfach so verlassen zu können, und ich wusste nicht, wann wir wieder Zeit hätten, hierher zurückzukehren. Die Abendsonne tauchte den Wald in ein ganz weiches Licht. Es war windstill, und kein Blatt bewegte sich an den Bäumen. Hoch oben in der Eiche schwärmten und kletterten die Hirschkäfer. Die Medikamente versetzten mich in einen leicht nebulösen Zustand. Der Wald duftete so gut, und es war angenehm warm. Im weichen Moos, an einen Baum gelehnt, mit Cleo im Arm, schlief ich bald ein und erwachte erst am nächsten Morgen.

Im Reich des Seeadlers

Zwei riesige Seeadler kreisen über mir in der Luft. Ihre Rufe klingen aggressiv. Sekunden später fliegen sie mit hoher Geschwindigkeit aufeinander zu und drehen erst im letzten Moment voreinander ab. Wie Jagdflieger aus dem Zweiten Weltkrieg, die sich einen Luftkampf liefern. Der eine Adler umkreist jetzt den anderen, der einen Fisch in den Fängen hält. Beide gehen in einen Sturzflug über, und Sekunden später steilen sie wieder auf. Ich kann das Rauschen ihrer Schwingen hören. Selbst Cleo beobachtet den Luftkampf wie gebannt. Jetzt packt der eine Adler den anderen an den Fängen. Er will den Fisch haben. Die beiden scheinen sich im freien Fall zu befinden, drehen sich mit hoher Geschwindigkeit um die eigene Achse. Der Fisch wird in zwei Stücke gerissen, und jeder der Vögel fliegt mit seiner Beute auf einen knorrigen Baum, wo sie den Snack gierig kröpfen.

Was für ein Schauspiel. Aber bis ich diese Bilder auf der Filmrolle haben sollte, war es ein langer und mühsamer Weg sein.

Industrielle Umweltverschmutzung, Monokulturen, der Einsatz von Insektiziden, Fungiziden und Herbiziden in der Land- und Forstwirtschaft, das Zubetonieren von Lebensräumen, das Begradigen und Kanalisieren von Bach- und Flussläufen, das Trockenlegen von Sümpfen waren nur einige der Sünden, mit denen wir auf dem besten Weg waren, unserer Tier- und Pflanzenwelt den Garaus zu machen. Dann setzte mit der Umweltbewegung (1970er-Jahre) und den Grünen (Gründung der Partei im Januar 1980) ein Umdenken ein, das schließlich sogar konservative Kreise und die Politik erreichte.

Ein Symbol für das Wiedererstarken der Natur in Deutschland ist zweifellos der Seeadler. Er ist – von den Geiern mal abgesehen – der größte Greifvogel Mitteleuropas, größer als ein Steinadler. Die Körperlänge beträgt zwischen siebzig Zentimeter und fast einem Meter; Männchen werden bis fünfeinhalb, die meist etwas größeren Weibchen bis zu sieben Kilogramm schwer. Die Flügelspannweite kann bis knapp an zweieinhalb Meter heranreichen. Mit seinen gewaltigen Krallen kann der

Seeadler sogar Gänse schlagen. Wobei man sagen muss, dass der »König der Lüfte« kein furchtbar intelligentes Tier ist. Und er ist sehr unsozial. Das manifestiert sich schon im Horst. Das Küken, das am lautesten und vehementesten bettelt, kriegt das Fressen, wird dick und kräftig; das andere muss gucken, dass es irgendwie durchkommt – oder verhungert. Generell sind Adler sehr futterneidisch. Das beste Beispiel dafür findet man in Alaska: Jeden Herbst versammeln sich am Chilkoot River bei Haines auf einer Flusslänge von zirka zwanzig Kilometern mehrere Tausend Weißkopfseeadler – das ist übrigens eine der größten und faszinierendsten Ansammlungen von Großvögeln auf der Erde –, die ansonsten ebenfalls solitär beziehungsweise verpaart leben und fest abgesteckte Reviere haben. Der Grund: Der Chilkoot wird von warmen Quellen gespeist, weshalb er erst sehr spät zufriert, und er hat einen sehr späten Hundslachs-Run. Als »Run« bezeichnet man es, wenn die Lachse vom Meer zurück zu ihrem Geburtsort im Heimatfluss schwimmen; dort laichen sie ab und driften danach mehr tot als lebendig wieder Richtung Meer. Die Weißkopfseeadler wissen natürlich, dass dann der Tisch reich gedeckt ist und sie sich die halb vergammelten Fische nur herauszuklauben brauchen. Und da passiert Folgendes: Wenn sich ein Adler einen Hundslachs aus dem Fluss holt, stürzen sich drei, vier andere auf diese Beute, und es entspinnt sich ein Wahnsinnskampf, obwohl der Fluss voll mit Lachsen ist! Unglaublich!

Es waren – wie bei vielen Tierarten – eigentlich recht simple Faktoren, die dem Seeadler als Art das Überleben in Deutschland ermöglichten. Die beiden wichtigsten waren das Verbot des seit Kriegsende massenhaft ausgebrachten DDTs Anfang der 1970er-Jahre und die Einrichtung großer Schutzgebiete in Form von Naturschutzgebieten, Nationalparks und Biosphärenreservaten. Wie bei allen Tieren, die am Ende einer Nahrungskette stehen, hatte sich beim Seeadler das DDT in großen Mengen im Körper angereichert, mit verheerenden Folgen: Die Tiere legten immer mehr sogenannte taube Eier, und die Eischale war zudem so dünn, dass die Embryonen der wenigen befruchteten Eier kaum eine Überlebenschance hatten. Ein dritter Faktor war, dass sich Fische und Wasservögel dank allmählich wieder steigender Wasserqualität – und zum Teil wegen des wärmer werdenden Klimas – stärker vermehrten und somit das Nahrungsangebot für Seeadler wuchs. Von gerade noch drei Brutpaaren in der alten Bundesrepublik und vielleicht 35 bis vierzig in der DDR ist der Bestand in den vergangenen vierzig Jahren auf knapp 600 Brutpaare in Gesamtdeutschland gewachsen. Das ist eine unglaubliche Erfolgsgeschichte. Alle für Seeadler interessanten und geeigneten Lebensräume sind heute mit Brutpaaren besetzt. Oft sogar schon zu dicht, wie Berichte aus einigen Gegenden in Mecklenburg-Vorpommern vermuten lassen. Seeadler dulden nämlich keine erwachsenen Artgenossen in ihrem Territorium und verteidigen es notfalls in erbitterten Kämpfen, die sogar zu tödlichen Verletzungen führen können.

Während meines Wandersommers hatte ich am Schaalsee zwar ein paar tolle Aufnahmen von einem Seeadler machen können, aber halt wirklich nur von *einem*. Nun wollte ich einen neuen Versuch starten. Ein gesunder Bestand an Seeadlern heißt nicht, dass es einfach ist, nah an sie heranzukommen. Klar, wenn man zwei Jahre Zeit hat, stehen die Chancen gut, Seeadler formatfüllend vor die Kamera zu kriegen und interessante Geschichten auf Film zu erzählen, aber so viel Zeit hatten Cleo und ich nicht.

Ich überlegte hin und her, wo ich wohl die besten Aussichten hätte. Der Naturpark Nossentiner/Schwinzer Heide bot sich an, und ich führte erste Verhandlungen mit Ralf Koch und Jörg Gast von der Verwaltung des Naturparks in Karow, als ich mich an eine Reportage vom NDR erinnerte: Im Naturpark Feldberger Seenlandschaft in Mecklenburg-Vorpommern, etwa hundert Kilometer nördlich von Berlin, gibt es einen Ranger, der Gäste sehr nah an Seeadler heranbringt. Er hat für Fotografen und Tierfilmer eine Erdhütte eingerichtet, aus der heraus man durch eine Art Schießscharte Aufnahmen machen kann. Sehr professionell.

Ja, das ist es, dachte ich und rief den Mann an. Als er mir versicherte, dass mehrmals täglich Seeadler an dem etwa dreißig Meter vor der Erdhütte ausgelegten Köder landen und fressen, verabredete ich mich mit ihm. Gut gelaunt und mit einem toten Reh im Kofferraum machten Cleo und ich uns auf den Weg. In der Geschichte, die ich mit meinem Film erzählen wollte, sollte der Seeadler als Gesundheitspolizist auftreten, also als Tier, das durch das Vertilgen von Aas die Ausbreitung von Krankheiten verhindert. Gesundheitspolizisten gibt es viele; einer der größten und häufigsten ist der Kolkrabe. Na, jedenfalls sollte das Reh als Köder dienen.

Es war sechs Uhr morgens und hatte um die minus zwanzig Grad, als wir am vereinbarten Treffpunkt eintrafen.

»Na, Cleo«, sagte ich »da brauchen wir uns wenigstens keine Sorgen zu machen, dass das Reh zu schnell verdirbt.«

»Tja, momentan sind nicht viele Adler da. Es ist so kalt, dass alle Gewässer zugefroren sind. Die meisten Adler sind oben an der Ostsee und jagen da Blesshühner«, begrüßte uns F., wie ich ihn hier nenne.

Blesshühner – regional auch Wasser- oder Rohrhühner, Duckenten, Böllen, Lietzen oder Zappen genannt – sind im Winter die Hauptnahrung des Seeadlers. An die Ostseeküste zu fahren wäre eigentlich von vornherein die logische Schlussfolgerung gewesen, aber ich kannte da keine »Seeadlerstelle« und niemanden, der mir Tipps hätte geben können.

»Warum haben Sie mir das denn nicht gesagt? Ich bin 400 Kilometer extra hierhergefahren!«

»Ja, na ja, Seeadler filmen braucht ein bisschen Zeit«, war F.s lapidare Antwort.

Will ausgerechnet *mir* jetzt einer was über die Tücken und Mühen der Tierfilmerei erzählen?, überlegte ich leicht verstimmt. F. hatte aber noch weitere Überraschungen auf Lager.

»Ich habe eine Hacke und einen Spaten dabei«, verkündete er.

»Das ist ja löblich. Aber wozu?«

»Na, um Sie heute Abend rauszuhacken.«

»Rauszuhacken?«, fragte ich verdutzt.

»Weil die Tür von dem Versteck immer zufriert.«

Ah ja, das wird ja immer besser, dachte ich.

»Und warum friert die Tür zu?«, wollte ich wissen.

»Na ja, die Hütte steht halb unter Wasser. Aber machen Sie sich keine Sorgen, bei der Kälte ist alles solide gefroren, und Sie sind ja ein harter Hund. Ich kenne Ihre Filme aus Alaska. Sie schlafen ja, wenn es sein muss, auf dem Permafrost.«

Ach herrje. Ich guckte Cleo an und sagte: »Na, Cleo, willst du auf Eis sitzen, zehn Stunden lang?« Und zu F.: »Das ist ja wohl nicht Ihr Ernst.«

»Lassen Sie uns erst mal hinfahren«, drängte er. »Sie müssen im Dunkeln da rein, damit Sie in Deckung sind, wenn die ersten Vögel kommen.«

Als F. wenig später seinen Wagen oberhalb der Erdhütte zum Stehen brachte, war es noch immer stockdunkel. Die Scheinwerfer beleuchteten die Köder, die F. ausgelegt hatte: einen Silberkarpfen (eigentlich ein asiatischer Karpfen, der in Deutschland aber auch gezüchtet wird) und ein platt gewalztes Wildschwein, das kaum mehr als solches erkennbar war, weil wahrscheinlich schon dreimal ein Lkw drübergefahren war, bevor F. es von der Straße gekratzt hat. Hm, gute Idee, selbst einen Köder mitzubringen, sagte ich mir. Ich holte mein Fernglas und schaute mir den Luderplatz – eine Stelle, an der fleischfressende Tiere angelockt werden – genauer an. Für wie blöd hält der mich?, schoss es mir durch den Kopf. Wird ein Luderplatz gut angenommen, dann sieht man viel Kot – wer viel frisst, entleert sich auch oft –, dann ist der Schnee aufgescharrt, weil ständig Greifvögel landen, wieder starten, sich zanken. Da kommt mal ein Kolkrabe, mal ein Bussard, vielleicht ein Habicht und mit etwas Glück eben ein Seeadler.

Da würde man Spuren von Füchsen, Mardern und ich weiß nicht was sehen. Hier sah ich gerade mal zwei, drei Kotkleckse auf den ausgelegten Ködern. Langsam kippte meine gute Laune.

»Lasst uns mal in die Hütte gehen«, forderte F. Cleo und mich auf.

Das Nächste, was ich feststellte, war, dass das große Stativ nicht in die Erdhütte passte, weil aufgrund des hohen Wasserstandes eine dicke Eisschicht den Boden bedeckte. Davon abgesehen: Bei dieser Saukälte brauchten Cleo und ich nicht auch noch eine Fußbodenkühlung.

»Machen Sie sich keine Sorgen«, versuchte mich F. nach einem Blick in mein Gesicht zu beruhigen, »es wird warm hier drinnen. Ich mache einen Gasofen an. Sie können sich auf den Klappstuhl da setzen« – er deutete in eine Ecke –, »und dem Hund legen wir eine alte Decke unter.«

Vor meinem inneren Auge lief ein Film ab: Cleo und ich sitzen seit ein paar Stunden in der Hütte, Cleo auf einer Decke, ich auf dem Klappstühlchen. Der Gasofen brennt, allmählich beginnt das Eis zu schmelzen. Cleos Decke ist bald völlig durchnässt, um meine Schuhe bildet sich eine immer größer werdende Pfütze. Dann gibt es eine kleine Verpuffung, der Gasofen explodiert, und Cleo und ich verbrennen jämmerlich, weil F. nicht da ist, um uns »rauszuhacken«.

Ist hier irgendwo eine versteckte Kamera?, fragte ich mich. Drehen die vom ZDF gerade für »Verstehen Sie Spaß?« – wir verarschen jetzt mal Kieling und Cleo?

»Hören Sie mal, das geht echt nicht«, sagte ich zu F. »Außerdem ist lange kein Greifvogel hier gewesen. Seien Sie mal ehrlich.«

Ich habe schon viel auf mich genommen, um an Tieraufnahmen zu kommen, aber hier ging es nicht nur um mich, ich musste auch an Cleo denken. Das Geld, das ich abdrücken sollte, um aus der Hütte heraus drehen zu dürfen, wäre okay gewesen. Man hockt da und isst seine Butterbrote, irgendwann kommt ein Seeadler, und man kriegt seine Aufnahmen; dafür ist der Preis absolut in Ordnung – *wenn* ein Adler kommt und man nicht vorher erfroren, ersoffen oder verbrannt ist.

Als ich F. sagte, dass er den Deal vergessen könne, wurde der natürlich sauer. Hobbyfotografen aus halb Europa kämen hierher, erklärte er mir. Normalerweise säßen drei Leute in der Hütte, und er hätte sie nur auf meinen Wunsch hin drei Tage für mich allein blockiert. Richtig ungemütlich wurde es, als er trotzdem das Geld für die drei Tage haben wollte und ich mich weigerte zu zahlen.

Nachdem wir uns im Unguten voneinander getrennt hatten, schlug ich in sicherem Abstand zum Luderplatz mein Tarnzelt auf, aber das Einzige, was in den nächsten Stunden an dem Wildschwein knabberte und bald leicht angewidert davonflog, war ein Kolkrabe. Den Silberkarpfen hat er gar nicht beachtet. Hatte F. nicht behauptet, mehrmals täglich würden Seeadler an seinen Ködern fressen?

Ich setzte mich mit Cleo in unser Auto und drehte erst einmal die Heizung voll auf. Wir waren halb erfroren; das Reh auch; aber das war gut so, da blieb es wenigstens frisch.

Das war Teil eins der Geschichte.

So kann das hier nicht weitergehen, überlegte ich, wollte aber auch nicht unverrichteter Dinge nach Hause reisen. Etwas kleinlaut rief ich im Naturpark Nossentiner/Schwinzer Heide an. Ralf Koch und Jörg Gast reagierten anfangs ein bisschen reserviert, was ich ihnen nicht verdenken konnte, schließlich hatte ich mich mitten während unserer ersten Verhandlungen für F. und den Naturpark Feldberger Seenlandschaft entschieden. Ihre Zurückhaltung war jedoch nach ein paar Sätzen verflogen.

»Ich habe da ein Problem«, sagte ich, erklärte ihnen die Situation und fragte, ob ich bei ihnen vorbeikommen könnte.

»Ja, ja, kommen Sie nur«, wurde ich freundlich eingeladen, »wir kriegen das schon hin.«

Als Cleo und ich in Karow ankamen, hieß es wie bei F.: »Es sind gerade nicht so viele Adler da, weil alle Gewässer zugefroren sind.«

Ach nee, oder? Das darf ja wohl nicht wahr sein!, dachte ich.

»Nachher fahren wir rum und gucken, wo die Adler sind, aber jetzt trinken wir erst mal Tee«, lud Ralf Koch ein.

Die Mecklenburger sind ja so tiefenentspannte Menschen. Es gab also Tee und – Cleo war begeistert – Plätzchen. Dann fuhren wir durch die zu Eis und Schnee erstarrte Nossentiner/Schwinzer Heide, eine hügelige, irgendwie eiszeitliche Landschaft mit riesigen Seen mit Buchten, Halbinseln und Inseln, mit tiefen Wäldern und kleinen Bergen mit teils steil abfallenden Kanten. Eine traumhaft schöne Landschaft, nicht umsonst zum Großteil Naturpark. (Der Naturpark umfasst 365 Quadratkilometer). Es ist wirklich unglaublich schön dort. Da das Gebiet außerdem sehr dünn besiedelt ist – nur neun Einwohner auf einen Quadratkilometer –, könnte man meinen, man wäre mitten in Ostpreußen, im tiefsten Masuren. Bräuchte nur noch ein Panjepferdchen ein Wägelchen durchs Bild zu ziehen.

Im Lauf des Jahres sollten Cleo und ich aus Gründen, auf die ich jetzt nicht vorgreifen will, noch mehrmals hierherkommen. Bei einem dieser Besuche zeigte sich die Region dann in ihrer vollen Pracht. Riesige Felder voller Klatschmohn setzten leuchtende Farbtupfer. An ihren Rainen blühten Kornblumen, wilde Kamille, wilder Senf und vieles mehr. Eigentlich sind es Raps-, keine Mohnfelder, aber da die hiesigen Landwirte Geld dafür bekommen, dass sie ihre Felder nicht spritzen, gibt es sagenhaft viele Wildblumen. Und so ein »Mohnfeld« mit seiner roten Blütenpracht sieht einfach nur grandios aus. Dieser Reichtum an verschiedensten Pflanzen zieht Unmengen an Insekten und alle Arten von körner-, aber natürlich auch insektenfressenden Vögeln an: Rotkehlchen, Rotschwanz, Fliegenschnäpper, Klappergrasmücke … Auf den weiten Wiesen an den Seen saßen schnatternd Heerscharen von Gänsen, auf den Weiden graste leckeres Angusrind zu Hunderten.

Der Naturpark bietet ein ganzes Netz von Rad-, Wander- und Reitwegen. Etliche Rundwege und Lehrpfade bieten Informationen zur Entstehung, Nutzung und Entwicklung dieser Kulturlandschaft. Erstaunlicherweise verirren sich trotzdem kaum Touristen hierher. Cleo und ich erkundeten dieses weitgehend unentdeckte Natur-Dorado, liefen auf Wanderwegen, die von Dorf zu Dorf durch eine offene Feldflur führen und dazwischen immer wieder wunderschöne Ausblicke auf einen der sechzig (!) Seen bieten, oder auf kleinen verschlungenen Pfaden durch den Wald. Herrlich, wirklich herrlich.

Aber jetzt war tiefster Winter, und es war nach wie vor saukalt.

»Ein Köder wäre nicht schlecht«, meinte Ralf Koch.

»Kein Problem, ich habe ein Reh dabei«, sagte ich.

»Ach, super«, nickte Ralf, als wäre es das Normalste auf der Welt, mit einem Reh durch die Republik zu kutschieren.

»Ich brauche einen Platz, wo ich mein Fotozelt mit optimalem Blick auf das Reh aufstellen kann. Kennt ihr eine solche Stelle?«, fragte ich.

»Ja, an einem alten Pumpenhäuschen an einem der Seen. Das ist eine tolle Stelle. Da haben Sie genau das, was Sie brauchen: plattes Land, gut zu filmen. Wir haben da schon öfter Köder ausgelegt, die wurden alle von einem Seeadler weggeholt. Wir haben das Häuschen vor einiger Zeit so ein bisschen für Tierbeobachtungen präpariert. Da brauchen Sie Ihr Zelt wahrscheinlich gar nicht, Sie können durch einen Sehschlitz aus dem Häuschen heraus filmen.«

Na, darauf wollte ich mich nach der Erfahrung mit der Erdhütte mal lieber nicht verlassen.

Nachdem wir eine zweite Tasse Tee getrunken und Cleo ihr viertes oder fünftes Plätzchen verspeist hatte, fuhren wir los, Ralf Koch voraus, Cleo und ich hinterher. Wir sahen eine Menge Tiere: Rotwild, Schwarzwild, Rehwild, jede Menge Füchse, Marder, ganz viele Kolkraben und immer mal wieder einen Seeadler. Einen Seeadler zu *sehen* ist kein Problem. So einen großen Vogel sieht man schließlich schon aus 300, 400 Meter Entfernung, und an seiner Silhouette – gedrungener Körper, brettartige Schwingen, großer Schnabel und kräftige Fänge – ist der Seeadler leicht zu erkennen. Ihn gut vor die Kamera zu kriegen ist eine ganz andere Nummer. Aber es war schon mal toll, dass nicht alle Seeadler an die Bodden – so nennt man die durch Landzungen vom offenen Meer abgetrennten Küstengewässer an der Ostsee – geflogen waren.

Am Pumpenhäuschen angekommen, öffnete ich die Heckklappe, und sofort musste Cleo, deren angestammter Platz in unserem Auto der Fußraum vor dem Beifahrersitz ist, nach Bambi gucken. Am Morgen hatten wir nämlich entschieden, dass das Reh endlich einen Namen kriegen sollte. Cleo hatte das offensichtlich kranke Tier zur Strecke gebracht und betrachtete es daher als *ihres*. Was genau Bambi gefehlt hatte, wusste ich nicht, da ich es nicht »aufgebrochen«, also nicht aufgeschnitten hatte, weil ich als Köder einen unversehrten Kadaver haben wollte. Es war jedenfalls Cleos Reh, und immer wenn ich die Heckklappe vom Touareg aufmachte, kletterte Cleo sofort hinein. Ist das Reh noch da? Riecht es noch gut? Bambi hatte ja bereits eine relativ lange Reise hinter sich, und damit es schön weich bleibt – ich wollte keinen stocksteif gefrorenen Köder, an dem sich die Seeadler den Schnabel ausbissen –, hatte ich es über Nacht immer mit ins Hotel- oder Pensionszimmer genommen. Und da es nicht ausgenommen war, gaste es still, aber stetig vor sich hin (der Pansen ist wie eine Gärkammer, quasi eine Biogasanlage). Von »gut riechen« konnte also nicht die Rede sein, zumindest nicht für eine Menschennase. Um genauer zu sein: Bambi stank, weshalb es mittlerweile in vier großen, übereinandergestülpten Müllsäcken steckte. Die Leute in den Hotels oder Pensionen haben sich bestimmt gewundert: Was schleppt der Typ da in diesem Riesenmüllsack aufs Zimmer?

Ich lud mir die schwere Kamera und das Stativ auf die Schulter, und Ralf Koch zog Bambi an Cleos Hundeleine hinter sich her durch den Schnee. Cleo war völlig außer sich. Wo will der mit meinem Reh hin? Als wir das gemauerte Häuschen betraten, leistete ich bei Ralf Koch innerlich Abbitte. Das war ungleich besser als die Erdhütte. Weit weg waren ein paar Seeadler, die uns aber mit Sicherheit beobachteten. Ein Seeadler kann noch aus 600 Meter Höhe Zeitung lesen.

Jetzt hieß es warten. Ralf Koch war zurück nach Karow gefahren, Cleo und ich saßen bei minus sechzehn, siebzehn Grad im Pumpenhäuschen, und Bambi lag etwa dreißig Meter vor uns im Schnee. Wir warteten einen Tag. Zwei Tage. Drei Tage. Ein Kolkrabe kam. Ein Bussard. Ein Habicht. Eine Rabenkrähe. Eine Nebelkrähe. Eine Elster. Ein Eichelhäher. Alle kamen sie. Die halbe Vogelwelt war da. Bloß kein Adler. Vögel können nicht riechen, insofern spielte es keine Rolle, wie der Wind stand oder dass ich Cleo dabeihatte. Von den Vögeln abgesehen, interessierte sich lediglich ein Fuchs für das Reh; als er jedoch Witterung von Cleo bekam, flitzte er davon.

Abend für Abend wurde Bambi gut verpackt und fest verschnürt und kam mit ins Hotelzimmer. Cleo war jedes Mal glücklich, dass Bambi wieder bei uns war. Mittlerweile roch es nicht mehr ganz so stark, denn irgendwann hat ein Reh sich mal ausgefurzt.

»Und, wie war es?«, lautete immer die erste Frage von Ralf und Jörg.

»Alle Vöglein sind schon da«, trällerte ich mit Galgenhumor, »bloß der Adler nicht.«

»Na ja, eigentlich mögen die Adler hier ja auch keine Rehe. Die fressen viel lieber Fisch oder Blesshühner, Stockenten, Graugänse, Nonnengänse –«

»Bekommen wir jetzt irgendwas davon her?«, unterbrach ich die Aufzählung.

»Nee«, sagte Jörg.

»Am besten, du« – das »Sie« hatten wir längst abgeschafft – »kommst im Frühjahr wieder, wenn alles aufgetaut ist«, stimmte ihm Ralf zu.

»Mann, ich dachte, ich kriege jetzt die Aufnahmen«, entfuhr es mir frustriert.

Es kam, wie es kommen musste: Auch am nächsten und am übernächsten Tag ließ sich kein Seeadler zu Bambi herab. Dann mussten Cleo und ich abreisen, zum nächsten Dreh.

Das war Teil zwei der Geschichte.

Zwei Wochen später, als Cleo und ich mal für ein paar Tage zu Hause in der Eifel waren, rief ich aus lauter Verzweiflung meinen Freund Axel Imdahl an. Axel ist Falkner im Wildpark Eekholt, etwa auf halber Strecke zwischen Hamburg und Kiel. Im Wildpark Eekholt gibt es unter anderem Rot-, Reh- und Damwild, Baum- und Steinmarder, Fischotter, Wildkatzen und Wölfe.

»Weißt du, wo ich Seeadler drehen kann?«, fragte ich Axel.

»Na ja, hier zum Beispiel. Wir haben einen halb wilden, den wir auch fliegen lassen. Komm mal zu mir, wir kriegen da ein paar Aufnahmen hin.«

Cleo und ich gruben Bambi aus dem Schneehaufen, in dem wir es deponiert hatten – »Das kann echt nicht wahr sein«, sagte meine Frau Birgit, »du fährst jetzt seit einem Monat mit diesem Reh durch Deutschland. Das muss mal ein Ende haben« –, und machten uns ein weiteres Mal auf den Weg.

»Ich kann den Adler nicht ohne Geschüh fliegen lassen, der hat einen schlechten Appell«, eröffnete mir Axel, als es ans Drehen ging.

In der Sprache der Falkner hieß das: Da im Winter keine Flugvorführungen stattfinden, war der Seeadler untrainiert, und ein Beizvogel muss ständig trainiert werden, um auf den Falknerhandschuh zurückzukehren – das nennt man Appell. »Geschüh« sind übrigens die Ledermanschetten und Riemchen, mit denen Beizvögel angebunden werden.

Die meisten deutschen Adler sind beringt. Ein Ring würde auf den Bildern daher nicht stören. Mit dem Geschüh ist das eine ganz andere Sache. Im Foto kann man einen Lederriemen retuschieren, in bewegten Bildern nicht: 25 Bilder pro Sekunde, HD, also hohe Auflösung. Wie soll das gehen?

»Ja, und was machen wir jetzt?«

»Ich kann ihn auf euer Bambi setzen. Dann sieht man das Geschüh vielleicht nicht.«

»Das nutzt mir aber nichts. Ich brauche authentische Aufnahmen von einem Anflug auf das Reh«, sagte ich ratlos.

Andererseits war mir inzwischen alles egal, ich wollte endlich mal ein Bild haben, auf dem ein Seeadler auf Cleos Bambi sitzt. Also zogen wir Bambi im Bollerwagen hinter uns her in das riesige Gehege, in dem der Seeadler in einem Häuschen lebte, legten es auf den Boden, und ich postierte mich mit der Kamera direkt auf der Erde. Cleo, die ich etwa fünfzig Meter entfernt angeleint hatte, bellte ständig, weil sie natürlich wusste, dass irgendetwas mit ihrem Reh passierte. Kaum hatte Axel den Seeadler aus dem Häuschen geholt, flog der schon auf, landete auf dem Reh und begann sofort zu kröpfen, also zu fressen. Cleo geriet völlig außer sich, rannte an der Leine hin und her, bellte und knurrte. Der Seeadler ließ sich davon überhaupt nicht beirren. Nicht einmal, dass ich ihn leicht anblitzte, störte ihn. Unfassbar. Zumal er nicht gerade ausgehungert wirkte, im Gegenteil: Er war durch das lange Nichtstun ziemlich überernährt, um nicht zu sagen fett. Warum man das in der Falknersprache »in zu hoher Kondition« nennt, wissen die Götter. Na, jedenfalls wurde es eine schöne Aufnahme – trotz der Lederriemen.

»Mensch!«, rief Axel plötzlich und schlug sich an den Kopf. »Wir haben doch das Seeadlerpaar in der großen Zuchtvoliere. Da braucht es natürlich kein Geschüh. Und die beiden haben auch immer Hunger. Haben gerade mit Brüten angefangen. Ich rede mal mit dem Chef, ob wir das Reh da reinlegen dürfen.«

Seeadler beginnen manchmal schon Ende Februar zu brüten. Selbst wenn es eiskalt ist, wachsen die Embryonen heran, da die Eltern eine relativ große Wärme erzeugen. Während ich einen zweiten Grog trank, um die bittere Kälte zu bekämpfen, holte Axel das Okay von seinem Chef.

»Diese zwei in der Voliere sind so aggressiv, da kann nur ich reingehen«, sagte er, als er zurückkam. »Die werden sofort über euer Bambi herfallen und es in Stücke reißen.«

»Ja, wie? Soll ich vielleicht durch den Maschendraht filmen?«, fragte ich perplex.

»Nein, nein«, lachte Axel. »An einer Seite der Voliere ist eine relativ große Klappe. Da baust du dein Tarnzelt auf und kannst in Ruhe filmen.«

Dass ich mein Tarnzelt dabeihatte, hatte ich ihm vorher erzählt. Nun ist es aber so, dass der Wildpark viele Besucher und ganze Schulklassen anzieht, selbst im Winter, und viele Leute erkannten mich und Cleo. (Bei dem Seeadler, den wir als Erstes gefilmt hatten, waren wir so weit ins Gehege hineingegangen, dass uns von außen keiner hatte sehen können.) Jetzt stelle man sich vor: Ich sitze im Tarnzelt, draußen laufen die Besucher vorbei. Dann komme ich irgendwann aus dem Zelt heraus, und die Leute sagen: »Aha, so drehen Sie Ihre Filme. Toller Bärenmann. Wahrscheinlich ist das in Alaska auch alles gefaked.« Wie peinlich. Und ich dachte: Das tust du dir nicht an.

In Alaska, wo ich ja bis vor wenigen Jahren die meiste Zeit gedreht habe, wäre so ein Fake übrigens gar nicht möglich, weil es dort ein Gesetz gibt, dass Tiere, die in freier Wildbahn in Alaska leben, also sprich Adler, Bären, Wölfe, Vielfraße, Luchse, Dallschafe, Elche, Karibus, Moschusochsen, dass diese Tiere nicht in Gefangenschaft gehalten werden dürfen. Und eigentlich ist das Drehen mit zahmen oder Gehegetieren nicht mein Ding. Aber jetzt sah ich darin meine letzte Möglichkeit.

»Das mach ich nicht. Ich verstecke mich nicht im Zelt. Ich stelle mich neben die Voliere, dass mich jeder sehen kann, und dann gucken wir, was passiert.«

»Hey, die Adler sind so aggressiv. Die werden sofort über das Reh herfallen.«

»Na, dann muss ich ja auch nicht ins Tarnzelt.«

Bambi wurde wieder in den Bollerwagen gelegt und durch den Park gezogen. Es war ein Spießrutenlauf. »Och, das arme

Reh. Was ist denn mit dem passiert?« – »Mensch, Mutti, guck mal, ein Reh.« – »Was ist denn mit dem Reh? Wurde das überfahren?«, und so weiter und so fort.

»Das ist krank gewesen. Irgendwann ist es gestorben. Und jetzt bekommen es die Seeadler«, erklärten Axel und ich zigmal.

Das hatte so ein bisschen Tierparkatmosphäre.

Dann war der Moment gekommen. Ich stellte mich mit der Kamera vor die geöffnete Klappe, und Axel brachte Bambi in die Voliere. Ich war am Vibrieren und erwartete jeden Moment die Landung von zwei mächtigen Seeadlern auf einem Reh und einen, nein, nicht Kampf, aber zumindest Streit um die besten Bissen. Aber es passierte überhaupt nichts. Rein gar nichts. Der eine Adler, der gerade brütete – wie die meisten Vögel wechseln sich Seeadler dabei ab –, blieb auf dem Nest hocken; der andere flog mal kurz zu seinem Partner und wieder zurück auf seinen Ast. Beide guckten zwar mal zu Bambi hin, waren aber völlig desinteressiert.

Vier Stunden lang stand ich wie ein Idiot vor der Klappe, bis die Seeadler mit einer Art Gackern – *Iih, iih, iih* ... – offenbar die Ablösung beim Brüten besprachen, denn auf einmal stieg der eine vom Nest, und der andere machte sich bereit, den Job zu übernehmen. Ich spreche übrigens deshalb nicht von »Männchen« und »Weibchen«, weil es bei Seeadlern im Erscheinungsbild keinen Unterschied zwischen den Geschlechtern gibt, außer dass das Weibchen meistens – aber halt nicht immer – größer ist. Ah, dachte ich, jetzt kommt Bewegung in die Sache, denn nach stundenlangem Brüten wird der ja wohl Hunger haben. Nee, hatte er nicht.

»Na ja, das sind halt Adler«, sagte Axel, der immer wieder mal bei Cleo und mir vorbeischaute, schulterzuckend, »totale Gewohnheitstiere. Die zwei sind einen festen Tagesablauf gewöhnt: Morgens kommt der Tierpfleger, legt jedem zehn Eintagsküken und im Sommer mal einen Fisch, eine Brasse oder was immer, hin und füllt frisches Wasser in die Wassermulde. Danach kratzt er den Kot zusammen und geht wieder. Das passiert 365 Tage im Jahr. Am 366. Tag kommt auf einmal einer mit einem Reh. Das kennen die nicht ...«

Hm, also dasselbe Problem wie in der Nossentiner/Schwinzer Heide. Seeadler haben bedingt durch ihre Größe und ihre riesigen Fänge zwar ein breites Nahrungsspektrum – das reicht von Fischen, ob kleinen Plötzen oder großen Hechten, über Wasservögel wie eben Blesshühner, Gänse und Enten bis zu Kaninchen und Aas –, spezialisieren sich aber meist auf die Beutetiere, die in ihrem Lebensraum in großer Menge vorkommen oder leicht zu jagen sind. Anderes fressen sie nur in absoluter Notzeit. In Brandenburg haben sich einige Jungadler auf Großtrappen spezialisiert, als sie merkten, dass die eine leichte Beute sind: Der zweitgrößte flugfähige Vogel der Welt kann zwar aus dem Stand starten, ist aber ein bisschen behäbig. Das Dumme an der Wahl der Seeadler: Die Großtrappe ist der seltenste Vogel Deutschlands, nur in Brandenburg zu finden, und der Staat gibt zig Millionen aus, um die Großtrappen zu erhalten und zu schützen – ein Beispiel: an der ICE-Strecke Hannover–Berlin wurden auf den sechs Kilometern, die durch Trappengebiet führen, sieben Meter hohe Erdwälle aufgeschichtet; Kostenpunkt zwanzig Millionen Euro. Gerechterweise muss man aber sagen, dass die größten Feinde der Großtrappe der Fuchs und das Wildschwein sind, die liebend gern die Gelege der Bodenbrüter plündern.

Bambi war mittlerweile nicht mehr hübsch anzusehen. Die vielen Fahrten durch Deutschland, das Einfrieren und Auftauen und wieder Einfrieren, die Transporte vom Auto in diverse Hotelzimmer und auf Luderplätze, die Nächte in Müllsäcken verschnürt, all das hatte ihm ziemlich zugesetzt.

»Kann ich Bambi hierlassen?«, fragte ich Axel daher.

»Die Adler wollen ihn zwar nicht«, meinte er zögernd, »aber vielleicht die Wölfe.«

Erleichtert atmete ich auf, war froh, Bambi loszuwerden.

Ein letztes Mal wurde das Reh in den Bollerwagen verfrachtet, und ab ging es zum Wolfsgehege. Von der Besuchertribüne aus warf ich Bambi über den Zaun, und die Wölfe, na, was taten die? Die reagierten fast genauso gelangweilt wie die Seeadler! Ganz gemächlich trottete einer zu Bambi, schnupperte, biss es in den Hals und zog es in die Büsche. Dort machte sich das Rudel in aller Ruhe darüber her. Dafür war Cleo am Toben, weil ihr Reh nun weg war.

Das war Teil drei der Geschichte.

In meiner Ratlosigkeit rief ich wieder bei Ralf und Jörg an.

»Es gibt noch eine Möglichkeit. In Goldberg, das ist am südwestlichen Rand unseres Naturparks, wohnt der Seeadlerspezialist Bernhard Knöpke. Ruf den doch mal an.«

Ich fragte mich, warum das den beiden nicht schon eher eingefallen war, andererseits waren sie so nett und hilfsbereit, dass mein Ärger gleich wieder verflog.

»Adler?«, fragte Bernhard Knöpke am Telefon. »Überhaupt kein Problem. Hier brüten mehrere Paare. Wie viele brauchen Sie vor der Kamera?«

»Einer würde schon genügen.«

»Das kriegen wir hin. Geben Sie mir vier Wochen Zeit, dann habe ich die so weit, dass Sie sie formatfüllend beim Schlagen von Beute aus dem Wasser filmen können.«

Das hörte sich toll an. Ein paar Wochen später fuhren Cleo und ich daher erneut nach Mecklenburg. Langsam wurde es Frühjahr. Die Adler kamen zurück, fanden auch in der Nossentiner/Schwinzer Heide wieder ihre Lieblingsbeute: Fische und Wasservögel. Ich war so zuversichtlich, dass ich Frank in Berlin aufgabelte. Er sollte von einem zweiten Boot aus filmen, wie ein Adler vor dem Boot mit Cleo, Herrn Knöpke und mir einen Fisch aus dem Wasser holt, um in einer möglichst authentischen Szene zu zeigen, wie riesig ein Seeadler ist. Aufgrund von Größenangaben – wie anfangs gesagt: fast ein Meter Körperlänge und bis zu zweieinhalb Meter Flügelspannbreite – können sich viele keine Vorstellung machen, aber wenn man direkt hinter dem Seeadler Menschen und einen Hund sieht, also einen direkten Größenvergleich hat, dann wird klar: Wow! Was für ein gewaltig großer Vogel!

Bernhard Knöpke hatte seinen Bauernhof an eine neurotische Kölnerin verkauft und kann sich mit dem Erlös das Leben nun so gestalten, wie er will. Die meiste Zeit lebt er in seinem »Haus am See«, einem hölzernen Bootshäuschen mit einer kleinen Veranda, von der der Blick frei über den See schweifen kann, während er für die ungemütliche Winterzeit eine kleine Wohnung hat.

Erst mal Kaffee trinken. Herr Knöpke ist ein furchtbar netter Mensch, durch und durch Mecklenburger, aber – *sorry, Bernhard* – braut den schlechtesten Kaffee, den Frank und ich jemals in unserem Leben getrunken haben. Wahrscheinlich kocht er ihn mit Seewasser. Aber man trinkt ihn gern, wenn man dafür die Bilder kriegt, auf die man so lange schon hofft.

Bernhard Knöpke hat alte DDR-Boote, aber mit Hightech-Elektromotor, weil man auf dem See nur mit Elektromotor fahren darf. Einmal um den See herum dauert ungefähr viereinhalb Stunden; ist also nicht ganz klein, der See. Ein Eimer voll Fische zum Anfüttern der Seeadler stand ebenfalls bereit, und Herr Knöpke zeigte uns gleich seinen Trick. Er pumpt ein bisschen Luft in die Fische oder steckt ein kleines Styroporstückchen hinein, sodass sie nicht absinken, sondern an der Wasseroberfläche treiben.

Frank und ich wollten gleich los, aber auch Bernhard Knöpke hat diese typisch mecklenburgische Gemütlichkeit. In Mecklenburg geht alles sehr beschaulich zu. Nervösen Magen und Tinnitus kennt der Mecklenburger nicht, jedenfalls nicht der Ur-Mecklenburger; so zumindest mein Eindruck.

»Erst mal Kaffee austrinken!«, forderte er mit Blick in unsere halb vollen Tassen. Wie auf Kommando kippten Frank und ich den restlichen Kaffee in einem Zug hinunter. Nichts wie weg mit dem Zeug.

Endlich ging es los, Frank mit einem Bootsführer in einem, Cleo, Herr Knöpke und ich in einem anderen Boot. Und wie

Herr Knöpke es angekündigt hatte, kreisten bald Adler über uns, ungefähr in 600 bis 800 Meter Höhe. Die Adler mussten schon Junge im Nest haben und dementsprechend einen hohen Futterbedarf. Beste Chancen fürs Filmen also. Frank und ich waren total aufgeregt. Beide Kameras drehfertig – Frank hatte die eine Highspeedkamera, ich die andere, eine dritte Kamera hinten im Boot mit Selbstauslöser lief bereits.

»Alles klar«, sagte ich nach einem letzten Blick zu Frank zu Herrn Knöpke, »wir können loslegen.«

Herr Knöpke schmiss einen Fisch – keine Reaktion. Keine! Die Adler machten nicht mal ein Anzeichen, sich den Fisch zu holen. Das kann doch nicht sein, dachte ich. Ich schaute zu Herrn Knöpke, der zuckte mit den Schultern und meinte: »Na ja, die kennen euch noch nicht. Die müssen sich erst an euch gewöhnen. Kann ein paar Tage dauern.«

Es ist nämlich so, dass ein Adler nicht nur an ein bestimmtes Beutetier gewöhnt ist, sondern ebenso an ein bestimmtes Bild seiner Umgebung. Das heißt, wenn jeden Tag viele Boote auf einem See kreuz und quer fahren und immer mal wieder ein Fisch über Bord fliegt, wird der Adler irgendwann gelernt haben, dass solch ein Fisch leichte Beute ist, und ihn sich holen. Fährt aber an 365 Tagen nur ein einziges Boot mit einem einzigen Menschen auf den See hinaus, und auf einmal sind da zwei Boote, dazu ein Hund und gleich vier Männer, von denen zwei was komisches Großes auf der Schulter haben, ist das dem Adler sehr suspekt.

Mehrere Tage harrten wir an dem See aus, fuhren jeden Morgen schon kurz vor Anbruch des Tages hinaus, weil das die Zeit ist, in der Vögel aktiv werden. Der Einzige, der sich zwischen den beiden Booten einen Fisch holte, war ein Roter Milan, und der auch nur ein einziges Mal. Die Seeadler machten Folgendes: Sie warteten, bis wir uns etwa einen halben Kilometer von der Stelle entfernt hatten, an der der tote Fisch dank Luft oder Styropor auf der Wasseroberfläche dümpelte, und erst dann holten sie ihn sich. Niemals in unserer Nähe.

Tierfilmer sind ja sehr geduldige Menschen, und ich bin, glaube ich, ganz besonders geduldig, aber uns lief schon wieder die Zeit weg, und jeder Tag kostete eine Stange Geld.

Wir probierten alles Mögliche: Frank im Tarnzelt auf einem Ponton im Schilf versteckt. Herr Knöpke und ich mal mit, mal ohne Cleo im Boot. Cleo und ich ohne Herrn Knöpke im Boot ... Fisch geworfen. Nichts. Adler kam nicht. Wir bekamen keine einzige Einstellung, wie sich ein Seeadler einen Fisch holt. So einfach, wie wir uns das anfangs ausgemalt hatten, war die Sache eben doch nicht. Auf der anderen Seite hatten wir sehr romantische Momente. Mit einer Tasse Kaffee auf der Veranda sitzen und über den See gucken. Der Kaffee schmeckte zwar nach wie vor scheußlich, dafür war das alte Porzellanservice sehr schön. Cleo dösend neben uns. Eine Rohrdommel ruft direkt nebenan im Schilf. Im Volksmund nennt man diesen selten gewordenen Vogel aus der Familie der Reiher auch Moor-, Wasser- oder Riedochse oder Mooskuh, weil er einen extrem tiefen Balzlaut hat, wie ein Subwoofer: *Ung, ung, ung*. Ein sehr markanter Ruf.

»Was ist das denn? Wer hat denn da die Mucke an?«, fragte Frank, der offenbar noch nie eine Rohrdommel gehört hatte, obwohl er viel segelt.

»Das ist keine Musik. Das ist eine Rohrdommel. Das hörst du heutzutage nicht mehr oft.«

Wenn man sich einer Rohrdommel nähert, die am Balzen ist, fliegt sie nicht weg, sondern macht sich steif, streckt ihren Hals und nimmt den Kopf hoch, sodass der Schnabel direkt nach oben zeigt, macht sich also ganz schlank. Dann sieht sie aus wie eine Rohrkolbe oder ein Stück Holz und ist kaum mehr als Vogel zu erkennen. Dabei ist sie, wenn sie sich so lang macht, 60 Zentimeter groß, fast so groß wie ein Graureiher.

Um es kurz zu machen: Wir hatten uns mehrere Tage gemüht, hatten literweise schlechten Kaffee getrunken, uns bei Bernhard Knöpke ansonsten aber ausgesprochen wohlgefühlt, halt »nur« keinen Adler vor die Linse bekommen.

Das war Teil vier der Geschichte.

In der Tierfilmerei ist es immer dasselbe: Wenn ein Film abgedreht ist, und Tierfotografen geht es, glaube ich, ähnlich, wenn sie ihre Fotostrecke abgeben müssen, dann hat man immer das Gefühl, wenn ich jetzt noch mal anfangen könnte, würde es *der* Film, würde es *die* Fotostory werden, weil man natürlich immer tiefer in die Materie eindringt und sich intensiv mit ihr beschäftigt. Ganz von vorn anfangen konnte ich natürlich nicht, denn ich hatte ohnehin schon weit mehr Zeit und Geld investiert, als das Budget vorsah, aber eine allerletzte Chance wollte ich mir und dem Seeadler noch geben.

Ich rief Jan Poggensee an, der auf einem der schönsten und tiefsten Klarwasserseen Deutschlands, dem Schaalsee, als Berufsfischer arbeitet. Als ich 2009 auf meiner Wanderung entlang des sogenannten Grünen Bandes, also der ehemaligen innerdeutschen Grenze, am Schaalsee angekommen war, hatte Jan für Markus Lanz, der einen Tag mit mir wanderte und ein begeisterter – und sehr guter – Fotograf ist, und mich ein Seeadlermännchen mit einem Fisch beinahe formatfüllend vor die Kamera gelockt. An Jan und seinen Seeadler hatte ich natürlich schon vorher gedacht, da es aber am Schaalsee nur ein Brutpaar gab, die Idee wieder verworfen. Was, wie sich jetzt herausstellte, ein großer Fehler war.

Ich gab Jan einen kurzen Abriss meiner Odyssee und fragte ihn, ob er mir das Seeadlermännchen wieder vor die Kamera locken würde.

»Den gibt's nicht mehr. Aber sein Weibchen ist auch sehr vertraut. Also, was mal sein Weibchen war; jetzt hat sie 'nen anderen Kerl.« – Seeadler leben wie die meisten Vogelarten monogam, das heißt, wenn sie einen Partner gefunden haben, bleiben sie zusammen, bis dass der Tod sie scheidet. – »Und wenn die nicht vor die Kamera will, gibt's genug andere«, sagte Jan.

»Was, wie, ›genug‹?«, stammelte ich verdattert. »Vor zwei Jahren hattet ihr, soweit ich weiß, ein einziges Brutpaar.«

»Wie du sagst: Das war vor zwei Jahren«, lachte Jan, »mittlerweile haben wir hier drei Brutpaare, im weiteren Bereich des

Sees sogar sechs. Keiner weiß genau, woher die Neuen gekommen sind, vielleicht aus Estland, Lettland, Litauen, Polen oder Skandinavien. Ist ja egal. Jedenfalls sind sie im Winter gekommen, weil der Schaalsee als Einziger weit und breit offene Stellen hatte, und dann geblieben. Gefällt ihnen hier. Gibt ja auch viel Fisch im Schaalsee. Dieses Jahr haben die Alten zwar nicht gebrütet, aber wir haben trotzdem sehr viele Jungadler. Eigentlich sind es jetzt fast schon zu viele Seeadler. Immer wieder gibt es deshalb Kämpfe. Und bei einem Kampf wurde sogar ein Adler getötet.«

Das war eine lange Rede für den sonst eher wortkargen Jan.

»Wie nah kommen die denn ran?«, fragte ich.

»Die Jungen sind nicht so vertraut. Die halten immer so siebzig, achtzig Meter Abstand. Na ja, und was die Alten betrifft: Wie nah willst du sie denn haben? Drei Meter, fünf, zehn?«

»Zehn würde schon reichen.«

Mit Frank vereinbarte ich, dass er nachkommen sollte, wenn die Sache sicher sei.

Cleo und ich freuten uns auf Jan und den Schaalsee. Der 24 Quadratkilometer große See hat etliche »Teilseen«, unzählige Buchten sowie mehrere Inseln und Halbinseln. Der größte Ort am See ist Zarrentin – mit gerade mal knapp 4700 Einwohnern. Daneben gibt es etliche kleine Orte wie Lassahn, Techin oder Groß Zecher. Das UNESCO-Biosphärenreservat Schaalsee ist das reinste Wanderparadies; komischerweise wandert hier kaum einer. Die meisten Leute kommen zum Baden und Fischessen. Besonders in Zarrentin haben sich in den letzten Jahren tolle Speiselokale etabliert, wo man ausgezeichnet Fisch essen kann.

Jan, Fischer aus Leidenschaft, hat seine Fischerei mittlerweile im Brückenhaus des Grafen von Bernstorff auf der Stintenburginsel. Er fängt mehr oder weniger auf Tagesbestellung für die vielen Restaurants und Ausflugslokale am See. Im Sommer ist da richtig was los. Dann wollen alle Maränen, denn ob gedünstet, frittiert, gegrillt, gebraten, gebeizt oder geräuchert:

Dieser lachsartige Fisch ist sehr lecker und seit einiger Zeit ein richtiger Modefisch – und entsprechend teuer. Jans Brotfisch ist daher wie vor zwei Jahren eben die Maräne, in erster Linie die Edel- oder Große Maräne (an der Ostsee »Schnäpel«, im Alpenvorland »Felchen« oder »Renke« genannt), das Wappentier der Stadt Zarrentin, und in zweiter Linie die Kleine Maräne.

Ein paar Tage später trafen Cleo und ich uns am Brückenhaus mit Jan und seinem Kumpel Horst. Es gab ein großes Hallo, denn auch Horst kannten Cleo und ich. Horst arbeitete bis zu seiner Rente als Maurer, ist aber von seiner ganzen Erscheinung her ein Fischer wie aus dem Bilderbuch. Er sieht aus, als wäre er einem Werbespot für Fisherman's Friend oder Iglo entsprungen. Seit er in Rente ist, geht er Jan zur Hand; nicht, weil er Geld bräuchte, sondern weil er Spaß am Fischen hat.

»Was ist eigentlich mit dem Seeadlermännchen passiert?«, wollte ich wissen, als wir auf den See hinausfuhren.

»Das ist an einer Bleivergiftung gestorben«, klärte mich Horst auf.

»Moment, wie, ›Bleivergiftung‹? Hat einer drauf geschossen, oder was?«

»Nein, das Problem ist, dass die Adler gelernt haben, wenn irgendwo ein Schuss fällt, fällt was für sie ab. Und wir haben in dieser Gegend ja viel Wild: Damwild, Rehwild, Rotwild, Schwarzwild. Da bleibt gerade zur Hauptjagdzeit viel liegen, das brauche ich dir als Jäger nicht zu erzählen. Hier wird auch viel auf Enten geschossen. Wenn eine nicht sauber getroffen wird, fliegt sie noch weiter, verendet irgendwo. Auch ein gefundenes Fressen für Adler.«

Ich nickte, denn nun war mir klar, was Horst meinte. Nach erfolgreicher Jagd wird das Wild ausgeweidet, also ausgenommen, und die Innereien werden fast alle zurückgelassen. Die meisten Jäger nehmen von den Innereien heutzutage nur die Leber, das Herz und bestenfalls die Nieren mit, denn kaum ein Mensch isst heute noch Lunge, Milz oder Pansen. Während nach einem sauberen Schuss die besten Teile, also die Keulen, der Rücken oder Bratenstücke aus der Schulter, sozusagen bleifrei sind, sind in den Innereien sehr viele Geschossteilchen. Es gibt Röntgenaufnahmen von geschossenen Wildtieren, da kriegt man wirklich einen Schreck, denn die Streuung der feinen Bleipartikel ist relativ groß. Deshalb wird den Jägern in Norddeutschland jetzt empfohlen, den »Aufbruch«, also die ausgeweideten Teile, zu vergraben, damit Adler und andere Greifvögel nicht drankommen können. Weit sinnvoller wäre es – und man ist daran, das umzusetzen –, in Gegenden, in denen sehr stark gejagt wird, die Jagdmunition auf bleifrei umzustellen. Bleigeschosse haben aber immer noch die höchste Durchschlagskraft. Und die Jäger argumentieren natürlich so: Höchste Penetration heißt schnelles Verenden des Tieres. Bei der Jagd mit Schrotpatronen landen zudem viele Projektile irgendwo, unter anderem in Gewässern. Und wenn Enten gründeln, heißt: sich Futter vom Seegrund holen, verschlucken sie auch mal so ein Bleikorn. Den Enten macht das nicht so viel aus, die Verlierer sind die, die am Ende der Nahrungskette stehen, die Seeadler.

Greifvögel und speziell Adler haben nämlich eine sehr scharfe Magensäure, die sogar Blei auflöst. Und das lagert sich in ihrem Körper ab und reichert sich an – so wie früher das DDT. Man kann es im Blut nachweisen, im Fett, im Muskelgewebe und letztendlich im Knochenmark. Und nach ein paar Jahren sterben die Tiere dann eben an Bleivergiftung. Wir Menschen können dagegen ruhig ein paar Bleiteilchen in einem Wildfleischgericht mitessen, weil wir keine sonderlich scharfe Magensäure haben. Solange wir nicht große Mengen Blei schlucken, wandert es durch uns durch, ohne Schaden anzurichten.

»Seit einigen Jahren«, fuhr Horst fort, »melden Wanderer, Landwirte oder Wassersportler immer öfter, dass sie wo einen Adler sitzen gesehen haben, der nicht mal wegflog, als sie nahe an ihn herangegangen sind. Dann macht sich ein Naturschutzbeauftragter oder ein Fischer auf die Suche und fängt den Adler ein. So war das auch mit dem Männchen. Wassersportler haben die Naturschutzbehörde in Zarrentin angerufen und gesagt: ›Da sitzt ein völlig apathischer Adler, der muss krank sein.‹ Wir haben ihn gefunden, aber zwei Tage später war er tot.«

»Wie kommst du darauf, dass er an einer Bleivergiftung und nicht an was anderem gestorben ist?«

»Die toten Adler werden alle ins Leibniz-Institut für Zoo- und Wildtierforschung in Berlin geschickt, zu Oliver Krone, 'nem Adlerexperten. Der macht die Analyse und kann aber eigentlich schon von vorneherein sagen: Bleivergiftung. Ist ganz häufig.«

Jan und Horst holten das erste Netz hoch und machten sich daran, den Fang zu sortieren. Die Guten, hauptsächlich Maränen, ins Töpfchen beziehungsweise in den Bottich, die Schlechten ins Kröpfchen: Der sogenannte Beifang, das sind meistens Brassen, oft Plötzen, Rotfedern, hin und wieder eine Karausche, fliegt über Bord zurück in den See und wird von Krebsen oder Raubfischen wie Aal, Hecht und Barsch gefressen – wenn ihn sich nicht Möwen oder Adler von der Wasseroberfläche oder gar gleich aus der Luft holen.

Horst warf beiläufig die letzte Brasse über Bord und gab wieder Gas. Ausgerechnet auf diesen Fisch flog ein Adler an, doch bis er ihn erreichte und sich schnappte, waren wir schon sechzig, siebzig Meter entfernt. Das war für eine perfekte Aufnahme viel zu weit. Abgesehen davon waren Fisch und Adler im entscheidenden Moment genau im Kielwasser. Das Beste kam aber erst. Als der Adler sich mit der Brasse davonmachen wollte, stieß ein anderer auf ihn runter, wollte ihm die Beute abjagen. Er wehrte sich, flog eine Kehre. Und dann gab es am Himmel einen Luftkampf mit spektakulären Flugmanövern. Von Vögeln mit bis zu zweieinhalb Meter Flügelspannweite! Unglaublich! Nur leider, wie gesagt, zu weit weg, um es gut zu filmen.

»So wird das nichts«, sagte ich zu Horst.

»Wieso? Du hast doch bestimmt ein Teleobjektiv«, fragte er erstaunt.

»Ja schon, das nutzt mir aber nichts. Ich muss von der Schulter aus drehen, weil ich hier ja kein Stativ aufbauen kann – das mir aber auch nicht viel nützen würde –, und dabei die Wackelbewegungen des Bootes ausbalancieren. Stell dir mal vor, du schaust bei dem Geschaukle durch ein zehn- oder fünfzehnfach vergrößerndes Fernglas, da kriegst du nie ein scharfes Bild.«

Im Lauf des Tages holte sich der eine oder andere Adler einen Beifang, aber es waren alles junge, die immer warteten, bis wir uns ein gutes Stück von dem Fisch entfernt hatten. Egal, es war ja erst unser erster Tag ...

Als Jungadler bezeichnet man übrigens die Tiere bis ins fünfte Lebensjahr. Im ersten Jahr sind sie braun-weiß gesprenkelt, im zweiten Jahr beginnt die braune Farbe zu überwiegen, weshalb sie in dem Alter von Laien häufig mit Steinadlern verwechselt werden. Erst mit fünf Jahren, mit der Geschlechtsreife, bekommen sie einen weißen Schwanz beziehungsweise »Stoß« und erreichen die endgültige, meistens sehr einheitliche Braunfärbung, das sogenannte Altgefieder.

Am zweiten Tag waren unheimlich viele Kormorane auf dem See. Kormorane sind die größte Sorge von Horst und Jan. Vor sechzig, siebzig Jahren galt der »Seerabe« in Deutschland als ausgerottet, heute brüten allein in Mecklenburg-Vorpommern und Schleswig-Holstein, den beiden Bundesländern, deren Grenze durch den Schaalsee verläuft, insgesamt 11 500 Paare, 600 davon am Schaalsee. Jeder Kormoran braucht am Tag ungefähr ein Pfund Fisch. Da kann man sich vorstellen, was die wegfressen und dass Jan und Horst nicht erfreut sind. Eine Zeit lang erhielten die Fischer dort Ausgleichszahlungen für die Verluste durch Kormorane, heutzutage nicht mehr.

Horst, total außer sich, klopfte ständig mit einem großen Stück Holz an die Außenwand des Bootes. Auf einmal, als würde er das Geräusch kennen und wissen, dass es »Fisch« bedeutet, kam ein Altadler angeflogen.

»Brems ab!«, rief ich Jan zu.

Jan machte langsame Fahrt. Horst warf eine Brasse – *wups!* – in großem Bogen über Bord. Ich hatte den Adler, wie er da im Morgenlicht angesegelt kam, richtig schön im Bild. In dem Moment, wo der Adler nach dem Fisch griff, traf den Bug des Bootes eine Welle, die wir selbst produziert hatten, weil wir eine leichte Kehre gefahren waren. Das Boot wackelte. Meine Kamera wackelte. Der Adler sprang aus dem Bild. Szene versemmelt. Ärgerlich, wo ich doch wusste, dass sich nur die wenigen Altadler nah an das Boot herantrauen und sie sich – das hatte mir Jan vor zwei Jahren erzählt – höchstens einen Fisch pro Tag aus dem Beifang holen; ihre Leibspeise sind Brasse & Co. nämlich nicht, aber wie heißt es so schön: Einem geschenkten Fisch schaut man nicht hinter die Kiemen. Und es war ja erst unser zweiter Tag ...

Tag Nummer drei.

»Heute ist super Licht«, sagte ich zu Jan und Horst, »und heute machen wir alles richtig. Das Boot macht keine Fahrt. Wir warten, bis wir einen Adler sehen. Dann wirft einer von euch einen Fisch etwa zehn Meter weit. Ich stehe parat, ich bin auf dem Adler drauf, ziehe die Schärfe mit, schwenke richtig mit.«

Also, Kamera läuft. Ich stehe im Bug, Horst achtern (in der hinteren Hälfte), Jan im Heck beim Motor. Das Boot liegt gestoppt. Horst wirft eine Brasse. Der Adler kommt angerauscht. Ein leichter Wind dreht das Boot ganz sacht. Ich drehe mich samt Kamera vorsichtig mit, um den Adler nicht aus dem Blick zu verlieren. Und in dem Augenblick, wo der Adler die Fänge ausstreckt, um den Fisch zu greifen, schiebt sich das Bootsheck mit Jan ins Bild – der entscheidende Moment passiert direkt hinter Jan! Der Adler steigt mit seiner Beute auf und ist weg. Ich dachte, das kann nicht sein! Alles irgendwie tipptopp, und ich kriege einfach die Aufnahme nicht.

Tag Nummer vier: Regenwetter. Adler fliegt an. Alles prima. Im Film sieht es nur aus wie Norwegen in Nebel und Regen. Kein schlechtes Bild, aber mieses Wetter halt.

Tag Nummer fünf: eigentlich alles perfekt. Sonnenschein, was selten war. Mehrere Adler in der Luft. Das eine Adlerweibchen, dessen vorheriger Partner an einer Bleivergiftung gestorben war und das recht vertraut mit Menschen ist, hatte wohl keinen rechten Appetit und blieb weit oben. Dafür kam ganz unerwartet ihr neuer Partner, eigentlich ein sehr scheuer, immer tiefer. Man kann ihn leicht identifizieren, weil ihm in der linken Schwinge zwei Federn fehlen. Er macht einen Wahnsinnsanflug, Jan wirft eine Plötze, der Adler kippt schräg ab – ich gehe mit der Kamera mit – und holt sich den Fisch wenige Meter vom Boot entfernt knapp über dem Wasser aus der Luft!

Und ich guckte fassungslos in den Sucher, dann ans Ufer. Als der Adler sich nämlich der Wasseroberfläche genähert hatte, war im Hintergrund der Campingplatz von Groß Zecher aufgetaucht, ein Schandfleck in der Natur. Er war zwar weit in der Ferne, aber man sah auf dem Bild eindeutig Wohnwagen und Zelte. Wieder nichts Gescheites. Dann gab es wieder einen tollen Luftkampf zwischen zwei Jungadlern, etwa zwei Jahre alt, die es auf denselben Fisch abgesehen hatten. Sie griffen sich im Flug an, verhakten sich in der Luft, trudelten nach unten, lösten erst im letzten Moment ihre Fänge voneinander, und genau in diesem Moment kam eine Möwe und holte sich den Fisch. Nette Geschichte, nur spielte sie sich etwa achtzig Meter vom Boot entfernt ab, viel zu weit zum Filmen.

Am Nachmittag holte ich Frank bei schönstem Wetter in Lauenburg vom Bahnhof ab. Und was war am nächsten Morgen? Dicker Regen, trüber Himmel.

Wir fuhren mit zwei Booten raus, Jan, Horst, Cleo und ich wie gehabt in dem einen, Jans Vater und Frank in einem anderen. Jan und Horst hatten einen superguten Fang: Jede Menge Maränen, eine große Schleie, ein riesiger Hecht und zig große Barsche waren im Netz. Der Beifang füllte einen ganzen Eimer. Jan warf eine Brasse über Bord, nach ein paar Minuten eine zweite, eine dritte ... Bald dümpelten überall um uns herum tote Brassen auf der Wasseroberfläche. Möwen kamen an, gackerten, pickten an den Fischen. Aber es kam kein Adler. Kein einziger Adler ließ sich blicken – die zwei oder drei, die in etwa 700 Meter Entfernung in den Bäumen saßen, zählten nicht.

Es war wie verhext. Doch eigentlich hätte ich es wissen sollen, denn hier passierte das Gleiche wie bei Bernhard Knöpke. Das Boot von Jan mit Horst und Jan drin kennen die Adler. Eine weitere Person und auch noch ein Hund in diesem Boot, das hatte sie offensichtlich nicht gestört. Aber ein zweites Boot mit weiteren zwei Fremden war ihnen einfach zu viel.

Schließlich kam Frank zu uns an Bord, und das andere Boot kehrte ans Ufer zurück. Ab da kamen ein paar Adler, blieben aber auf Abstand, umkreisten das Boot in hundert Meter Entfernung. In den Filmeinstellungen, die Frank nun drehte, sieht man Horst und mich oder Jan und mich im Vordergrund und ganz, ganz weit hinten, weil natürlich weitwinklig gedreht werden musste, irgendetwas fliegen. Das hätte eine Möwe, ein Bussard, ein Milan oder wirklich ein Seeadler sein können.

Ich kann nicht sagen, dass die Adlergeschichte bis zu diesem Zeitpunkt nur negativ war. Frank und ich hatten die eine oder andere grandiose Aufnahme gedreht, zum Beispiel mit dem »Bilderbuchfischer« Horst – Jan mit seinem noch jungen, glatten Gesicht könnte hingegen genauso gut Bankangestellter oder Versicherungsvertreter sein – oder mit Cleo, die sich all die Tage sehr manierlich benommen und ruhig verhalten hatte, beim Anblick zweier wild im Netz zappelnder Riesenfische, Schleie und Hecht, aber völlig aus dem Häuschen geriet. Ich habe viel über Seeadler erfahren, tolle Menschen kennengelernt, grandiose Landschaften bereist. Das sind die Privilegien, die man als Tierfilmer hat. Cleo und ich, und auch Frank, hatten eine gute Zeit. Trotzdem war immer diese Anspannung in mir. In manchen Nächten träumte ich, dass ich eine perfekte Adlerszene drehe. Die perfekte Adlerszene, das wurde zur Obsession.

Das war Teil fünf der Geschichte.

Während eines meiner kurzen Aufenthalte zu Hause in der Eifel erhielt ich einen Anruf von Ralf Koch und Jörg Gast.

»Hey, Andreas, Anfang Juni kommt der Adlerexperte Oliver Krone zur Beringung, und wenn du willst, kannst du dabei sein.«

Wow! Was für eine Gelegenheit! Oliver Krone wollte ich schon lange kennenlernen. Und dann noch eine Beringung miterleben!

»Darf ich auf den Horst hochklettern?«, war eine meiner ersten Fragen.

Am anderen Ende der Telefonleitung war es erst mal ruhig.

»Wie? Du willst da hochklettern?«

»Ja, ich bin ein guter Kletterer.«

Da ich wusste, dass die Adlerhorste in der Nossentiner/Schwinzer Heide ausschließlich auf leicht zu besteigenden Kiefern sind und nicht auf Buchen oder Eichen wie etwa in Schleswig-Holstein, traute ich mir das ohne Weiteres zu. Bloß: Ralf und Jörg trauten es mir nicht zu. Sie gaben mir Krones Telefonnummer. Der sollte das entscheiden.

Oliver Krone wusste nicht viel von mir oder dem Filmprojekt und reagierte daher sehr skeptisch auf meinen Wunsch, selbst zu einem Adlerhorst hochzuklettern.

»Wir haben einen Profikletterer«, sagte er, »der macht das mehr oder weniger umsonst, aus Leidenschaft.«

»Das wäre dasselbe bei mir. Ich mache es sogar völlig umsonst und mit großer Leidenschaft. Es wäre mir außerdem eine riesige Ehre, einen Adlerhorst erklettern zu dürfen.«

Ich bin mehrmals in Alaska zu Adlerhorsten geklettert, wobei die Seeadler – genauer: Weißkopfseeadler – dort sehr häufig an exponierten Lagen im Fels brüten, sodass man in der Regel ganz gut rankommt. Außerdem habe ich mir während meiner Lehrzeit ein paar Mark als Zapfenpflücker und Wipfelköpfer dazuverdient – die Wipfel der Bäume zu köpfen war eine sehr effektive Art, Bäume, vor allem klassische Flachwurzler wie zum Beispiel Fichten, gegen Stürme zu schützen. Dazu musste ich bis in die Kronen der Bäume hochklettern. Für Filmaufnahmen über Uhus habe ich mich nicht nur einmal zu Horsten auf Felsvorsprüngen abgeseilt. Und während meiner Wanderung durch Südafrika 2010 habe ich mich bei starkem Wind an der Steilkante des Tafelbergs abgeseilt.

All das erzählte ich Oliver Krone, doch der zeigte sich wenig beeindruckt.

»Ist ja alles schön und gut, aber Sie als alter Mann« – bei der Bezeichnung zuckte ich kurz zusammen –, »ich weiß nicht, ob Sie wirklich zu den Nestern hochklettern können. Die Bäume haben es in sich. Nee, nee, ich bringe meinen Profikletterer mit. Alles andere sehen wir dann.«

Ich würde auf jeden Fall, so entschied ich, meine ganze Ausrüstung mitnehmen, meinen uralten Klettergurt, den ich als junger Kerl schon hatte, mein Hightechseil, die Steigeisen und all das.

Anfang Juni fuhren Cleo und ich mit einem Zwischenstopp in Berlin, wo wir Frank abholten, also wieder einmal in die Nossentiner/Schwinzer Heide, um uns mit Oliver Krone und seinem Profikletterer zu treffen. André Laubner besteht nur aus Sehnen, Muskeln und ein bisschen Haut drüber, ist durchtrainiert bis in die Haarspitzen. Schön und gut, aber der Mann war gerade mal fünf, sechs Jahre jünger als ich. Und mich hatte Oliver Krone als »alten Mann« bezeichnet!

»Na, da bin ich mal gespannt«, sagte Frank, als wir unter der ersten Kiefer standen und zu dem gewaltigen Horst hochschauten. Der Baumstamm war so dick, dass man zwei Männer brauchte, um ihn zu umfassen. Solch ein solides »Fundament« ist aber auch nötig. Schon neue Seeadlerhorste sind etwa einen bis eineinhalb Meter im Durchmesser und fünfzig bis achtzig Zentimeter hoch, über Jahre genutzte Horste können einen Durchmesser von über zwei Metern, eine Höhe von zwei bis fünf Metern und ein Gewicht von 600 bis 1000 Kilogramm erreichen. Der Rekord liegt übrigens bei etwas über zweieinhalb

Meter Durchmesser, sieben Meter Höhe und zwei Tonnen Gewicht!

Oliver Krone und André Laubner hatten eine ganz eigene Methode, an die Adlerküken heranzukommen. Oliver Krone schoss mit einer Zwille einen mit Bleikügelchen gefüllten Beutel, an dem eine lange Schnur hing, über eine Astgabel nahe dem Horst, dann wurde ein Kletterseil an der Schnur befestigt, hoch- und über den Ast gezogen und am Boden fixiert. Und an diesem Seil kletterte André Laubner mithilfe von Steigklemmen nach oben. Wobei immer die Gefahr bestand, dass der Ast brach. War er auf Höhe des Horstes, versuchte André den Jungvogel mit einer selbst gebastelten Vorrichtung – einer Stange mit einer Metallschlaufe an einem Ende – zu fassen zu bekommen, zog ihn zu sich her, steckte ihn in einen Sack und seilte ihn ab. Obwohl Oliver Krone erstaunlich präzise schoss, brauchte er meist mehr als einen Versuch. Mal prallte das Geschoss am Stamm oder einem Ast ab, mal flog es zu weit außen über den Ast.

»Wissen Sie«, sagte ich zu Oliver Krone nach einiger Zeit, »in der Zeit, in der Sie drei- oder viermal schießen, wäre ich längst den Baum hochgeklettert.«

Das wollte er mir natürlich nicht glauben.

War ein Adlerküken abgeseilt, nahm ihm Oliver Krone Blut ab, wog es, vermaß Körper, Schnabel und Krallen und untersuchte seinen Gesamt- und Gefiederzustand. Dann bekam das Junge zwei Ringe der Beringungszentrale Hiddensee, die für die Bundesländer Brandenburg, Mecklenburg-Vorpommern, Sachsen, Sachsen-Anhalt und Thüringen zuständig ist: am rechten Fuß einen »Landesring« in Orange für Deutschland mit der Ringnummer der Beringungszentrale Hiddensee und am linken Fuß einen schwarzen »Jahresring« für das Geburtsjahr 2010. Auf den Ringen steht »Hiddensee Germania« oder »Vogelwarte Hiddensee« und außerdem eine Buchstaben-Ziffern-Folge, die mit einem Spektiv, also einem Beobachtungsfernrohr, selbst aus großer Entfernung gut abzulesen ist. Die

Kombination all dieser Daten ergibt eine individuelle Kennung, praktisch den Personalausweis des Adlers. Entscheidend ist, dass die Küken im Alter von fünf bis acht Wochen beringt werden. Dann sind sie einerseits zu jung, um aus dem Horst zu flüchten, wenn man sie fangen will, andererseits sind ihre Fänge fast ausgewachsen, das heißt, man muss nicht Angst haben, dass die Ringe einschneiden oder gar einwachsen. Nicht nur die Fänge, auch der Kopf und der Schnabel haben in dem Alter beinahe die endgültige Größe erreicht, weshalb Jungadler so seltsam aussehen: Sie haben riesige Köpfe, Riesenschnäbel, Riesenfänge – alles fast ausgewachsen, während der Körper im Verhältnis relativ klein ist.

Abends war die ganze Truppe inklusive Cleo in Plau am See in einer romantischen Fischerei essen, und da ließ sich Oliver Krone dazu erweichen, am nächsten Tag mich klettern zu lassen.

Ich stand unter der gewaltigen, geschätzten dreißig Meter hohen Kiefer und schaute mit meinem Fernglas nach oben. Der Adlerhorst war ebenfalls enorm groß und saß mitten auf der sehr gleichmäßig gewachsenen Krone.

»Und du willst da wirklich hoch?«, fragte Frank.

»Ja!«, sagte ich mit fester Stimme, obwohl ich mittlerweile fast selbst an meinem Können zweifelte, weil alle ständig mehr oder weniger sagten: »Was will der alte Mann da oben auf dem Baum?«

Auf den ersten drei, vier Metern war die Rinde, wie es bei einer Kiefer dieser Größe üblich ist, sehr rau, aber ich hatte ja meine alten Zapfenpflücker-Steigeisen, die mit ihrem extralangen Dorn selbst in dickborkigen Rinden Halt bieten. Nadelbäumen macht eine Verletzung durch einen solchen Dorn übrigens nichts aus, weil sie sowieso ständig harzen. An Laubbäumen sollte man besser mit einem sogenannten Baumvelo steigen, einer Fußhalterung mit einer großen, fest geschlossenen Schlaufe, die um den Stamm gelegt wird, ganz ähnlich wie bei den Palmkletterern; da wird allerdings jeder Ast zum Hindernis. An der glatten Spiegelrinde, an der die Steigeisen richtig gut bissen, ging es dann relativ schnell in den Bereich der abgestorbenen Äste. Um das Sicherungsseil nicht jedes Mal lösen und neu um den Stamm schlingen zu müssen, brach ich die Äste mit der Hand oder der Schulter nach oben weg. Jetzt war der Stamm so dünn, dass ich ihn mit meinen Armen bequem umfassen konnte. Nach insgesamt etwa vier Minuten war ich im Kronenbereich und wuselte mich da durch. Dann sah ich zwei mächtige, ausladende Äste und dachte: Genau das sind sie. An denen gehst du hoch.

Jetzt begann der schwierigste Teil der Aktion. Ich musste um den ausladenden Horst herumklettern, um in ihn hineinzugelangen. An einem der starken Äste zog ich mich hoch. Dann kam der spannende Moment, wo ich in die Nestmulde blicken konnte. Ein einziges Junges saß am gegenüberliegenden Rand des Horstes und versuchte sich ganz klein zu machen. Es beäugte mich misstrauisch. Verständlich, schließlich stand da wie aus dem Nichts auf einmal groß und breit ein Typ in einem roten Overall vor ihm.

Ich schaute mich um und ... – es fällt mir schwer, dieses Gefühl zu beschreiben. Für mich war es eines der größten Geschenke und ein großes Privileg, dass ich in einen Adlerhorst klettern durfte (ich hatte nicht nur Oliver überzeugen, sondern davor auch die eine oder andere bürokratische Hürde nehmen müssen). Das ist nur wenigen vergönnt. Viele werden sich jetzt sagen, na ja, was ist schon toll daran, eine harzige Kiefer hochzuklettern, zu riskieren, dass man abstürzt oder von dem Adlerjungen gekratzt und gehackt wird? Mein Beruf ist aber auch meine Leidenschaft, was nicht viele Menschen von sich behaupten können – ein weiteres Privileg, das ich genieße. Das war das eine. Das andere war: Ich stand nun *über* dem gigantisch hohen Wald. Adler suchen sich natürlich Nistplätze aus, die sie trotz ihrer gewaltigen Flügelspannbreite anfliegen können. Das heißt, ein Horst liegt in der Regel zwei, drei Meter höher als der Durchschnitt der umliegenden Bäume, und dieser

Horst lag noch dazu nicht irgendwo in, sondern *auf* der Krone, also wirklich ganz on top. Unter mir breitete sich ganz Mecklenburg-Vorpommern aus! So kam es mir zumindest vor. Allein dieser Ausblick wäre die Mühe wert gewesen. Dazu direkt vor mir das Junge, etwa hundert Meter über mir kreisend die Altadler. Das hatte etwas ganz Erhabenes! Außerdem war ich natürlich vollgepumpt mit Adrenalin und Endorphinen, denn: Ich hatte es den ganzen Skeptikern da unten gezeigt, die davon überzeugt waren, dass ich es nicht zum Horst schaffen würde. Und wie gesagt, ich hatte ja schon selbst an mir gezweifelt. In dem Moment fühlte ich mich unglaublich, und ich hatte, so seltsam das klingen mag, Tränen in den Augen.

Die Altvögel über mir schraubten sich in der Thermik immer höher. Einen Angriff hatte ich nicht zu befürchten. Seeadler sind Menschen gegenüber nicht angriffslustig. Ganz im Gegenteil. Nach einigen Minuten waren sie verschwunden. Ein Steinadler hätte in solch einer Situation angegriffen. Ein abgerissenes Ohr, zerrissene Kleidung und Narben auf dem Rücken gehörten bei den Steinadlerkletterern zum Risiko.

Vorsichtig, um weder das Adlerjunge noch mich zu verletzen – es könnte mir mit Schnabel und Krallen schon kräftig zusetzen –, packte ich es, passte auf, dass die Flügel nicht klemmten, und steckte es in einen Sack. Erstaunlicherweise wehrte es sich kaum, klapperte nur ein bisschen mit dem Schnabel. Dann seilte ich es ab, was gar nicht so einfach war, weil ständig Äste im Weg waren. Wie mir Oliver Krone später sagte, war das Adlerküken etwa fünf, sechs Wochen alt, in einer perfekten Verfassung und mit 3,6 Kilo mehr als wohlgenährt.

Während ich darauf wartete, den kleinen Wonneproppen wieder hochziehen zu können, guckte ich mir den Adlerhorst genauer an. Er war gewaltig, hatte etwa zwei Meter im Durchmesser und wog sicherlich um die 500 Kilogramm. Oliver – mittlerweile hatten wir uns das Du angeboten – erzählte mir später, dass nach acht bis zehn Jahren die Kronen der Bäume meistens wegbrechen, weil die Nester zu schwer werden. Die Adler packen nämlich immer mehr Äste und Zweige drauf. Der Horst war voller Beutereste. Da lagen zwei zerfledderte Kormorane – das hätte Jan und Horst sehr gefreut –, Speiseröhre und Magen einer Ente, Federn diverser Enten, endlos viele Fischschuppen verschiedener Fische sowie etliche Schwanzflossen, komischerweise aber kein einziger Fischkopf.

Und dann entdeckte ich etwas, was mich total verblüffte.

»Oliver«, rief ich nach unten, »stell dir vor, hier liegt sogar der Kiefer von einem Wildschwein! Der Größe nach von einem Frischling mit etwa zwanzig Kilo.«

»Ich glaube nicht, dass die Adler den selbst geschlagen haben«, antwortete Oliver, ganz Wissenschaftler und Analytiker, ohne lange zu überlegen.

Wahrscheinlich, so stellte ich es mir zumindest vor, hatten die Adler das Wildschwein irgendwo tot gefunden, entweder an der Straße, wo es von einem Auto überfahren worden war, oder im Wald, es auseinandergenommen und in Einzelteilen ins Nest gebracht. Kuriose Geschichte.

»Der Adler ist wieder im Sack«, kam nach einer Weile von Oliver das Kommando.

Ich zog das Junge hoch und setzte es behutsam zurück ins Nest. Der kleine Kerl sah mit seinen letzten paar Flaumfedern auf dem Kopf total witzig aus. Zur Erinnerung machte ich ein paar Fotos mit Selbstauslöser. Im Vordergrund sieht man den kleinen Adler, der jetzt sehr entspannt war, dahinter sitze ich; es sieht aus, als würden wir uns schon ewig kennen. Sehr lustig.

Sobald ich unterhalb der Krone war, seilte ich mich mit einem Abseilachter ab. Dumm nur, dass das Seil, das ich sehr weit oben über eine Astgabel gelegt hatte, ein bisschen zu kurz war. Die letzten paar Meter musste ich daher wieder klettern. Na, jedenfalls zeigten sich die anderen, vor allem Oliver, schwer beeindruckt, und so durfte ich noch zu zwei anderen Horsten hochklettern.

Das war Teil sechs der Geschichte.

Alles in allem konnte ich tolle Aufnahmen von Seeadlern machen, aber ich bin immer noch auf der Suche nach dem perfekten Bild. Und bevor ich das nicht habe, gebe ich keine Ruhe. Das ist für mich eine Frage der Tierfilmerehre. Um dem Leser einen Anhaltspunkt zu geben, wie sich diese Geschichte bislang entwickelt hat: Von ZDF- oder Terra-X-Seite her waren für den Seeadlerdreh fünf Tage und zwei Reisetage geplant – und die, und nur die, wurden auch bezahlt. Mittlerweile sind wir, das heißt Cleo und ich sowie zeitweise Frank, bei über zwanzig Drehtagen plus vier oder fünf Reisetagen. Die besten Seeadlerjagdbilder kommen momentan aus Norwegen. Ich aber will authentische, hautnahe und aktionsreiche Aufnahmen von einem Seeadler an einem norddeutschen Gewässer haben. Das ist meine Herausforderung. Ich gucke nicht auf Drehtage.

Das perfekte Seeadlerbild – bis auf Weiteres meine große persönliche Herausforderung.

Die unglaubliche Geschichte des Hans Wurst

Stark befahrene Verkehrswege, ob Autobahnen, Bundesstraßen oder Bahnstrecken, sind der größte Feind unserer Wildtiere. Jährlich werden allein auf unseren Autobahnen unzählige Wildkatzen, Füchse, Marder, Dachse, Hasen, Hirsche, Rehe, Iltisse, Feuersalamander und andere Tiere angefahren oder überfahren. In manchen Jahren geraten im Frühjahr fünfzig Prozent der Krötenpopulation unter die Räder. Dem Rotwild, unseren größten Huftieren, ist vielerorts die Möglichkeit verwehrt, wie früher im Herbst von den höheren Sommereinständen in niedrigere Regionen zu wandern, wo sie den Winter verbrachten, weil Autobahnen ihre Wanderwege blockieren.

Noch vor dreißig Jahren hatte man keine bessere Idee, als große Betonröhren unter den Autobahnen anzulegen, um Wildtieren den Wechsel zum Lebensraum auf der anderen Seite zu ermöglichen. Nur: Da ist vielleicht mal ein Dachs oder ein Fuchs durchgeschlichen, aber niemals ein Hirsch – nicht einmal, wenn auf der anderen Seite eine brunftige Hirschkuh gestanden hat –, geschweige denn ein ganzes Rudel oder eine Wildschweinrotte. Daran sieht man, wie unerfahren und naiv die Wildbiologen und die Planer im Verkehrsingenieurwesen damals waren. In der Eifel kamen Theoretiker vom Straßenbauamt vor nicht allzu langer Zeit noch auf die Idee, statt Metallleitplanken, die nicht ganz so viel aushalten, 1,20 Meter hohe Betonerhöhungen in den Mittelstreifen zu bauen, um zu verhindern, dass man mit dem Auto auf die Gegenfahrbahn gerät. Das Problem damit ist, dass eine Wildkatze, ein Fuchs oder ein Dachs, die es mit viel Glück über die eine Seite der Autobahn schaffen, dann vor dieser Betonwand stehen. Eine Wildkatze könnte locker darüber hinwegspringen, ein Fuchs auch, der Dachs täte sich vermutlich schwer. Die meisten Tiere versuchen es aber gar nicht erst, weil sie in der Betonmauer eine natürliche Felsbarriere sehen. So laufen sie stattdessen parallel zu dieser Betonführung entlang, einen halben Meter neben der Überholspur! Wenn das nächste Auto kommt, geraten sie in Panik und werden überfahren. Wir haben Tausende Biologen, Landschaftsplaner, Verkehrsingenieure und so weiter, und trotzdem konnte eine solche Fehlplanung passieren. Unglaublich. Jetzt ist aber Hilfe in Sicht: Die Betonerhöhungen sollen abgebaut und die Autobahnen auf beiden Seiten von Wildschutzzäunen gesäumt werden, die die Wildtiere zu einer Wildbrücke leiten.

Die Idee der Wildschutzzäune und Wildbrücken stammt, wie schon in einem früheren Kapitel erwähnt, aus Kanada. Über Wildtierbrücken führen keine Stege oder Wege, auch keine Landwirtschaftswege, sie dienen einzig und allein den Wildtieren. Sie sind eine enorm wichtige Einrichtung, um inselartige Vorkommen einer Tierart miteinander zu vernetzen und so eine genetische Verarmung der einzelnen Populationen zu verhindern, die zu vermehrten Krankheiten, einer Schwächung und letztlich zum Aussterben dieser Populationen führen kann. Außerdem können die Tiere dank solcher Brücken ihren genetisch bedingten Wandertrieb gefahrlos ausleben.

Die meisten Wildbrücken sind heutzutage Grünbrücken, also bepflanzt. Durch ihre Struktur und die Art der Bepflanzung werden sie nicht nur von den Tierarten angenommen, für sie eigentlich gedacht sind, zum Beispiel Wildkatze, Luchs oder Rotwild, sondern von allen im umgebenden Lebensraum vorkommenden Tieren, also auch von Reptilien, Amphibien und sogar von Vögeln, Fledermäusen und Insekten.

Frank, Cleo und ich hatten uns schon lange einmal eine Wildtierbrücke, genauer eine Grünbrücke, aus der Nähe ansehen wollen. In Deutschland gibt es derzeit knapp vierzig Grünbrücken, wir entschieden uns für diejenige beim Segeberger Forst, weil der Segeberger Forst ein sehr wildreiches Gebiet mit viel Rot-, Dam- und Rehwild und jeder Menge Wildschweinen ist.

Es gibt fest installierte Kameras, mit deren Hilfe man ziemlich genau feststellen kann, welche Tiere über die Brücke marschieren, und die Aufnahmen dieser Kameras, die auch dämmerungs- und nachtaktive Tiere erfassen, werden akribisch ausgewertet. Schließlich haben wir in Deutschland relativ wenig Erfahrung mit solchen Brücken, und man will natürlich feststellen, ob sich die teure Investition – eine fünfzig Meter breite Grünbrücke kostet ungefähr dreieinhalb Millionen Euro – tatsächlich lohnt. Frank, Cleo und ich wollten aber nicht nur wissen, welche und wie viele Wildtiere wie oft die Brücke nutzen, sondern selbst erleben, wie es sich anfühlt, auf einer solchen Brücke zu stehen, und sehen, wie sich Wildtiere dort verhalten.

»Mensch, das ist ja richtig ruhig hier!«, sagte ich erstaunt, als wir auf der Grünbrücke standen, »wie fünfzig Meter tief im Wald, obwohl direkt unter uns der Schwerlastverkehr durchdonnert. Unglaublich!«

Das liegt daran, dass Grünbrücken ziemlich hoch sind (empfohlen ist eine Mindesthöhe von zehn Metern, weil manche Tierarten niedrigere Brücken nicht nutzen), dass sie hochgezogene Ränder oder eine andere Art Lärmschutz haben, zum Beispiel einen Lattenzaun an den Seiten – die Grünbrücke beim Segeberger Forst hat darüber hinaus eine Sichtblende aus Kunststoff, die zusätzlich Schall schluckt –, und mit Büschen, Stauden und hochwachsenden Gräsern begrünt sind. Sollen auch große Tiere den Mut aufbringen, sie zu überqueren, muss eine Grünbrücke zudem mindestens vierzig Meter breit sein, wodurch man in der Mitte zwanzig Meter vom rechts und links aufsteigenden Lärm entfernt ist.

Cleo war das alles völlig egal, die hatte nämlich in dem etwa drei Meter breiten Sandstreifen, der sich in der Mitte der Brücke von einem Ende zum anderen zieht, eine Witterung aufgenommen und zog nun wie verrückt an der Leine. Ich schaute mir die Fährten im Sand an.

»Ah ja, alles klar, Cleo, Wildschweine.«

Cleo liebt ja Wildschweine über alles, und die Spuren waren noch frisch. Da wollte sie natürlich nichts wie hinterher.

Da es in der Nacht davor geregnet hatte, sahen wir nur die quasi tagesaktuellen Fährten. Und das waren überraschend viele. Neben einem großen Keiler und vier kleinen Wildschweinen (Jährlingen), deren Duftspur Cleo so unwiderstehlich anzog, hatten ein Rothirsch, drei Stücke Damwild – wahrscheinlich alles weibliche Tiere, eines könnte auch ein junger Bulle gewesen sein –, ein Dachs und ein Fuchs die Brücke überquert. Das war relativ viel Bewegung für eine Wildbrücke innerhalb weniger Stunden, was dafür spricht, dass die Brücke nicht nur als Wanderkorridor, sondern auch für den tagtäglichen Wildwechsel genutzt wird. Außerdem fanden wir kleine Krabbelspuren, die ich nicht identifizieren konnte; wahrscheinlich stammten sie von Amphibien.

Nachdem wir die Brücke erkundet hatten, suchten wir uns einen Platz, von dem aus wir das Geschehen gut im Blick hatten, und warteten ab. Zunächst geschah nicht viel, erst als die Dämmerung einsetzte, kam Leben auf die Brücke. Als Erstes marschierte ein einzelnes Wildschwein an uns vorbei, dann sahen wir ein paar kleine Tiere, unter anderem ein Wiesel und mehrere Kreuzkröten, über die Wildbrücke krabbeln. Diese kleinen Tiere sind für unser Ökosystem genauso wichtig, wenn nicht sogar wichtiger als die großen Tiere.

Wir hielten uns zwei Tage und eine Nacht an und auf der Wildbrücke auf. Im Abendlicht hatten wir sehr großes Glück, denn da liefen uns vier junge Wildschweine – wahrscheinlich waren es dieselben, deren Fährten Cleo gleich bei unserer Ankunft entdeckt hatte – direkt vor die Linse. Sie kamen aus dem östlichen Teil des Segeberger Forsts und trabten zunächst völlig entspannt etwa 200 Meter am Wildschutzzaun entlang. Dass nur wenige Meter neben ihnen Lkws und Pkws auf der Autobahn vorbeirauschten, interessierte sie nicht. Schließlich bogen sie, ohne zu zögern, Richtung Grünbrücke ab und schnaubten an uns vorbei. Zwei von ihnen fingen auf der Brücke an, nach Nahrung zu wühlen. Auf der anderen Seite verschwanden sie im westlichen Teil des Segeberger Forsts. Die Selbstverständlichkeit, mit der diese vier den Wildschutzzaun und die Grünbrücke nutzten, war ein schönes Beispiel dafür, dass Grünbrücken ihren Zweck erfüllen.

Der Dreh war sehr erfolgreich. Wir konnten die Grünbrücke schön darstellen, die Moderationen saßen. Cleo war begeistert. Alles war gut.

Wir wollten am nächsten Abend gerade unsere Sachen zusammenpacken, als wir eine kleine Haselmaus entdeckten, die im Gestrüpp herumkletterte. Haselmäuse werden oft mit den klassischen Waldmäusen, der Gelbhals- und der Rötelmaus, verwechselt, sind aber ihrem sehr mausähnlichen Aussehen und ihrem Namen zum Trotz keine Mäuse, sondern gehören zur Familie der Bilche, sind also mit dem Garten-, dem Baum- und dem Siebenschläfer verwandt. Der possierliche und anmutige Nager mit seinen großen schwarzen Knopfaugen ist der kleinste Bilch Deutschlands. Er wird nur fünfzehn Zentimeter lang, wobei fast die Hälfte der Länge auf den Schwanz entfällt, und zwischen fünfzehn und vierzig Gramm schwer. Ihr geringes Gewicht rettete die Haselmaus in altrömischer Zeit nicht vor dem Kochtopf. In »De re coquinaria«, dem ältesten erhaltenen Kochbuch der römischen Antike, das vermutlich aus dem dritten oder vierten Jahrhundert stammt, wird Haselmaus mit Honigsauce als besonderer Leckerbissen gepriesen. Wie die damaligen Köche es geschafft haben, »gefüllte Haselmaus« zuzubereiten, ist mir angesichts des winzigen Körpers allerdings schleierhaft.

In freier Wildbahn kann die Haselmaus bis zu sieben Jahre alt werden, eine Waldmaus hingegen wird meist nicht älter als ein bis zwei Jahre, was jedoch in erster Linie daran liegt, dass sie für ihre Fressfeinde eine leichtere Beute ist; die Waldmaus lebt nämlich – schon wieder ein irreführender Name – nicht vorwiegend im Wald, sondern in offenen Lebensräumen: in Parks, am Rand von Feldern, in Gärten und so weiter, also in Gebieten, wo sie relativ einfach zu entdecken ist. Außerdem halten Haselmäuse wie alle Bilche im Gegensatz zu Mäusen einen langen Winterschlaf – von Oktober bis April. Dazu polstern sie sich in Erdlöchern oder unter einer großen Laubschicht mit Blättern, Gräsern und Moos ein kleines Nest aus und schlafen darin, gut geschützt vor Prädatoren, tief und fest bis in den Frühling hinein. In dieser Zeit zehren sie von den Fettreserven, die sie sich während des Sommers angefressen haben. Während des Winterschlafs senkt die Haselmaus ihre Körpertemperatur auf fünf bis zehn Grad Celsius, Puls- und Herzschlag werden extrem gedrosselt, auf wenige Schläge pro Minute. Englische Wissenschaftler haben nachgewiesen, dass sie nur alle fünf Minuten einen leichten Atemzug tut. Wenn Haselmäuse schlafen, rollen sie sich zusammen und legen sich ihren langen buschigen Schwanz, der sie von der Gelbhals- oder Rötelmaus unterscheidet, wie eine Stola um die Schulter. Dann sehen sie aus wie eine kleine Pelzkugel.

Haselmäuse halten sich äußerst ungern auf dem Boden auf, weil sie dort ihren Feinden – für die dämmerungs- und nachtaktive Haselmaus sind das vor allem Wiesel, Schlangen, Iltisse, Füchse und Eulen – am stärksten ausgeliefert sind. Viel lieber verbringen die äußerst geschickten Kletterer ihre Zeit in Sträuchern und Hecken, am liebsten im Gewirr von Brombeersträuchern, wo sie zwischen den vielen Stacheln sogar vor kleinen Fressfeinden größten Schutz finden. Und weil sie so ungern über den Boden laufen, kann es passieren, dass es auf der einen Seite eines Waldwegs vor Haselmäusen nur so wimmelt, während auf der anderen Seite keine einzige lebt. Der Brombeerstrauch ist auch ihr bevorzugter Wohnort. Wenn man in einem Brombeerstrauch eine Blätterkugel findet, ist das nicht irgendeine Missbildung der Pflanze, sondern das Nest einer Haselmaus. In diesem Nest verschläft sie den Tag und zieht ihre Jungen groß.

In meiner Kindheit waren Haselmäuse in der DDR beliebte Haustiere. In der einen oder anderen Zoohandlung fand man damals Meerschweinchen, manchmal Goldhamster und immer mal wieder griechische Landschildkröten, aber recht viel mehr Auswahl hatte man nicht. Wir fingen uns daher unsere Haustiere meist selbst. Haselmäuse eigneten sich bestens als Haustier. Zum einen beißen sie nie, selbst Wildfänge tun das nicht; Haselmäuse sind sehr sanfte, liebenswerte, völlig unaggressive Lebewesen. Zum anderen riechen sie nicht. Mäuse stinken, Bilche dagegen riechen überhaupt nicht. Das ist auch gut so, denn sonst wären sie während des Winterschlafs leichte Beute für ihre Fressfeinde. Zum Dritten entwickeln sie in kürzester Zeit Vertrauen zum Menschen, weit schneller als zum Beispiel eine Feldmaus oder eine Ratte.

In einer alten Ausgabe von »Brehms Thierleben« aus der Zeit vor dem Einzug von Hamster, Meerschweinchen, Springmaus & Co. in die Kinderstuben steht über die Haselmaus denn auch geschrieben: »Sie kann ein sehr pflegeleichter Hausfreund werden, deshalb ist sie in England der Favorit unter den Kleintieren, die man zu Hause halten kann.« Man dürfe, so heißt es in dem berühmten zoologischen Nachschlagewerk weiter, Haselmäuse aber nicht am Schwanz packen, da der ansonsten abbreche. Er würde an der Bruchstelle zwar nachwachsen, ähnlich wie bei Eidechsen, jedoch nicht mehr so schön buschig und lang wie einst. So viel zum guten, alten Alfred Brehm, der sich manchmal ganz schön was zusammengedichtet hat.

Ich hatte als Kind ebenfalls eine zahme Haselmaus. Herbert, so hieß sie – beziehungsweise »er« –, lebte auf dem großen Gummibaum im Wohnzimmer meiner Großeltern (ich wohnte zu jener Zeit bei meinen Großeltern). Der Gummibaum war so riesig, dass meine Großmutter einzelne Äste schon mit Bindfäden und Reißzwecken an der Decke befestigt hatte. An diesem Gummibaum gab es ein Häuschen und mehrere Fressnäpfchen mit Nüssen, Sonnenblumenkernen und hin und wieder mal Apfelstückchen, Hagebutten und Brombeeren. Eigentlich sind Haselmäuse Allesfresser, die neben Nüssen und Früchten auch Knospen und Blüten, Eicheln und Bucheckern, Insekten, Schnecken, Würmer und sogar Vogeleier fressen, aber damals wusste das keiner von uns. Und Herbert schien sich an dem begrenzten Speiseplan nicht zu stören, denn er lebte glücklich und zufrieden über sechs Jahre lang (Tiere in Gefangenschaft werden generell älter als in freier

Wildbahn lebende). Herbert hat natürlich nie Winterschlaf gehalten, weil der erst bei einer Umgebungstemperatur von fünf Grad Celsius ausgelöst wird, und so kalt war es in der Wohnung zu unserem Glück nie.

Herbert lebte also auf diesem Gummibaum und wurde gut versorgt. Nur eine Sache war nicht so toll: Mein Großvater rauchte Zigarre, und das konnte für den kleinen Herbert nicht gut sein. Er hat zwar nie gehustet, aber ich bildete mir ein, dass er sich in dem Rauch nicht wohlfühlte. Jeden Abend war es dasselbe Ritual: Damals gab es nur die kleinen Schwarz-Weiß-Fernseher. Meine Großeltern hatten einen vom VEB (Volkseigenem Betrieb) Rafena und konnten gerade mal zwei Sender empfangen, einen aus dem Westen und einen aus dem Osten. Um aber überhaupt fernsehen zu können, brauchte man einen sogenannten Spannungskonstanthalter, kurz Stromregler genannt, um die Spannung auf genau 220 Volt zu halten. Den schaltete mein Großvater als Erstes ein, danach den Fernseher. Am Anfang war das Bild nur ein Strich in der Mitte und vergrößerte sich nach und nach. Erst wenn sich die Bildröhre erwärmt hatte, hatte man schließlich ein Vollbild. Während das Fernsehbild also allmählich zu seiner vollen Größe heranwuchs, stellte sich mein Großvater zwei Stubbi-Flaschen (330 ml fassende, kleine, bauchige, braune Bierflaschen) Bier bereit, eine Flasche Nordhäuser Doppelkorn und ein Schnapsglas. Dann zündete er sich eine dicke Zigarre an. Spätestens zu diesem Zeitpunkt – daran kann man sehen, wie intelligent Haselmäuse sind – verschwand Herbert in seinem Häuschen auf dem Gummibaum, denn er wusste: Achtung, gleich gibt es dicke Luft.

Die unglaubliche Geschichte des Hans Wurst begann damit, dass diese kleine Haselmaus abends in der Hecke herumturnte und sich dort sichtlich wohlfühlte. Sie zeigte keinerlei Ambition, ihren Busch zu verlassen und weiterzuziehen, was ja auch nicht ihrer Natur entsprochen hätte. Auf einmal, man konnte in der einbrechenden Dunkelheit schon kaum mehr etwas erkennen, kam ein Waldkauz angeflogen, stürzte sich auf die Haselmaus und packte sie mit einem Fuß am Rücken. Da ich ein großes Herz für Haselmäuse habe, lief ich rufend und mit den Armen fuchtelnd zu der Stelle. Tatsächlich ließ der Kauz die Haselmaus vor lauter Schreck fallen und flog davon. Die Haselmaus lag zuckend auf der Seite im Gras. Mir war klar, dass sie nach einem solchen Angriff kaum eine Überlebenschance hatte. Es war, als wäre ein Mensch von drei Degen durchbohrt worden; der hätte vielleicht noch ein paar Sekunden oder Minuten zu leben, und das wäre es dann. Trotzdem hob ich den Bilch vorsichtig auf und steckte ihn in meine Jackentasche.

Bis wir die Filmausrüstung zum Auto geschleppt und darin verstaut hatten, hatte ich die Haselmaus beinahe vergessen. Als ich schließlich in die Jackentasche griff, merkte ich, dass die Haselmaus noch lebte. Ich konnte es kaum fassen. Behutsam holte ich sie heraus und untersuchte sie im Schein einer Kopflampe. An zwei Stellen hatte sie Verletzungen von den Klauen des Waldkauzes erlitten. Ein Waldkauz ist zwar kein großer Vogel, aber für eine Haselmaus muss er, in Relation gesehen, ein Monster sein.

Frank und ich kamen auf die Idee, dem Patienten ein kleines Krankenbett zu bauen. Frank schnitt dazu eine Mineralwasserflasche aus Plastik der Länge nach auf, während ich Gras, Laub und Moos zum Auspolstern sammelte. Anschließend setzten wir die Haselmaus, die zu jenem Zeitpunkt noch keinen Namen hatte, in ihrem Bettchen in den Kofferraum des Autos. Als wir am nächsten Morgen nachschauten, lebte die Haselmaus immer noch. Unglaublich zähes Kerlchen. Da wir zu weiteren Drehs mussten, reiste die Haselmaus, die wir irgendwann Hans Wurst tauften, fast zwei ganze Monate mit uns durch Deutschland – natürlich nicht dauernd in ihrem Krankenbett, bei der ersten Gelegenheit kaufte ich ihr einen Hamsterkäfig. Ihre Wunden versorgten Frank und ich mit Heilsalben und -cremes aus der Apotheke, und wir lasen ihr jeden Wunsch von der süßen kleinen Schnute ab. Bei jedem Brombeerstrauch, den wir sahen, pflückten wir ein paar Früchte, und einmal, als Not am Mann war, kauften wir sogar ein Schälchen Brombeeren in einem Feinkostladen. Und Cleo, die Hans Wurst anfangs manchmal mit argwöhnischem Blick betrachtet hatte, akzeptierte ihn bald als weiteren Reisegefährten.

Mittlerweile ist Hans Wurst zu einem richtigen Prachtexemplar herangewachsen und lebt in einem schönen großen Freilandgehege. Irgendwann wird er wahrscheinlich in einem Zuchtprogramm für Haselmäuse in Thüringen mitwirken. Das ist sein und mein größter Wunsch. Über seinen Namen spricht er nicht mehr.

Wollhandkrabben – haarige Achtbeiner auf Wanderschaft

Frank, Cleo, Hans Wurst und ich fuhren nach Hohnstorf in Niedersachsen zu Eckhard Panz. Eckhard, in der siebten Generation Berufsfischer, ist ein alter Freund von mir. Kennengelernt haben wir uns während meiner Zeit im knapp achtzig Kilometer entfernten Gorleben, 1980 und 1981, da er ein enges freundschaftliches Verhältnis zu einem Fischer von dort hatte.

Eckhard ist genau so, wie man sich einen Fischer vorstellt: ein bisschen eckig und kantig, und wenn er etwas sagt, dann hat es Gehalt. Es ist immer wieder schön, Freunde zu treffen, die etwas Grundsolides haben. Die freuen sich auch nach Jahren, wenn man mal wieder zu Besuch kommt. Komischerweise sind mittlerweile sehr viele Fischer meine Freunde. Neben Eckhard Panz zählen dazu ein paar Kumpels aus meiner Zeit bei der Hochseefischerei, der alte Fischer Holger Paustian vom Selenter See oder der junge Jan Poggensee vom Schaalsee. Einige andere leben auf Kodiak, wo sie mit Langleinen auf Heilbutt, Lachs oder einen der teuersten Speisefische der Welt fischen: den Black Cod, auf Deutsch Kohlenfisch oder Schwarzer Kabeljau, obwohl er nicht zur Kabeljau-Familie gehört. Das hängt womöglich damit zusammen, dass ich gern am Wasser bin, gern angle und mich sehr dafür interessiere. Wasser zieht mich magisch an, egal, in welcher Form. Und ich kann kompetent mit Fischern schnacken, weil ich ja selbst mal in dem Gewerbe tätig war. Alle Binnenfischer hören außerdem gern Geschichten aus der Hochseefischerei, weil die noch mal eine ganz andere Dimension hat: Winterstürme, Fischen in 300 Meter Tiefe, Netze, die sich an Riffen verhaken, große Grundhaie, die als Beifang in die Netze geraten.

Eckhards ganzes Leben dreht sich um den Elbfisch, vor allem Aal und Zander. Die Elbe hat große Zanderbestände, die jedoch periodischen Schwankungen unterliegen. Eckhards Problem ist, dass Elbfische stark in Verruf geraten sind, was in erster Linie mit Altlasten zusammenhängt. 2003 etwa wurden im Aal stark erhöhte, allerdings unter dem zulässigen Grenzwert liegende Dioxinwerte gemessen.

»Mann«, begrüßte uns Eckhard in verständlichem Deutsch, denn wenn er in seinem niedersächsischen Platt richtig loslegt, versteht ihn nur, wer das selbst gelernt hat, »du darfst nur fünfmal im Jahr Aal aus der Elbe essen, haben die Idioten gesagt!« Mit »Idioten« meinte er die Deutsche Gesellschaft für Ernährung (DGE), die regelmäßig Empfehlungen herausgibt, was man essen und wovon man besser die Finger lassen sollte. »Wisst ihr, was das für mein Geschäft bedeutet!? Würdest du denn fünfmal im Jahr Elbaal essen, wenn du wüsstest, dass die Fische ein bisschen schittig und leicht vergiftet wären? Du würdest überhaupt gar keinen Elbaal essen! Du würdest sagen: ›Ich bin doch nicht blöd! Fünfmal darf ich, und danach werde ich krank. Da esse ich lieber gar keinen Aal aus der Elbe!‹«

Dabei hatte Eckhard gerade zwischen Hohnstorf auf der einen und Lauenburg auf der anderen Seite der Elbe eine Aalreuse aufgestellt, ein uraltes Ding, das nach einem noch älteren Prinzip funktioniert; eine Art Strömungsreuse, in die die Aale flussabwärts hineinkriechen und sich in einem der immer enger werdenden Segmente verfangen. Wer noch nie in Lauenburg war, sollte es sich unbedingt mal ansehen. Es ist eines der romantischsten, verträumtesten, mittelalterlichsten, friedlichsten, harmonischsten, kulturell anspruchsvollsten, architektonisch unglaublichsten Städtchen an der Elbe. Es gibt keine andere Flussstadt, die so stark auf mich wirkt. Cleo findet Lauenburg auch toll. Als alte Stadt, als Flussstadt und als eine Stadt, die jedes Jahr mindestens einmal unter Wasser steht, hat Lauenburg einen ganz eigenen Geruch, und man kann dort super herumschnüffeln.

»Früher war der Aal für mich ein Brotfisch«, erklärte uns Eckhard, »aber seit dieser Empfehlung ist es ganz schwer.«

Zum Glück ist Eckhard kein armer Mann, im Gegenteil. Sein Ururgroßvater hatte, noch bevor sie eingedeicht wurde, Grundstücke an der Elbe gekauft. Auf diesen Grundstücken hat Eckhard Ferienhäuser errichtet. Da er in seinem zweiten Leben Maurer war, hat er sie mehr oder weniger selbst gebaut. Das schönste dieser Häuser liegt *vor* dem Elbdeich, was an sich schon etwas Besonderes ist, davon gibt es nämlich nur ganz wenige. Man hat von dort einen unverbauten Blick auf den Fluss. Es ist so schön da, dass das Haus 365 Tage im Jahr vermietet ist. Eckhard kann vom Fremdenverkehr ganz gut leben. Die Hamburger und die Hannoveraner kommen sehr gern zu ihm, dazu Touristen aus Celle, Lübeck und sogar Berlin. Das ist so Eckhards Einzugsgebiet.

Eckhard plant ständig neue Sachen auf dem Land, das ihm gehört, zum Beispiel einen Parkplatz für Wohnmobile, direkt an der Elbe, natürlich vor dem Deich. Die Gemeindeverwaltung will das aber nicht, weshalb Eckhard mit ihr im Clinch liegt. Die Gemeinde nimmt ihm auch übel, dass er jeden Samstag oder Sonntag zum Fischmarkt nach Uelzen fährt, um seine Fische dort zu verkaufen statt in Lauenburg oder Lüneburg, den beiden nächsten größeren Orten. Eckhard ist halt Geschäftsmann.

»Ich muss über die Runden kommen«, sagt er immer, »ich kann mich nicht dem Beamtenkram hingeben. Die Beamten haben ihr festes Gehalt, die wissen ja gar nicht, was es heißt, selbstständig zu sein. Mein Laden muss laufen. Ich habe eine schicke Frau und zwei Kinder.«

Eckhards Frau Christine ist nicht nur schick, sondern richtig hübsch. Blond und hochgewachsen. Eckhard selbst hat ebenfalls eine stattliche Figur. Und die zwei Kinder sind bildhübsche Töchter. Eine Vorzeigefamilie, die ohne Weiteres Werbung für eine Modefirma machen könnte – solange sie nicht alle in der Fischerskluft stecken.

Momentan läuft »der Laden«, die Fischerei, wie gesagt nicht gut. Früher hatte Eckhard zwei Gesellen und einen Lehrling; die kann er sich nicht mehr leisten.

Als wir bei ihm ankamen, zeigte er uns einen großen Wels – 35 Kilogramm schwer und 1,60 Meter lang –, der an dem Morgen in seinem Netz gelandet war.

»Das ist der erste große Elbwels, den ich seit der Wiedervereinigung gefangen habe«, erklärte er uns.

Es brauchte nur zwei Anrufe bei Feinschmeckerrestaurants in Hamburg, dann war der Fisch verkauft. Für fünf Euro das Kilo. Das ist nicht viel, wenn man bedenkt, dass der Fischermeister höchstpersönlich ihn gefangen hat und dass Eckhard ihn ja noch in das gut fünfzig Kilometer entfernte Hamburg liefern muss, wohlwissend, dass der Wels in dem Gourmetlokal in kleinen Häppchen serviert für viel Geld weggeht.

Christine, die genauso selbstbewusst ist wie ihr Mann und sagt, was sie denkt, begrüßte Cleo und mich mit: »Mensch, zwei solche Berühmtheiten hier, das ist ja ein Ding. Du wirst es hier aber nicht einfach haben, Andreas«, grinste sie mich frech an, »denn es gibt hier bereits einen Helden, den Roland.«

Roland Garve war Zahnarzt in der DDR. Nach einem gescheiterten Fluchtversuch saß er fast zwei Jahre im Gefängnis, was er nur aufgrund seiner mentalen Stärke und weil er auch in der Haft regelmäßig Sport trieb, heil überstand. In den Westen abgeschoben, unternahm er bislang über siebzig Expeditionen zu archaischen Völkern, zu Indios, Pygmäen und Papuas. Der Ethnomediziner und Völkerforscher kämpft für diese Völker, für die Erhaltung ihrer Kultur und ihres Lebensraums und gegen ihre Missionierung. Er veröffentlichte mehrere Bücher und ist der Produzent zahlreicher Dokumentarfilme über bedrohte Ethnien. Wenn er auf seinen Expeditionen auf Einheimische trifft, ob die Himba in Namibia oder die erst Anfang der 1990er-Jahre entdeckten Zoé im brasilianischen Bundesstaat Para, die Auca in Ecuador oder die Din in West-Papua – Letztere hatten bis zu Roland Garves Erscheinen nie Kontakt zur Außenwelt gehabt –, ist die Freude groß, denn Roland Garve kommt überall seinen Pflichten als Zahnarzt mit humanistischem Weltbild nach, weshalb ihn viele Ureinwohner als ein Art Schamanen sehen.

»Die Frauen hier waren alle ein bisschen verliebt in ihn«, erzählte mir Christine, »weil er so cool aussieht. Na ja, seit er geheiratet und seine Praxis aufgegeben hat, lieben sie ihn nicht mehr so sehr. Roland ist weggezogen, weil in Geesthacht und Umgebung fast zwanzig Kinder an Leukämie erkrankt sind;

das soll die höchste erfasste Leukämierate auf kleinem Raum bei Kindern sein! Weltweit! Und Roland hat ja jetzt selbst ein kleines Mädchen.«

»Man kann denken, was man will«, griff Eckhard das Thema auf, »aber die häufigen Krebserkrankungen in dieser Region haben irgendwas mit diesem Scheißkraftwerk zu tun.« Das Kernkraftwerk Krümmel im gleichnamigen Geesthachter Ortsteil ist ein richtig fieses. 2005 gab es eine Reaktorschnellabschaltung, 2007 brannte ein Transformator. Danach war es zwei Jahre im Stillstandsbetrieb. In dieser Zeit gab es unter anderem einen Schwelbrand in der Lüftungsanlage (2008); 2009, kaum dass es wieder hochgefahren worden war, kam es zu weiteren »Zwischen-« oder »Störfällen«, wie das so verharmlosend genannt wird. Daraufhin ging es erneut in den Stillstandsbetrieb. Im Mai 2011 gab die Bundesregierung bekannt, dass das KKW Krümmel endgültig vom Netz genommen wird – Fukushima lässt grüßen.

Die Menschen in dieser Region sind nicht gerade gut auf Vattenfall, den Betreiber des Atomkraftwerks, zu sprechen, der generell für die Zerstörung der Umwelt steht. Vattenfall ist ein Konzern, der sich alles kaufen kann: Biologen, Hydrologen, Ozeanologen, Krabbenforscher und so weiter. Sagt Eckhard. Die zwitschern dann alle die Lieder, die Vattenfall hören will: Der Elbe drohe keine Gefahr, und Vattenfall tue sehr viel für den Fluss.

»Dabei ist genau das Gegenteil der Fall!«, schimpfte Eckhard. »Alle reden vom Kormoran, wie viele Fische der frisst, und von den Fischern, die zu viel fangen. Dabei sind diese riesigen Kraftwerke die größten Jungfischvernichter, die du dir vorstellen kannst. Mit dem Wasser, das die aus der Elbe saugen, saugen sie ja auch eine Menge Fischbrut an. Die landet später geschreddert wieder im Fluss. Das war's dann mit der nächsten Fischgeneration.«

In Hamburg-Moorburg wird im Auftrag Vattenfalls gerade ein Wärmekraftwerk gebaut. Die Elbe transportiert an dieser

Stelle bei Niedrigwasser 160 Kubikmeter Wasser pro Sekunde; bei Hochwasser natürlich mehr. Das Kraftwerk wird pro Sekunde über sechzig Kubikmeter Wasser zum Kühlen brauchen. Das dazu benötigte Wasser wird aus der Elbe gesaugt werden und schließlich stark erwärmt wieder in den Fluss fließen. In warmem Wasser kann sich aber Sauerstoff nicht so gut lösen wie in kaltem. Wird ein kritischer Punkt überschritten, kommt es zu einem großen Fischsterben.

Viele Menschen sind bereits aus der Elbmarsch weggezogen. Aus Angst vor einer gesundheitlichen Bedrohung. Und die ist offensichtlich gegeben. Nicht nur rund um das Kraftwerk Krümmel sind gehäuft Leukämieerkrankungen aufgetreten, auch in der näheren Umgebung des Kernkraftwerks Isar/Ohu bei Landshut in Niederbayern oder des Atommülllagers Asse bei Wolfenbüttel in Niedersachsen. Und überall in erster Linie bei Kindern. Man versetze sich nur mal in die Lage werdender oder junger Eltern. Ist doch klar, dass die wegziehen.

Wie es so ist bei Fischern, kam auch bei Roland und Christine zur Begrüßung zunächst einmal ein ordentliches Stück Fisch auf den Tisch: Räucheraal, natürlich aus der Elbe. Dazu eine Flasche Köm, wie man den norddeutschen Aquavit nennt. Cleo war sehr begeistert, sie hat sogar noch die Pelle des Aals gefressen. Frank hingegen hielt sich ziemlich zurück. Ihm klang mit Sicherheit noch Eckhards Bemerkung über die Empfehlung der DGE in den Ohren, dass man nur fünfmal im Jahr Aal aus der Elbe essen soll, und Frank ist, was Ernährung anbelangt, immer ein bisschen vorsichtig. Laut DGE soll man auch höchstens fünfmal im Jahr Waldpilze, Waldbeeren oder Wildbret aus Bayern essen, die seit dem Reaktorunfall von Tschernobyl mit radioaktivem Cäsium-137 belastet sind, oder Wiesenchampignons aus der Eifel, weil sie einen zu hohen Mineraldüngergehalt aufweisen. Solche Empfehlungen sind ja gut und schön, aber wenn man sich an sämtliche Empfehlungen der zig Gesellschaften und Institute hält, was kann man dann überhaupt noch essen?

Eckhard sagt immer, dass die Elbe ein ganz toller Fluss sei, und dieser Meinung sind Cleo und ich auch. Wir sind große Elbefans. Wir schwimmen in der Elbe, und ich habe sogar Wasser aus der Elbe getrunken – von Cleo ganz zu schweigen.

»Hier werden regelmäßig Wasserproben entnommen«, erzählte Eckhard, »zum Teil von Instituten, die auf der Gehaltsliste Vattenfalls stehen, klar. Zum Teil aber auch von unabhängigen Einrichtungen, und selbst deren Ergebnisse sprechen dafür, dass das Wasser der Elbe in Ordnung ist.«

In der zweiten Hälfte des 20. Jahrhunderts galt die Elbe, biologisch gesehen, als praktisch tot. Die Elbaale hatten alle Geschwüre am Kopf. Spätestens hinter Hamburg. Sie wurden von den Fischern lange gehältert, also in Vorratsbehältern oder frostsicheren Teichen aufbewahrt, und bestenfalls geräuchert. Ansonsten ging nichts. Über Jahrzehnte waren die Abwässer der unterschiedlichsten Industrien – Bergbau, Zellstoff und Chemie, um nur einige zu nennen – und von Privathaushalten ungeklärt in den Strom geflossen. Durch die Schließung vieler Industriebetriebe infolge der Wiedervereinigung und durch den Bau von Kläranlagen sank die Belastung mit Schwermetallen und anderen Schadstoffen seither rapide, auf manchen Strecken allein seit 1990 um neunzig Prozent!

Als Wasserstraße ist die Elbe fast bedeutungslos – nur vier Prozent der deutschen Binnenschifffahrt findet auf ihr statt –, dennoch verschlingt sie acht Prozent der öffentlichen Ausgaben für Betrieb und Unterhalt, zum Beispiel das Ausbaggern der Fahrrinnen. Damit ist sie die teuerste Schifffahrtsstraße Deutschlands. Um ihre wirtschaftliche Bedeutung und ihre Wettbewerbsfähigkeit zu steigern, müsste noch mehr Geld investiert werden, damit sie auch im Niedrig- und Mittelwasserbereich an mehreren Tagen pro Jahr schiffbar wird.

Die Elbe hat also mittlerweile auf weiten Strecken wieder sauberes Wasser. Als Cleo und ich während unseres Wandersommers in der Elbe schwammen, bekamen wir danach weder Ausschlag noch Durchfall, weder Sprach- noch Schlafstörungen. Es ging uns so gut wie davor. Das ändert sich allerdings ganz drastisch, wenn die Fahrrinne wieder mal ausgebaggert werden muss und mit dem Schlick die Schadstoffe aufgewirbelt werden, die sich in ihm abgelagert haben. Der Bagger entsorgt die Schlacke zudem nicht an einer Giftmülldeponie, sondern kippt sie einfach rechts und links der Fahrrinne zurück ins Elbwasser. Wenn man direkt danach das Wasser auf Schwermetalle, Arsen, Phenol, DDT oder Phosphor prüfen würde, wären die Messergebnisse exorbitant hoch. Eckhard meinte denn auch, Cleo und ich sollten nach einer solchen Aktion besser ein paar Tage lang nicht in der Elbe schwimmen und schon gar nicht mit Elbwasser die Zähne putzen.

Der Hauptgrund, wieso wir zu Eckhard gefahren sind, war die Wanderung der Wollhandkrabben. Die Wollhandkrabbe ist ein sehr seltsames Tier. Sie sieht aus wie die Gemeine Strandkrabbe, nur dass sie an den Scheren einen dichten, fast wollartigen Haarbewuchs hat, dem sie ihren Namen verdankt. Wie bei uns Menschen sind die Männchen übrigens stärker behaart als die Weibchen. Ursprünglich in China heimisch, reiste sie vor etwa hundert Jahren in den Ballasttanks großer Schiffe nach Europa, wo sie zusammen mit dem Wasser aus den Tanks in die Gewässer vor den Hafenstädten Deutschlands und Hollands gepumpt wurde. Man ging zu Beginn fälschlicherweise davon aus, dass die Wollhandkrabbe in unseren Breiten nicht überleben könne, da es viel zu kalt wäre und die Lebensbedingungen nicht stimmten, aber das Gegenteil war der Fall. Die Wollhandkrabben vermehrten sich prächtig, und da sie, wenn sie erwachsen sind, im Süßwasser leben, wanderten sie von der Küste aus die Weser, Elbe, Ems, Weichsel oder den Rhein und deren Nebenflüsse hoch. Der erste dokumentierte Fund einer solchen Krabbe in Deutschland war 1912 in der Aller. Mittlerweile ist sie bis Dresden vorgestoßen.

Anfangs fürchtete man, dass die Wollhandkrabben unseren Speisefischen die Nahrung streitig machen, sich über Fischlaich und Jungfische hermachen und heimische Arten wie die Gemeine Strandkrabbe oder Flusskrebse verdrängen würden. Wollhandkrabben fressen jedoch, wie man mittlerweile weiß, vorwiegend Wasserpflanzen, Insektenlarven, Muscheln und Schnecken. Eine direkte Nahrungskonkurrenz sind sie nur zu Flusskrebsen, in erster Linie zum Kamberkrebs, der im Übrigen selbst eingeschleppt wurde, nämlich aus Nordamerika. Ökologisch gesehen, sind sie also unbedenklich.

Viele andere Neozoen sind sehr wohl »invasiv«, verdrängen also heimische Arten. Das gilt für den Nandu, den Marderhund, den Alexandersittich oder den Waschbären. Beispiel: Wo es Nandus gibt, gibt es keine Kraniche mehr. Sie beanspruchen die gleiche Nahrung und denselben Lebensraum. Der Nandu macht alles platt und zerstört auch Gelege von anderen Vögeln. Und das gilt ebenso für nichtheimische Pflanzen – die man Neophyten nennt –, wie zum Beispiel den Riesenbärenklau, der ursprünglich aus dem Kaukasus stammt, den Japanischen Staudenknöterich oder den Sommerflieder (Heimat China), die alle drei irgendwann einmal als Zierpflanze in Deutschland eingeführt wurden und mittlerweile zu einem großen Problem geworden sind. Manche Neophyten überwuchern heimische Gewächse und ersticken sie regelrecht. Neozoen und Neophyten sind ein ganz heikles Thema, überall auf der Welt.

Obwohl die Wollhandkrabbe also *kein* invasiver Neozoon ist, sind Angler und Fischer trotzdem nicht gut auf die Tiere zu sprechen, weil sie ihnen die Köder vom Haken knabbern, Reuseneingänge verstopfen und mit ihren Scheren Angelschnüre und Netze zerschneiden. Das ist das eine. Das andere ist, dass der Nachwuchs der Wollhandkrabben zur Entwicklung salziges Wasser braucht. Wenn im Spätsommer die Hormone zu wallen beginnen, ziehen die erwachsenen Tiere daher in Massen in sogenannten Reproduktionswanderungen – ähnlich wie der Aal – zur Paarung flussabwärts ins Brackwasser, wo sich Salz- und Süßwasser miteinander mischen. Dort paaren sie sich, und die Weibchen legen ihre Eier ab. Für die Elterntiere ist das Leben damit gelaufen. Im Alter von etwa eineinhalb bis zwei Jahren unternimmt der Nachwuchs im Frühjahr die Wanderung dann in umgekehrter Richtung. Auch wieder en masse. Auf diesen Wanderungen im Frühjahr und Spätsommer verstopfen Hunderttausende von Wollhandkrabben Drainagen, Schiffsschleusen und Wehre. An solchen Barrieren werden die Tiere tonnenweise eingefangen und »wiederverwertet«, zum Beispiel in der Biogasproduktion oder zur Herstellung von Chitosan, das in der Medizin, in der Landwirtschaft, der Textilindustrie und etlichen anderen Branchen Verwendung findet.

In ihrer ursprünglichen Heimat China gilt die Wollhandkrabbe als Delikatesse. Während wir bei Krabben nur die Beinchen und die Scheren auslutschen, essen die Asiaten, soweit ich weiß, auch das Innere des Gehäuses, also die Kiemen, den Verdauungsapparat und so weiter. Da viele Asiaten in Europa leben, kann man aus dem Verkauf von Wollhandkrabben an Restaurants Profit schlagen. Tatsächlich hat Eckhard mehrere Abnehmer in Hamburg, Amsterdam und sogar in Düsseldorf, wo bekanntlich sehr viele Japaner leben. Er bekommt zwischen 2,50 und 3,50 Euro für das Kilo, jedoch nur für ausgewachsene Exemplare, also jene, die flussabwärts wandern. Wollhandkrabben kommen tagelang ohne Wasser aus, weil sie im Innern ihres Chitinpanzers genug Feuchtigkeit speichern können, um durch ihre Kiemen atmen zu können. Karpfen können das übrigens auch. Eckhard hat früher Karpfen auf nassem Stroh nach Hamburg auf den Fischmarkt gefahren. Das Stroh musste nur immer wieder mit Wasser übergossen werden, damit die Karpfen am Leben blieben. Bei Krabben ist es noch einfacher: rein in einen Behälter und Deckel zu. Zwei Tage später kommen die Tiere in Amsterdam oder in Düsseldorf beim Krabbenhändler an und sind putzmunter. Somit könnte man die Krabben aus wirtschaftlicher Sicht als durchaus interessant betrachten.

Wäre da nicht der Schaden, den sie durch das erwähnte Verstopfen von Schleusen und anderen Anlagen anrichten. Da sie auch Fischtreppen und die Kaltwasseransaugfilter von Kraftwerken blockieren, war geplant gewesen, die Wollhandkrabben in Zusammenarbeit mit Vattenfall zu drehen, das am Wehr Geesthacht als Ausgleichsmaßnahme für den Bau des Kraftwerks Moorburg bei Hamburg eine hochmoderne Fischtreppe – angeblich die größte Europas – hat bauen lassen. Vattenfall ist also doppelt betroffen, wegen der Kaltwasseransaugfilter und der Fischtreppe, und investiert folglich viel Geld in die Erforschung der Wollhandkrabbe. Wer Näheres zur Wollhandkrabbe erfahren möchte, der möge doch die vielen netten Internetseiten von Vattenfall über das Phänomen »Wollhandkrabbe« besuchen. Sagt Eckhard Panz.

Wie auch immer. Als ich dann Fotos der Fischtreppe im Internet sah, war mir klar, dass wir nicht dort drehen würden, denn es sieht da furchtbar trist und steril aus. Außerdem sollten wir von den Biologen vor Ort, die natürlich alle von Vattenfall bezahlt werden, genaue Richtlinien zum Dreh erhalten. Man wollte uns also in eine ganz bestimmte Richtung drücken. Das wollten wir aber nicht, also hatte ich meinen alten Freund Eckhard Panz angerufen.

»Die Fischtreppe ist Blendung der Bevölkerung, denn die zwanzig Millionen Euro dafür hat Vattenfall doch aus der Portokasse bezahlt«, sagte Eckhard damals, »außerdem ist sie völlig Banane, total zwecklos. Die sieht gruselig aus, und man fragt sich, wie ein Lachs, ein Aal oder Rapfen da hochzappeln sollen. Wollhandkrabben wollt ihr also filmen? Kein Problem, wie viele Zentner braucht ihr? Wenn die ihre Wanderungen machen, ist hier alles voll mit Wollhandkrabben. Meine Netze, meine Reusen, ja selbst die Schleuse vom Elbe-Lübeck-Kanal ist dann verstopft. Überall Wollhandkrabben. Im Sommer sind hier allerdings nur kleine Biester.«

Mit »kleine Biester« meinte Eckhard Wollhandkrabben in der Größe einer Zwei-Euro-Münze. Das waren dann wohl diejenigen, die irgendwann im Frühjahr bei Hamburg oder Lübeck gestartet waren. Manche Tiere sind Jahre unterwegs, bis sie ihr Ziel erreichen. Bei einem Tempo von ein bis drei Stundenkilometern – je nach Alter – dauert es halt seine Zeit, wenn man zum Beispiel von Hamburg nach Dresden wandert.

Wir waren noch gar nicht richtig angekommen und saßen gerade bei Räucheraal und Köm, da sagte Frank: »Nach Dresden möchten wir auch, um die adulten Tiere zu filmen. Andreas muss da tauchen, vor dem Grünen Gewölbe. Der klassische Canaletto-Blick –«

Seit dem Gemälde »Dresden vom rechten Elbufer unterhalb der Augustusbrücke« von Bernardo Bellotto, der sich Canaletto nannte, ist der Canaletto-Blick auf Dresden weltberühmt.

»Mach mal langsam«, unterbrach ich Frank, »hast du ausnahmsweise mal die Stellen im Drehbuch davor gelesen? Was wir vorher drehen müssen? Massenansammlung der Tierchen? Und Hindernislauf über ein Wehr oder so?«

»Ja, hab ich«, sagte Frank leicht genervt.

Wir beide waren von den Wollhandkrabben – eigentlich von dem geplatzten Dreh an der Fischtreppe und der versuchten Bevormundung durch Vattenfall – ein bisschen angefixt.

»Wir haben uns schon so lange nicht mehr gesehen«, warf Eckhard ein, »jetzt machen wir erst mal eine schöne Fahrt über die Elbe, rüber nach Schleswig-Holstein.«

Eckhard, Christina, seine ältere Tochter, Cleo, Frank und ich stiegen also in Eckhards großes Aluminiumboot – Hans Wurst ließen wir zurück, der hätte den Ausflug sowieso verpennt.

»Guckt mal«, sagte Eckhard und zeigte auf eine Riesenkiste in der Mitte des Bootes, »das sind die Wollhandkrabben, die ich allein heute Morgen aus den Reusen geholt habe. Ich kann euch versprechen, dass ihr an der Schleuse vom Elbe-Lübeck-Kanal große Mengen sehen werdet. Da versuchen jetzt bestimmt Tausende von den Biestern drüberzukommen.«

Dass diese Tiere mehrere Tage außerhalb des Wassers überleben können, befähigt sie dazu, Schleusen, Wehre und andere Hindernisse zu umgehen. Nur deshalb sind überhaupt solche Invasionen möglich. Eigentlich sind die Wollhandkrabben nachtaktiv, doch während der großen Wanderungen sieht man sie auch tagsüber. Die Gruppe bietet dem einzelnen Tier ja Schutz. Und wenn von 10 000 Krabben 2000 von Möwen, Iltissen, Fischottern, Füchsen und Mardern erbeutet werden, kommen immer noch genügend an ihr Ziel. Masse statt Klasse – ein einfaches und oft zu beobachtendes Prinzip der Natur.

Eckhard, der hier jeden kennt, hatte bereits einem Schleusenwärter Bescheid gegeben, einen kleinen Nebenkanal am Beginn des Elbe-Lübeck-Kanals für uns zu sperren. Die Schleuse dort ist grandios. Ein bisschen dunkel und düster, wenig Licht zum Filmen, aber bei der Anfahrt wirkte das sehr romantisch. Das Bild, das sich uns da bot, war einfach gigantisch: Tausende zwei Eurostücke großer Krabben versuchten, von der Ostsee kommend, über die Holzwand der Schleuse zu klettern. Gleichzeitig versuchten etwa hundert adulte Tiere, in Richtung Meer zu marschieren. Sie nutzten vermutlich die Gunst der Stunde.

Das Wasser in der Schleuse stand tief, der Betonboden war überwuchert von Algen. Cleo fing an zu bellen und interessierte sich tierisch für die krabbelnden Krustentiere. Als sie eine der großen Krabben mit der Pfote anstupste, ging die sogleich in Angriffsstellung über, spreizte ihre Scheren und hing im nächsten Augenblick – *klick!* – an Cleos Nase. *Autsch!* Die Dinger können ganz schön fest kneifen. Cleo schüttelte sich kräftig, und die Krabbe flog in hohem Bogen weg. Ich weiß nicht, was Cleo so verrückt machte, vielleicht der Geruch, den Wollhandkrabben bei Stress absondern, jedenfalls schnappte sie sich gleich die nächste, dann noch eine und noch eine. Das ging eine ganze Zeit lang so, sie war völlig aus dem Häuschen. Vermutlich soll der Geruch, den die Tiere versprühen, Beutegreifer abschrecken, genauso wie das Zwicken mit den Scheren, im Fall von Cleo funktionierte weder das eine noch das andere.

Wir drehten Aufnahmen in allen Variationen: mit der Unterwasserkamera, wie die Tiere aus dem Wasser stiegen und aufs Wehr kletterten, wie sie auf der anderen Seite von der Spundwand herunterpurzelten, nicht selten auf die Kamera drauf, und ich machte meine Moderation, um welche Tiere es sich hier handelt. Oder versuchte es zumindest, denn Cleo stand neben mir und bellte wie von der Tarantel gestochen, als wollte sie dem Zuschauer sagen: »Pass auf! Lass dich nicht beißen, ich wurde schon zweimal in die Nase gekniffen. Das tut weh!« Sie war wirklich außer Rand und Band.

»Wir brauchen noch ein Einstellung von da oben«, rief ich Frank zu und deutete zur Oberkante der Spundwand, »klettere mal da hoch.«

Und Frank rief: »Was? Ich kann nichts verstehen, Cleo bellt so laut! An den Spundwänden bricht sich der Schall, wie soll man da ... sie soll leiser bellen!«

Es war das reinste Tohuwabohu. Doch letzten Endes waren wir sehr beeindruckt. Und zufrieden mit dem Dreh. Zurück am niedersächsischen Elbufer, luden wir daher zur Feier des Tages die Familie Panz zu Kirschkuchen mit Sahne ein.

Am nächsten Tag waren Frank, Cleo, Hans Wurst und ich bei miesestem Regenwetter auf dem Weg nach »Elbflorenz«, wie Dresden genannt wird. Das mediterrane Flair verdankt die Stadt den Elbwiesen, die, von ganz wenigen Stellen abgesehen, die Ufer der Elbe schmücken, seiner barocken Architektur und nicht zuletzt seinen vielen Kunstsammlungen. Frank checkte auf seinem Hightechhandy die Wettervorhersage.

»Du, heute Nachmittag soll es im Zentrum von Dresden aufreißen und schönes Wetter haben. Dann drehen wir.«

Bei unserer Ankunft regnete es zwar nicht mehr, aber es war alles grau in grau. Wir entschieden, uns erst einmal eine Drehgenehmigung zu besorgen, und fragten beim Wasser- und Schifffahrtsamt Dresden an.

»Eine was? Eine Drehgenehmigung? Nee, so was braucht ihr hier nicht«, hieß es.

Die Sachsen sind höflich, intelligent und ficheland (eine Verballhornung des französischen »vigilant« = aufgeweckt), sehr wissbegierig, hilfsbereit und total entspannt. Das macht sie zu meinen Lieblingsdeutschen; das und dass sie nicht so irre bürokratisch sind wie zum Beispiel die Preußen, Rheinland-Pfälzer oder, ganz schlimm, die Bayern. Wir konnten trotzdem nicht glauben, dass es so einfach gehen sollte, immerhin wollten wir direkt an einer der Hauptattraktionen Dresdens drehen: der Brühlschen Terrasse, dem »Balkon Europas« zwischen der Augustus- und der Carolabrücke, Bestandteil des Canaletto-Blicks. Und nicht nur das, ich sollte dort ja auch tauchen, und ein Taucher in voller Montur passt ja nun wirklich nicht in diese erhabene Kulisse. Was, wenn sich ein Tourist, Fremdenführer oder ein Polizist daran störte? Um Scherereien vorzubeugen, hätten wir gern eine schriftliche Drehgenehmigung gehabt.

»Wir brauchen wirklich keine Drehgenehmigung«, klärte mich Frank, der immer auf Nummer sicher geht, auf, nachdem er sich beim Chef des Wasser- und Schifffahrtsamts rückversichert hatte, »aber du sollst dir ein dickes Seil umbinden, damit du von der starken Elbströmung nicht abgetrieben wirst.«

Inzwischen hatte das Wetter tatsächlich wie angekündigt aufgeklart, und so marschierten Frank, Cleo und ich vom Parkplatz zum Ostufer der Elbe hinunter. Hans Wurst musste leider wieder im Auto bleiben, dafür hatte ich ihm Brombeeren frisch gepflückt, die sich zu seiner Leibspeise entwickelten. Jetzt, wo die Wolken sich verzogen hatten, war es schön warm, und die Sonne lockte die Menschen ins Freie. In luftiger Sommerkleidung spazierten sie an der Elbe entlang, Kinder tollten in kurzen Hosen und T-Shirts umher, und mittendrin stapfte ich im dicken Neoprenanzug, eine Pressluftflasche auf dem Rücken, die Maske um den Hals, nur den Schnorchel noch nicht im Mund über die Wiese. Großes Staunen und Gelächter von allen Seiten.

In einem Eimer trug Frank zwei große »Musterkrabben«, die Eckhard uns mitgegeben hatte für den Fall, dass wir in Dresden nicht fündig werden sollten. Romeo und Julia, so hatten wir die beiden, tatsächlich ein Männchen und ein Weibchen, getauft.

Frank und ich mussten erst etliche Meter in die Elbe hineinwaten, da das Wasser sehr flach war – dafür war es warm, und dagegen hatten wir überhaupt nichts einzuwenden. Cleo auch nicht. Irgendwann fing die starke Strömung an, vor der der Mann vom Wasser- und Schifffahrtsamt gewarnt hatte. Unter meinen Füßen knirschte es ständig, und als ich nach unten griff, hatte ich gleich zwei Krabben in der Hand.

»Guck mal«, sagte ich zu Frank und streckte ihm meine Hand hin, »da hätten wir Romeo und Julia eigentlich die weite Reise ersparen können. Wie geht es den beiden überhaupt?«

»Och, denen geht es gut«, entgegnete Frank nach einem Blick in den Eimer, »die sind erstaunlich munter. Was machen wir denn mit ihnen?«

»Hm, hier in die Elbe setzen, was sonst?«, fragte ich.

»Mensch, die waren schon bis Lauenburg gekommen! Jetzt müssen sie die ganze Strecke ein zweites Mal zurücklegen.«

»Ich fahr jetzt aber nicht wieder nach Lauenburg, um die beiden *dort* auszusetzen«, sagte ich entschieden.

Wir begannen zu drehen. Ich tauchte aus der Elbe auf, hielt, damit sie die weite Reise nicht umsonst gemacht hatten, Romeo und Julia vor die Kamera und sprach meinen Text. Dann, nach etwa einer halben Stunde, das Ganze noch einmal, weil das Licht dann weicher war. Schließlich ein drittes Mal kurz vor Sonnenuntergang, wenn das Licht am allerschönsten ist. Und da passierte etwas ganz Tolles. Die Sonne schien von Westen her durch den Torbogen der Augustusbrücke und beleuchtete Cleo und mich von hinten, sodass es aussah, als hätten wir beide einen Heiligenschein. Ein unvergleichliches Bild.

»So weit sind sie schon gekommen«, sagte ich zum dritten Mal meine Ansage auf. »680 Kilometer von der Nordseemündung bis hier nach Dresden. Sie haben nur ein großes Problem: Sie können sich nicht im Süßwasser paaren. Deswegen müssen sie den ganzen Weg zurück. Mehrere Jahre hat der Aufstieg der Tiere bis nach Dresden gedauert, und mehrere Monate wird es dauern, bis sie wieder im Brackwasser hinter Hamburg angekommen sind. Ich wünsche den beiden viel Glück!«

Damit fand die Wollhandkrabbengeschichte, die uns zu Beginn so genervt hatte, doch noch ein gelungenes Ende.

Der Zug der Kraniche – Deutschlands größtes Naturwunder

Wer schon einmal auf Rügen oder auf der Halbinsel Fischland-Darß-Zingst gewandert ist oder auf einem der Bodden – zur Erinnerung: ein durch Landzungen vom offenen Meer abgetrenntes Küstengewässer – unterwegs war, der wird aus dem Schwärmen nicht mehr herauskommen. So wie Caspar David Friedrich, der in seinem Gemälde »Kreidefelsen auf Rügen«, das heute zu den bedeutendsten Werken der Romantik zählt, einen der berühmtesten Aussichtspunkte der Insel, die Stubbenkammer, festhielt. Oder der Forstmeister und Verfasser von Jagdliteratur Ferdinand von Raesfeld, der auf dem Darß, dem mittleren Teil der Halbinsel Fischland-Darß-Zingst, das Standardwerk »Das deutsche Waidwerk« schrieb. Jeder, der sie zu sehen bekommt, wird von der Insellandschaft und der Küstenwelt der Ostsee verzaubert. Frank, Cleo und mir erging es nicht anders.

Vor dieser herrlichen Kulisse gibt es einmal im Jahr ein Naturschauspiel, das in dieser Form, in dieser Stärke und Intensität in Deutschland seinesgleichen sucht. Viele haben trotzdem noch nie davon gehört, und das, obwohl ganze Busladungen von Menschen aus Berlin, Hannover, Kiel oder Dortmund nur deswegen hierherkommen. Von etwa Ende August bis Ende Oktober dauert das Spektakel, wobei der Höhepunkt in der ersten Oktoberhälfte liegt. Ich spreche vom größten und eindrucksvollsten Vogelzug Europas, dem atemberaubenden Zug der Kraniche.

Eigentlich gibt es das Schauspiel zweimal im Jahr, nämlich auch im Frühjahr zwischen Februar und April. Dann sind die Vögel aber weiter verstreut, weshalb der Frühjahrszug nicht ganz so spektakulär ist. Zumindest was die Menge an Vögeln angeht, dafür kann man im Frühjahr ihren Balztanz bewundern. Männchen und Weibchen springen und laufen dabei voreinander her, schlagen mit den Flügeln. Lautes Trompeten begleitet den Tanz, bis das Weibchen durch Gurren den Partner zum Aufspringen auffordert. Nach der Paarung rufen die beiden im Duett. Das Ganze wirkt wie ein lange eingeübtes Ballettstück. Und das ist es vielleicht sogar, man sagt den Kranichen nämlich nach, dass sie monogam leben; man weiß nicht genau, ob sie ein Leben lang in Einehe leben, aber wenn sie einen Partner haben, bleiben sie ihm sehr lange treu.

Und eigentlich gibt es auch mehrere Züge beziehungsweise Zugwege. In Deutschland kann man den sogenannten westeuropäischen Zug bewundern, auf dem Kraniche aus dem Nordosten Deutschlands und aus hauptsächlich Skandinavien nach Südfrankreich, Spanien und Marokko fliegen. Daneben gibt es den ebenfalls sehr großen baltisch-ungarischen Zug der Kraniche aus dem Baltikum und aus Westrussland nach Tunesien einerseits und Richtung Ägypten andererseits sowie Zugwege aus ostrussischen, kasachischen und anderen Brutgebieten nach Asien.

In der Eifel und in manch anderen Gegenden heißen die Kraniche übrigens Schneegänse, nicht weil man sie mit Gänsen verwechselt – die »richtige« Schneegans ist in Nordamerika, Kanada, Grönland und Sibirien heimisch und bei uns eher selten zu sehen –, sondern weil ihr trompetenartiger Ruf dem von Gänsen sehr ähnelt, wobei es sich beim Kranichruf um eine Melodie handelt, was man bei Gänsen nicht gerade behaupten kann. Der sehr laute Ruf ist nur möglich, weil die 1,10 bis 1,30 Meter lange Luftröhre der Vögel einen großen Resonanzraum bildet. Jeder, der Kraniche am Himmel trompeten hört, wird zunächst vermuten, dass die Tiere sich nur hundert bis 150 Meter über ihm befinden, bis er nach oben schaut und feststellt, dass sie viel, viel höher sind, 600 oder gar 800 Meter über ihm. Schneegänse nennt man sie aber auch deshalb, weil ihr Zug in den Süden den baldigen Wintereinbruch beziehungsweise den ersten Schnee ankündigt. Im Herbst ziehen die Vögel nämlich vor den Kaltfronten her. In der Eifel beispielsweise weichen die Kraniche der Kaltfront aus, indem sie durch das Rheintal ziehen, bevor sie sich am höchsten erloschenen Vulkan des Ahrgebirges, dem Aremberg, neu formieren und die Eifel überqueren. Im Frühjahr ist es genau umgekehrt: Sobald das Wetter freundlicher und wärmer wird, ziehen die Tiere sozusagen *hinter* der Kaltfront her nach Norden. Zumindest stimmte das früher, bevor das Wetter Kapriolen zu schlagen begann, weshalb sich in etlichen Bauernregeln der Zug der Kraniche findet. Und das schon in uralten. Der griechische Dichter Hesiod, der auch Ackerbauer und Viehzüchter war, schrieb im siebten Jahrhundert vor der Zeitenwende:

»Merke du auf, sobald du des Kranichs Stimme vernommen,
Der alljährlich den Ruf von der Höh' aus den Wolken dir sendet
Bringt er die Mahnung doch zum Säen, verkündet des Winters Schauer ...«

Der Kranich ist für mich der Inbegriff von Eleganz, Größe, Harmonie, Sehnsucht, In-die-Ferne-Schweifen. Und offensichtlich nicht nur für mich, denn gleich mehrere Airlines wählten den Kranich als Markenzeichen: die deutsche Lufthansa, die Air Uganda sowie die Uganda Airlines, die Japan Airlines und die chinesische Xiamen Airlines. Von alters her gilt der Kranich in Ländern von Europa bis Asien als Vogel des Glücks. In Japan ist er zudem ein Symbol für ein langes Leben, in der griechischen Mythologie für Wachsamkeit und Klugheit und in China für Weisheit. In Russland sagt man über einen charakterfesten und aufrichtigen Menschen: »Er steht wie ein Kranich.«

In Deutschland steht der Kranich auch ganz profan für die Wiedererstarkung der Natur, für Sinn und Zweck von Naturschutzgebieten und hat eine ähnliche Erfolgsgeschichte vorzuweisen wie der Seeadler. Kraniche sind sehr scheue Tiere. Wenn sie an ihrem Brutplatz gestört werden – zum Beispiel durch Nandus, was immer häufiger beobachtet wird –, geben sie sofort ihr Nest auf und bauen in der Regel erst im nächsten Jahr ein neues. Trotzdem werden die Kraniche in Europa und speziell in Deutschland immer mehr. Das hat mehrere Gründe. Der Hauptgrund ist die Renaturierung von Feuchtgebieten. Als Bodenbrüter bevorzugt der Kranich Sümpfe zum Brüten, weil sein Nest dort vor Fressfeinden, in erster Linie sind das Wildschweine, Füchse, Dachse, Marder und streunende Hunde, am besten geschützt ist. Auch die intensive und groß strukturierte Landwirtschaft trägt einen Teil zur Verbreitung der Kraniche bei. Darüber mag man zunächst staunen, Tatsache ist aber, dass die Kraniche auf den riesigen Feldern reichlich Körner finden, obwohl dank moderner Erntetechniken heutzutage weniger auf den Äckern zurückbleibt als früher. Natürlich hat kein Bauer etwas dagegen, wenn die Kraniche übrig gebliebene Körner aufpicken, aber wenn sie sich über frisch eingesäte Felder hermachen, sieht das anders aus. Denn dann richten sie große Schäden an. Von einigen Landwirten sind sie daher gar nicht gern gesehen.

Cleo, Frank und ich liefen über ein abgeerntetes Maisfeld, auf dem sich ungefähr 4000 Kraniche in großen Trupps seit dem Morgen den Bauch vollstopften, und stellten fest, dass immer noch relativ viele Maiskörner herumlagen, zwar nie komplette Kolben, aber ausgedroschene, an denen mindestens zehn Körner klebten. Wir versuchten uns anzupirschen, doch sobald wir den Abstand auf etwa 200 Meter verkürzten, fingen die Vögel an, die Hälse zu recken und uns sehr aufmerksam zu beobachten. Bei 150 Meter begannen die Ersten zu trompeten, ab 120 Meter wichen sie uns aus. Das heißt nicht, dass sie aufflogen, vielmehr spazierten sie auf ihren langen Beinen, die fast so lang wie die eines Menschen sind, einfach vor uns her. Sie achteten quasi auf einen Sicherheitsabstand. Insofern sollte man sie nicht an ihren Futterplätzen stören.

»Sind das Farbmutationen oder was?«, fragte Frank und deutete auf verschiedene seltsam gesprenkelte oder gefleckte Kraniche.

Tatsächlich kann man im Herbst Altvögel sehen, deren Schulter- und Rückenbereich braun verfärbt ist. Grundsätzlich sind die Altvögel ja fast am ganzen Körper hellgrau, in verschiedenen Farbabstufungen; nur die Schwingen und die Schwanzfedern sind dunkelgrau bis schwarz, an Hals und Kopf haben sie zudem eine schwarz-weiße Zeichnung und auf dem Kopf ein rotes Häubchen, genauer gesagt: eine rote Platte; dort wachsen nämlich keine Federn. Man kann Männchen und Weibchen nur schwer voneinander unterscheiden. Wenn ein Pärchen nebeneinandersteht, kann man vermuten, wer das Männchen ist, weil die Männchen – zumindest im Durchschnitt – etwas größer sind. Und im Frühjahr kann man sie am unterschiedlichen Balzverhalten erkennen.

»Nein, Tarnfarben«, entgegnete ich.

»Tarnfarben?«, wiederholte Frank verdutzt.

»Ja. Kraniche sind während der Brut so vorsichtig, dass sie, wenn sie das Nest verlassen – Männchen und Weibchen wechseln sich beim Brüten übrigens ab –, das Nest mit Farn, Laub und Torf abdecken. Und sich selbst färben sie mit Moorerde, bedecken sich zum Teil auch mit verrottenden Pflanzenteilen, deren Gerbsäure ihr Gefieder zusätzlich verfärbt. Interessanterweise halten sich diese Vögel meistens in der Mitte der rastenden Schwärme auf, wo sie am besten geschützt sind. Kraniche sind wirklich extrem vorsichtige Vögel.«

»Und ganz schön gewitzt«, ergänzte Frank.

Wir konnten mehrfach beobachten, wie Altkraniche ihren braunen bis grau-braunen Jungen zeigten, wie man die Körner aus einem Maiskolben herauspickt. Kraniche haben wie alle Vögel als Ersatz für Zähne einen sogenannten Kau- oder Muskelmagen, dessen starke Muskeln die aufgenommene Nahrung zerkleinern, weshalb Vögel relativ große Stücke als Ganzes verschlingen können. Ein ganzer Maiskolben wäre dann aber wohl doch zu viel des Guten.

Ein ausgewachsener Kranich – ein Altvogel ist, den langen Hals nicht mitgemessen, 1,10 bis 1,30 Meter hoch und zwischen fünf und sieben Kilogramm schwer – braucht pro Tag ungefähr 200 bis 300 Gramm Nahrung, die neben Körnern Insekten, Kleinsäuger, kleine Fische, Amphibien, Schnecken, Würmer, Gemüse und Pflanzenwurzeln umfassen kann, um gesund

und kräftig zu bleiben. Für den langen Zug nach Süden braucht er allerdings zusätzlich Fettreserven. In alten Lehrbüchern steht, dass der Kranich bis nach Nordafrika fliegt und in den großen Stein- und Korkeichenwäldern des Atlasgebirges überwintert. Als ich vor fast dreißig Jahren im Norden des Hohen Atlas war, sah ich dort tatsächlich sehr viele Kraniche, die sich den Winter über hauptsächlich von großen Eicheln ernährten. Heutzutage ziehen die meisten der eleganten Vögel nur bis Südfrankreich und Spanien. Aber was heißt schon »nur«? Allein bis Südfrankreich sind es von Zingst aus fast 2000 Kilometer. Um diese Strecke bewältigen zu können, fressen sich die Kraniche des westeuropäischen Zuges auf den riesigen Mais- und Getreidefeldern in Mecklenburg-Vorpommern und Brandenburg Fettreserven an, und weil das seine Zeit dauert, dauert auch das Naturschauspiel mehrere Wochen.

Mittlerweile hat man sich in der Boddenregion auf den Kranich-Tourismus eingestellt. Es gibt Führungen, Bootsfahrten, eigens errichtete Beobachtungstribünen, Veranstaltungen, Fotowettbewerbe, ehrenamtliche »Kranich-Ranger«, Ausstellungen, das Kranichzentrum des World Wildlife Fund (WWF) und des Naturschutzbundes (NABU) in Groß Mohrdorf und vieles mehr rund um den Kranich, und natürlich führen unzählige Hotels, Restaurants, Pensionen und Ferienwohnungen den Kranich im Namen. Die Mecklenburger lassen sich aber von dem Ansturm an Touristen nicht aus der Ruhe bringen. Sie sind, wie schon mehrfach erwähnt, total tiefenentspannte Menschen, gaaaaanz langsam, nur nix überstürzen. So wie die drei alten Männer, auf deren Hof Frank, Cleo, Hans Wurst und ich nächtigten. Diese drei sprachen nur Mecklenburger Platt, sie ließen sich nicht dazu erweichen, Hochdeutsch zu reden. Während wir dort wohnten, waren sie gerade damit beschäftigt, ein junges Kaltblut, ein unheimlich schönes Pferd, eine Mischung aus Friese, Mecklenburger und Oldenburger, zum Arbeits- und Reitpferd abzurichten. Einer der Männer nahm das Pferd an die Longe, und wenn es ein bisschen bockte oder sich aufbäumte, ging einer der anderen hin, sagte: »Ist gut, Brauner. Wird alles.« Und gab ihm erst einmal was zu fressen. Dann nahm er ihn am Halfter und ließ ihn ganz behutsam und langsam im Kreis gehen. Irgendwann lief der Braune an der Longe im Kreis, und eine Stunde später ging es noch besser. Am nächsten Tag wurde das Ganze wiederholt und am übernächsten wieder, und jedes Mal ging es ein bisschen besser. Das geschah alles mit einer solchen Gelassenheit, dass Frank und ich uns fragten, woher haben diese Menschen diese Ruhe? Treibt die denn niemand? Hat die noch nie jemand getrieben? Die Kraniche passen irgendwie recht gut dazu, weil sie den ganzen Tag nur auf den Feldern stehen und nach Futter suchen.

Der Teil des baltisch-ungarischen Kranichzuges, der die südöstliche Route über die Türkei nimmt und nach Syrien, Israel, Ägypten und teilweise sogar bis nach Äthiopien fliegt, hat in diesen Ländern ebenfalls den Tourismus beflügelt. Pfiffige Landwirte kamen sogar auf die Idee, die Kraniche zu füttern, um Touristen anzulocken.

Wer sich das Schauspiel in Mecklenburg-Vorpommern ansehen will, kann das natürlich auch schon Ende August tun, wenn sich die ersten Kraniche an den einschlägigen Plätzen sammeln. Das sind meistens die Vögel, die in Deutschland, sprich: in Mecklenburg-Vorpommern, Brandenburg oder Schleswig-Holstein, gebrütet haben – momentan sind das etwa 7000 Paare – und keinen Bruterfolg hatten, weil sie während des Brütens gestört wurden oder ihre Eier an Raubtiere verloren haben. Danach kommen die Vögel, die Bruterfolg hatten und ergo ihre Jungen mitbringen. Ab Ende September gesellen sich dann die Kraniche aus Skandinavien dazu, und irgendwann ist die ganze Truppe beisammen.

Was uns besonders begeistert hat, war die große Zahl an jungen Leuten, die sich den Zug der Kraniche ansahen. Es kamen ganze Schulklassen. Junge Ornithologen, aber auch Studenten, Angestellte, Arbeiter, also »ganz normale« Menschen, aus Kiel, Hannover, Berlin und sonst woher, die eine mehrtägige Busreise gebucht haben, nur um sich das Starten und Landen dieser Vögel anzusehen. Unglaublich.

Was zieht diese Menschen hierher? Was macht die Faszination des Kranichzuges aus?

Frank, Cleo und ich hatten bisher nur davon gehört und darüber gelesen und waren deshalb sehr gespannt. Morgens, so um halb sieben, wenn das Wasser spiegelglatt und die Sonne erst als schwacher Schein am Horizont hinter dem Barther Bodden auszumachen ist, standen wir an der alten einspurigen Meiningenbrücke, die zwischen Bodstedter und Barther Bodden vom Festland nach Zingst geht. Meiner Meinung nach ein optimaler Beobachtungspunkt. Man kann die Vögel zwar noch nicht sehen, weil sie am Boden sitzen – oder im flachen Wasser, wo sie sich am sichersten fühlen –, aber man hört schon ihr Trompeten, mit dem sie den Abflug synchronisieren. Ein Stückchen weiter östlich nämlich, auf der Halbinsel Großer Werder an der äußersten Spitze von Zingst und der gleich daneben liegenden Insel Bock, haben etwa 40 000 Kraniche ihre Schlafplätze.

Auf einmal, wie auf Kommando, erheben sich, begleitet vom gewaltigen Rauschen der riesigen Flügel, Tausende dieser eleganten Vögel in die Luft. Ein Schwarm nach dem anderen. Ungefähr eine Stunde lang. Gegen die aufgehende Sonne und unter dem violett verfärbten Morgenhimmel sieht man zunächst nur ihre Silhouetten. Ein unglaublicher Anblick, zumal sich das Ganze auch noch auf dem glatten Boddenwasser spiegelt. Das ist ein akustisches und optisches Schauspiel, das einen völlig vereinnahmt, verzaubert. Ich möchte denjenigen sehen, der sich dieser Magie entziehen kann. Es ist wirklich unglaublich, phantastisch. Hunderte von Menschen stehen mit offenem Mund da, schauen gegen den Himmel und kommen aus dem Staunen nicht heraus. Es sei denn, es herrscht Sturm von Nordwest, und es ist kalt und feucht. Dann fliegen die Kraniche zwar trotzdem, nur sieht ihnen halt kaum einer zu.

Wir hatten jedoch frostiges und ganz klares Hochdruckwetter mit atemberaubend schönen Sonnenaufgängen und

-untergängen. Dazu die Friedlichkeit der Landschaft und die Entspanntheit der Menschen. Jedem gestressten Bundesbürger kann man als Therapie raten, dieses eine Mal im Jahr in die Boddenregion zu kommen und sich wie wir von den Kranichen in deren Bann ziehen zu lassen. Derselben Meinung war auch Frank. Cleo sowieso. Sie hat den Ausflug schon deshalb genossen, weil es im Schilf ständig etwas zu erschnüffeln gab.

Fotografisch und filmtechnisch waren die Kraniche eine große Herausforderung für Frank und mich. Ihre Grazie, ihre Choreografie, die Eleganz auf Film zu bannen und die Stimmung einzufangen war keine leichte Aufgabe. Dennoch war der Zug der Kraniche für uns ein ganz außergewöhnliches Highlight, und wir haben uns ganz fest vorgenommen, hierher zurückzukehren.

Das Wattenmeer und die Kegelrobben

Watt bis zum Horizont. Alle 12,5 Stunden liegen riesige Flächen der Nordsee trocken. Es herrscht dann eine ganz eigene Stimmung. Vor allem im Herbst geht das Grau des Sandes und des Schlicks oft so unmerklich in das des Himmels über, dass man nicht erkennt, wo der Horizont anfängt, und es einem erscheint, als ziehe sich der geriffelte Meeresboden bis in den Himmel.

Das Nordseewatt, das von Belgien über die Niederlande und Deutschland bis Dänemark reicht, ist mit 2400 Quadratkilometern das größte Tidegebiet und Gezeitenökosystem der Erde. Zwar sind hier nicht die höchsten Tiden – der Wasserspiegel sinkt beziehungsweise steigt um gerade mal zwei bis drei Meter, während es in der Bretagne, in Alaska und an der Ostküste Kanadas Tidenunterschiede von bis zu zwölf Metern gibt –, doch das Nordseewatt hat die größte flächenmäßige Ausdehnung. Das liegt ganz einfach daran, dass die Nordsee ein sehr flaches Meer ist. Bis vor etwa 15 000 Jahren war sie eine Tundra, und man hätte trockenen Fußes nach London spazieren können – wenn es London damals schon gegeben hätte. Daneben ist das Nordseewatt das größte zusammenhängende Nationalparkgebiet auf dem europäischen Festland, unterteilt in den Nationalpark Schleswig-Holsteinisches Wattenmeer mit 4410 Quadratkilometern und den Nationalpark Niedersächsisches Wattenmeer mit 3450 Quadratkilometern, der außerdem UNESCO-Weltnaturschutzerbe ist. Im ersten Moment mag man kaum glauben, in einem Nationalpark zu stehen, denn in der Ferne drehen sich riesige Windkrafträder, sind Offshore-Anlagen zu sehen, die wie bizarre Inseln aus dem Meer aufragen, und kommen manchmal seltsame gewaltige Berge angeschwommen und verschwinden dann wieder im Nebel, wie eine Fata Morgana: Containerschiffe, die sich auf den großen Schifffahrtswegen auf dem Weg zur Weser- oder Elbmündung durch das Watt schieben.

Fast alle Tiere, die im Watt leben, sind hoch spezialisiert. Die meisten Vögel haben entweder lange, dünne Schnäbel, um sich

Wattwürmer, Schnecken oder Muscheln aus dem Schlick pieken zu können, oder eine Art Filtervorrichtung im Schnabel, mit der sie das Wasser seihen, um an die Kleinstlebewesen, wie zum Beispiel Plankton, zu kommen. Die Wattwürmer wiederum filtrieren den Sand nach Nährstoffen und reinigen damit gleichzeitig den Sand von den Stoffen, die sich an den Körnchen angelagert haben. Es ist eine große Menge Sand, die ein Wattwurm im Lauf seines Lebens reinigt. Wer schon mal im Watt war, kennt die typischen Sandhäufchen, praktisch die Ausscheidungsprodukte des Wattwurms, die aber im Grunde nur gefilterter Sand sind. Wenn Cleo und ich zum Beispiel an der Nordsee angeln gehen, holen wir uns als Köder immer Wattwürmer. Zum einen gibt es sie in rauen Mengen, zum anderen sind sie die Leibspeise etlicher Fische. Man könnte die Wattwürmer natürlich mit einer Schippe ausgraben; da die bis zu dreißig Zentimeter langen Würmer aber in einer U-förmig in den Sand oder Schlick gegrabenen Röhre leben, ist das etwas mühselig; Cleo und ich greifen stattdessen auf einen alten Trick zurück: Wir nehmen einen Pömpel, wie man ihn zum Sauberpumpen verstopfter Abflüsse verwendet, setzen ihn auf einen Wattwurmhaufen und pumpen den Wurm quasi aus seinem Erdloch.

Die Menschen an der Nordseeküste sind ein bisschen rau, wortkarg, was von dem harten Leben hier zeugt, dabei nicht unfreundlich; das wäre auch schlecht, weil sie seit vielen, vielen Jahren vom Tourismus auf dem Festland und den Ost- und Nordfriesischen Inseln leben. Fast jeder ältere Mensch kann eine Geschichte erzählen von einem Deichbruch, einer Sturmflut, von Wassermassen, die ins Landesinnere schossen, von Hunderten von Menschen und Tieren, die bei einer solchen Katastrophe ertranken, von Schiffbrüchen und dergleichen mehr.

Wer diese Welt noch nie erlebt hat, wird fasziniert sein. Ich bin es schon seit Jahren. Weil es ein ganz anderes Stück Deutschland ist, etwas sehr Spezielles. Wenn es die Zeit zulässt, fahre ich fast jedes Jahr für ein paar Tage in das schleswig-holsteinische Watt, einmal, um den Vogelzug zu sehen, wenn bis zu zwölf Millionen (!) Knuts, Pfuhlschnepfen, Austernfischer, Alpenstrandläufer, Säbelschnäbler, Regenpfeifer und andere Zugvögel ins Watt kommen, entweder als Wintergäste oder um eine Rast einzulegen und sich an Wattwürmern, Schnecken und Muscheln satt zu fressen, bevor sie die nächsten tausend, 2000 oder mehr Kilometer in Angriff nehmen. Wenn man sich bei beginnender Flut auf eine erhöhte – und, ganz wichtig, trocken bleibende! – Stelle im Watt stellt, auf die sich dann auch die Vögel zurückziehen, kann es passieren, dass man in einer Wolke aus Vögeln steht. Das ist absolut beeindruckend.

Zum anderen bin ich gern im Watt, um auf der Suche nach Bernstein zu wandern. Grundsätzlich gibt es an der Nordsee drei Möglichkeiten zum Wandern: *hinter* dem Deich, also im Inland, wo man zwischen schier endlosen Gemüsefeldern hindurch über Grünland mit glücklichen Kühen und hübschen kleinen Bauernhöfen marschieren kann; zum anderen *auf* dem Deich, was ich total cool finde, weil man immer ein bisschen höher ist und nach allen Seiten einen freien Blick hat; und schließlich die Krönung: Wandern *vor* dem Deich, auf den Salzgraswiesen, auf denen auch einige Vogelarten, vor allem Austernfischer und Säbelschnäbler, brüten, und natürlich auf dem Watt, wo man die tollsten Dinge entdecken kann. Cleo hat einen Riesenspaß, durch den Schlick zu laufen, überall gibt es etwas zu schnüffeln. Überall riecht es nach Meer, nach Tang, nach kleinen Tieren, Möwenschiss.

Es ist dabei ratsam, trotz Tidenkalender jemanden dabeizuhaben, der sich gut auskennt, zum einen wegen der Wasserläufe oder -kanäle, der sogenannten Priele, die ganz flach, aber auch bis zu fünfzehn Meter tief sein können, zum anderen, weil man die Flut leicht unterschätzt. Zu Beginn kommt das Wasser sehr langsam – sehen tut man es ohnehin erst, wenn es schon zu spät ist –, sodass man vielleicht hier noch eine Muschel aufsammelt, dort noch einen Vogel beobachtet. Doch das Meer strömt immer schneller heran und hat schon viele Wattwanderer überrascht. Manche machen dann den Fehler, sich auf eine Schlickbank zu stellen, statt schnellstens Richtung Deich zu gehen. Wenn sie Glück haben, ist die Schlickbank so hoch, dass sie nur nasse Füße bekommen, wenn sie Pech haben, stehen sie ein paar Stunden bis zum Bauch oder zur Brust im kalten Wasser, was zu starker Unterkühlung führt – oder sie ertrinken gar.

Eines der tollen Dinge, die man im Watt entdecken kann, ist Bernstein. Viele denken, Bernstein finde man nur an der Ostsee, aber es gibt ihn auch in der Nordsee. Da Bernstein relativ leicht ist – in sehr salzhaltigem Wasser wie zum Beispiel dem Toten Meer würde er sogar schwimmen –, wird er, wenn im Herbst und Winter die Stürme angerauscht kommen, ins Watt gespült; und wenn das Wasser zurückweicht, hat man gute Chancen, welchen zu finden, sogar relativ große Brocken. Wenn man schnell ist! Denn nach einer starken Flut gehen von St. Peter-Ording, Husum oder Büsum morgens oft Hunderte Menschen los und suchen nach Bernstein. Cleo und ich hatten ein paarmal das Glück, Stücke von etwa Walnussgröße zu entdecken.

Bernstein ist dreißig bis fünfzig Millionen Jahre altes fossiles Harz. Lange Zeit hielt man eine ausgestorbene Kiefernart für den »Erzeuger« des Bernsteins, was nach neueren chemischen Untersuchungen nicht haltbar ist. Der Ursprung liegt somit im Dunkeln. Der »Brennende Stein«, wie die Wikinger ihn nannten, war zu allen Zeiten etwas Besonderes. Als »Tränen der Sonne«, »Tränen der Götter« oder »Gold des Nordens« war er begehrtes Schmuckstück und Handelsgut. Für mich ist Bernstein in erster Linie deshalb interessant, weil man in manchen Stücken Einschlüsse, sogenannte Inklusen, findet, meist zwar nur Pflanzenteile, Ameisen, Mücken oder Fliegen, manchmal aber auch größere Insekten und im besten Fall sogar eine kleinen Echse. Ich bin über Fliegen und Ameisen noch nicht hinausgekommen, aber immerhin. Die Inklusen entstanden, wenn der Harz an der Rinde von welchem Baum auch immer entlangtropfte und ein Tierchen nicht schnell genug floh. Einmal von der klebrigen, zähen Flüssigkeit erfasst, gab es kaum ein Entkommen mehr, und das Tier wurde bei lebendigem Leib umschlossen und erstickt. Und über Jahrmillionen konserviert. Das Faszinierende ist, dass diese Tiere heute aussehen, als wären sie erst gestern in Harz gegossen worden: Sie sind weder zusammengedrückt noch sonst irgendwie verformt, und man kann selbst feinste Details perfekt erkennen.

Cleo und ich standen vor einem schätzungsweise einen halben Meter tiefen Priel, und ich überlegte gerade, ob wir hindurchwaten oder ihn umgehen sollten, als sich die Sonne durch die Wolkendecke stahl und ziemlich weit entfernt etwas aufglitzern ließ.

»Cleo, ich glaube, da liegt ein Bernstein, ein ziemlich großer dazu«, rief ich.

Cleo guckte verständnislos zu mir hoch. Von ihrer Warte aus konnte sie das Glitzern nicht sehen und wunderte sich, warum ich auf einmal so aufgeregt war.

In solchen Momenten ist mir Wasser oder Schlick in den Stiefeln ziemlich egal. Ich hob die verblüffte Cleo hoch und stapfte mit ihr auf dem Arm durch den Priel auf das schimmernde Etwas zu. Und tatsächlich, es war ein Bernstein, ungefähr pflaumengroß, einer der größten, den ich je gefunden habe. Wenn man Bernstein findet, ist er durch das Hin- und Hergerubbel im Sand relativ rau, wie satiniert, nur leicht transparent, sodass man nur ahnen kann, ob er einen Einschluss hat. Will man Gewissheit, muss man das Fundstück mit einer Polierscheibe bearbeiten, um die Vertiefungen und Riffelungen zu entfernen. Das konnte ich erst zu Hause machen. Trotzdem freute ich mich wie ein kleiner Junge, der einen großen Schatz gefunden hat – was es letztlich auch ist.

Nur wenig später hatte Cleo eine Erscheinung der anderen Art. Etwa drei Meter vor ihr streckte auf einmal ein Seehund seinen Kopf aus dem Sand. Natürlich nicht wirklich aus dem

Sand, sondern aus einem Priel, aber Priele erkennt man wegen ihres trüben Wassers oft erst, wenn man direkt davor steht. Cleo war völlig fasziniert und gleichzeitig auch schockiert. Wo kommt denn der Hund plötzlich her? Da wir den Wind im Rücken hatten, konnte sie keine Witterung aufnehmen, und vom Erscheinungsbild her hielt Cleo den Seehund mit seinen Kulleraugen vermutlich für einen Mops. Prompt begann sie mit dem Schwanz zu wedeln. So plötzlich wie der Seehund aufgetaucht war, verschwand er wieder, als hätte der Sand ihn ausgespien und gleich wieder verschluckt. Das brachte Cleo nun völlig aus dem Häuschen. Sie rannte an dem Priel hin und her und suchte den vermeintlichen Hund. Sie konnte sich keinen Reim darauf machen, wohin der Kollege verschwunden, was mit ihm passiert war. Dieses Erlebnis hat sie derart beeindruckt, dass sie in der folgenden Nacht offensichtlich davon träumte: Immer wieder machte sie *jiff, jiff,* und dazu bewegten sich ihre Pfoten.

Weit draußen in der Deutschen Bucht, über vierzig Kilometer vom Festland oder den vorgelagerten Inseln entfernt, liegt »Heiliges Land«, Helgoland, die letzte Station auf unserer Reise von den Alpen bis zum Wattenmeer.

Die Nordsee war völlig aufgewühlt. Wir sahen riesige Gischtwellen unter uns und selbst große Schiffe mächtig hin- und herrollen. Die kleine zweimotorige achtsitzige Maschine, mit der Frank, Cleo und ich nach Helgoland flogen, wurde von Orkan Friedhelm ordentlich durchgerüttelt. Cleo saß verängstigt zwischen meinen Beinen. Zum Glück müssen selbst größere Hunde in solch kleinen Flugzeugen nicht in den Frachtraum, und so konnte ich sie streicheln und hinter den Ohren kraulen, damit sie sich ein bisschen beruhigte. Eigentlich hat Cleo kein Problem, wenn es mal ordentlich schaukelt. Das hatte ich in Südafrika festgestellt, als wir von der Gansbaai aus aufs Meer hinausfuhren, um Weiße Haie zu filmen. Allen auf dem Boot war fürchterlich schlecht, nur uns beiden und natürlich der Bootsmannschaft nicht. Und derjenige, dem es abgesehen von uns noch am besten ging, den es zwar würgte, der sich aber bis dahin nicht hatte übergeben müssen, hatte in dem Moment verloren, als Cleo anfing, an einem halb vergammelten Thunfischkopf zu nagen, der als Köder für die Haie gedacht war.

»Macht euch keine Sorgen«, rief der Pilot durch den Lärm zu uns nach hinten, »wir fliegen hier bis Windstärke zwölf – auch gegen den Sturm.«

Ah ja.

»Hat dir noch nie einer in die Maschine gekotzt?«, fragte ich ihn.

»Nee, erstaunlicherweise nicht. Aber manchmal kommt es vor, dass ein Hund vor lauter Aufregung schon beim Einsteigen ins Flugzeug zu bellen beginnt. Und nicht mehr aufhört, bis er wieder aussteigt. Das kann ganz schön nerven. Aber ich höre ja nichts, habe die Kopfhörer auf.«

Wenn im Winter die Fähre ihren Betrieb einstellt, sind kleine Flugzeuge die einzige Verbindung zwischen Helgoland und dem Festland. Sicherheitsinstruktionen, wo sich zum Beispiel die Schwimmwesten befinden, erhält man in den kleinen Maschinen nicht. Es prüft auch kein Mensch, ob man angeschnallt ist.

Nach etwa 25 Minuten setzte der Pilot die Maschine sauber auf der kurzen Start- und Landebahn auf, und Frank, Cleo und ich waren froh, den Flug heil überstanden zu haben.

»Mann, Mann«, meinte Frank, nachdem er seine Benommenheit abgeschüttelt hatte, »das war ja wie im Wintersturm in der Arktis.«

Als Erstes wurden drei Zentner *Bild*-Zeitungen ausgeladen.

»Nun guck dir das an«, sagte ich zu Frank, »die bringen nicht etwa Medikamente oder Essen hierher, sondern Zeitungen, und dann noch ausgerechnet die *Bild*.«

Das Problem war nun, dass wir noch gar nicht auf Helgoland waren, denn der Flughafen liegt auf der vorgelagerten Insel Helgoland-Düne, kurz »Düne« genannt. Düne ist nicht mehr als ein Kreidefelsen, auf dem sich irgendwann einmal Sand angelagert hat. Für den letzten Kilometer braucht man also doch eine Fähre. Und die hatte wegen der schweren See massive Schwierigkeiten anzulegen. Als das endlich geglückt war, rollte die *Witte Kliff* so stark hin und her, dass zwei Männer zuerst Frank, dann mich packten und uns an Bord hievten. Cleo, die das beobachtet hatte und der das wohl nicht ganz geheuer war, machte einen beherzten Sprung und landete sicher an meiner Seite. Die Überfahrt war nicht wirklich lustig, denn die Strecke führt durch eine Art Kanal, und durch diesen Kanal pfiff Orkan Friedhelm in ungehinderter Stärke und türmte die Wellen noch höher auf. Die Fähre konnte daher nicht den direkten Weg nehmen, sondern musste gegen den Wind kreuzen.

Schließlich war auch das geschafft, und wir hatten – von der halben Stunde auf Düne abgesehen – endlich wieder festen Boden unter den Füßen.

Wenn man Helgoland erreicht, fühlt man sich ein bisschen so, als liefe man durch einen riesigen Duty-free-Shop. Überall wird mit »Inselpreis«, »zollfrei« oder »steuerfrei« geworben, da auf Helgoland keine Mehrwertsteuer und kein Zoll erhoben werden. Die Insel gehört nämlich weder zum Zollgebiet der EU noch zum deutschen Steuergebiet. Auf den ersten Blick quillt die kleine Stadt – sie ist unterteilt in die hoch oben auf dem Felsplateau thronende Oberstadt und die auf Meeresniveau liegende Unterstadt – über von Schnaps-, Parfüm-, Fotozubehör- und Juwelierläden.

»Mensch! Da muss ich mir unbedingt eine Flasche von meinem Lieblingsrum kaufen!«, rief Frank.

Die große Zeit der sogenannten Butterfahrten, als man für zwei, drei Tage nach Helgoland kam, um billig Hochprozentiges, Zigaretten und andere Dinge zu kaufen, ist allerdings vorbei. Schnaps bekommt man jetzt günstig auch bei Aldi, Lidl oder jedem anderen Diskounter, und für eine Stange Zigaretten rentiert sich die Fahrt nicht. Bei Uhren und Schmuck sieht das natürlich anders aus. In der Auslage eines Juweliers sahen wir neben einer Uhr ein Schild mit: »Festlandspreis 4900 – Inselpreis 3900«. Für eine Ersparnis von tausend Euro würde es sich schon lohnen, extra nach Helgoland zu kommen, aber eine so teure Uhr kauft man ja nicht alle Tage, und Schnäppchen lassen sich mittlerweile auch ganz gut im Internet machen. Es gibt auf Helgoland trotzdem noch auffallend viele einschlägige Läden, allerdings nur einen Edeka, und da Lebensmittel nicht mit den kleinen Flugzeugen, sondern auf Frachtschiffen gebracht werden, kann es bei schlechtem Wetter schon mal passieren, dass man ein paar Tage lang nichts Frisches bekommt.

Frank, Cleo und ich schleppten unser Gepäck und die Filmausrüstung durch den nicht nachlassen wollenden Sturm zur Pension. Irgendwann bemerkte ich, dass Frank immer wieder mal einen Blick über seine Schulter warf.

»Was hast du denn?«, fragte ich schließlich.

»Wir werden verfolgt«, erwiderte er und deutete nur für mich sichtbar auf die Straße. Ich schaute in die Richtung und entdeckte einen Minibus von Suzuki, nicht viel größer als ein Matchbox-Auto, mit dem Schriftzug »Polizei«, das völlig lautlos wenige Meter hinter uns im Schritttempo dahinschlich.

»Ein Elektro-Van als Polizeiauto!«, prustete ich los, und auch Frank musste nun lachen.

So dumm ist das eigentlich nicht, da es nur wenige Straßen auf Helgoland gibt; eigentlich sind es nur Sträßchen und Gassen. Außerdem ist die Insel nur einen (1!) Quadratkilometer groß, da kann man der Polizei ohnehin nicht entkommen.

In dem Auto saß eine »Wasserpuppe«, wie die Helgoländer einen Polizisten nennen, und beobachtete uns argwöhnisch. Offenbar hielt er uns für Schmuggler: lange Haare, Hund – und ungewöhnlich viel Gepäck, während die meisten Besucher erst bei der Abreise voll beladen sind. Schmuggel spielt im zoll- und steuerfreien Helgoland bis heute eine Rolle. Die Schmuggelei auf das deutsche Festland hat zwar, wie die Butterfahrten, stark an Reiz verloren, weil man Waren bis zu einem Wert von 430 Euro mehrwertsteuerfrei einführen darf, in die skandinavischen Länder hingegen wird er nach wie vor in großem Stil praktiziert. Bei Schiffsüberführungen von England nach zum Beispiel Norwegen machen die Schiffe gern einen Abstecher nach Helgoland und bunkern mehrere tausend Flaschen Hochprozentiges. Die Gewinnspannen sind immens, sie betragen bis zu 500 Prozent. Na, jedenfalls verlor der Polizist irgendwann das Interesse an uns und fuhr davon, und Frank, Cleo und ich marschierten weiter zu unserer Pension.

Helgoland ist etwas ganz Besonderes, völlig anders als Norderney, Sylt oder die anderen Schickimicki-Inseln. Helgoland ist mit seinen über fünfzig Meter hohen roten Sandsteinklippen, die an drei Seiten steil zum Meer hin abfallen, eher das, was man eine herbe Schönheit nennt, sehr charismatisch. Beim Anflug denkt man, man fliege auf eine riesige Festung zu, und tatsächlich war die Insel ab 1890 nach und nach zu einer Seefestung ausgebaut worden. Mit der Entwicklung der Luftwaffe verlor Helgoland zwar an militärstrategischer Bedeutung, was die Briten jedoch nicht daran hinderte, im April 1945, kurz vor Kriegsende, mehrere tausend Bomben über der Insel abzuwerfen. Von der Unterstadt führen Straßen und endlose Treppen in die Oberstadt sowie, das fanden Frank und ich sehr witzig, ein riesiger Fahrstuhl, in dem auch Waren in die Oberstadt gebracht werden. Von der Oberstadt aus hat man einen grandiosen Blick über die Insel, die Hafenanlagen und die Nordsee.

Zum Flair der Insel tragen nicht zuletzt seine Bewohner bei. Die Original-Helgoländer erkennt man schon daran, dass sie ein bisschen pummelig sind, weil sie alle ziemlich viel Alkohol trinken. Ein Phänomen, das man oft auf Inseln findet. Das liegt vielleicht daran, dass die Menschen relativ isoliert leben und nicht so recht wissen, was sie mit ihrer Zeit anfangen sollen. Davon abgesehen, sind die Helgoländer ausgesprochen freundlich und Fremden gegenüber sehr tolerant, was möglicherweise damit zu tun hat, dass Helgoland im Lauf seiner Geschichte mehrmals die »Besitzer« gewechselt hat – von 1684 bis 1689 zum Beispiel war die schleswigsche Insel von dänischen Truppen besetzt, von 1807 an war es britische Kolonie, bis es 1890 im Tausch gegen Sansibar zum Königreich Preußen kam – und die Einheimischen daher den Umgang mit Fremden gewohnt sind. Das führt dazu, dass viele Nichthelgoländer hier sesshaft werden. Der junge Mann zum Beispiel, der unser Gepäck aus der Fähre lud, sprach ein astreines Thüringisch, und in der Pension, in der wir wohnten, wurde überwiegend Tschechisch gesprochen, weil die Wirtsleute und ebenso die Angestellten aus der Hohen Tatra kamen. Und sie alle fühlen sich auf Helgoland sehr wohl.

Zu alledem kommt hinzu, dass hier, genauer: auf Düne, das größte frei lebende Raubtier Deutschlands lebt, was allerdings kaum jemand weiß. Fragt man jemandem nach dem größten Beutegreifer Deutschlands, sagen einige: der Bär. Theoretisch richtig, der Braunbär wird aber in Deutschland nicht geduldet. Andere sagen: der Wolf, der Dachs, der Fuchs. Alles falsch. Es ist die Kegelrobbe. Kegelrobben werden bis zu 2,30 Meter groß, und ein ausgewachsener Bulle kann es auf bis zu 300 Kilogramm bringen.

Das Seltsame ist, dass Kegelrobben ihre Jungen im Dezember gebären, in einer Zeit, in der fast alle Tiere Energie sparen, einige Arten Winterruhe oder Winterschlaf halten, andere sich in den warmen Süden flüchten, in einer Zeit, in der die Natur sich zurückzieht, in der auch wir Menschen träge sind, in der alles, was kreucht und fleucht, Kraft für das nächste Jahr sammelt. Seltsam ist das auch deshalb, weil die andere an deutschen Küsten lebende Robbenart, der Seehund, seine Jungen im Juni/Juli bekommt, also zu einer »normalen« Zeit, wenn es warm und das Nahrungsangebot am größten ist.

Genau das, die Geburt der Kegelrobben, war der Grund, warum es Frank, Cleo und mich ausgerechnet zur unwirtlichsten Zeit des Jahres, wenn permanent Stürme über die Düne fegen und Touristen die Insel meiden, hierher verschlagen hatte.

Am Abend gingen wir in eine der vielen Hafenkneipen, in denen man das Gefühl hat, das sich seit zwanzig, dreißig Jahren nicht viel geändert hat. Ein alter Spielautomat hing an der einen Wand, Fischernetze an den anderen, die Gardinen waren vergilbt. Der Wirt und die Gäste sahen ebenfalls aus, als gehörten sie seit Jahrzehnten zum Inventar. Einer der Gäste, ein älterer Mann mit Schirmmütze und Bart, der mit uns im Flugzeug gesessen hatte, winkte uns zu. Frank und ich hatten ihn für einen Helgoländer gehalten, denn, so unsere Überlegung, wer – außer uns – kam schon jetzt nach Helgoland, wo seit Wochen schlechtes Wetter herrschte und jetzt auch noch Orkan Friedhelm über die Insel tobte? Wie sich herausstellte, stammte der Mann aus Cuxhaven und kam regelmäßig nach Helgoland, um sich für wenig Geld zu betrinken. Er kaufe sich immer eine Zehnerkarte von der OLT, erzählte er uns weiter, weil er dann den elften Flug umsonst bekomme.

»Hm«, sagte ich später zu Frank, »ob sich das wirklich rechnet, nur zum Saufen auf die Insel zu fliegen? So billig sind die Flüge nun auch wieder nicht.«

»Stimmt, aber wenn er hier säuft, kriegt es in seinem Umfeld zu Hause niemand mit. Vielleicht ist das der Grund«, wandte Frank ein. Damit mochte er recht haben.

Inselbesucher, die es in die Kneipen verschlägt, bilden normalerweise eine dankbare Zuhörerschaft für das Seemannsgarn, das typischerweise in Hafenkneipen gesponnen wird, und da die Helgoländer seit Jahrhunderten in erster Linie Fischer sind – hauptsächlich fangen sie Taschenkrebse, Plattfische und den berühmten Helgoländer Hummer – und in neuerer Zeit auch Lotsen, die übrigens als die besten der Deutschen Bucht gelten, haben sie einen enormen Fundus an Geschichten.

Als die momentan einzigen Touristen – der ältere Mann zählte eher schon zu den Stammgästen – zogen Frank, Cleo und ich die gesamte Aufmerksamkeit auf uns. Und während Cleo vom Wirt und seinen Gästen bis zum Abwinken mit Bockwurst und Fischbrötchen gefüttert wurde, wurden Frank und ich mit Glühwein mit Rum und mit Geschichten über Stürme, Piraten und Schmuggler gefüttert.

Irgendwann sagte ich den netten Menschen, dass ich in meiner Jugend selbst zur See gefahren sei, worauf sie mich ganz ungläubig anschauten, denn sie hatten Frank, Cleo und mich für reine Landratten gehalten. Also erzählte ich von einem der schlimmsten Stürme, die ich je erlebt habe.

»Das war im Dezember 1978«, begann ich, »ich hatte auf dem alten kleinen Frachter *Antares* angeheuert, einem Trampschiff.« Trampschiffe richten sich in Fahrplan und Route ausschließlich nach der geladenen beziehungsweise den noch zu ladenden Frachten. »Die *Antares* war im Oktober 1978 von Hamburg nach Marokko gefahren, wo wir in Casablanca unsere Fracht, irgendwelche Maschinen, löschten und Dünger an Bord nahmen. Den Dünger schipperten wir nach Recife in Brasilien, wo nach dem Entladen erst einmal das Schiff gesäubert werden musste. Von Recife brachten wir Kokosnüsse nach Philadelphia, USA, von Philadelphia Autoteile nach Norwegen, von Norwegen Manganerz – in jeder Ladeluke lag nur ein kleines Häufchen, weil Manganerz extrem schwer ist – nach Baltimore. Von Baltimore tuckerten wir mit Ballast« – also ohne Ware – »hoch nach Nova Scotia in Kanada, um Holz für Frankreich zu laden. Da Holz nicht sonderlich schwer ist, wurden die Luken bis unter die Decke und zusätzlich das Deck bis fast unter die Brücke beladen. So fuhren wir mit ablaufender See« – die Landratte würde »Rückenwind« sagen – »Richtung Le Havre, als wir auf Höhe der Azoren in einen Orkan mit bis zu sechzehn Meter hohen Wellen gerieten und ordentlich durchgeschüttelt wurden. Auf einmal erhielten wir einen Funkspruch, dass die *München* SOS gefunkt habe und danach der Kontakt abgerissen sei und dass alle, die sich in diesem Seegebiet befänden, nach ihr und nach Überlebenden suchen sollten.

Als unser Kapitän eine Steuerbordwende fuhr, um zu der angegebenen Position zurückzukehren, wurden wir von einer gewaltigen Welle so hart getroffen, dass die *Antares* bebte und zitterte, und ein Großteil der an Steuerbord vertäuten Decksladung ging über Bord. Die Ladung an Backbord hielt noch –

dummerweise, denn nun hatten wir kräftige Schlagseite. Bei dem Sturm konnte natürlich keiner an Deck gehen, um auf die Schnelle mal die schweren Stahltrosse zu lösen. Der Kapitän machte daher das einzig Richtige: Er ging zuerst wieder auf Kurs ablaufende See und fuhr dann eine Backbordkehre, sodass der Rest der Decksladung auch noch ins Meer geschwemmt wurde. Schwer beschädigt, mussten wir die Suche nach der *München* abbrechen und schleppten uns nach Le Havre.«

Mittlerweile war es total still in der Kneipe, und alle hörten mir gebannt zu, denn die meisten hier waren mit ihren Schiffen nie über die Nordsee hinausgekommen, und ihre Geschichten drehten sich meist darum, dass ein Container mit BOSS-Unterhosen auf der Insel angespült wurde oder einer einen guten Hummerfang hatte. Und nun saß da auf einmal einer, der authentisch von der großen weiten Welt erzählen konnte und der, wenn auch nur fast, an einer der spektakulärsten Suchaktionen auf See teilgenommen hatte. Die *München,* damals eines der modernsten Frachtschiffe Deutschlands, ist nämlich so eine Art *Titanic* der Handelsschifffahrt. Keiner konnte damals verstehen, wie ein solches Hightechschiff mit Mann und Maus untergehen konnte. Es gab die unterschiedlichsten Theorien über die Ursache des Untergangs, wie verrutschte Ladung oder Ausfall der Maschinen, heute ist man sich ziemlich sicher, dass eine Monsterwelle schuld an dem Unglück war.

Trotz einer der größten und langwierigsten internationalen Rettungsaktionen der Geschichte in diesem Gebiet, an der sich neben Deutschen unter anderem auch Amerikaner und Briten mit unzähligen Schiffen und ich weiß nicht wie vielen Flugzeugen beteiligten, blieb die *München* samt Besatzung verschollen. Offensichtlich hatte der Funker bei dem Notruf die falsche Position durchgegeben – GPS gab es damals noch nicht –, denn die wenigen Spuren, die man fand, wie eine Notrufbake und eine unbenutzte Rettungsinsel, entdeckte man gut hundert Seemeilen von den angegebenen Koordinaten entfernt.

Für mich war die Fahrt auf der *Antares* meine letzte als Berufsseefahrer. Im Jahr darauf begann ich meine Ausbildung zum Förster.

Am nächsten Morgen tobte Friedhelm noch immer, und ganz Helgoland war in Aufruhr. Nicht wegen des Sturms – na ja, im Grunde eigentlich doch. Offensichtlich aufgrund des Orkans hatte nämlich ein Containerschiff fünf Container verloren. So etwas passiert häufiger, als man glauben möchte, denn Containerschiffe können nicht auf gutes Wetter warten, sondern müssen sich an ihren Fahrplan halten und gegebenenfalls gegen schwere See anbolzen. Zwar sind die Container festgezurrt, aber die Dinger sind unheimlich schwer, und wenn das Schiff bei hohem Seegang krängt und dazu orkanartige Böen an den Containern und den Halterungen zerren, wäre es ein Wunder, wenn das immer ohne Schaden abginge. Na, jedenfalls hatte also ein Schiff mehrere Container verloren, und die waren im Wasser aufgegangen – wie das passieren kann, ist mir ein Rätsel, aber es passiert ständig –, und nun trieben Tausende von Schuhen auf dem Meer und wurden nach und nach an die Küste gespült. Alles Ballerinas und Jucks der Marke Tommy Hilfinger. Ganz Helgoland war unterwegs und sammelte wie verrückt.

Zwar muss man Wertgegenstände, die man am Strand findet, den Behörden melden, aber wenn der Eigentümer sich nicht meldet (in diesem Fall unwahrscheinlich, obwohl die Reederei anhand der Frachtpapiere leicht feststellen konnte, wem die Sachen gehörten) oder ausdrücklich zustimmt (durchaus vorstellbar, denn mit Meerwasser getränkte Schuhe sind aus unternehmerischer Sicht ein Verlust), darf der Finder die Fundsache behalten. Nur, was nützen dem Finder Schuhe, die nicht passen oder nicht zusammenpassen? Es herrschte das reinste Tohuwabohu.

»Ich habe einen linken 37er in Blau!«

»Braucht jemand 39 in Rot, rechts?«

»Hat einer einen linken grünen 40er übrig?«

Cleo war in ihrem Element, denn sie geht ja gern ins Wasser und apportiert auch gern, und wenn sie irgendwo einen Schuh dümpeln sah, sprang oder schwamm sie sofort hin, ohne sich darum zu scheren, dass das Meer total aufgewühlt und die Wellen entsprechend hoch waren, schnappte sich das Ding und brachte es an Land. Innerhalb kurzer Zeit war Cleo die Heldin der Insel. Komischerweise brachte sie hin und wieder statt eines Schuhs einen Apfel an. Dann waren die Schuhe für den Augenblick vergessen und es wurde erst einmal gefressen, denn Cleo liebt Äpfel.

Am Nachmittag, als Frank, Cleo und ich in unsere Pension zurückkehrten, sollte dort der Frühstücksraum voller nasser Ballerinas und Jucks stehen, etwa 400 Stück in unterschiedlichen Farben und Größen. Und selbst in den Kneipen wurde jeder verfügbare Platz zum Trocknen genutzt. Die Helgoländer sind darin geübt, Strandgut zu sammeln, und vor allem darin, zu erkennen, ob es sich überhaupt lohnt, die jeweilige Ware – ob T-Shirts, Handtaschen, Tischdecken oder wie in diesem Fall Schuhe; schwerere Sachen sinken natürlich auf den Meeresgrund – einzusammeln, oder ob sie zu lange im Meer gewesen und vom Salzwasser zu stark geschädigt ist. Die Schuhe jedenfalls sahen noch top aus.

Aufregung hin, Schuhe her. Frank und mich interessierten die Kegelrobben, und so fuhren wir – wie gesagt, wieder in Begleitung von Friedhelm – mit dem Fährboot nach Düne. Uns blieben nur wenige Stunden, denn das Fährboot fährt immer nur, wenn ein Flugzeug startet oder landet, und das ist mitten im Winter und bei schlechtem Wetter nicht so oft der Fall. Cleo durfte nicht mit, denn auf Düne herrscht, abgesehen zum Besteigen oder Verlassen eines Flugzeugs, grundsätzlich Hundeverbot.

Am rauen Nordstrand von Düne tummelten sich zig Kegelrobben. Was für ein Anblick! Wer so etwas noch nie mit eigenen Augen gesehen hat, für den ist es ein unheimlich faszinierendes Bild, dass derart viele maritime Säugetiere auf relativ engem

Raum zusammenkommen. Ein Bild, das man eher irgendwo in Norwegen, im Polarmeer oder in den kalten Gewässern vor Namibia vermuten würde. Es war wirklich beeindruckend. Nervig war allerdings, dass Friedhelm uns ständig Sand in den Mund und in die Augen blies und uns Plastikflaschen oder was er sonst noch so an Strandgut fand, an den Kopf warf.

Die Kegelrobbe war in deutschen Gewässern mal so gut wie ausgestorben. Ein Grund war die einstmals starke Bejagung. Eine Kegelrobbe futtert nämlich am Tag im Durchschnitt zehn Kilo Fisch oder Schalentiere, weshalb sie nicht jedermanns Freund, schon gar nicht des Fischers Freund ist. Es gab daher bis in die 1930er-Jahre sogar Abschussprämien für Kegelrobben – und übrigens auch für Seehunde; es gibt ja sogar eigens »Seehundpatronen«, die 22er Hornett. International ist die Art, die in der deutschen Roten Liste als »stark gefährdet« geführt wird, »nicht gefährdet«, weshalb in Kanada nach wie vor Jahr für Jahr Zigtausende Kegelrobben zum Abschuss freigegeben werden.

Ein weiterer Grund für den massiven Rückgang der Kegelrobbenpopulation in Deutschland war der zunehmende Schifffahrtsverkehr. Hauptgrund aber war die starke Umweltverschmutzung, vor allem durch die Einleitung von PCB und DDT in Nord- und Ostsee in den 1970er- und 1980er-Jahren. Inzwischen sind unsere beiden Meere zwar etwas sauberer, aber man findet immer noch überall Plastikabfälle – und Plastik hält sich sogar im Salzwasser unglaublich lange; selbst wenn es mit der Zeit zu einer Art Granulat zerrieben wird und sich mit dem Sand vermischt, ist es ja längst nicht gesund; Schiffe und Offshore-Anlagen kippen ihren Dreck in die Nordsee, über die Flüsse wird Schmutz in die Gewässer gespült, und über die Meeresströmungen kommen Abfälle von weit, weit her.

Umweltverschmutzung führt häufig nicht auf direktem Weg zum Aussterben einer Tierart, sondern über einen Umweg: Es schwächt das Immunsystem der Tiere, sodass sie anfälliger für Krankheiten werden. In den 1980er- und 1990er-Jahren beispielsweise starben fast 20 000 Seehunde – etwa siebzig Prozent der Population der Nordsee – am PD-Virus, einer Art Staupe, der an den Küsten Norwegens und Islands, wo es weit weniger Schadstoffeinleitungen gibt, so gut wie keine Todesopfer forderte. Keiner wusste Rat. Mittlerweile ist diese Krise überstanden, und die Seehundbestände sind wieder stabil. Völlig verschwunden ist der Virus allerdings nicht. Gleich der erste Seehund, den wir sahen, war infiziert.

»Oh, der hat aber gut gefuttert«, sagte Frank, als wir den etwa sechs Monate alten Burschen sahen, »der hat ein ganz blutiges Maul.«

Wir gingen näher heran. Der Seehund wedelte zwar mit einer seiner Flossen und dem Schwanz, machte aber keine Anstalten davonzuwatscheln. Auf einmal fing er an zu husten, und da sahen wir, dass er Blut spuckte. Der arme Kerl kotzte offenbar gerade seine Lunge aus, die höchstwahrscheinlich voller Parasiten war.

Die Kegelrobbenkolonie auf Düne ist erst wenige Jahre alt. Daneben gibt es im Wattenmeer lediglich zwei weitere Kolonien: eine bei der westfriesischen Insel Terschelling, eine andere bei der nordfriesischen Insel Amrum. Rolf Blädel, Helgolands Naturschutzbeauftragter und »Seehundjäger« (dazu komme ich später noch), erzählte uns, dass bis Anfang der 1990er-Jahre immer nur einzelne Tiere nach Düne kamen.

»Am Anfang dachte ich immer: Was sind das für riesige Seehunde! Damals konnte ich sie nur von Weitem sehen, weil sie längst nicht so zutraulich waren wie jetzt. Das erste Junge wurde hier dann vor gut zehn Jahren geboren.«

Mittlerweile kommen auf Düne pro Jahr fast hundert Kegelrobben zur Welt. Ein Grund, dass sich ausgerechnet hier, direkt neben einem Flugplatz, eine Kolonie gebildet hat, dürfte sein, dass Düne sturmflutsicher ist. Die Tiere wissen wohl instinktiv, dass ihr Nachwuchs hier sicher ist. Die Kegelrobben scheint der Flugbetrieb übrigens absolut nicht zu stören, die gucken nicht mal hoch, wenn die Maschinen nur zwanzig Meter über ihnen an- oder abfliegen.

Jetzt war gerade »Hauptgebärzeit«, und Frank und ich sahen jede Menge Heuler, also Robbenbabys. Neugeborene Kegelrobben sieht man schon von Weitem, denn sie behalten in den ersten Wochen das strahlend weiße Embryonalhaar, auch Lanugo genannt, bevor sie ihr typisches grau geflecktes Fell bekommen.

Als wäre es nicht schon hart genug, zur unwirtlichsten Zeit des Jahres auf die Welt zu kommen, werden Heuler nur für kurze Zeit betreut. Schon nach vierzehn bis maximal achtzehn Tagen macht sich die Mutter aus dem Staub, kehrt zurück ins Meer, um zu den ostfriesischen Inseln oder vielleicht nach England, Schottland oder Norwegen zu schwimmen. Das bedeutet, dass die Heuler in den ersten beiden Wochen sehr viel Muttermilch trinken müssen, obwohl die mit einem Fettanteil von über fünfzig Prozent ohnehin enorm nahrhaft ist – sie ist sogar die nahrhafteste im gesamten Tierreich –, um die erste Zeit, in der sie auf sich allein gestellt sind, von ihren Fettreserven zehren zu können. Deshalb haben die Weibchen, obwohl sie immer nur jeweils ein einziges Junges bekommen, gleich vier Zitzen – die als Schutz gegen Kälte nicht an der Körperoberfläche liegen, sodass das Muttertier seinem Nachwuchs die Milch aktiv ins Maul spritzen muss. Soweit Frank und ich das sehen konnten, waren die Kleinen eigentlich ständig am Trinken. Als wir am nächsten Tag wieder an dieselbe Stelle am Nordstrand kamen, dachten wir zunächst, dass da jetzt andere Robben lägen. Tatsächlich ändern sich Heuler aufgrund der hohen Gewichtszunahme und des schnellen Fellwechsels innerhalb kürzester Zeit so stark, dass man sie von einem Tag auf den anderen kaum wiedererkennt. Heuler nehmen pro Tag fast zwei Kilo an Gewicht zu. Das ist bei einem anfänglichen Gewicht von elf bis maximal zwanzig Kilogramm ungeheuer viel, ist aber dringend nötig, denn sobald sie von der Mutter verlassen werden, nehmen sie erst einmal stark ab, bis sie gelernt haben, sich selbst zu ernähren. Mir ist kein anderes höheres Säugetier bekannt, das eine so kurze Nachwuchspflege betreibt. Bei Seehunden dauert sie immerhin zirka fünf Wochen.

Ist die Mutter verschwunden, bleiben Kegelrobbenbabys zunächst einfach am Strand liegen und lassen die Winterstürme über sich ergehen. Nach ein bis eineinhalb Monaten wagen sie sich das erste Mal in das Meer, um nach Nahrung suchen: Krebsen, Krabben, Hummern, Flundern, Schollen, Steinbutt ... Nicht ganz einfach, denn die Mutter brachte ihnen das Jagen nicht bei. Die Kleinen haben trotzdem eine reelle Chance, da die Nordsee sehr nahrungsreich ist. Das ist vermutlich ein weiterer Grund, dass sich auf Düne eine Kegelrobbenkolonie etabliert hat, dazu die Tatsache, dass um Helgoland herum nur noch mit Körben gefischt wird. Früher hatte Rolf Blädel häufig Seehunde und Kegelrobben aus Netzen befreien müssen.

Es war ganz schön was los in der Kolonie. Manche Weibchen säugten ihr Junges, andere lagen in den Wehen, was man eigentlich nur daran sieht, dass sie manchmal ein bisschen vibrieren. Kegelrobben können die Geburt anhalten, sodass man nie weiß, ob das Junge in zwei Stunden oder vielleicht erst in zwei Tagen auf die Welt kommt. Dazwischen watschelten höchst interessiert die Bullen – leicht an ihrer enormen Größe zu erkennen – umher, da die Weibchen spätestens fünf Tage nach der Geburt wieder brunstig werden. Die Luft war erfüllt von lautem *Ääh, ääh,* den seltsamen Tönen, die Robben von sich geben.

Man kommt sehr nahe an die Tiere heran. Die Bullen nehmen kaum Notiz von einem, die könnte man vermutlich sogar berühren, was man natürlich nicht sollte; selbst Mütter lassen einen auf etwa drei Meter herankommen, bevor sie angreifen und versuchen, den Menschen wegzubeißen. Ich hatte schon viel mit Flossenfüßern, wie Robben in der Fachliteratur genannt werden, zu tun, mit Walrossen in Alaska und auf Spitzbergen, mit Stellaseelöwen in Alaska und Nordkanada, mit Seebären in Namibia und Südafrika, mit Klappmützen – das ist die Robbenart, die die Nase so schön aufplustern kann – in der östlichen kanadischen Arktis und mit Seehunden in der Nordsee, aber mir ist keine Art bekannt, die Menschen so nah an sich heranlässt wie die Kegelrobbe.

Am zweiten Tag unseres Aufenthalts auf Düne war Orkan Friedhelm ziemlich abgeflaut, und nicht nur Frank und ich, sondern außerdem einige naturbegeisterte Touristen und Fotografen liefen am Nordstrand hin und her, postierten sich, machten Fotos. Das alles interessierte die Tiere nicht. Der einzige Stress, den sie hatten, genauer: den die Weibchen hatten, war, dass die Bullen sie immer wieder bedrängten, um sich zu paaren.

»Fällt dir was auf?«, fragte ich Frank.

»Nee, was denn?«

»Wir sehen überall Bullen mit blutig gebissenen Hälsen, aber ich habe noch keinen einzigen Kampf gesehen. Du?«

»Nee, immer nur Drohgebärden.«

Das reicht den Männchen offensichtlich, um ihr Territorium – im Schnitt ein etwa fünfzig Meter langer Strandabschnitt – und ihren Harem aus vier, fünf oder sechs Weibchen zu verteidigen. Was Frank und mich dabei am meisten erstaunte, war, wie unglaublich behände und flink diese bis zu 300 Kilo schweren Kolosse sich bewegen konnten. Unfassbar.

»Aber irgendwer muss die doch gebissen haben«, wunderte ich mich, »die bringen sich solche Wunden doch nicht selbst bei!«

Frank zuckte mit den Schultern.

Nur wenig später erhielten wir die Antwort auf unsere Frage. Ein Weibchen, das augenscheinlich nicht paarungsbereit war und das auch deutlich zeigte, von einem Bullen aber dennoch heftig bedrängt wurde, biss den Verehrer schließlich dermaßen grob in den Hals, dass sich sofort ein Blutrinnsal bildete.

»Autsch!«, meinten Frank und ich gleichzeitig.

Eine Kegelrobbenpaarung ist keine sehr ästhetische Angelegenheit. Der Bulle nähert sich dem Weibchen, versucht es mit seinem enormen Gewicht unter oder zumindest seitlich unter sich zu drücken und mit seinem großen Penis einzudringen, was ihm manchmal einige Mühe bereitet, da der Penis durch eine Hautfalte gegen Kälte geschützt ist. Das Weibchen schreit, ihr Junges, das meist direkt danebenliegt, schreit ebenfalls.

Und ab und zu passiert es sogar, dass ein Heuler dabei unter den massigen Körper des Bullen gerät und zerquetscht wird. Es ist eine sehr wilde, rücksichtslose Art der Paarung, die eher einer Vergewaltigung gleicht, aber in dem Moment, wo das Weibchen den Penis »geschnallt« hat – ähnlich wie bei Hunden –, verfällt es in eine Art Starre und hält still. Bei einer Paarung im Flachwasser einer Lagune, die wir beobachteten, dachten wir schon, dass der Bulle das Weibchen ertränkt, weil er sie fast vollständig unter Wasser drückte und sie minutenlang keine Luft bekam.

Die längste Paarung, die wir beobachten konnten, dauerte zwanzig Minuten. Danach wuchtete sich der Bulle sofort zum nächsten Weibchen und versuchte auch bei ihr sein Glück.

»Alle Achtung«, meinte Frank, »der lässt es ganz schön krachen.«

»Ich möchte trotzdem nicht tauschen. Ein paar Tage Sex und dann fast ein Jahr Abstinenz?«

Helgoland-Düne und mehr noch Helgoland ziehen nicht nur Seehund- und Robbenfreunde, sondern ebenso Ornithologen an. Im Dezember ist der Zug der Vögel von Norden über Helgoland oder die ost- und nordfriesischen Inseln in ihre Winterquartiere in Südfrankreich, Spanien oder Afrika zwar schon vorbei, aber man kann dann Wintergäste wie Pracht- oder Eistaucher sehen, die verschiedensten Möwenarten, etwa Mantel-, Zwerg-, Eis- oder Polarmöwe, dazu Eider- und Trauerenten, Trottellummen und, mit etwas Glück, Papageientaucher. Auch Zwergschnepfen, Meeresstrandläufer, Ohrenlerchen, Schneeammern und etliche andere Arten überwintern auf den beiden Inseln.

»Guck mal, da kommen aber ganz komische Möwen«, sagte Frank an unserem dritten Tag auf Düne und deutete aufs Meer hinaus.

Tatsächlich flogen da etwa fünfzehn Vögel mit langsamem Schwingenschlag sehr knapp über dem Wasser. Sie waren etwa so groß wie Krähen, hatten aber riesige Köpfe.

»Hm, die sehen wirklich seltsam aus«, stimmte ich ihm zu. Ich nahm mein Fernglas und schaute hindurch. »Mensch, Frank, das glaubst du nicht! Das sind Sumpfohreulen!«

Eulen sind ja eigentlich dämmerungs- und nachtaktiv, nur die Sumpfohreule und mitunter die Schneeeule sind tagaktiv. Sumpfohreulen haben ein großes Verbreitungsgebiet, das von Süd- und Nordamerika über Island, England, Skandinavien und Russland bis ins äußerste Sibirien reicht, in Deutschland sind sie aber eher selten. Sumpfohreulen ernähren sich normalerweise vorwiegend von Mäusen, Lemmingen und anderen kleinen Nagetieren, in Küstengebieten und auf kleinen Inseln hingegen sind Vögel ihre Hauptnahrung, und davon gibt es ja auf Helgoland und Düne reichlich, zur jetzigen Zeit vor allem auch viele geschwächte, die völlig apathisch herumsitzen und deshalb einfach zu erbeuten sind. Frank und ich sahen zum Beispiel etliche Schneeammern, die derart entkräftet von ihrer Anreise waren, dass man sie in die Hand hätte nehmen können. Das große Angebot leichter Beute zog auch viele Greifvögel an, wie Sperber und Habichte. Wir beobachteten mehrmals einen Wanderfalken, der eine Taube und eine Dohle nach der anderen riss und immer nur das gute Muskelfleisch aus der Brust fraß, während er den Rest liegen ließ. Der lebte wie im Schlaraffenland.

Der Naturschutzbeauftragte und Seehundjäger Rolf Blädel, der uns zwei Tage lang begleitete, hat ein total charismatisches Gesicht, eine Mischung aus Weihnachtsmann, Sandmännchen (West, nicht DDR) und dem Reklamehelden aus der Iglo-Werbung, ein Gesicht, wie es nur jemand von hier haben kann. Würde man ihn in München sehen, bräuchte er nicht einmal den Mund aufzumachen, und trotzdem würde man sofort wissen: Der ist nicht aus Bayern – selbst wenn er ein bayerisches Hütchen aufhätte. Rolf hat den typisch norddeutschen, sehr trockenen Humor, den ich so liebe, und benutzt ständig Helgoländer Wortschöpfungen. Die »Wasserpuppe« habe ich ja schon erwähnt; die Zollbeamten nennt man hier »Enten-FBI«, ein

Mobiltelefon »Ackerschnacker«, ein Kaninchen »Dünenkeiler« und eine Heidschnucke »Polarschwein mit Lenker«. Außerdem erzählt Rolf alle paar Minuten einen Witz oder eine lustige Geschichte. Eine, die ich sehr komisch fand, ist die der 70-Jährigen, die früher Tabledancerin auf der Reeperbahn war und heute auf Helgoland lebt. Sie ist fast taub, hört aber gern Musik. »Am liebsten höre ich die Oralkosaken«, sagt sie immer. Zumindest behauptete das Rolf, vielleicht hat er uns auch nur einen Bären aufgebunden.

Viel wichtiger als Rolfs Aussehen und sein Humor war für Frank und mich, dass Rolf einfach alles über Seehunde, Kegelrobben und Zugvögel, über Gezeiten, Strandgut, Seeräuber und Touristen weiß. Sein Beruf »Seehundjäger« bedeutet nicht, dass er Robben tötet, sondern dass er Heuler, die von ihren Müttern zu früh verlassen wurden und keine Überlebenschance hätten, einsammelt und per Flugzeug in die Seehund- und Robbenaufzuchtstation von Friedrichskoog oder von Norddeich schickt, wo sie aufgepäppelt und anschließend wieder in die Freiheit entlassen werden.

»Wie findest du denn unter all den Tieren die verlassenen Heuler heraus?«, wollte ich wissen.

»Och, das ist einfach«, antwortete Rolf, »die schreien vor Hunger so gottserbärmlich, dass du sie gar nicht übersehen beziehungsweise nicht überhören kannst.«

Rolf Blädel ist nicht der Einzige, der sich dem Naturschutz auf den beiden Inseln verschrieben hat. Frank und ich sahen immer wieder Leute von Naturschutzorganisationen. Manche liefen mit riesigen Müllsäcken herum und sammelten den ganzen Dreck ein, der angespült worden war: Plastik, Flaschen, Dosen und so weiter. Tolle Sache, zumal, wie uns Rolf erklärte, die meisten Naturschützer ehrenamtlich arbeiten.

Am selben Tag trafen wir den Beauftragten für Fremdenverkehr und Tourismus, den hoch motivierten Martin.

»Mensch, du« – wir waren gleich nach der Begrüßung zum Du übergegangen – »bist doch der, der mit seinem Hund durch

Deutschland gewandert ist. Und jetzt bist du hier. Was für eine Ehre. Was machst du denn hier?«

»Kegelrobben gucken. Ach, by the way, wir haben Cleo dabei, und ich würde gern mal sehen, wie Kegelrobbe und Hund aufeinander reagieren.«

»Ich will mal sehen, ob ich auf dem kleinen Dienstweg was möglich machen kann«, sagte Martin gleich. Tatsächlich sollte ich noch am selben Abend – einem Sonntag! – vom Ordnungsamt Pinneberg die mündliche und am nächsten Morgen die schriftliche Genehmigung erhalten, Cleo für ein paar Stunden nach Düne mitnehmen zu dürfen. »Heute Abend«, fuhr Martin fort, »gibt es in der Volkshochschule einen Kurs ›Dänisches Spritzgebäckbacken‹. Habt ihr nicht Lust mitzumachen?« Frank und ich schauten uns verdattert an. Spritzgebäckbacken? Wir? »Das heißt, wenn es euch nicht stört, dass der Bäckermeister schwul ist«, setzte Martin dazu.

»Ach, damit haben wir kein Problem«, sagten Frank und ich fast gleichzeitig.

»Dänisches Spritzgebäckbacken. Warum eigentlich nicht?«, überlegte ich schließlich laut. »Was meinst du, Frank. In dem Kurs werden ja wohl auch ein paar Mädels sein.«

Tatsächlich gingen Frank und ich am Abend völlig durchgefroren, weil wir den ganzen Tag auf Düne gewesen waren, in die Volkshochschule. Leider kamen wir viel zu spät, sodass fast alle Plätzchen schon gebacken waren. Dafür war es schön warm in dem Raum, und vor allem roch es herrlich. Der Bäckermeister war ein total netter Typ. Zu Franks und meinem Leidwesen waren außer dem Freund oder Lebensgefährten des Bäckers nur alte Frauen da. Wenigstens gab es eine Menge Plätzchen – Cleo war natürlich begeistert – und dazu Apfelpunsch. Letzterer taute uns alle ein bisschen auf, und die Damen begannen zu erzählen, wie einsam und dröge es im Winter auf Helgoland sei und dass der Helgoländer dann eigentlich nur zwei Beschäftigungen habe: Mützen stricken und Kinder machen. Na ja, ob das so stimmt? Man sieht nämlich relativ wenig junge Menschen auf der Insel, und es wird auch nicht viel für sie getan. Will ein Kind oder Jugendlicher das Gymnasium besuchen, muss er auf das Festland und, sofern er dort keine Verwandten hat, die ihn aufnehmen, in ein Internat. Ein teurer Spaß, den sich kaum ein Helgoländer leisten kann, denn obwohl es keine Alternative auf der Insel oder in nächster Nähe gibt, werden die Eltern mit den Kosten allein gelassen. Und haben die Kinder oder Jugendlichen – oder junge Menschen auf der Suche nach Arbeit – erst einmal die Insel verlassen und sich auf das Leben am Festland gewöhnt, das deutlich mehr Abwechslung zu bieten hat, kehren sie selten auf Dauer zurück.

Wie auf Helgoland scheinbar unvermeidlich, kam das Gespräch auch an diesem Abend irgendwann auf das Schmuggeln.

»Nach dem Zweiten Weltkrieg wurde Kaffee aus Belgien in die Eifel geschmuggelt«, steuerte ich eine Geschichte bei. »In Belgien kostete ein Pfund Kaffee damals umgerechnet zwei Mark, in Deutschland stolze zehn. Die Schmuggler machten also einen Gewinn von satten 400 Prozent. In Nideggen-Schmidt in der Nordeifel wurde die St. Hubertuskirche, die im Krieg einiges abbekommen hat, mit den Einnahmen aus dem Kaffeeschmuggel saniert, weshalb viele in der Eifel sie ›Sankt Mokka‹ nennen, und die Schmuggler gingen im wahrsten Sinn des Wortes mit des Pastors Segen auf Abwege.«

»Was? Das glaube ich nicht«, warf eine der Damen entrüstet ein.

»Ja, wirklich, der Pastor erteilte den Schmugglern seinen Segen, bevor sie nach Belgien fuhren«, bestätigte ich, worauf einige meiner Zuhörerinnen missbilligend den Kopf schüttelten.

Dafür mussten sie furchtbar lachen, als ich erzählte, dass in einem Dorf beinahe die gesamte Fußballmannschaft in den Schmuggel involviert war, sodass etliche Spiele ausfielen, als die Mannschaft bei der Rückkehr von einem Fußballmatch gegen eine belgische Mannschaft an der Grenze schließlich doch mal mit Kaffee erwischt wurde und fast alle in Untersuchungshaft landeten.

Als sich damals immer mehr Menschen ein Auto leisten konnten und nicht mehr nur ein paar Pfund Kaffee im Rucksack heimlich über die Grenze brachten, nahm der Kaffeeschmuggel größere Ausmaße an. Daraufhin bekam die Polizei schnellere Autos, was dazu führte, dass die Schmuggler bei einer Verfolgungsjagd Nägel aus den Autos warfen und die Polizisten sich einen Platten fuhren. Die Polizei war aber auch nicht dumm und montierte Drahtbesen vor die Reifen ihrer Autos, die die Nägel von der Straße fegten oder zumindest vor sich herkehrten. Das war ja irgendwie noch witzig, gar nicht lustig hingegen war, dass der Schmuggel bald in die Hände krimineller Banden überging, die auch nicht davor zurückscheuten, auf Zöllner zu schießen.

Wie sich am nächsten Morgen herausstellte, hatte Orkan Friedhelm nur eine Verschnaufpause eingelegt, was uns aber nicht daran hinderte, wieder nach Düne überzusetzen – diesmal mit Cleo. Schon bald knirschte wieder Sand zwischen unseren Zähnen und juckte und brannte uns in den Augen. Auf Düne fielen uns ein paar Fotografen mit sehr teuren Kameras und riesigen Teleobjektiven auf, die, von Friedhelm schon halb mit Sand zugeweht, trotz Kälte und Sturm bewegungslos am Strand lagen.

»Sag mal, was fotografieren die denn?«, fragte ich Frank. »Die schauen weder auf die Seehunde noch auf die Kegelrobben.«

»Keine Ahnung. Da, wo die hingucken, ist nichts.«

»Für ›nichts‹ friere ich mir aber doch nicht den Hintern ab! Vor allem lasse ich mir nicht für ›nichts‹ vom Sand die Ausrüstung ruinieren! Irgendetwas *muss* da sein.«

Wir schauten genauer hin, und schließlich sahen wir, worauf die Fotografen Jagd machten: auf Thorshühnchen, Pfuhlschnepfen, Goldregenpfeifer oder Rotschenkelchen.

»Ich fass es nicht!«, rief Frank. »Ein paar Meter weiter kämpfen zwei Kegelrobben und ist richtig Action, aber das interessiert die gar nicht, die haben nur Augen für die Piepmätze!«

Total schräg.

Für Cleo war Helgoland das reinste Dorado: Jucks apportieren, Äpfel aus dem Wasser holen, einmal kam sogar ein kleiner Palmenstamm angeschwommen, den sie auch noch anschleppte, Plätzchen fressen … Helgoland-Düne hingegen war nicht so ihr Ding. Schon von Weitem, noch bevor sie die Kegelrobben sehen konnte, reckte Cleo die Nase, da, was Frank und mich anfangs total überrascht hatte, diese Tiere unheimlich stark nach Raubtier riechen, so nach einer Mischung aus Fuchs, Marder und Iltis; diese Gerüche kannte Cleo und geriet völlig aus dem Häuschen, weil sie, ganz Jagdhund, der Witterung folgen, die Tiere umkreisen und stellen wollte. Als sie die Kegelrobben dann sehen konnte, stutzte sie, denn sie hatte – außer vielleicht im Zoo – noch nie so große Beutegreifer gesehen, und schon gar nicht welche, die sich so seltsam bewegen. Jetzt wurde Cleo die Sache suspekt, nichtsdestotrotz knurrte sie weiter, zog wie wahnsinnig an der Leine. Mich hätte ja interessiert, wie Kegelrobbe und Hund sich begegnen, wenn sie sich nahe kommen, aber so, wie Cleo sich aufführte, war es schlichtweg unmöglich, mit ihr näher als dreißig Meter an die Kegelrobben heranzugehen. Die Kegelrobben hingegen blieben total cool, obwohl sie höchstwahrscheinlich noch nie in ihrem Leben einen Hund so nah gesehen hatten.

Für uns waren die Kegelrobben ein faszinierender Abschluss unserer Reise quer durch Deutschland.

Zum Ende des Jahres zieht sich die Natur zurück, um Kraft zu sammeln für das kommende Jahr. Auch wir Menschen spüren diesem uralten Rhythmus nach.

Lange noch sitze ich mit Cleo im Arm am Strand und schaue hinaus auf das Meer.

Nachwort

Am Ende unserer Reise hatte ich wieder dieses Gefühl, das jeder kennt, der etwas außergewöhnlich Schönes, Spannendes, Verblüffendes oder Beeindruckendes erlebt hat. Es ist, wie wenn man aus dem Urlaub kommt und noch tagelang seinen Erinnerungen nachhängt. In Gedanken läuft der ganze Film erneut vor einem ab, das vielleicht Unschöne verblasst, und das Schöne wird noch intensiver. Am liebsten möchte man gleich wieder los – so ging es mir auch. Ich war einerseits etwas wehmütig, als diese große Tour zu Ende ging, andererseits dankbar für die großartigen Erlebnisse, die wir hatten.

Stattdessen warteten nun andere Aufgaben auf mich: unter anderem Filme zusammenschneiden und vertonen, dieses Buch fertig schreiben, meine erste Multivisionsshow – eine Dokumentation über »Mein Leben mit wilden Tieren« – vorbereiten und natürlich die leidige Büroarbeit, die seit Wochen liegen geblieben war.

Außerdem stand die alljährliche Wildkatzenzählung an, und so machte ich mich eines Abends zusammen mit Cleo auf den Weg. Um die Wildkatzen in der Eifel zu zählen, fahre ich nachts mit dem Geländewagen durch die Bergtäler und leuchte mit einem starken Suchscheinwerfer die Hänge und Felskanten ab in der Hoffnung, die Reflexion von Katzenaugen zu sehen. Katzenaugen reflektieren Licht weit stärker als zum Beispiel Fuchs- oder Rehaugen und sind daher gut zu identifizieren. In entlegenen Gebieten kann man zudem sicher sein, dass man tatsächlich eine Wildkatze gesichtet hat und nicht nur eine streunende Hauskatze. Zugegebenermaßen alles in allem keine sehr zuverlässige Methode, aber die einzig vernünftige. Im ganzen Gebiet Wildkameras aufzustellen wäre zu teuer und gäbe auch keinen gesicherten Aufschluss über die Population. Tagelang auf der Suche nach Wildkatzen durch die Wälder zu streifen wäre noch weniger sinnvoll, da diese Tiere extrem scheu sind und sich bei Tag praktisch überhaupt nicht sehen lassen. Nachts hingegen vertrauen sie auf ihre Tarnung und bleiben, selbst wenn sie ins Scheinwerferlicht geraten, einfach stehen.

Wir hatten gerade erst den Rückweg eingeschlagen, als der Suchscheinwerfer in einem wildromantischen Tal in einer der urwüchsigsten Gegenden der Eifel Katzenaugen erfasste. Das Tier saß nur etwa vierzig Meter entfernt in Augenhöhe auf einem Felsen am Rand eines Baches, der sich seinen Weg zwischen riesigen Gesteinsbrocken hindurch sucht, und schaute unverwandt in unsere Richtung.

Abrupt brachte ich den Wagen zum Stehen.

»Mensch, Cleo«, flüsterte ich völlig überrascht, »das ist keine Wildkatze – das ist ein Luchs!«

Aufgrund der Nähe konnte man trotz der Dunkelheit ringsumher die typisch rötliche Fellfärbung mit den dunklen Flecken erkennen. Das Tier war nicht sehr groß, vermutlich ein junges Weibchen. Ich war derart perplex, dass ich die Scheinwerfer ausschaltete.

Cleo geriet, wie immer wenn sie spürt, dass sich Aufregung oder Anspannung in mir breitmacht, aus dem Häuschen und wollte von ihrem angestammten Platz im Fußraum auf den Beifahrersitz klettern, um zu sehen, was Herrchen da draußen so faszinierte. Als ich sie zurückschob, damit sie den Luchs nicht verschreckte, wurde sie noch unruhiger.

Ich schnappte mir meine Kamera mit dem Tele-Blitz-Vorsatz, der das Licht sehr stark bündelt und dessen Reichweite dadurch deutlich erhöht, und begann zu fotografieren, doch schon nach zwei Aufnahmen verschwand der Luchs zwischen den Büschen, die das Bachufer säumten. Auf den Fotos ist leider nicht viel mehr zu sehen als zwei leuchtende Augen und die Silhouette der Katze.

Einige Zeit saß ich einfach nur da und konnte kaum glauben, was ich da gerade gesehen hatte. Erst ein paar Monate vorher war ich auf der Suche nach Beweisen, dass wieder Luchse in der Eifel leben, tagelang mit Cleo kreuz und quer umhergewandert. Vergebens. Und jetzt hatte ich aus purem Zufall mit eigenen Augen einen gesehen. Ein Erlebnis, das mich anspornt, seltenen Tieren auch weiterhin auf der Spur zu bleiben – gerade hier, bei uns vor der Haustür, in unserer Heimat Deutschland.

Dank

Ohne die ZDF- und ZDF-Neo Produktionen »Wie wild ist Deutschland – mit Andreas Kieling« wäre dieses Buch so nicht zustande gekommen.

Ganz besonders danke ich:

Professor Peter Berthold, Uli und Marlies, Torsten Wäder, Ole Anders, Derk Ehlert, Iris Gesang, Frank Gutsche, Jan Poggensee, Christine und Eckhard Panz, Ralf Koch, Jörg Gast, Bernhard Knöppke, Oliver Krone, Sabine und Stephan Höferer, Gert Schuster, Gernot Sieger, Frank Faß, Karl Heinz Baumann, Christoph Keller, Axel Imdahl, Wolf von Schenk, Thomas Hennig, Eike Pahl, Björn Schulz, Hermann Hötker, Christian Kötke, Klaus Peter Kellermann, Robert Ley, Jochen Ley, Harry Ley, Franz Josef Fuchs, Jens Beuchler, Ramona Kesch, Yorck Maecke, Robert Willeke, Thomas Herzog, Horst Schulze, Frederike Rövekamp, Martin Erhardt, Rolf Blädel, Renate Marel, Susanne Hillmann, Josef van Ooyen, Thomas Witt, Sarah König, Ullrich Weinhold, Lisa Heimann, Marco Sander, Carolin Scheiter, Anita Engel, Lorenz Köppl, Frank Rehnelt, Andreas Sudhoff, Reinhard Schulte, Rene Ose, Andreas Zimmermann, Rudolf Reetz, Werner Freund, Benedikt Zumbé, Alexander Metzler, Thomas Witt, Thorsten Fischer, Hans-Jürgen Wagner-Küpper und Alex Hesse.

Sowie NABU Deutschland, BUND Deutschland, Globetrotter, Volkswagen, TMB Brandenburg, Fjäll Räven, Meindl und Swarovski Optik.

Mein besonderer Dank gilt Sabine Wünsch und meiner lieben Frau Birgit.

MALIK

Andreas Kieling mit Sabine Wünsch

Ein deutscher Wandersommer

1400 Kilometer durch unsere wilde Heimat. 304 Seiten mit 52 farbigen Fotos, 12 Schwarz-Weiß-Fotos und mit einer Karte. Gebunden

Andreas Kieling bereiste die ganze Welt und kam exotischen Tieren so nahe wie sonst niemand. Die emotionalste »Expedition« aber war für ihn, der mit sechzehn aus der DDR geflohen war, seine Deutschlandwanderung. Mit seiner Hündin Cleo ging Andreas Kieling entlang der ehemaligen innerdeutschen Grenze. Vom Dreiländereck bis an die Ostsee; 1400 Kilometer durch acht Bundesländer in sieben Wochen. Er schloss Freundschaften, fand die Wildnis mitten in Deutschland und stieß auf atemberaubende Tier- und Pflanzenarten: Flussperlmuscheln in der bayerischen Regnitz, prächtige Eisvögel in den Saale-Auen, scheue Wildkatzen im Frankenwald und imposante Mufflons im Thüringer Schiefergebirge. Orchideen in den Hörselbergen, den größten deutschen Laubwald im Hainich und das geheimnisvolle Schwarze Moor der Rhön. Wanderfalken im Eichsfeld, vom Aussterben bedrohte Birkhähne in Hessen, charismatische Luchse im Harz sowie Biber und Wildpferde im Drömling. Mächtige Seeadler auf dem Schaalsee – und schließlich sogar angriffslustige Nandus am Ratzeburger See.

02/1125/01/L

PIPER

Andreas Kieling

Bären, Lachse, wilde Wasser

Als junge Familie durch Kanada und Alaska.
320 Seiten mit 32 Seiten Farbbildteil. Piper Taschenbuch

»Papa, wann darf ich endlich mit nach Alaska?« Seit Erik fünf ist, will er in den Norden, von wo Andreas Kieling jedesmal mit spannenden Geschichten heimkehrt. Im Frühjahr 2005 geht der Traum in Erfüllung. Auf dem Chilkoot Trail ziehen Vater und Sohn ins Quellgebiet des Yukon, begleitet nur von ihrem Hund Cita; Birgit und der kleine Thore werden später zu ihnen stoßen. Anstrengende Märsche auf Skiern und das Abenteuer einer wochenlangen Flußfahrt liegen vor dem zwölfjährigen Buben: die intensivste, aufregendste Zeit seiner Kindheit. Hautnah erleben sie kämpfende Grizzlys und die längste Lachswanderung der Erde. Erik wird erfahren, wie man mit Bibern, Elchen, Luchsen und Wölfen lebt, wo in der Wildnis Gefahren lauern und warum bei den Karibus auch Weibchen Geweihe tragen. Er wird die Schönheiten der Natur entdecken – ein Wissen, das keine Schule der Welt vermitteln kann …

01/1988/01/L

DÄNEMARK
Sylt
Kiel
Wildpark Eekholt
Segeberger Forst
Nordsee
Helgoland und Helgoland-Düne
Wattenmeer
Cuxhaven
Hamburg
Wilhelmshaven
Emden
Bremen
Hannover
Osnabrück
Naturpark Teutoburger Wald
Weser
NIEDERLANDE
Rhein
Merfelder Bruch
Dülmen
Dortmund
Kassel
Düsseldorf
BELGIEN
Aachen
Nationalpark Eifel
Laacher See
Koblenz
Eifel
Frankfurt/Main
Mosel
LUXEMBURG
Trier
Würzburg
Heidelberg
Neckar
Karlsruhe
Rhein
FRANKREICH
Donau
Freiburg
Konstanz
SCHWEIZ
LIECHTENSTEIN
A